한국 사법을 지킨 양심

김병로·최대교·김홍섭

한국 사법을 지킨 양심

김병로·최대교·김홍섭

법조삼성 평전 간행위원회 엮음

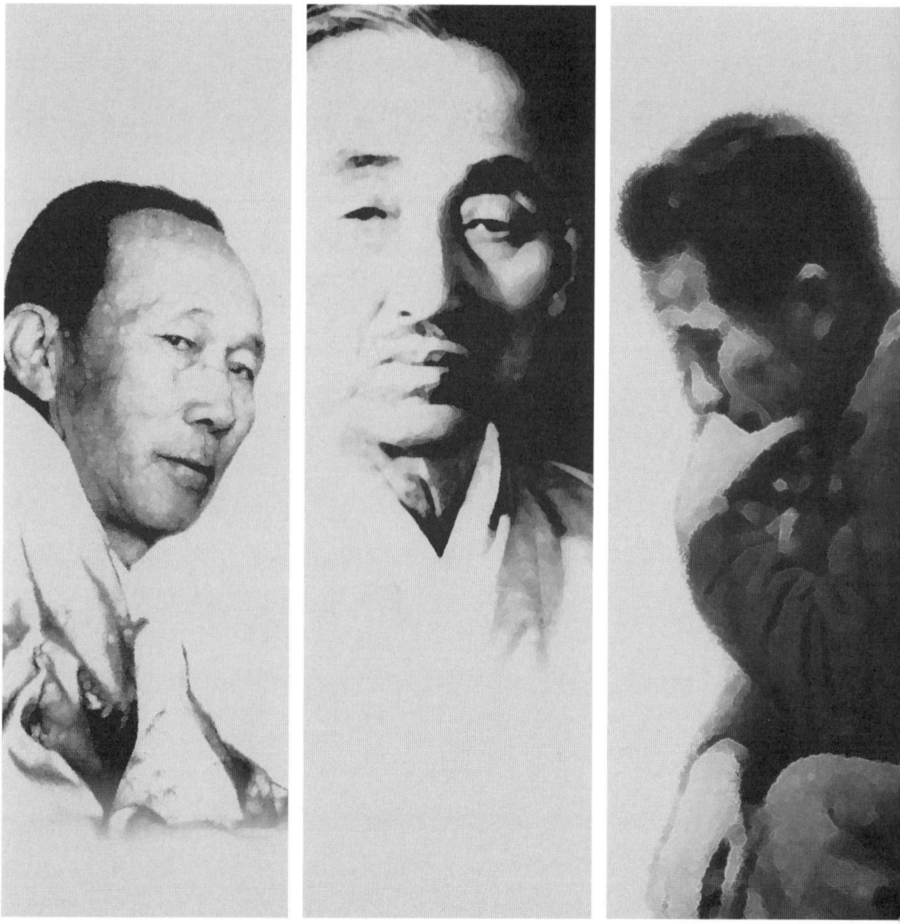

일조각

발간사

법을 세우기 위해 고뇌하고 몸부림쳤던 숨결과 발자취를 함께 느꼈으면

1

1983년 무더운 어느 여름날, 나는 서울 서초동에 있는 사법연수원 1반 강의실에서 민사재판 모의기록을 검토하면서 판결문을 작성하고 있었다. 여느 때와 같이 "피고는 원고에게 금 몇 원을 지급하라"는 주문 제1항을 작성하면서, 판사의 일이 전부 돈과 관계된 것들인지, 법철학 시간에 배웠던 법의 이념과 목적은 실제 재판에서 어떻게 구현되고 있는지, 본보기가 되는 판사로는 누가 있으며 그분들은 어떻게 살았는지 등, 도대체 누구에게 물어볼 수도 없고 어느 누구도 가르쳐 주지 않을 것 같은 우문愚問들이 꼬리에 꼬리를 물고 떠올랐다.

며칠 후 도서관에서 최종고 교수가 저술한 『사도법관 김홍섭, 한 법률가의 사상과 신앙』을 찾았을 때, 다음 해 이영근, 김충식, 황호택 기자가 "이 땅의 현대 법조사에 빛을 더한 청렴과 용기의 법조인들"에 대해 저술한 『법에 사는 사람들』을 서점에서 발견하였을 때 느꼈던 기쁨과 설렘은 지금도 잊을 수 없다. 그 후 30여 년간 법정에서 많은 사람과 사건을 만나고 접하면서, 사무실에서 사건기록과 판례와 논문을 보고 판결문을 작성하면서, 다시금 우문들이 떠오르곤 하였지만, 진지하고도 심각하게 고민하고 성찰한 적은 없었다고 고백하는 것이 그나마 거짓말을 덜 하는 것이 아닐까.

2014년 2월 13일, 신임 전주지방법원장으로서 관례에 따라 시내 '덕진공원'에 있는 '법조삼성法曹三聖' 기념지에 참배한 후 부장판사들과 대화하면서, 김병로, 최대교, 김홍섭 세 분에 대한 평전을 출간하는 것이 슬기롭지 못하고 머리가 둔한 고향 후배가 그분들께 드릴 수 있는 가장 큰 영광이자 개인적인 소명이라고 생각하였다. 다시 1년이 지난 지금 이 책을 출간하게 되니 아쉬움이 없지는 않지만, 학창시절 『수학의 정석』이나 『물권법』을 완독하였을 때의 뿌듯함이 새록새록 떠오른다.

2

우리나라에 근대 사법제도가 도입되고 판사와 검사와 변호사라는 직업이 출현한 지도 100여 년이 넘었으니, 법조인으로 살아가거나 살았던 사람들이 적어도 수만 명은 될 것이다. 그 나름의 전문지식으로 세상 사람들의 많고도 많은 분쟁과 갈등에 '칼'과 '저울'로 관여하면서, 사회적 지위나 명예를 얻은 사람들도 있었을 것이다.

그러나 일반 시민들은 법조인의 구체적이고 생생한 삶에 대해 잘 알지 못하며, 나아가 기억하거나 추모하지 않는다. 이러한 현상은 법조계 내부도 마찬가지이어서, 사법연수원에 막 들어온 새내기들에게 존경하는 법조인이 있는지, 그 사람에 대해서 알고 있는 것이 있는지 물어보면 대부분 멋쩍게 웃으면서 어색한 분위기를 모면하려 한다. 나중에 그들도 법조인이 되면 판결문과 공소장과 준비서면을 작성하면서 하루하루 열심히 일하지만, 정작 자기와 동료들의 구체적이고도 개별적인 삶과 행적에 대해서는 추억하고 기록하고 되새기지 않아서 결국 아무것도 남지 않으며, 이런 현상은 지금껏 계속되고 있다.

독일의 법철학자 라드브루흐Gustav Radbruch는 "법학을 가장 잘 배우는 길은 위대한 법사상가의 생애를 배우는 길"이라고 말하였다. 좋은 법조인의 필수조건인 인격과 지혜와 용기를 갖추려면, 압축적으로 근대화를 이룩하였고 근대성과 비근대성이 공존하였던 우리 사회에서, 법을 세우기 위해 고뇌하고 몸부림쳤던 선배 법조인들의 숨결과 발자취를 뒤따라가면서 보고 느끼고 생각해야 한다. 숨결과 발자취가 기록으로 남게 되면, 사법과 법조인들에 대해 비판적인 시민과 지식인들도 흥미롭게 보게 될 것이다.

'일반적 평균 법관'으로 살아오면서 내놓을 것은 하나도 없지만, 감히 '법조삼성'에 대해 평론을 곁들인 전기로서 평전評傳을 펴낼 것을 생각해서 기획하고 출간에까지 이르게 된 것은 바로 이 때문이다. 이유를 덧붙인다면, 50대에 들어 인문학을 공부하면서 '법 경계'나 '법의 바깥'을 많이 생각하였고, 조선시대에 목민관으로 부임하면 그 지역 선현들에 대한 책을 출간하는 전통이 있다는, 어디에선가 주워들은 풍문이 떠올랐기 때문이기도 하다.

3

우리나라에서 법조인에 대한 평전을 맨 처음 쓰신 분은 최종고 교수님이다. 최 교수님은 오래전 『사도법관 김홍섭, 한 법률가의 사상과 신앙』을 펴내셨고, 계속해서 『위대한 법사상가들 1, 2, 3』, 『한국의 법률가』, 『한국의 법학자』 등을 저술하셔서 척박하기가 이를 데 없는 우리 법조계를 풍요롭고 윤기 나게 해주셨다. 최 교수님의 선구자적인 지혜와 노력이 없었다면, 이 책이 세상에 나오는 일은 없었으리라.

세 분을 '법조삼성'으로 부르면서 기리기 시작한 것은, 전라북도 지역사회이다. 1999년 전라북도의 법조인들과 지역인사가 주축이 되어 발족한 '한국법조삼성기념사업회'가 덕진공원에 세 분의 동상을 건립하면서 『한국법조의 세 어른』이라는 제목으로 전기를 출간하였고, 2007년 '전북대학교법학연구소'가 '한국 법조삼성의 생애와 법사상'이라는 제목으로 학술대회를 개최하면서 같은 제목으로 책자를 발간하였다. 대법원은 2014년 김병로 선생 서세 50주기를 맞이하여 '가인 김병로와 21세기 사법부'라는 주제로 학술 심포지엄을 개최하면서 같은 제목의 책자를 발간하였다. 서울고등법원은 2015년 3월 16일 김홍섭 선생 서세 50주기를 맞이하여 사도법관을 기리고 추모하는 심포지엄을 개최하고, 『사법의 혼, 진리의 구도자, 법관 김홍섭 자료집』을 출간하였다. 이 책이 그나마 모양새를 갖추고 볼 만한 내용이 있다면, '거인의 어깨 위에 올라탄 난쟁이'로 태어난 행운이리라.

아무리 명쾌한 법이론을 밝힌 법률서적도, 아무리 잘 쓴 판결문도, 약간의 시간만 지나면 넓디넓은 법의 모래사장에서 한 톨의 모래가 되어 흔적도 없이 사라지게 된다. 하물며 법률적으로나 경제적으로나 전혀 유용하지 아니한 이 책의 운명은 더욱 그러할 것이다. 다만 특정한 방향을 정하지 않고 땅속으로 한없이 뻗어 나가는 '리좀Rhyzome'처럼 사람들을 많이 만나서 생각의 실마리가 되어 준다면, 그리하여 메마른 한국의 법문화法文化를 적시는 한 줄기 빗물이 된다면, 책을 만드는 데 관여한 사람으로서 큰 기쁨일 것이다.

4

이 책에서 소개하는 세 분은 가인 김병로金炳魯 초대 대법원장, 화강 최대교崔大敎 검사, 바오로 김홍섭金洪燮 판사로서, 주로 1940년대부터 1960년대까지 활동하셨다. 모두 전라북도에서 태어나셨고, 고매한 인격과 대쪽 같은 성품, 청렴한 사생활, 법의 지배와 사법의 독립에 대한 신념과 용기로 법조인들의 스승이 되는 분들이다. 물론 그분들이라고 하여 실수와 과오가 없었겠는가. 이 책은 위인전이 아니라 평전이므로 이 부분에 대한 지적과 판단도 당연히 포함되어 있다.

어떤 독자들은 "특정 지역에서 기리는 분들이 어떻게 우리나라 법조를 대표할 수 있느냐"라고 반문할 수도 있다. 공정하게 말하건대, 세 분은 그럴 만한 자격이 있다는 것이 우리나라 법조계의 통설이다. 1996년 한국 근대사법 1백 주년을 맞아 문화방송MBC에서 3백여 명의 현직 부장판사급 이상의 법관을 상대로 '존경하는 법관'을 알아본 결과, 1위에 김병로 판사, 2위에 김홍섭 판사가 꼽혔다. 몇 년 전 대검찰청에서는 존경하는 검찰인의 후보로 이준 열사와 이인 초대 법무부장관과 함께 최대교 검사를 들면서 연구하고 조사하기도 하였다.

또 어떤 사람들은 "이분들이 현명한 사람이라고는 할지언정, 성스러운 사람이라고 할 수 있느냐"라고 비판할 수도 있다. 삶과 종교에 대해 깊이 성찰한 김홍섭 판사의 별칭이 '사도법관'이므로 이분에 대하여는 이의가 없을 터인데, 다른 두 분에 대하여는 이의가 있을 수 있다는 데에는 동의한다. 다만 널리 '법조삼성'으로 불리어 왔으므로 그 관행에 따른 것이다.

"세 분들이 오래전에 활동하셔서 지금 시대에 맞지 않는다"라거나, "좀 더 최근에 활동하신 분들을 살펴보는 것이 적절하지 않느냐"라는 지적도 있을 수 있다. 살아 계신 분에 대하여는 평가를 유보하는 것이 우리의 전통이며, 다른 분들에 비하여 세 분의 자료가 비교적 풍부하게 남아 있고 선행 연구문헌도 상당수 있다는 것이 큰 장점이었다. 법조인의 삶에 변함없는 본질이 있다고는 말할 수 없으나, 깨어 있는 사람이라면 시대를 비교하면서 생각하는 데 도움이 되리라고 본다.

5

자, 그렇다면 김병로와 최대교와 김홍섭은 누구인가. 그 세세한 이야기는 이 책에 적혀 있고, 이를 축약하여 설명하는 것은 평전의 맛과 멋을 잃게 하므로, 여기서 그런 어리석음을 범하지는 않겠다.

김병로와 최대교와 김홍섭을 이해하려면 무엇보다도 먼저 그들의 마음속으로 들어가야 한다. 무엇을 괴로워하였는지, 무엇에 기뻐하고 무엇에 슬퍼하고 무엇에 분노하였는지, 스스로 가인과 화강과 바오로가 되어서 느껴 보아야 한다. 그리고 우리 시대 '나'의 시선으로 지금 이 땅에서의 법과 사법과 재판을 살펴보고, 사람과 사회와 종교에 대해 생각해야 한다. 필자에게는 이분들이 20여 년 동안 판관의 직을 맡아 재판하면서 마음이 흔들릴 때마다 다잡아 주신 분들이었다는 것만 밝히기로 한다. 다만 세 분을 전혀 모르는 독자들에게 안내하는 차원에서, 선행 연구문헌에서 두 부분을 인용하고, 김홍섭 판사의 글 한 토막을 소개한다.

> 가인 김병로 선생은 강직한 성품으로 민족운동에 헌신하심과 더불어 초대 대법원장을 역임하시면서 건국 초기의 사법의 주춧돌을 세우셨습니다. 화강 최대교 선생은 올곧음으로 정치권력의 압력에 굴하지 않고 검찰권의 중립을 위해 신명을 바치셨습니다. 바오로 김홍섭 선생은 온화한 성품으로 청렴과 양심의 사도법관의 길을 걸으셨습니다. 세 어른 모두 청렴과 강직으로 불의와 타협하지 않으면서 인간과 사회에 대한 깊은 이해와 따뜻한 인격적 풍모를 보여 주셨습니다. 그야말로 송백과 같은 지조와 고매한 인격으로 후세 법조인의 귀감이 되는 실천적 삶을 사셨습니다.
>
> (김용섭 교수, 『한국 법조삼성의 생애와 법사상』에서)

> 무릇 근현대 사법 백 년과 더불어
> 오로지 법을 정의로 삼고, 법을 사랑과 양심으로 한껏 꽃피웠으니
> 이 나라 안팎의 전설이 되어 두고두고 이어짐이여.
> 내일의 자손에 이르기까지 살아날 향기로움이여.
>
> (고은 시인, 『한국법조의 세 어른』에서)

> 법을 禮裝처럼 차리고서 謹嚴·自重하는 사람,
> 법을 保身 處世의 도구로 삼아 變融自在로 구사하는 사람,
> 법을 장난감 딱총처럼 휘두르면서 때때로 세간을 놀래어 주는 사람,
> 법을 빨간 넥타이처럼 목에 달고서 裝飾에 이용하는 사람,
> 법을 양식 바가지처럼 꽁무니에 차고서 염치없이 좇아다니는 사람,
> 법을 敬而遠之는 하지만 끊어 팽개칠 용기도 없어 질질 끌고 다니는 사람,
> 법을 蛇蝎같이 嫌忌하는 사람,
> 법을 악마처럼 증오하는 사람 등등
>
> (김홍섭 판사, 『무상을 넘어서』에서)

6

이 책을 펴내면서 여러분께 감사感謝의 말씀을 드리지 않을 수 없다.

먼저 바쁜 시간을 내어서 소중한 글을 쓰신 임경택 교수님, 도면회 교수님, 정긍식 교수님, 백승종 교수님께 머리 숙여 감사드린다. 특히 백 교수님께서는 『대숲에 앉아 천명도를 그리네』와 『정조와 불량선비 강이천』을 감명 깊게 읽었다는 필자의 진정성을 의심하지 않고, 평전 작업에 대한 경험을 바탕으로 화강과 바오로의 참모습을 잘 드러내 주셨다. 이 책이 법조인이 아닌 일반 시민과 학생들에게 조금이라도 가까이 다가간다면, 그것은 전적으로 백 교수님의 공이다. 아무런 준비도 없이 평전을 내겠다는 필자의 만용을 너그럽게 받아 주시고 간행위원으로 참여해 주신 신동운 교수님, 조성규 교수님, 이창재 전 전주지방 검찰청 검사장님, 유길종 전 전북지방변호사회 회장님도 이 책의 주인공들이다. 또한 이 책이 출간될 수 있도록 재정적·정신적으로 지원해 주신 송하진 전라북도지사님, 김광수 전라북도의회 의장님, 김승환 전라북도교육감님, 김점동 변호사님을 비롯하여 여기에 일일이 적을 수 없는 여러 후원자들도 소중한 분들이다. 마지막으로 책의 출간을 흔쾌히 맡아 주신 일조각 김시연 대표님과 편집부의 노고에 감사드린다.

2015년 4월

박형남(朴炯南, 전주지방법원장)

하서

법조전기의 의의

시간은 흐르고, 인간은 가고, 역사는 쌓인다. 필자가 1975년에 한국 최초의 법조전기法曹傳記인 『사도법관 김홍섭』을 내었다고 이 서문을 의뢰받고 보니 새삼 이런 생각이 든다. 돌이켜 보면, 그 후 어언 40년이란 세월이 흘렀고, 그동안 우리 사회와 사법부도 많이 변하였다. 그러면서도 변화 속에 변화하지 않는 것, 그것이 좋은 것이든 나쁜 것이든 이제는 보다 진지하게 심각하게 성찰해야 할 필요와 여유를 가지게 되었다고 하겠다. 이런 연유로 가인 김병로, 화강 최대교, 바오로 김홍섭 '법조삼성法曹三聖'에 관한 평전을 내면서 감수監修의 뜻으로 몇 마디 적을 수 있게 된 것을 영광으로 생각한다.

한 인간이 산 일생을 글로 적는 것을 전기biography라 한다면, 전기에도 직업 내지 분야별로 정치인 전기, 경제인 전기, 학자 전기, 예술가 전기 등 많은 분야가 있다. 그중 법률가의 전기, 즉 법조전기(Juristenbiographie, lawyer biography)는 솔직히 그리 드라마틱하거나 재미있지는 않으나 사법사 내지 정신사의 관점에서 중요한 장르라고 할 수 있다. 미국 같은 나라에서는 법의 지배rule of law를 이해하기 위해 수많은 법률가의 전기들이 출간되고 있다. 법의 지배라 하지만 언제나 법을 가진 인간이 지배하기 때문이다. 대법원 판사에게는 늘 전기 작가가 따르게 마련이다. 홈스Oliver W. Holmes 대법관의 전기만 해도 저 유명한 전기 작가 보엔Catherine D. Bowen 여사가 쓴 전기 외에도 계속하여 전기들이 나오고 있고, 독일의 라드브루흐G. Radbruch 같은 대법철학자도 형법학자 안젤름 포이어바흐Anselm Feuerbach의 전기를 저술 출간하였다. 전기들을 기초로 『법률가 사전Jursitenlexikon』이 나와서 이제는 세계의 저명 법률가와 법학자의 생애를 대충 알 수 있게도 되었다.

나는 일찍이 김홍섭 전기를 쓰면서 전기 쓰기가 얼마나 중요하면서도 어려운 것인가를 절감하였다. 그것이 계기가 되어 외국의 전기학傳記學, biographics 연구를 관심 두고 관찰하던 중 1990년대 후반에 호놀룰루에 '전기연구소Center for Biographical Research'가 있어 『전기Biography』라는 학술지가 발간되고 있음을 알게 되었다. 전 세계의 전기들이 연구 발표되는 이곳을 직접 방문하였을 뿐 아니라, 매주 목요일마다 모이는 발표회에서 두 차례, 유길준兪吉濬(1856~1914), 유기천劉基天(1915~1998)에 대해 발표하였고, '하와이 로스쿨Hawaii Law School'에서 김병로, 김홍섭 등 한국의 대표적 법률가 10인을 소개 발표한 바 있다. 이 전기연구소의 소장 심슨George Simson 교수가 "한국은 뉴스가 많은 나라인데, 한국인이 보이지 않는 나라이다"고 하면서 한국인의 전기 연구를 권유한 바도 있어, 2000년에 '한국인물전기학회Korean Biographical Society'를 창립하여 매월 발표회를 가지고 있는데, 올해까지 100회를 넘어 모이고 있다. 물론 분야가 다양하고 많다 보니 법률가의 전기에 대한 할애는 극히 제한될 수밖에 없다.

그래서 필자는 대한변호사협회장이나 법조계 인사들을 만나면, 이제는 상설적으로 법조전기나 법조사法曹史를 정리하는 기구를 두어야 한다고 주장해 왔다. 그렇지만 역부족인지 무관심인지 아직 제대로 실현되지 못하고 있다. 그런데 이웃 전문 분야인 의학계를 보면, 병원문화연구소를 설립하여 젊은 역사학자들을 연구원으로 채용해 『한국의학인물사』 등을 정리하여 출간하고 있다. 『한국의 법률가』, 『한국의 법학자』라는 일종의 집단전기group biography를 출간한 필자로서는 자신의 역부족을 절감하면서 이런 이웃 동네의 발전상이 부럽기만 하다.

우리 법조계와 법학계는 왜 이런 일을 하지 못하는가? 한마디로 관심과 열의가 없어서인데, 이것은 궁극적으로는 자기중심적 사고, 좀 꼬집어 얘기하자면 자기만 잘났다는 생각 때문이다. 그리고 봉사정신 내지 남을 위한 배려의 결여 때문이고 나아가 역사의식의 부족 때문이다. 신문사에 있는 한 친구의 말을 빌리면, 신문사에 많은 직종의 인물들이 이런저런 이유로 와서 부탁도 하고 적극적으로 교섭을 하는데, 유독 법률가들이 오는 것을 보지 못했다고 한다. 이것은 나쁜 뜻만은 아니겠지만, 그만큼 법률가들이 아쉬움 없이 살다 보니 적극적 행동이 부족하다는 얘기일 것이다. 톨스토이가 "법률가는 타인과의 관계가 존재하지 않는 것처럼 산다"고 지적한 말을 곱씹게 된다. 에릭 볼프Erik Wolf 교수의 표현처럼, 법률가는 사랑스럽지는 않으나 없을 수는 없는 존재인지도 모르겠다.

법률가들이 자기 세계에 바쁘다 보니 남들이 보면 이기적 폐쇄적 집단같이 보이기 쉽고, 사실 다른 동료 법률가의 삶에 대해 별로 관심을 가지지 않는다. 일반인들은 법률가라 하면 무슨 특별한 집단같이 생각하고 잘 접근하거나 알려고 하지도 아니한다. 그러다 보니 학회나 백과사전 같은 데에도 법률가는 배제되는 경우가 상당히 많다. 과거에는 "유스티니아누스가 명예를 준다"거나 "법학은 빵을 위한 학문"이라는 말이 통하였지만, 오늘날에는 큰 빵은 정치가나 문화인들이 가져가고 법률가는 하수도공사같이 사후적 작업이나 하여 부스러기 빵만 먹는다는 얘기도 나온다. 물론 한국 사회도 돈이 없는 사회가 아니고, 이해관계와 분쟁이 많을수록 법률가 집단은 수익을 챙기게 되어 법조타운이 성업을 이루고 있으며, 언제부터인가 한국 사회에서 법률직만큼 안정된 직업이 없는 것처럼 선호도를 보이고 있다. 이렇게 법률가의 위상과 이미지는 한국에서도 상당히 많이 변한 것이 사실이다. 이것은 잘잘못을 떠나 냉철히 관찰하고 연구해 볼 또 다른 과제이다.

어쨌든 한국의 사법사에도 훌륭한 선배 법률가가 존재하였다는 사실은 자랑스럽고 감사한 일이다. 이런 사표적 법률가들의 생애와 사상은 우리가 되도록 자세히 알고 우리 스스로도 그렇게 살려고 노력해야 할 뿐 아니라 후세에도 전승시킬 책임을 지고 있다. 그들이 우리와 같이 한국현대사의 시공간에서 제한을 받으면서도 어떻게 그런 모범적 삶을 살 수 있었는지 연구할 측면이 다양하다. 그야말로 산 연구요 학제적 연구의 전형이라 할 것이다. 요즘은 우리나라에도 전기와 자서전이 적지 않게 출간되고 있다. 선거철이면 쏟아져 나오는 정치 전기political biography는 차라리 안 나오는 것이 나을 것들이 쏟아져 나오기도 한다. 그에 비해 법률가의 전기는 아직도 매우 드문 편에 속하고, 자서전을 쓰는 법률가도 그다지 많지 않다. 법률 문장에만 익숙하다 보니 일반 문장을 쓰기가 두렵다는 얘기를 하는 법률가도 있고, 별로 쓸 거리가 없다고 하는 법률가도 있다.

좋은 전기는 역사적 사실을 진실하게 기록하고, 문학적으로도 좋으며, 인간의 심리를 잘 표현해야 한다. 이 세 측면을 만족시키는 전기와 자서전을 쓴다는 것은 물론 쉬운 일이 아니고, 이를 위한 노력과 훈련이 필요한 것이 사실이다. 처음부터 용비어천가 식으로 특정인을 미화시키거나 영웅으로 만드는 것도 잘못이고, 이른바 춘추대의春秋大義를 논한다 하여 사정없이 '필주筆誅'하는 것도 전기의 바른 자세는 아니다. 오히려 인간에 대한 진정한 애정을 가짐으로써 이러한 대립각들을 극복하고 참된 진실에 가까이 갈 수 있을 것이다. 이런 면에서 전기와 자서전처럼 진솔된 것이 없다고 하겠다. 더구나 자기의 좁은 붓대롱 속에 큰 인물을 절단시키는 어리석음을 범해서는 아니 될 것이다. 인간을 양파껍질 벗기듯 다 벗기고 나면 무엇이 남겠는가. 궁극적으로 인간애人間愛에 바탕을 두어야 한다고 생각한다.

한국에는 종친회, 친일파 문제, 남북분단과 좌우 이데올로기 문제 등 이런저런 이유로 솔직하고도 수준 높은 전기와 자서전의 출간이 어려운 점이 있는 것이 사실인데, 그럼에도 불구하고 전기 문화의 수준을 높이도록 노력해 나가야 할 것이다. 또한 외국인의 전기에 대하여도 관심을 가져야 한국인의 삶의 모습을 객관화하여 볼 수 있을 것이다. 또 한 인물에 대해 반드시 한 전기만 있으라는 법도 없다. 미국에서는 링컨에 관한 전기가 100종이 넘게 나오고, 독일에서는 새로운 괴테 전기가 계속 출간되어 나오고 있다. 물론 전기학의 방법도 다양하게 변화하고 있는데, 이른바 '신전기new biography'의 방법으로 발전하고 있다.

법률가는 남을 판단하는 책임을 지고 있기 때문에 남보다 숨은 노력을 해야 할 것은 말할 필요가 없다. 그러면서도 항상 자신을 되돌아보고 자신의 지식과 판단이 바른 것인지 반성하고 성찰하는 내공을 쌓아야 한다. '법률가의 거울Juristenspiegel'에 자신의 모습을 겸손히 비추기를 주저하는 법률가는 속물俗物이다.

이런 점에서 이번 한국의 '법조삼성'에 대한 평전은 한국 법률가들에게 큰 귀감이 될 수 있으리라 확신한다. 필자들이 다양한 관점에서 이분들의 생애와 사상을 분석하고 조명한 것이 인상적이다. 독자들은 본서를 읽으면서 이들의 공통점과 차이점, 그 속에 흐르는 정신적 유대와 교훈을 짚어 나갈 수 있으리라 믿는다. 제한된 지면으로 할 말을 다 하지 못한 면도 있을 것이고, 본격적인 전기는 한 인물에 한 권 내지 몇 권의 단행본으로 낼 수도 있을 것이다.

법률가의 전기와 자서전이 국내에서도 더 많이 나와야 할 뿐만 아니라 한국 법률가의 이름이 외국의 법률가 사전에도 올라가야 한다. 독일에서 나온 『법률가 사전』(Juristenlexikon: Ein Biographisches Lexikon: 1995)의 예를 보면, 서양의 법률가 외에 일본, 중국, 인도의 법률가는 몇 명씩 수록되어 있는데, 한국의 법률가는 한 사람도 수록되어 있지 않다. 이것은 한국 법률가의 수준이 이들 나라보다 낮아서가 아니라 순전히 서양어로 소개되지 못했기 때문이다. 법학 연구가 순전히 국내용으로 법이론 논쟁에 매달리는 것이 전부가 아니라, 한국의 법제도와 법률가를 세계 학계에 알리는 것도 중요하다는 사실을 단적으로 말해 준다. 필자도 이런 책임을 느끼고 작업을 진행하고 있지만, 여기 '법조삼성'의 전기는 외국어로도 출간되어 한국 법조상의 위상을 드높이는 데에 기여할 수 있기를 희망한다.

뜻깊은 법조전기 출간에 축하보다 앞으로의 과제를 더 얘기한 것이 다소 송구스럽지만, 솔직히 이런 계제가 아니면 이런 얘기를 할 수 없기 때문에 약간 푸념같이 되었음을 양지해 주시기 바란다. 본서의 발간을 기획하신 박형남 전주지방법원장님과 출간 작업에 참여하신 필자들을 비롯한 여러분의 노고에 감사와 치하를 드린다.

2015년 3월

최종고(崔鍾庫, 서울대학교 명예교수, 한국인물전기학회장)

이 책의 구성과 집필자들

이 책은 이른바 한국의 '법조삼성'이라 일컬어지는 가인 김병로(1888~1964) 초대 대법원장, 화강 최대교(1901~1992) 검사, 바오로 김홍섭(1915~1965) 판사에 대한 평전이다. 1996년 문화방송국은 한국 근대 사법 1백 주년을 맞아 설문조사를 실시하였는데, 당시의 현역 부장판사 이상의 법관 3백여 명에게 설문지를 보내 가장 존경하는 선배 법관이 누구냐고 물었다. 이 설문조사에서 최고 영광을 차지한 이는 초대 대법원장 김병로였고, 그다음 순서가 다름 아닌 김홍섭이었다. 3위는 대쪽 검사로 이름난 최대교였다. 수많은 역대 법관들 중에서 가장 추앙되는 인물이 이분들임이 입증된 것이다. 이분들이 태어난 전라북도에서는 1999년 '한국법조삼성기념사업회'가 발족되어 세 분의 동상을 건립하는 등 여러 가지 현창사업을 통해 이분들을 '법조삼성'으로 기리고 있다.

이 책은 박형남 판사가 전주지방법원장으로 부임하여, 전주 시내의 '덕진공원'에 세 분의 동상과 함께 자리 잡은 '법조삼성' 기념지를 참배한 후, 후배 법조인이자 '고향 후배'로서 그분들에 관한 평전을 출간해야겠다고 결심하면서부터 시작되었다. 30여 년간 법조인으로 살아오면서 끊임없이 떠오르던 '우문愚問', 즉 "법의 이념과 목적을 실제 재판에 구현한 본보기로는 누가 있으며, 그분들은 어떻게 살았는지"에 대한 답을 얻기 위해, 바쁜 일과 중에도 틈틈이 읽었던 '사도법관' 김홍섭 판사에 대한 최종고 교수의 저서에 자극을 받아, 고은 시인이 노래한 것처럼 "법을 사랑과 양심으로 한껏 꽃피워 …… 전설이 되고 …… 내일의 자손에 이르기까지 살아날 향기"로운 세 어른에 대한 인문학적 평전을 출간해야겠다는 소명의식을 가지게 되었다고 한다. 그의 이러한 의지는 발간사에 잘 드러나 있다.

이 책의 출발점이라고도 할 수 있는 한국 최초의 법조전기인 『사도법관 김홍섭』(1975)을 저술한 최종고 교수는, 서울대학교 법대 교수를 지냈고 현재는 한국인물전기학회장으로 활동하고 있는 '법조전기'의 개척자이다. 최 교수는 "법률가는 남을 판단하는 책임을 지고 있기 때문에 남보다 숨은 노력을 해야 할 것은 말할 필요가 없다. 그러면서도 항상 자신을 되돌아보고 자신의 지식과 판단이 바른 것인지 반성하고 성찰하는 내공을 쌓아야" 하기 때문에, 이 평전이 한국 법률가들에게 큰 귀감이 될 것이라고 하면서, 원고를 꼼꼼히 읽고 감수한 소감을 '하서'로 표현하였다.

이 책은 크게 2부로 구성되어 있다. 제1부는 문화인류학을 연구하는 필자가 이 평전의 시선과 지향점, 그리고 법조삼성이 살았던 시대 상황에 대해 설명하고 있다. 이 평전의 전체적인 관점과 오늘날의 시점에서 음미하고 싶은 내용에 대해 정리하고, 세 어른이 살아 온 시대와 그분들의 삶에 대해 문화사적으로 재조명하여, 그 삶을 보다 현장감 있게 이해할 수 있도록 하였다. 세 분의 연보를 하나의 표로 묶어, 한국사의 흐름이라는 씨줄과 함께 그분들의 삶을 날줄로 함께 엮었는데, 각각의 삶을 따로따로 살펴보는 동안에는 스쳐 지나갔을지도 모르는 새로운 그림을 얻어낼 수 있으리라는 바람으로 시도하였다. 그래서 그 연보가 독자들에게도 새로운 생각거리를 제공하는 자리가 되기를 비는 마음이다. 평전이란 한 사람의 인생사를 넘어 사회사이자 생활사가 될 수 있다. 그러한 (문화인류학적) 관점에서 연대기나 사건사의 행간에서 읽어 낼 수 있는 역사적 함의를 찾아내고자 노력하였다. 세 분의 인생 항로를 따라, 개화기부터 현재까지 격동의 근대를 살아온 한국인의 치열한 삶에 대해 다시 한 번 음미해 볼 수 있을 것이다.

세 분에 대한 평전은 제2부에 담겨 있다. 평전의 배열은 태어난 때를 기준으로 가인 김병로-화강 최대교-바오로 김홍섭의 순서를 택하기로 하였다.

일반적으로 "일제강점기 독립투사의 변호사로서, 미군정하의 사법행정가로서, 대한민국 건국 후의 대법원장으로서, 그리고 5·16군사정변 이후 민정이양을 강조한 야당지도자"(신동운, 2007: 9)로 알려져 있고, "법률을 조금 아는 사람들에게는 …… 대한민국 출범 후 법전편찬위원회 위원장으로서 제헌 헌법 이후에 탄생한 형법, 형사소송법, 민법 등의 제정에 중추적 역할을 수행하였던"(신동운, 앞의 글: 9) 가인 김병로에 대해서는 서울대학교 법학전문대학원의 정긍식 교수가 집필을 맡았다. 법제사를 전공하는 정 교수가 철저하고 끈질기게 사료를 추적하여, 가인의 "철저한 시대정신과 역사의식을 현재의 우리에게 삶의 지향점이자 정신의 지표"로 삼을 수 있도록 제시하고 있다. 정 교수가 찾아내고 정리한 자료는 너무나 방대하여 이 책에 다 실을 수 없을 정도였다. 가인의 생애에 대한 글이면서 법제사 연구자들에게도 많은 시사를 제공해 주리라 생각한다.

"청렴하기 때문에 강직할 수 있다"는 말을 남겼고, '강화가 본관인 강직한 선비'라는 의미로 '화강華剛'이라는 호를 사용할 정도로 대쪽 같은 검사였지만, '식민지 조선'의 검사로 활동하였던 까닭에 '친일인사명단'(2005년)에도 포함된 적이 있는(2009년 조사대상에서 제외되었음) 최대교 검사에 대해서는, 역사학자인 백승종 교수가 집필하였다. 백 교수의 화강에 대한 평가는, "일제의 구조적 차별에 분노하면서도 법질서 안에서 정의와 평등을 추구하였"고, "강렬한 민족의식 같은 것은 없었"으나, "차별과 폭력에서 벗어난 정의의 세계를 지향하였다"는 것이다. 일제강점기의 법제도를 미화하는 듯한 발언에 대해서도, 그것이 단순 미화가 아니라 보편적인 가치를 지향하던 화강이 당시 한국의 법제도에 대해 준엄하게 질책한 것이라고 하였다. 역사학자인 백 교수의 냉정한 역사의식이 문장 곳곳에서 드러나고 있다.

바오로 김홍섭 판사에 대해서도 백승종 교수가 집필하였다. 일찍이 최종고 교수가 '사도법관'이라고 불렀던 바오로에 대해 백 교수는 그의 청렴함과 돈독한 신앙심에 대해 언급하면서도 법률가답지 않은 수많은 일화를 거론하면서 '고뇌의 인간'으로 묘사하고 있다. 판사로서 자신의 내면에서 일어나는 혼란과 고통을 감수하면서 현실(직무)과의 조화를 이뤄 낸 '구도자'라고 평가하였다. 그러면서도 신화화의 위험을 직시하고, 어디까지나 "순박하고 진실하며 친근한 선비 김홍섭을 만나게 되기를 소망"하는 마음으로 써 내려갔다. 독실한 천주교 신자인 김홍섭을 설명하면서, "천주교도가 아닌 타 종교의 신봉자들도 부담을 느끼지 않도록" 배려하고 있다. 백 교수는 무엇보다도 "김홍섭은 천주교도이기 전에, 보편적 의미의 종교적 구원을 추구한 진솔한 인간이었다"고 생각한 것이다. 구수함이 배어나는 백 교수의 글이 김홍섭의 향기를 더욱 빛나게 해준다.

부록에서는 보다 구체적으로 법조인으로서의 세 분의 삶을 추적하는데 도움을 주고자, 도면회 교수가 한국의 근대사법제도에 대해 분석하고 기술하였다. 사법제도사를 전공한 도 교수는 한국근대사법제도의 출발점이 된 갑오개혁부터 현재까지의 제도에 대해 치밀하게 설명하고 있다. 일제 치하의 사법제도뿐 아니라, 해방 이후 미국의 사법제도가 도입되는 과정과 의미에 대해서도 설명하고 있다. 나아가 대한민국 정부 수립 이후의 사법제도와 사법권 독립의 역사까지 분석하고 있다. 도 교수는 단순한 제도사적 설명을 넘어, 어쩌면 일반 시민들과는 거리를 두고 있고 많이 알려지지 않은 '법조계'의 내부에서 일어난 변천들에 대해 매우 구체적인 그림을 보여 주고 있다. 그리고 그분들의 삶을 그분들의 시선으로 이해할 수 있도록 본문에 싣지 못하였던 그분들의 말과 글을 정리하여 실었다.

임경택(林慶澤, 전북대학교 교수, 문화인류학)

차례

제1부

법조삼성의 시대와 삶

I
무엇을 지향하는 '평전'인가?

임경택
(전북대학교 교수, 문화인류학)

1. '법조삼성' 평전을 다시 쓰는 이유와 우리의 시선

이 책을 읽는 독자들은 어릴 때부터 많은 위인전을 접하고 읽어 왔을 것이다. 위인전을 읽으면서 자신의 미래를 꿈꾸고 설계하고 삶의 모델을 설정하기도 하였을 것이다. 이렇듯 위인전을 읽는 주요한 목적은 위인들의 생애를 통해 무언가를 배우고자 함이었다. 그래서 무엇을 배웠는지에 대해 수많은 독후감을 썼던 기억들을 대부분 가지고 있을 터인데, 그 배움을 지금 자신의 인생에서 의미 있는 부분으로 승화시킨 사람도 있을 것이고, 어릴 적 키웠던 꿈을 가슴에 품고 살아가는 사람도 있을 것이다. 그리고 성인이 되면 위인전보다 이른바 '평전評傳'을 접하게 된다. 평전이란 '개인의 일생에 대해 평론을 곁들여 적은 전기'이다. 이 책도 평전을 지향하고 있다. 하지만 평전 형식을 취한다고 하면서도 관련 자료를 소개하거나 평가하는 해설자와 같은 형식을 취하는 경우를 많이 볼 수 있다. 이 책은 그러한 평전들과는 차별화된 글을 쓰려고 노력하였다.

역사상의 인물에 대해 자서전도 회고록도 아닌 평전의 형태로, 오늘날의 관점과 입장에서 평을 할 수 있는 방식은 여러 가지가 있다. 우선 그 인물이 살았던 시대적 상황이나 고유한 환경을 완전히 버리거나 무시하고 그 인물을 하나의 인간으로만 보고, 인간사의 보편적인 과제나 인간이라면 누구나 껴안고 살아가는 인생의 영원불변한 과제에 대해 어떤 고민을 하고 어떻게 답하였는지를 살펴보거나, 또는 그러한 무거운 물음에 답하기 위해 일상에서의 생활은 어떻게 영위하였는지 등등을 분석하는 방식이 있을 것이다. 그런데 이러한 방식은 현대인의 관점이나 심리 또는 감정을 여과 없이 직접적으로 평하고자 하는 역사적 인물에게 투영할 가능성이 높아진다. 더욱이 그 인물이 누구나 인정하는 위대한 사람인 경우에는 평자 자신의 이상적인 인간상을 그 인물과 동일화하여 미화할 위험성도 존재한다. 평전이라는 것이 결국 사실의 서술보다는 가치의 서술이 될 가능성이 높고, 따라서 글쓴이의 가치관과 평가가 깊이 내재될 수 있기 때문이다.

이와는 반대로, 서술하고자 하는 대상 인물을 절대로 반복되지 않는 것이라 전제한 역사적 상황 안에 배치시켜, 그 사람의 생애를 그가 살아갔던 시기의 역사적 조건 안에 자리매김하는 방식이 있다. 그리하여 그 인물이 어떠한 역사적 역할을 수행하였는지, 또는 역사적으로 어떠한 제약을 안고 있었는지 등등에 대해 밝히는 것이다. 다만 이 경우에는 역사적 상황이 두 번 다시 반복되지 않는 것을 전제로 하기 때문에, 그 인물로부터 오늘날의 우리가 과연 배울 것이 있을까 또는 과연 무엇을 배울 것인가라는 문제가 대두된다. 아주 손쉽게 그 인물도 어쩔 수 없이 시대의 산물이었다는 결론에 도달할 위험성마저 내재하고 있다. 즉 그분은 위대하였지만 시대가 받쳐 주지를 않아 이러저러한 한계를 지닐 수밖에 없었다는 것이 되고 말 가능성이 있다. '시대의 산물'이라고 이야기하는 것은 어쩌면 아무것도 이야기하지 않는 것과 같을 수 있다. '시대의 산물'은 그 인물 외에도 수없이 존재하는 것이므로, 특정한 시대의 공통항으로 묶어 버린다면 서술하고자 하는 인물의 개성이 순식간에 사라져 버리기 때문이다.

오늘날의 우리가 과거의 인물이나 사상을 살펴보려고 할 때 또 다른 유혹도 존재한다. 그것은 우리에게 상식이 되어 있는 가치기준이나 당연시되는 사고방식을 안전지대로 삼아, 그 안에 안주하여 과거의 인물에 대해 평을 하고, 현재의 기준으로 그 인물의 한계를 지적하는 것이다. 이러한 입장을 취하게 되면, 과거의 인물에 대해 오늘날의 시점으로 '한계'를 지적하거나 반대로 무조건 위대한 선각자였다고 평가하기 십상이다. 과거 인물을 선각자로 평가했다면, 그가 선각자라는 전제 아래 자신의 평가에 맞춰 해석을 시도할 것이다. 그래서 이러한 위대한 선각자를 두고 당시 사람들은 그의 행동과 주장을 오해하고 비판하였다고 안타까워하거나 재해석되어야 한다고 소리를 높이는 것이다. 그리하여 그 선각자를 다시 상기하자고 주장하면서 '서세 ○○년'이나 '○○주기'의 기념행사를 성대하게 개최하기도 한다. 하지만 이는 우리가 현재 도달한 역사적 시점일 뿐, 그 인물을 바라보는 태도로서는 안이하다고 하겠다. 다시 말하면, 오늘날 우리가 도달한 지식을 바탕으로, 우리가 현재 서 있는 지점에서 설정한 도덕적인 기준, 정치적인 가치들을 당연하고 자명한 것으로 받아들여, 그 시선으로 과거의 인물과 그의 삶을 들여다보게 되면, 당시로서는 대단한 것이었다고 칭찬하게 되는 경향이 나타나기 쉬울 뿐 아니라, 이를 뒤집어서 오늘날의 입장에서 보면 한계가 있다고 평가하는 동일 논리의 반복이 이루어지기 쉬운 것이다.

이러한 두 가지 방식에 대해 좋고 나쁨을 가릴 수는 없다. 둘 다 나름의 의미를 지니고 있기 때문이다. 과거의 인물로부터 현재를 살아가는 우리가 배운다는 것은 어떤 의미일까? 시대적 상황이 달랐던 인물의 사상과 삶을 오늘의 시점에서 되살린다는 것은 어떤 의미일까? 위의 두 가지 방식으로는 이러한 물음에 답하는 데 한계가 있다는 생각이 든다. 그렇다면 어떻게 해야 할 것인가? 좀 더 생각해 보자. 무엇보다도 우리가 지금 지니고 있는 지식, 그 지식을 전제로 하는 가치기준 등을 일단 괄호 속에 넣어야 하지 않을까? 그 당시의 상황과 말, 가치기준 안에 우리 자신을 놓아 보는 것이 필요하다고 생각한다. 상대주의적 관점이 필요하다는 것이다. 오늘날의 우리는 법조삼성들이 살았던 당시부터 지금까지 한국과 한국사회가 걸어온 길을 아주 잘 알고 있지만, 법조삼성이 살던 시점에서 보면 그것은 완전한 미지의 세계이다. 우리가 100년 후의 한국, 한국사회를 전혀 알 수 없는 것과 같은 이치이다. 바로 이 지점에서 우리의 상상력이 필요하다. 즉 오늘날 바라보아 알게 된 결말들을 모두 미지였던 그 당시로 환원시켜 보자는 것이다. 역사적으로 기정사실이 되어 버린 그 과정들에서 새로운 가능성을 찾아내어 그 안에 우리 자신을 놓아 보면 어떨까? 법조삼성의 삶 속으로 깊이 들어가 그분들의 눈과 귀와 마음으로 세상을 보는 간접체험(또는 추체험追體驗)을 해 보는 것이 우선 필요하다는 생각이 든다.

그런데 이러한 간접체험도 자칫하면 과거를 내재적으로만 이해하거나 깊이만 더하는 우를 범할 수 있다. 그래서 과거의 삶으로부터 무엇인가를 배우기 위해서는, 역사적 상황을 특수하거나 일회적인 것이 아니라 '전형적'인 것으로 추상화할 필요가 있다고 하겠다. 모든 역사적 사건은 그 모양 그대로는 반복되지 않는다. 그러므로 그것들을 어느 시기 어느 장소에서 한 번만 일어난 사건이 아니라 전형적인 것으로 본다면, 우리가 오늘날 당면할 가능성을 지닌 것으로 파악하고 분석할 수 있을 것이다. 관심의 소재나 방향에 따라 다양한 상황을 추출할 수 있지만, 가장 중요한 것은 역사를 고착시키지 않는다는 점이다. 또한 대상 인물을 그 시대로부터 탈각시키지 않아야 한다. 그렇게 함으로써 과거의 역사는 우리 앞에 직접적으로 현재화하는 것이 아니라, 어디까지나 과거를 매개로 하여 현재화하게 될 것이다. 보다 구체적으로 이야기하면, 법조삼성이 당시의 가치기준으로 이야기한 것을 꼼꼼히 살펴, 그들이 당면한 문제가 무엇이었던가를 파악해 보아야 한다. 한 사람의 생애는 결코 그만의 삶이 아니다. 그것은 그 이전의 오랜 시대부터 퇴적되어 온 것과 동시대 사람들의 마음들이 뒤엉켜 한 사람 한 사람을 통해 분출되는 것이다. 그러므로 그것을 역사적 상황과 관련시켜 오늘의 우리에게, 그리고 우리의 내일에 투영해 볼 때, 비로소 우리의 문제로서 주체적으로 받아들일 수 있게 될 것이다.

필자들은 이와 같은 입장에서 법조삼성의 생애를 바라보고 그분들에 대한 평전을 써 내려갔고, 이것이야말로 이 책이 지향하는 새로운 '평전'의 모습이다.

이러한 관점에서 정긍식은 "이 땅에서 법학을 공부하고 법률가가 되려는 모든 이가 이 글에서 희망을 찾고, 일신의 편익만을 좇는 법률가가 아닌 전체를 생각하고 대의를 위해 자기를 희생할 수 있는 법률가가 되기를 희망"하면서 김병로를 다시 기리고 있다. 백승종은 최대교를 "젊은 시절부터 청렴, 강직이 몸에 밴 사람", "일제의 구조적 차별에 분노하면서도 법질서 안에서 정의와 평등을 추구하였던 그에게는 강렬한 민족의식 같은 것은 없었으나", "차별과 폭력에서 벗어난 정의의 세계를 지향"하였다는 점에서, 그의 세계관은 "보편적 가치를 지향한 것으로 평가"하고 있다. 또한 김홍섭에 대해서는 "'인간이 어떻게 인간을 재판하는가'라는 실존적 고민, 더 나아가서 인간의 자연법적 기본권에 대해 고민하면서 법관의 존재 근거를 종교적 차원으로까지 연결하려 고뇌"하던 모습에 대해 그리고 있다.

2. 이 '평전'을 통해 오늘날 더 음미하고 싶은 것들

1) 공직자의 삶

법조삼성에 대한 평가에서 가장 두드러지는 것은 그분들이 청렴한 공직자들이었다는 점이다. 누가 보아도 세 분의 청렴함에 머리가 숙여질 것이다. 가인은 어려서부터 익숙하였던 가난을 불편해하지 않았다. 한복 차림에 두루마기를 입고 다니고, 집안에 경사가 있을 때에도 요릿집에서 피로연이나 잔치를 하는 경우가 없었다. 이러한 개인생활뿐 아니라 법원의 예산도 철저히 관리하여 낭비를 줄이고자 노력하였고, 무엇보다도 가족이나 친인척, 가까운 이들의 인사문제에 전혀 관계하지 않았다. 심지어 사법관으로서의 청렴한 본분을 지킬 수 없다고 생각될 때에는 사법부의 위신을 위해 사법부를 용감히 떠나라고까지 하였다. 그것이야말로 법원에 대한 신뢰의 기초라고 생각하는 철저한 공직자였던 것이다. 화강은 '냉수도 헹구어 마시는 사람'이었고, 도시락을 가져가지 못해 누룽지를 먹다가 '누룽지 검사장'이라는 별명을 얻을 정도였으며, 늘 고무신을 신고 다녀서 '고무신 검사장'이라고 불리기도 하였다. 낮은 급여로 인해 부인은 편지봉투를 만들어 가계를 메꾸고, 자식들은 수업료조차 납부하지 못한 적이 있었다고 한다. 영원한 삶을 추구하던 바오로 김홍섭 판사는 더 말할 나위도 없다. 평생 한 번도 새 양복을 맞춰 입지 않고, 오버코트는 미군의 야전모포를 물들여서 개조해 입었으며, 검정고무신을 신고 다니면서도, 관용봉투 1장, 관용용지 1장도 개인을 위해서 쓰지 않았다. 호화스런 대법관의 관용차에 대해 준엄하게 꾸짖고, 짠지 한 가지만을 반찬으로 넣은 도시락을 들고 걸어서 출퇴근을 하며 '김홍섭로'를 만들어 냈다.

그분들의 청렴에 대한 칭송이 단순히 가난을 자처하고 가난하게 살았다고 해서 생겨난 것일까? 분명 아닐 것이다. 나라 전체가 가난했던 시절이기는 하지만, 판사, 검사라는 직업을 생각해 볼 때 당시의 민중들보다는 조금 더 풍족한 생활을 할 수 있었을 것이다. 하지만 어떤 상황에서도 개인의 사리사욕을 추구하지 않았고, 일평생 권력과 재물의 유혹을 물리치고 청빈淸貧을 공직자의 사명으로 여겼다. 그분들이 어린 시절부터 성리학에 잠심潛心하면서 내면화한 그 가치야말로 한국의 전통 사회를 지배한 가치관이었다. 조선의 황희 정승이 그의 공과에도 불구하고 여전히 존경받는 이유도 바로 그 때문일 것이다. 특히 현재 한국사회의 법조계 공직자의 상황을 생각하면, 그분들이 활동하던 시대와는 아주 많이 달라졌다. 오늘날의 법조계 인사들을 유혹하고 위협하는 것은 폭력적인 정치권력보다는 대기업 또는 재벌로 대표되는 금력이라고 할 수 있을 것이다. 실제로 금권의 유혹을 이기지 못하고 많은 법조계 인사가 추하고 약한 모습을 보이는 오늘날, 이분들의 청렴은 특별한 의미를 지닌다고 할 수 있다.

국제투명성기구(TI)에서는 매년 국가별 부패지수를 산출하는데, 2014년 기준으로 한국의 부패지수는 43위이며, 최근 10여 년 동안 거의 변함이 없다. 아직 갈 길이 멀다고 하겠다. 이 부패지수는 바로 그 공정성과 관련된 문제이고, 부패는 사회갈등을 유발하는 촉매가 되기 때문에 매우 중요하게 생각해야 한다.

그런데 공정성을 누구보다도 중시하고 실천해야 하는 것은 공직자일 것이다. 공직자란 국민에 의해 선출되거나 정부에 의해 임명되어 국가나 지방공공단체의 공무를 담당하는 사람을 가리킨다. 이러한 공직자의 근무자세와 도덕성은 그 나라 사회의 안정과 질서의 수준을 가늠하는 척도로 여겨져 왔다. 더구나 현대사회는 공직에 진출할 기회가 신분제도에 입각하여 특정 계층에 한정되는 시대가 아니기 때문에 공직자의 사회적 영향은 과거보다 훨씬 더 증가하고 있다. 따라서 공직자에게는 일반 국민이나 다른 직업인에게 요구되는 것보다 더 높은 도덕규범이 요구되는 것이다. 그래서 현대사회에서는 공무원의 행동 규범과 의무를 법으로까지 정하고 있다.

모범적이고 이상적인 공직자상으로 '청백리'를 들 수 있다. 청백리의 전통적 이미지는 청빈한 생활태도를 유지하고, 벼슬길에 나아가서는 봉공하는 자세를 견지하며, 백성들을 마치 부모님처럼 모시는 관리로서 마음이 청렴하고 결백한 사람이다. 『맹자』에서는 선비가 일반 백성과 다른 점은 변하지 않는 도덕심을 가지는 것이고, 어떠한 어려움이 있더라도 한 번 결심한 것을 끝까지 지키는 것을 최고의 미덕이라 하였다. 다산 정약용도 『목민심서』에서 청백리의 조건으로 자애, 청렴, 절용을 들었고, 청렴한 수령만이 참으로 백성을 사랑할 수 있다고 하였다. 그러나 요즘의 한국사회를 보면 이 청백리라는 훌륭한 경우를 가리키는 말이 점점 사라져 가는 듯하다. 이 시대의 청백리는 어떠해야 하는가? 다시 한 번 곰곰이 생각해 볼 일이다.

2) 법조인의 삶

우리는 흔히 정직하고 올곧게 살아가는 사람을 가리켜 '법 없이도 살 수 있는 사람'이라고 한다. 그리고 실제로도 많은 사람이 '법 없이' 평화롭고 정직하게 살아가고 있다. 일반인들이 법을 맞닥뜨리는 경우는 범죄혐의로 국가의 수사를 받거나 다른 사람이나 기관 등과 법적인 분쟁, 즉 재판이 있을 때이다. 또한 이러한 상황은 법이 사람을 제재만 하는 것이 아니라 보호하고 있음을 의미하기도 한다. 인류사회는 (폭력을 포함한) 권력으로부터 개인을 보호하기 위해 부단히 노력해 왔고, 그래서 그 개인들을 보호하기 위한 정치제도가 다양하게 나타났으며, 그 최종 결과물이 '법의 지배Rule of Law' 이념이다.

모든 국가는 국가권력을 제한하며 개인의 권리를 보호하기 위해 헌법을 두고 있다. 대한민국 헌법에는 재판과 관련하여 국민의 권리를 규정하고 있으며, 이를 해결하기 위해 사법부를 두고 있다. 즉, 모든 국민은 재판받을 권리가 있으며(헌법 제27조), 또 신체의 자유가 있고 체포 또는 구속을 당한 때에는 즉시 변호인의 조력을 받을 권리를 가진다(헌법 제12조). 그리고 재판을 담당하는 법관은 헌법과 법률에 의해 그 양심에 따라 독립하여 심판한다(헌법 제103조). 이처럼 법은 국민의 자유와 권익을 옹호하기 위해 존재하는 것이다. 그리고 강력한 국가권력을 쪼개서 개인을 보호하기 위해 입법, 행정, 사법 등으로 국가권력을 분립하고 있다. 국가권력은 사전에 예고된 법률에 의해 작동한다. 그러나 법률은 그 자체로 작동할 수 없기 때문에 사람이 이를 운용해야 한다. 그 사람은 바로 법률가로서, 판사, 검사, 변호사이다.

법은 국민들을 보호하는 방패막이 될 수도 있고 거꾸로 흉기도 될 수 있다. 이는 결국 법을 운용하는 사람들의 자세와 관련된다. 그렇기 때문에 법을 운용하는 법률가들에게는 일반인보다 훨씬 높은 도덕성과 청렴성을 요구한다. 법관은 명예를 존중하고 품위를 유지하며, 공평무사하고 청렴해야 하고, 공정성과 청렴성을 의심받을 행동을 해서는 아니 된다(법관윤리강령 제2조, 제3조). 검사 역시 공·사생활에서 높은 도덕성과 청렴성을 유지하고, 명예롭고 품위 있게 행동해야 한다(검사윤리강령 제4조). 공무원이 아닌 변호사 역시 같은 의무를 지니고 있다. 변호사는 기본적 인권의 옹호와 사회정의의 실현을 사명으로 하며(변호사법 제1조), 성실·공정하게 직무를 수행하며 명예와 품위를 보전해야 한다(변호사윤리장전 윤리 강령). 또 변호사는 품위를 유지하고, 명예를 손상하는 행위를 하지 아니한다(윤리규약 제5조). 또한 공공성을 지닌 법률 전문직으로서 독립하여 자유롭게 그 직무를 수행해야 한다(변호사법 제2조).

이러한 법조인 또는 법률가의 삶을 철저하게 살아 온 '법조삼성'의 생애는 오늘날 우리에게도 많은 것을 생각하게 한다. 그분들의 평전을 읽어 나가는 동안 이와 같이 이상적인 법조인의 삶을 철저하게 실천해 가는 모습을 보게 될 것이고, 우리 역사 안에 그와 같은 법조인을 가지고 있음이 한층 더 자랑스러워질 것이다.

3) 애국의 길과 세계 시민

요즘 한국사회에서 사라져 가는 말 중 하나가 '애국愛國'이라고 한다. 애국이 강조되면서 독재를 정당화하고 인간의 본질적 자유를 억압하는 단어로 자리매김되었기 때문일 것이다. 그렇다면 이 시대의 진정한 애국은 어떤 모습이어야 할 것인가? 바오로 김홍섭이 우리에게 하나의 길을 제시한다.

그가 마음의 스승으로 삼았던 사람은 "내 나라와 혼인하였다"고 한 인도의 지도자 간디였다. 간디는 스스로가 인간이기 때문에, 그리고 근대적 인간의 삶은 그가 속한 국가의 안위를 떠나서 존재할 수 없기 때문에 자신을 애국자라고 하였다. 근대국가의 탄생 이후 애국의 문제는 중요성을 띠어 왔다. 이제 글로벌 사회에서 세계 시민으로 살아가려면 애국은 어떤 의미를 지녀야 하는지 생각해 봐야 한다.

다시 김홍섭이 공명한 간디로 되돌아가 보자. 간디는 제국주의에 대한 굴종을 거부하면서 제국주의와의 어설픈 타협은 국가에 대한 배신이라고 하였다. 타협을 가장한 평화를 거부한 것이다. 이러한 간디에 감명을 받은 김홍섭은 일제에 직접 맞서서 투쟁하는 모습을 보이지 않는다. 국가와 민족을 하나의 배타적인 공동체로 간주하려는 생각을 가지고 있지 않았던 것이다. 보편주의자요 합리주의자였던 것이다. 본인이 고백하듯이 "애국심이란 인류애와 동일한 것이다." 제국주의를 부정하면서도 민족공동체 또는 국가공동체의 절대성에서 벗어나야 한다고 소리 없이 외쳤던 것이다. 그가 소망한 세계는 온 인류가 하나의 영구하고 보편적인 법질서를 따라 살면서 그 가운데에서 평화를 구가하는 세상이었다. "진리와 자유에 기基하여 구상된 세계, 의인과 진리만이 숭상을 받고 침략과 불선과 무자비가 비난받는 세계"를 염원하였던 것이다. 이와 같이 민족주의나 국가주의에 거리를 둔 애국을 새롭게 발견했다고 하였고, 그 점에 대해 깊이 생각해야 한다고 주장하였다. 민족주의나 국가주의, 그리고 반공주의를 일시적이고 매우 협소한 풍조로 간주한 김홍섭은 그 이데올로기들로부터 벗어나기 위해 노력한 진정한 자유인이라고 평가할 수 있다. 당연히 제국주의와 패권주의도 부정하고 있다. 자연이 마련한 조건에 만족하고 그 안에서 평화로운 질서를 꿈꾸었던 김홍섭을 생태주의자라고까지 하였다.

이러한 자세의 일면만을 보고 일본 제국주의의 실상을 외면하려고 하였던 비겁한 지식인이라고 비판할 수도 있을 것이다. 하지만 이러한 모습을 현실도피로만 보지 않고 새로운 질서, 즉 인류애에 바탕을 둔 우주적 보편의 평화질서를 갈망하는 태도로 살펴볼 필요가 있다고 생각한다. 그것은 어쩌면 식민지의 속박을 벗어나 영원한 자유를 얻고자 하는 열망이었을 것이다. 그의 현실비판은 바로 이러한 세계 시민으로서의 시각에서 비롯되고 있다. 자유와 정의 역시 민족이나 국가라는 협소한 틀 안에서 쟁취하는 것이 아니라, 가장 진실 된 인간의 길을 추구하기 위해 필요한 것임을 김홍섭의 생애를 통해 발견할 수 있을 것이다. 그에게 민주주의가 무엇이냐고 묻는다면 "모든 공의는 진실 된 여론 위에 이뤄지고, 일절 시책은 냉엄한 인민의 비판 아래 있어야 한다"고 대답할 것이다. 나약한 종교적인 문인으로만 간주되기 쉬운 김홍섭의 생을 다시 돌아보면, 사회 현실에 대한 표현을 자제하였을 뿐 날카로운 비판의식을 지니고 있었음을 알 수 있다.

자유와 진리가 보편적 질서의 기축이 되는 인류공동체를 꿈꾼 김홍섭의 '애국'은, 국경을 넘는 이동이 훨씬 더 많아지고 세계 시민의 양성이 무엇보다 요청되는 현 세계에 중요한 메시지가 될 것임에 틀림없다.

4) 친일논쟁

일제강점기에 태어난 한국인으로서 판사나 검사로 활동한 것을 어떻게 보아야 할까? 그 시대의 한국인이라면 무조건 독립투쟁에 나섰어야만 옳고, 그 밖의 직업에 종사한 것은 범죄행위일까? 민족이라는 이데올로기를 앞세워 인간의 과거행적을 단선적 또는 결과론의 시각으로 평가하는 것은 상당히 무리한 일이다. 역사적 평가는 시대 상황과 개인의 처지를 고려하여 신중하고 종합적으로 하는 것이 당연하다.

이에 대해 백승종은 화강 최대교 검사에 대한 글("무의미한 친일논란")에서 "후세가 관용할 수 있는 범위가 너무 좁은 것이 아닐까?"라고 정면으로 문제를 제기하고 있다.

프란츠 파농은 '식민지 지식인'의 진화 단계를 3단계로 나누어 고찰하였다. 제1단계는 제국에 대한 무조건적 동화이다. 제2단계는 식민지의 지배권력에 대한 도전이다. 그리고 마지막 단계는 새로운 인간의 창조라 하였다. 안토니오 네그리 등의 해석을 빌린다면, 최종 단계란 "근대성 반근대성의 정적인 대립 너머로 나아가며 역동적이고 창조적인 과정"이다(안토니오 네그리, 마이클 하트, 2014: 162). 현대 한국사회도 머지않아 그처럼 역동적이고 창조적인 역사적 과정에 진입하게 될 것이라고 믿고 싶다. 그래야 흑백논리에 빠진 친일논쟁에 서광이 깃들 것이다.

법조삼성의 평전을 통해 식민지 시대를 살아 간 지식인, 법률가들의 삶의 방식과 식민지 현실에 대한 태도를 균형 있게 살펴볼 수 있을 것이다. 가인은 민족의 현실을 고민하면서 일부러 변호사의 길을 택하였다. 전문지식을 활용해 총독부의 관리가 되고 싶지 않았던 가인은 우선 강단을 선택했고, 판사로 임용되기는 하였지만 민족 독립운동가를 재판하게 되자 판사직을 버리고 떠났다. 그 후에는 변호사로 활동하면서 간접적으로 독립운동을 돕기도 하였다. 이러한 가인의 길은 말 그대로 전인미답의 특별한 인생행로였다고 생각된다. 화강과 바오로는 당시 법조계 대다수 인사들과 마찬가지로, 법률가의 위상만을 보고 민족의식보다는 사회적 지위와 자유를 얻기 위한 지극히 개인적인 차원에서 그 직업을 선택하였다. 그들의 이러한 철저한 직업정신이 해방 이후 사법부의 독립을 위한 밑거름이 되었다는 사실도 함께 고려해야 할 것이다.

Ⅱ
'법조삼성' 연보와 해제

임경택
(전북대학교 교수, 문화인류학)

1. 개화기

가인과 화강이 출생한 시기의 조선은 바람 앞의 등불과 같은 위기상황이었다. 왕실의 외척인 안동 김씨와 풍양 조씨가 전횡을 한 세도정치는 1862년의 임술민란 등으로 말기적 상황을 보이고 있었다. 또한 이양선이 출몰하여 조선에 개국과 통상을 요구하였으며, 청나라도 아편전쟁(1840) 등으로 함선과 대포를 앞세운 서구 열강 앞에 무릎을 꿇는 등 세계가 요동치던 시대였다. 이러한 시기인 1863년 고종이 즉위하여 홍선대원군이 실권을 잡자 경복궁을 재건하고 『대전회통』을 편찬하여 왕권을 강화하는 한편, 국가 기강을 바로세우고 쇄국정책을 펼쳐서 안으로

연도	한국사	월	가인 김병로	화강 최대교	바오로 김홍섭
1888		1	[27] 전라북도 순창군 북흥면 하리에서 출생.		
1894	동학농민운동, 갑오개혁, 청일전쟁		전봉준·농민군으로부터 강한 인상 받음.		
1895	을미사변		부친 별세.		
1896	아관파천, 독립협회 창립		조모 박 씨가 세운 독서당에서 한문 교육받음.		
1899	대한국 국제 반포		연일延日 정 씨(1883~1950)와 결혼.		
1900	경인선철도 완공		조모 별세.		
1901		1		[21] 전북 익산 삼기면에서 출생.	
1902			당대 한학자 전우田愚에게 수학.		
1904	러일전쟁		목포 일신학교에서 신학문을 배움.		
1905	을사조약 체결		나라를 위한 새 길을 모색하고자 귀향.		
1906	통감부 설치, 최익현의 의병 운동과 순국		순창에서 최익현 의병에 가담. 최익현의 순국 후, 독서에 전념.		
1907	순종 즉위, 한일신협약, 군대 해산, 헤이그특사 파견		유도하柳陶下로부터 오행술서 배움. 전북의 명산 유람.		
1908	스티븐스 암살		귀향하여 의병에 참가.		
1909	안중근 의사가 이토 히로부미 사살	봄	옥과玉果 용전龍田으로 이사.		
		가을	담양군 창평면 용수리龍水里로 이사. 창흥학교 설립을 도우면서 자신도 속성과에서 배움.		

※ 표 내의 대괄호 안 숫자는 날짜를 의미함.

의 개혁을 도모하였다. 하지만 1873년 최익현 등의 탄핵으로 홍선 대원군은 실각하고 고종이 친정을 하게 되었다.

일본은 1853년 미국의 페리 제독이 몰고 온 흑선의 위력에 굴복하여 개항하고 이듬해 서방국가와 조약을 체결하였다. 1867년 다이묘들이 천황에게 영지領地와 영민領民을 바치는 판적봉환版籍奉還을 단행하면서 명실상부한 국가 원수의 실권을 갖게 된 메이지 천황은 메이지유신을 단행하여 근대 국가로서의 면모를 가꾸어 갔다. 신정부는 일본 내에서의 불만세력을 잠재우기 위해 해외로 팽창을 시도하여, 메이지유신 직후인 1868년 자신들의 왕정복고를 통고하고 국교회복을 청하는 서신을 조선으로 보냈으나 홍선 대원군은 국서가 격식에 맞지 않는다는 이유로 거부하였다. 1872년까지 일본은 다양한 방법으로 조선과 국교를 회복하기 위해 노력하였으나 효과가 없었고, 이런 과정 속에서 일본 내에서는 조선을 무력으로 정벌하자는 '정한론征韓論'이 등장하였다. 일본의 정치투쟁에서 정한론자가 패배하였으나 1875년 운요호雲揚號 사건을 일으켜 1876년 무력시위를 통해 조선을 강제로 개국시켰다.

1876년 개항 이후 조선 정부도 새로운 조류에 발맞추기 위해 1880년 통리기무아문統理機務衙門을, 1882년 통리교섭통상사무아문統理交涉通商事務衙門를 설치하였다. 또한 국방력을 강화하기 위해 1881년 일본인 교관을 초빙하여 신식군대인 별기군別技軍을 설치하였다. 그러나 1882년 별기군과의 차별에 불만을 품은 군대가 별기군을 공격한 임오군란이 발발한 후, 잠시 실권을 잡은 홍선 대원군을 청나라가 개입하여 톈진天津으로 압송했으며, 마건충馬建忠이 서울에 머물며 내정에 개입하였다. 1884년에는 급진 개화파들이 정변을 일으켜 3일 동안 정권을 장악한 갑신정변이 일어났다. 영국은 남하하는 러시아를 견제하기 위해 1885년 3

월 거문도를 해밀턴Hamilton섬이라 부르면서 2년 동안 점령했다가 1887년 2월 철수하였다.

1894년 1월 군수 조병갑趙秉甲의 수탈과 학정에 고부민란이 일어났다. 정부에서 파견된 안핵사가 민란에 참여한 농민을 폭도로 몰아 처벌하자, 동학도를 중심으로 관군과 전쟁을 벌임으로써 동학농민운동이 시작되었다. 전봉준全琫準, 손화중孫化中, 김개남金開男 등이 전라도 지역의 동학 남접과 농민들을 규합하여 관군과 황토현 등에서 싸워 크게 이기고 4월에 전주성을 점령하면서 전라도 일대를 장악하였다. 5월에 정부와 전주화약을 맺은 농민군은 집강소를 설치하고 폐정개혁안을 통해 봉건제도의 개혁을 실시하였다. 당국도 교정청을 설치하여 농민군의 입장을 수용하면서 민란을 구실로 파병된 청·일 양국 군대의 철병을 요구하였다. 그러나 일본군은 경복궁을 점령하고 친일파를 내세워 갑오개혁을 강제로 실시하는 한편 청일전쟁을 일으켰다. 이에 반외세를 주창하며 충청도의 북접까지 합세하여 재차 봉기한 동학농민군은 서울 진공을 실시했으나, 일본군과 연합한 관군에게 우금치 전투에서 크게 패하였다. 결국 1894년 12월에 전봉준이 잡히면서 동학농민운동은 끝나게 된다.

동학농민운동을 진압한다는 구실로 출병한 일본 군대는 경복궁을 포위하고 대원군을 앞세워 민씨 일파를 축출하였으며, 김홍집을 중심으로 하는 온건 개화파의 친일정부를 수립하였다. 교정청을 대신하여 군국기무처를 설치하고, 7월부터 11월까지 의정부 관제와 궁내부 관제, 경무청의 신설, 과거제도 폐지와 은본위제의 화폐제도 실시, 조세의 금납제, 도량형 통일, 연좌법의 폐지, 공사노비제도의 혁파, 조혼의 금지, 과부의 재혼 허용 등 제1차 갑오개혁을 단행하였다. 청일전쟁에서 승기를 잡은 일본은 박영효와 김홍집의 연립 내각을 구성한 뒤 12월부터 제2차 갑오개혁을 추진하였다. 고종은 종묘에 독립서고문을 바치고 홍범14조를 반포하였으며, 의정부를 내각으로 고치고 지방을 8도에서 23부로 재편하고 재판소를 설치하여 사법권을 독립시켰다. 또한 교육입국조서를 반포하고 여러 학교를 설립하여 근대적인 교육제도를 마련하였다. 한편 삼국간섭(1895년)으로 러시아의 영향력이 커지자, 일본은 반일파인 명성황후明成皇后를 살해하는 을미사변을 일으켜 다시 친일내각을 구성하고, 태양력 사용, 소학교 설치, 종두법과 단발령 실시, 건양 연호 사용 등을 내용으로 하는 제3차 개혁인 을미개혁을 추진하였다.

이러한 일련의 개혁 추진, 1895년 명성황후 시해사건과 단발령斷髮令에 분격한 유생들이 근왕창의勤王倡義를 내걸고 친일내각의 타도와 일본세력의 구축을 목표로 항일의병을 일으켰다. 조정에서는 선무사를 파견하는 한편 관군을 보내어 진압하였다. 이러한 혼란의 틈을 이용하여 근왕세력들이 아관파천俄館播遷을 단행함으로써 친러시아 내각이 등장하였다. 새 내각은 단발령의 철폐와 의병의 해산을 권고하는 조칙을 냈으며, 이와 함께 각종 공세를 탕감하는 조치도 취하였다. 이후 의병은 자진 해산하는 등 크게 사그라졌다. 한편 을사조약이 체결되자 면암 최익현은 곧바로 조약의 무효를 국내외에 선포할 것과 오적의 처단을 주장하고, 1906년 6월 74세의 고령에도 전라도 태인에서 의병을 일으키고 이후 정읍과 순창을 접수하였으나 결국 지방 진위대에 체포되었다. 이후 일본군 사령부에 의해 쓰시마 섬의 감옥에 감금되자 단발과 음식을 거절하고 순국하였다. 가인이 참가한 의병은 최익현이 조직한 의병이었으며, 면암이 죽자 가인은 세상을 등지고 독서에 전념하였다.

2. 일제강점기

연도	한국사	월	가인 김병로	화강 최대교	바오로 김홍섭
1910	국권피탈	3	도쿄로 유학.		
		8	실의에 빠져 목사가 되려고 함.		
		10	장녀 순남順南 출생.		
1911	105인 사건		귀국, 폐결핵 발병. 자형과 잡화상을 경영하며 학비를 마련하여 도쿄 유학. 메이지明治대학 법과 편입시험 준비.		
1912	토지조사 사업		메이지대학 법과 3학년 편입. 재在도쿄조선인유학생학우회 간부 활동.		
1913	일본육해군형법을 조선에 시행	3	메이지대학 법과 졸업, 귀국.		
		4	광주의 경편철도輕便鐵道 전무로 초대받았으나 거절.		
		여름	집안을 정리한 비용으로, 도쿄로 다시 가 메이지대학·주오中央대학이 공동운영하던 법률고등연구과에서 연구 시작. 니혼日本대학 법과에도 재적.		
1914	대한광복군 정부 수립		재在도쿄조선인유학생학우회 기관지 『學之光』 창간호부터 편집책임을 담당. '劍鋒'란 집필.		
1915	조선 전문학교령 발표		법률고등연구과 수료. 일본변호사시험 응시 포기.		
		7	귀국.		
		8			[28] 전북 김제군 원평리에서 출생.
		9	경성전수학교 법학 조교수로 임명됨. 보성법률상업학교 출강.		

			사법협회 기관지 『법학계』를 창간하고 편집책임을 맡음.		
1919	3·1운동		경성전수학교 조교수 사임.		조부로부터 달과 별, 한학을 배움.
		4	[16] 부산지방법원 밀양지청 판사 부임.		
1920	청산리 전투, 조선, 동아 일보 창간	4	[17] 판사를 사임. 변호사 자격 취득.		
		6	월남 이상재와 함께 '조선교육협회' 창간 발기인으로 참가.		
		12	변호사 개업.		
1921	사이토 총독 암살 기도	9	동아일보사 검사역 취임.		
		10	북경 범태평양국제변호사회 제2차대회에 조선인변호사회 대표단의 일원으로 참석.		
		12	(재)보성전문학교 설립자로 참여.		
1922	일제 조선사편 찬위원회 설치	1	보성전문학교 6인 상임이사진으로 참여.		
		4			원평보통학교 입학.
1923	암태도 농민항쟁, 조선물산 장려회 창립, 형평사 운동		조선물산장려운동과 조선민립대학 설립운동에 참여. 허헌 변호사 등과 형사공동연구회 조직.		
		2		경성제일공립 고등보통학교 제4학년 졸업.	
		4		일본 호세이法政대학 예과 제1부 입학.	
1924		4	경성조선인변호사회 상의원으로 선출됨. 조선중앙기독교청년회학관 고등학교 설립기성회 발기인 참여. '식도원' 사건 규탄민중대회 발기준비위원 선출, 민중대회 주도. 언론집회자유실행위원으로 선출됨.		

		5	조선변호사협회 이사장으로 선출됨.		
		11	항일단체 '북풍회' 창립에 참가.		
1925	치안 유지법	4	경성조선인변호사회 부회장으로 선출됨.		
1926	순종 황제 사망, 6·10만세 운동	3		호세이대학 예과 졸업.	원평보통학교 졸업, 도지사상 받음.
		4	경성조선인변호사회 회장으로 선출됨.	호세이대학 법문학부 법률과 입학.	
1927	신간회 결성	2	신간회 창립총회 참여.		
		3	권동진 회장의 보좌역으로 취임.		
		6	전조선변호사대회에서 신문지법과 출판법 개정 촉구.		
1928	원산노동자 총파업				
1929	광주학생 의거, 신간회 중앙본부 및 경성지회 간부 비밀회의 개최	3		호세이대학 법문학부 법률과 졸업.	
		7	신간회 중앙집행위원회 회계장 겸 재정부장으로 선출됨. 갑산 화전민박해사건 현지조사 → 신간회 중앙본부에 보고 → 대책강구회 대책위원으로 선출됨.		
		12	신간회 중앙집행위원장 직무 대행.		
1930		1	서대문형무소 수감피의자 면회.		
		4	조작된 신간회 비밀결사사건에 연루.		
		7	함남 단천 일본경찰의 농민살상 사건 현지 조사.		
		11	신간회 중앙집행위원장으로 선출됨.		
		12	신간회 해체론에 반대.		

1931	신간회 해소				임실군 둔남면 오수리로 이사. 부친이 벌인 상점에서 일함.
		1	변호사 정직 6개월 처분받음. 신간회 중앙집행위원장 사퇴원 제출 → 중앙집행상무위원회에서 반려.		
		5	충무공유적보존운동기금 관리위원으로 선출됨.		
		7	변호사 정직 처분 해제.		
1932	이봉창, 윤봉길 의거	3	김성수의 보성전문학교 인수를 주도.		
		11		일본 고등문관 시험 사법과 합격.	
1934			경기도 양주군 노해면 창동으로 은거.	조선총독부 사법관시보로 임명됨. 평양지방법원 및 동 검사국 사무수습, 평양지방법원 검사 대리로 임명됨.	링컨 전기를 읽고 감동하여 법률 공부를 하기로 결심.
1935					전주에서 일본인 변호사 히사나가 밑에서 일하며 법률 공부.
		4	보성전문학교 창립30주년기념사업회 상임위원에 선정됨.		
		5	보전발전기금 모금을 위해 김성수, 최두선과 호남지방 순방.		
		7		조선총독부 검사로 임명됨. 평양지방법원 검사국 검사로 임명됨.	

1936		7		부산지방법원 진주지청 검사 분국 검사로 임명됨.	
1937	중일전쟁 발발, 수양동우회 해체				
1938		4		부산지방법원 검사국 검사로 임명됨.	
1939				경상남도 문관 보통분한分限 위원회 예비 위원이 됨.	
		4			도쿄 유학, 니혼대학 전문부 별과 입학.
1940	창씨개명 실시, 조선, 동아일보 폐간, 광복군 창설	8			조선변호사 시험 합격.
		10			니혼대학 전문부 중퇴. 와세다대학 문과에 청강생으로 등록.
1941				함흥지방법원 검사국 검사로 임명됨.	와세다대학 중퇴.
		2			귀국하여 김병로 변호사 사무실에서 변호사 업무 시작.
1942	조선어학회 사건	2		광주지방법원 검사국 검사로 임명됨.	

1944	여운형 조선건국 준비위원회 결성	5	김홍섭 변호사와 김준연의 딸 중매.		
		7			김준연의 3녀 김자선金子善 여사와 결혼.
		11		전주지방법원 정읍지청 검사로 임명됨.	

※ 표 내의 대괄호 안 숫자는 날짜를 의미함.

일제강점기의 시대적인 상황을 개략적으로 설명하는 것은 생략하기로 한다. 그 대신 평전의 이해를 돕기 위해 본문에 등장하는 사건과 단체, 사조 등에 대해 설명하도록 하겠다. 1919년의 3·1운동 이후 일부 지식인들은 새로운 민족운동으로서 사회주의에 눈을 돌렸다. 러시아혁명의 성공에 고무되고 한편으로 국제공산당의 지원을 바탕으로 하여 1920년대에 접어들면서 국내외에 화요파, 서울파, 북풍파, 상해파 등 여러 '공산주의 그룹'이 형성되었다. 이들은 1925년 성립된 뒤 1928년에 해체된 조선공산당을 중심으로 통합과 분열을 거듭하며, 노동자, 농민을 비롯한 대중과 함께 파업투쟁, 소작쟁의 등 민족해방과 계급해방을 추구하는 활동을 지속하였다. 1926년에는 학생들과 6·10만세운동을 주도하였고, 1927년에는 신간회에 참여하여 전국의 신간회 지회를 구성하는 핵심으로 활동하였다. 1930년대 이후에는 일제의 탄압으로 지하에서 활동할 수밖에 없었으나 국외에서는 항일무장투쟁에 적극적이었다.

한편 수양동우회修養同友會는 친목단체를 위장한 합법적인 민족운동단체로서, 흥사단 계열로 1926년 1월에 결성되었다. 회원의 대다수는 기독교가 초기에 전파되었던 서북지역에서 기독교를 통해 개화된 문물을 접한 변호사, 의사, 교육자, 목사 등의 전문 직업인들로서, 몰래 독립

정신을 고취하고 민족운동을 전개하였다. 수양동우회는 이상촌을 건설하고자 농촌운동을 전개했고, 『동광東光』이라는 기관지를 발행하였다. 조선의 독립에 대해 이광수를 중심으로 자치론적 입장에 기울어져 있었고, 기호지역의 지식인을 중심으로 결성된 이승만의 '홍업구락부'와는 일종의 경쟁관계를 형성하고 있었다. 1929년에 홍사단과 수양동우회를 합해 동우회로 개칭하였다. 동우회로 개칭한 후, 1931년부터 비밀리 독립운동을 전개했으나 1933년 안창호의 체포로 실행에 옮기지 못했으며, 1937년에는 금주운동을 전개하고 기독교도를 중심으로 전국적인 활동을 하였다. 그러나 이 운동이 일경에 발각되었으며 전국에 걸쳐 181명이 체포되어 해체되었다. 그 배경에는 중일전쟁을 일으킨 일본제국이 본격적인 전쟁수행 체제를 조성하기 위해 양심적인 지식인과 부르주아 집단을 포섭할 필요를 느끼고 수양동우회와 홍업구락부를 표적수사하였다는 사실이 존재한다. 그리하여 이 사건으로 검거된 회원들은 강제로 전향한 뒤 일제에 협력하는 친일파가 된다. 작곡가 홍난파, 목사 정인과, 의사 이용설 등이 대표적이며, 중심인물이었던 이광수와 주요한은 적극적인 친일행적을 보이게 된다. 이 사건은 조선 사회의 명망가나 지식인 등 수많은 독립운동가를 친일파로 전향시키기 위해 일제가 일으킨 대표적인 사건의 하나로서, 이때부터 명망 있는 친일파가 대거 형성되어 사회적으로 큰 영향을 끼치게 된다.

1894년의 갑오개혁에 의해 법제상으로 해방된 신분이 된 백정白丁들은 여전히 차별대우를 받고 있었고, 특히 일제가 조선의 봉건적 질서를 온존하는 정책을 채택하였기 때문에 행정적으로도 큰 차별을 받고 있었다. 그러다가 1923년 경상남도 진주에서 백정들의 신분해방을 위해 형평사衡平社라는 사회운동단체가 설립되었다. 신분제가 폐지되었지만 백정에 대한 차별은 여전하였는데, 일본의 특수부락민 신분해방단체인 수평사水平社의 창립에 영향을 받았다. 백정 출신의 지식인들을 중심으로 계급타파, 모욕적 칭호 폐지, 교육장려, 상호친목 도모 등을 통해 '백정도 참다운 인간이 되게 한다'는 목적으로 설립되었다. 1924년 2월, 전국의 대표들이 부산에서 '형평사전조선임시총회'를 개최하여 전국적인 호응을 받아 급속히 발전하였으나, 전라도, 충청도, 강원도를 중심으로 하는 혁신파와 경상도를 기반으로 하는 보수파 사이에 내부 대립이 표출되어 양자가 분리되는 양상을 보였다. 그러나 그 후 다시 형평사의 통일을 논의하여 '조선형평사중앙총본부'를 결성하여 1925년에는 경성에서 '전조선형평대회'를 개최하여 더욱 활발히 운동을 전개해 갔다. 그 후에는 다른 사회운동과 밀접한 관계를 맺어 나가면서 조직강화와 무산운동으로 진출하였다. 1927년에는 '조선형평사총본부'로 개칭하고 1928년에는 일본 수평사와의 제휴를 정식 결정하기도 하였다. 이 시기부터 제휴를 주장하는 신파와 전통적인 평등운동을 주장하는 구파 간의 대립이 다시 일어나, 1931년과 1933년의 내분을 거치면서 세력이 급격히 퇴조했다가 1935년에는 친일단체인 대동사大同社로 전락함으로써 적극적인 사회운동으로서의 기능을 상실하였다.

가인과 깊은 관련이 있는 신간회는 1927년 2월에 창립되었다. 3·1운동 이후 민족주의 운동도 전환을 맞이하였다. 만주에서의 무장독립투쟁, 상하이에서의 외교노선, 국내의 사회주의 운동이 다양하게 전개되었으며, 일제는 이른바 '문화통치'라는 기만적 개량정책으로 독립운동의 역량을 약화시키려고 하였다. 특히 민족독립을 위한 실력양성 운동을 일제 지배하에서의 자치를 목표와 전제로 하는 방향으로 전환시키려고 하였다. 이광수의 「민족적 경륜」과 「민족개조론」은 자치운동의 출발점이 되었다. 이러한 일제의 회유책에 대해 민족주의자들은 '비타협적 민족전선의 수립'을 주장하며 자치운동에 반대하면서 성장한 홍명희 등 사회주의자들과의 협력을 모색하였다. 이러한 협력 분위기는 당시 중국에서 '국공합작운동'으로 사회주의자들이 국민당과 연합하여 성공적인 반제국주의 민족해방운동을 전개한 것을 보고 크게 고무된 것이다. 신간회의 행동강령은, '조선 농민의 교양에 적극적으로 노력'하고, '조선 농민의 경작권을 확보하고 일본인 이민을 방지'하고, '조선인 본위의 교육을 확보'하고, '언론, 출판, 결사의 자유를 확보'하고, '협동조합운동을 지지, 지도'하며, '염색된 옷을 입고 단발을 실시하고, 흰옷과 망건을 폐지'하는 것이었다. 신간회의 의의는 민족독립이론을 발전시킨 것인데, 말하자면 '비타협적 민족독립'을 상위개념으로 하는 자유주의와 사회주의 사상의 결합이 진행된 것이라 할 수 있다.

조선일보 사장인 이상재를 회장으로, 허헌을 집행위원장으로 추대했으며, 적극적인 지지를 받아 12월에 지소가 100개를 돌파하였으며, 1931년 5월 해산 시에는 회원이 약 4만 명이었다. 신간회는 계몽활동과 함께 민중의 생존권을 수호하기 위해 활발히 활동하였다. 지회와 달리 신간회 본부는 일제의 탄압과 지도력의 미비로 그 역할을 제대로 못하였다. 게다가 광주학생운동을 계기로 신간회 중앙본부는 1929년 12월 13일 민중대회를 개최하여 반일시위를 하려고 하였지만 실패하고, 허헌 집행부의 다수(조병옥, 이관용 등)가 일제에 의해 구금되었다. 이후 새롭게 등장한 지도부는 자치론자들과 제휴를 모색하는 등 타협적인 노선으로 기울었고, 그 과정에서 지방의 지회들이 강력하게 반발하였다. 이와 같이 타협적인 지도부의 등장은 신간회 해소론의 주요한 원인으로 작용했고, 조직도 급격하게 쇠퇴하기 시작하였다. 1930년대 들어 민족주의 계열이 타협적 노선을 추진하는 등 우경화의 길을 걸으면서 일제의 탄압에 미흡하게 대응하자, 주도권을 장악하려는 사회주의자들이 신간회의 해소를 요구하여 1931년 5월에 해소안이 가결되었고, 그 후 일제의 강압으로 완전하게 해체되었다.

신간회가 지도한 원산노동자파업은 1928년 9월 '라이징 선Rising Sun' 석유회사의 일본인 현장감독이 조선인 노동자를 구타한 사건에 '원산노동연합회'가 적극적으로 개입하고, 이후 1929년 1월 원산부두 노동자의 임금인상과 노조승인을 요구하면서 동맹파업을 하면서 시작된 것이다. 그러자 일본인 자본가들의 모임인 원산상공회의소는 원산노동연합회 소속의 노동자를 고용하지 않는다는 방침을 세웠고, 이에 원산노동연합회가 1월 22일 총파업을 선언하여 24일까지 노동연합회 소속은 물론 자유노동자도 파업에 참여하게 됨으로써, 일본인 자본가와 조선인 노동자의 싸움으로 확산되었다. 일제와 자본가 측은 원산노동연합회 간부와 노동자를 검거, 투옥하고, '함남노동회' 등 관변 어용단체와 불량배를 동원하여 테러를 자행하였으나 파업은 더욱 확대되었다. 또한 원산 주변 지역은 물론 국내단체와 일본의 여러 노동조합에서도 격려와 성금을 보내고 동정파업까지 단행하였다. 하지만 75일간 지속된 파업에서 상당수 지도부와 노동자가 검거되었고, 새로 구성된 지도부는 투항적인 모습을 보이다 결국 종결되고 말았다. 원산 총파업은 일제하 발생한 최대의 파업투쟁으로 이후 노동운동의 성격을 규정하는 계기가 되었다.

3. 해방공간과 6·25전쟁

연도	한국사	월	가인 김병로	화강 최대교	바오로 김홍섭
1945	8. 15. 해방, 모스크바 삼상회의, 조선건국 준비위원 회위원 발족	3	창동에서 가평군 조종안으로 피신.		
		8	[11] 창동으로 귀가. 서울로 귀환하여 백관수의 집에 거주. [19] 조선건국준비위원회 방문 → 좌우합작 제의. 한국민주당 창당발기소위원회 위원으로 선출됨.		
		9	[2] 한국국민당과의 합당 교섭 담당. [4] 한민당발기인대회 참가. 대한민국임시정부·연합군환영 준비회준비위원으로 선출됨. [7] '조선인민공화국' 55명 인민위원 및 연합군환영국민대회 준비 상임위원으로 선출됨. [14] '조선인민공화국'의 사법부장으로 발표됨 → 권동진·오세창·김성수와 함께 부인 성명 발표. [16] 한민당 창당 임시의장직 수행. [21] 한민당 중앙감찰위원장으로 선출됨.		
		10	[10] 좌우요인회담에 한민당 대표로 참가. 좌우요인회담 참여. [20] 연합군 환영 국민대회 참가. 한국지사 영접위원회 위원으로 선출됨. [24] 한민당, 국민당, 조선공산당의 3당 대표회의에 한민당 대표단의 일원으로 참석. [25] 국민대회준비회기구구성 연구위원 5인으로 발표됨.		서울지방 검찰청 검사로 임명됨.

		11	[2] 독립촉성중앙협의회 결성 대회 참석. [24] 백범 김구 방문.		
		12	[1] 임시정부 환국봉영회 참석. 임정 제2진으로 귀국한 신익희 방문. [4] 헌법기초위원회 회장 취임 (부회장은 이인). [18] 백관수의 집에 수류탄 투척되었으나 무사함. [21] 한민당 서울지부집행위원장 겸직.		
1946	제1차 미소공동 위원회	1	[7] 4당 대표회의에 한민당대표로 참석.		
		2	[1] 비상국민회의에 전북대의원으로 출석, 임시의장으로 선출됨. [13] 미소공동위원회대표단 환영준비위원회에 한민당 대표로 참가. 비상국민회의 법제 상임위원장으로 선출됨. [23] 남조선대한국민대표 민주의원 산하 경제전문위원회 위원으로 선임됨.		
		3	[1] 기미독립선언기념사업회 고문이 됨.		
		4	[7] 한민당, 한독당, 국민당, 신한민족당의 합당교섭위원 한민당 대표로 선출됨. [20] 통일임시정부를 세우기 위한 조건으로 모스크바삼상회의 결정 수용.		
		5	[7] 한민당 법제조사분과위원장으로 선출됨. [27] 한민당 간부로서 전북 유세.		
		6	[29] 이승만 조직의 민족통일 총본부 임원으로 선출됨. [30] 미군정청 사법부의 법전 기초위원회 위원으로 위촉됨.		
		7	[12] 미군정청 사법부장 취임. [25] 조선정판사 위폐사건 경고.		

		10	[21] 토지개혁문제에 대한 한민당 정책에 반대하여 탈당.		검사직 사직.
		12	[22] 민중동맹결성대회 참가.		서울지방법원 판사로 임명, 소년부 지원장이 됨.
1947	제2차 미소공동위원회		도산기념사업회 발기인 참가.		
		4	[27] 민중동맹 서울시지부 결성 지원.		
		10	[1] 김규식의 민족자주연맹결성 준비위원회에 준비위원으로 참가.		소년부 지원장을 사직하고 변호사 등록. 뚝섬에서 농사를 지음.
1948	제주 4·3 사건, 남한 총선거, 대한민국 정부 수립, 조선인민공화국 수립	2			중앙대학교에서 법리학을 강의.
		8	[5] 대한민국 초대 대법원장으로 임명됨. [16] 제헌국회에서 대법원장 신임 인사.		
		9	[15] 법전편찬위원회직제 제정 (위원장: 대법원장, 부위원장: 법무부장관).		
		11		서울지방 검찰청 검사장으로 임명됨.	
		12			서울지방법원 판사로 복직.
1949	대통령, 국회의장, 대법원장 회합 시 대통령의 반민법	2	전 법조인단체인 '법조협회' 회장으로 선출됨. 반민족행위 특별조사위원회 특별재판부 재판관장으로 임명됨.		
		3	[4] 반민특위특별재판관 전체회의 소집하여 재판이 민족의 성업임과 공정하고 신속한 재판 강조.		
		4	[23] 제헌국회에 출석하여 반민족행위자 재판에 대해 설명.		

	개정 요청 거부, 국회 프락치 사건	5		임영신 상공부 장관 독직사건 전격 기소.	
		6	[7] 반민특위의 활동에 관한 이승만 대통령의 담화 반박.		
		7	[30] 국회 본회의에서 법원조직법안에 관한 대법원장의 견해 표명.		
		9		변호사 개업, 서울변호사회 가입.	
1950	6·25전쟁	2	[20] 골수염으로 왼쪽 다리 절단 수술.		
		6	[27] 부산으로 단신 피난.		
		9	[28] 이승만 대통령과 함께 서울 수복식 참석.		
		10	[8] 부인 정 씨가 피난지인 친정 담양에서 공비에게 학살당함.		
		11			피난지 수도 부산에서 서울고등법원 판사로 임명됨.
1951	1·4후퇴, 국민방위군 사건	1	부산으로 피난.		
1952		11		감찰위원회 위원으로 임명됨.	
1953	7. 27. 휴전협정 조인	3			서울로 복귀. 서울지방법원 부장판사로 임명됨.
		9			명동성당에서 천주교 영세를 받음(집전: 장금구 신부, 영세명:바오로).
		10	형법시행기념식 기념사.		

※ 표 내의 대괄호 안 숫자는 날짜를 의미함.

해방의 기쁨도 잠시, 한국사회는 좌우 대립의 소용돌이에 말려들게 되었다. 일제의 식민지 지배의 유산뿐 아니라 미소美蘇의 냉전적 각축은 한반도의 분열과 갈등을 더욱 부추겼다. 패망이 현실로 다가온 일제(조선총독부)에게 가장 시급한 문제는 80만의 일본 민간인과 10만의 군대를 안전하게 철수시키는 일이었다. 그래서 조선의 지도자와 접촉을 시도했는데, 1944년에 '건국동맹'을 결성하여 해방을 준비해 온 여운형이 총독부와 협의하여 다섯 가지의 조건부로 제의를 수락하였다. 이에 여운형은 즉각 '조선건국준비위원회(이하 건준위)'를 결성하였다. 다섯 가지의 조건이란, ① 전 조선의 정치범과 경제범을 석방하는 것, ② 집단 생활지인 경성의 3개월분 식량 확보, ③ 치안유지와 건설사업에 대한 구속 및 개입 금지, ④ 조선의 추진력인 학생들의 훈련과 청년의 조직화에 대한 간섭 금지, ⑤ 조선 내의 각 사업장의 노무자들의 건설사업 동원 등이었다. 이처럼 건준위는 완전한 독립국가를 세우기 위한 산파역할을 맡게 되었는데, 1차 조직의 구성은 좌우가 균형을 이루는 연합적 성격을 띠었으나, 시간이 흐를수록 좌익세력이 강화되었고, 결국에는 조선공산당의 영향을 강하게 받게 되었다. 그 후 남한에 미군이 진주한다는 소식이 전해지자, 진주할 미군에게 조선민족의 자치능력을 표시하고자 '조선인민공화국(이하 인공)'을 수립하고 자진 해체하였다.

결국 9월 14일에 조선인민공화국의 선언과 강령, 시정방침이 결정되었고, 이승만을 국가 주석, 여운형을 부주석, 허헌을 국무총리로 내세운 중앙조직이 발표되었다. 하지만 미군정은 과거 일본 총독의 지위와 체계를 그대로 인수하였기 때문에 민중의 지지를 받던 인공을 마지못해 인정하고 있었을 뿐 양자의 관계는 악화되어 갔다. 이후 미군정의 행정요원 본진이 한반도에 도착하고 우파 보수주의자들이 정당을 결성하여 미군정과 유착하면서 인공의 세력은 점차 작아지기 시작하였고, 중경의 임정요인들이 귀국하기 시작하면서 인공의 힘은 현저하게 약화되었다. 1945년 말 미군은 한반도의 전역에 진주하게 되고 당연히 실제적 통치를 담당하던 지방인민위원회와 충돌하게 되었고, 1946년에 인공은 모두 해체되었다. 인공의 소멸은 또한 6·25전쟁의 길을 여는 계기가 되기도 하였는데, 결국 인공이 해체되는 과정은 민중이 사회와 정치권력에서 배제되는 과정이었으며 민족의 분단으로 나아가는 첫걸음이 되었다. 그리고 무엇보다도 미군정의 실시는 자주적인 통일 독립국가의 건설을 지연시켰고, 신탁통치는 말 그대로 국가의 건설을 아예 불가능하게 만들었다.

'모스크바 삼상회의'의 결정으로 조선의 신탁통치가 결정되었고, 그 결과 두 차례에 걸쳐 '미소공동위원회'가 개최되었다. 미소의 입장대립으로 위원회는 난항을 거듭하였고, 그 와중에 자신의 정치적 목적을 달성하기 위해 신탁통치문제를 이용하는 정치세력이 등장하여 자주적 독립국가의 건설은 좌절을 겪게 되었다. 남북문제가 국제연합에 이관되고 남한의 단독선거가 확실시되자, 이를 반대하던 김구와 김규식은 남북협상을 추진했고, 조선공산당은 극한투쟁으로 단독정부 수립에 반대하였다. 이 와중에 발생한 '조선정판사 사건'은 좌파에 대한 본격적인 탄압의 시발점이 되었다. 이 사건은 1945년 10월 20일부터 6회에 걸쳐 조선정판사 사장 박낙종 등 조선공산당원 7명이 위조지폐를 발행하여 공산당의 자금을 확보하고 경제를 교란시킨 사건을 가리키는데, 이를 계기로 미군정청은 공산당을 불법으로 규정하여 공산당은 지하로 잠입하였다. 또한 1947년 7월 19일 민족통일국가를 꿈꾸며 좌우합작을 시도하던 몽양 여운형이 단독정부 수립을 지지하던 극우 청년에게 암살당하였고,

결국 1948년 5월 10일에 남한만의 단독선거가 실시되어 8월 15일 분단 정부가 수립되었다. 하지만 이승만 정권은 정부수립 이후에 각료선임 문제와 개헌문제를 둘러싼 한민당과의 갈등, 그리고 친일파 처벌 문제를 둘러싼 반민족행위특별조사위원회와의 갈등, 김구를 중심으로 한 통일지향세력과의 갈등으로 인해 큰 어려움을 겪게 되는데, 두 가지 사건을 통해 미국의 한국정책에 반대하던 남한 내의 두 세력이 동시에 제거되는 일이 발생하였다. 다름 아닌 '국회프락치 사건'과 백범 김구의 암살이었다. 1949년 3월 제헌국회 의원 중 진보 정치인들은 외국군대 철수안, 남북통일협상안 등의 '평화통일방안 7원칙'을 제시하였다. 이승만은 이들이 남로당과 접촉했다는 이유로 국회부의장 김약수 등 13명을 검거하였다. 이들의 상당수는 반민족행위특별조사위원회 활동에 앞장 선 국회의원들이었다. 그리고 점령군의 통치 배격, 반외세 반제국주의 투쟁, 통일의 쟁취를 주장하며, 남한만의 단독정부 수립을 조국의 영원한 분단으로 간주하고 결사 반대하던 백범 김구가 1949년 6월 26일에 암살되었다. 이러한 해방 후 3년간의 갈등과 대립의 연속선상에서 '제주 4·3사건'이 일어났고 여순사건까지 일어나게 되었으며, 민족 최대의 비극인 6·25전쟁의 발발로 이어지게 된다.

전쟁의 한가운데에서 일어난 국민방위군 사건은 전쟁 이후의 갈등을 낳는 또 하나의 시발점이 되었다. 전쟁 중에 돌연 '중공군'이 참전하게 되어 더 많은 병력이 필요하게 되자, 독자적으로 국민방위군을 설치하였다. 하지만 배정된 예산 자체가 적었을 뿐만 아니라 1·4후퇴 때 국민방위군의 간부들이 방위군 예산을 착복한 결과 철수 도중에 9만 명가량의 병력들을 아사시켰는데, 국민방위군 소속이던 친구를 우연히 만나 사실을 알게 된 국회의원 이철승이 국회에서 의혹을 제기함으로써 1951

년에 이른바 '죽음의 대열', '해골들의 행진'의 실상이 알려지게 되었다. 이 사건으로 인해 부통령 이시영이 사임하였으며, 제3대 국방장관으로 이를 해결한 이기붕이 부각되었고, 이승만에게 호의적이었던 한민당과 민국당 계열의 조병옥, 윤보선, 김성수 등이 이승만 정권에 등을 돌리는 등 정치적 파장이 매우 컸다. 2007년 3월 '진실, 화해를 위한 과거사 정리위원회(이하 과거사위원회)'가 직권으로 재조사를 하였고, 그해 10월에는 '국민방위군'의 희생자에 대해 순직결정을 내렸다.

4. 6·25전쟁 이후

연도	한국사	월	가인 김병로	화강 최대교	바오로 김홍섭
1954	사사오입 개헌	2		감찰위원회 해제 및 감찰 위원 위원 사직.	
		12			시집 『무명』, 수필집 『창세기 초』 간행.
1955		5	[5] 고려대학교 개교 50주년 기념식에서 명예법학박사 학위 받음.		
1956		11			서울고등법원 부장판사로 임명됨.
1957		12	[16] 대법원장 정년퇴임. [17] 국회에서 퇴임인사.		
1959		1	[14] 민권수호국민연맹 고문으 로 추대됨.		전주지방법원장 으로 임명됨.

		2	[16] 재일동포북송반대국민 위원회 고문으로 추대됨.		
1960	4·19혁명, 이승만 대통령 하야, 윤보선 대통령 취임	1			대법원 판사로 임명됨.
		5		서울고등검찰청 검사장으로 임명됨.	
		6	[18] 자유법조단 결성, 대표 선임. 부정선거관련자와 부정축재자 처벌특별법 제정 요구.		
		7	[29] 제5대 민의원 선거에서 전북 순창군에서 입후보하였으나 낙선.		
		9			대법관 직무 대리로 임명됨.
		12			수필집『무상을 넘어서』간행.
1961	5·16군사 정변, 장면 내각 사퇴	9			광주고등법원장으로 임명됨.
1962		2		초대 검찰 감찰 부장으로 임명됨.	
		8	[15] 국민훈장 무궁화장 받음.		
		1	[3] 윤보선, 이인, 전진한 등과 '4자 회담'을 하여 단일야당 결성 합의. [9] 민주당 재건을 위한 '5자 회담' 개최. [11] '13인 확대회담'에서 단일 야당 결성 노력을 계속. [17] 단일야당 결성 실패로 민정당 창당 추진 선언. [27] 민정당 발기준비대회, 임시 의장, 대표지도위원으로 선출됨.		
		2	[20] 2·18성명 대책 논의를 위해 야당지도자 간담회 개최. [27] 2·18성명 뒷받침하는 '2·27 선서식' 참석.		

1963	2. 18. 박정희 대통령 권한대행 군대복귀 '2·18 성명' 발표, 3. 16. 박정희 대통령 권한대행 민정참여 '3·16선언' 발표, 4. 15. 야당지도자들이 '민정으로의 조속 복귀' 공동 성명 발표	3	[1] 건국공로훈장 단장 받음.		
		5	[14] 민정당 창당(대표·최고위원: 김병로, 대통령 후보: 윤보선).		
		6	난국 타개를 위한 재야지도자들의 시국간담회 개최.		
		7	[18] 김병로, 허정, 이범석의 3자 회담. 민정당, 신정당, 민우당 합당 원칙 합의. [30] 단일대통령후보 선출 '국민에게 보내는 성명' 발표.		
		8	[1] 3당 통합정당 국민의당 창당 발기대회, 대표최고위원으로 선출됨. [26] 재야정치지도자회의를 자택에서 개최, 단일대통령 후보 선출 성명 발표.		
		9	[4] 김병로, 윤보선, 허정, 이범석 4자회담 개최, 이범석이 김병로를 대통령 후보로 추대했으나, 단일화 절충에 실패. [5] 국민의당 창당대회에서 대표최고위원 선출, 대통령 후보로 옹립하자는 주장이 있었으나 건강상의 이유로 사양. [11] 민정당 독자적으로 윤보선 대통령후보 지명, 김병로의 대표최고위원직 사표 수리됨.		
		11	[4] 국민의당 최고위원 집단사퇴. 가인, 병석에 누움.		
1964				변호사 개업.	
		1	장면 전 국무총리가 문병 옴. [13] 인현동 자택에서 영면. [19] 사회장(장례위원장, 이인)으로 수유리 유택에 안장.		
		6			간암 발병.
1965	한일기본 조약 조인	3			[16] 사직동 자택에서 별세. 경기도 양주군 별내면 영복 가족묘지 안장.

1972	유신헌법 반포			율곡법률문화상 받음.
1991			청조근정훈장, 국민훈장 무궁화장 받음.	
1992			별세.	

※ 표 내의 대괄호 안 숫자는 날짜를 의미함.

1954년 5월, 당시 집권 여당이던 자유당은 이승만의 종신집권을 가능하게 하기 위해 '초대 대통령에 한해 중임 제한을 없앤다'는 것을 골자로 하는 헌법개정안을 국회에 제출했고, 가결 정족수에 미달하였으나 사사오입의 원리를 내세워 헌법안을 통과시켰다. 불법적으로 헌법을 개정하면서까지 장기집권을 하려던 세력은, 좌우대립의 구도마저 이용하여 경쟁자를 제거하려고 하였는데 그것이 바로 진보당 사건이다. 진보당은 1956년에 창당된 사회민주주의 계열의 정당이다. 사사오입 개헌 이후 반자유당 세력을 결집시키려는 신당운동이 전개되었는데, 보수우익 성향의 민주당과 조봉암을 중심으로 한 혁신세력들의 진보당이 창당되었다. 창당과정에서 맞은 1956년 제3대 정·부통령 선거에서 진보당의 대통령 후보로 조봉암이 선출되었는데, 이승만의 3선을 막기 위한 범야권의 후보단일화 주장이 제기되어 민주당과 진보당이 최종합의를 하였지만, 최종 회담 전날에 민주당 후보던 신익희가 급서하게 되어 무위로 돌아갔다. 그로 인해 조봉암은 야권의 실질적인 대통령 단일후보가 되었다. 여러 가지 상황으로 인해 불리함을 느낀 이승만의 세력들은 진보당의 선거운동을 탄압했고, 이에 진보당은 돌파구를 마련하기 위해 민주당의 장면 부통령 후보에 대한 지지를 선언하기도 했지만, 민주당은 진보당에 대한 지지를 거부하였다. 하지만 이 선거에서 조봉암은 2등을 차지하여 거물 정치인의 반열에 오르게 되었다.

그리하여 1958년의 제4대 민의원 선거를 앞둔 시점에서 검찰은 조봉암은 간첩죄, 국가보안법 위반 및 무기불법소지 혐의로, 그 외 간부들은 국가보안법 위반 혐의로 기소하였다. 검찰은 기소장에서 조봉암이 남파간첩 및 재외 북한 관련 단체와 접선한 사실이 있으며, 진보당의 평화통일론이 대한민국의 존립을 부인하는 것이며, 진보당의 정강정책이 북한 노동당의 정책과 상통하는 내용으로 대한민국의 헌법을 위반한 불법단체라 명시하였다. 1959년, 대법원은 조봉암에 대한 기소사유를 인정하여 사형을 언도하였고, 옥중성명을 마지막으로 조봉암은 사형에 처해졌다. 이후 평화통일론 등 통일정책에 대한 공개논의가 동결되었고, 혁신정당의 활동은 위축되었다. 2007년 9월 18일 '과거사위원회'에 의해 진보당 사건은 이승만이 자신의 강력한 정적이던 조봉암을 제거하기 위해 날조한 사건으로 밝혀졌다. 그리고 2011년 1월 20일에 대법원은 '과거사위원회'의 권고와 유족의 재심요청으로 청구된 재심에서 조봉암에게 내린 유죄판결을 파기하는 것으로 무죄를 판결하였다.

1960년 4·19혁명으로 이승만이 하야하고 민주당이 주도한 국회는 내각책임제와 양원제를 권력구조의 핵으로 헌법을 개정하였다. 민주당의 장면 내각은 산업입국을 시도하였으나, 정치적 리더십이 부족하여 각계각층의 요구에 적절히 대응하지 못한 측면이 있었다. 그로 인해 5·16군사정변 세력에게 정권을 탈취당하고 말았다. 1961년 박정희를 주축으로 한 5·16군사정변으로 인해 제2공화국은 무너지고 말았고, 정변을 통해 집권한 국가재건최고회의 의장이던 박정희는 원대 복귀하겠다던 혁명공약 제6조를 번복하고 1963년 대통령 선거에 출마하여 현직 대통령이던 윤보선을 물리치고 제5대 대통령에 취임하였다. 이후 박정희는 제6대 대통령 선거에서도 윤보선을 물리치고 당선되었다.

박정희 정권이 들어선 후, 국내정치가 제대로 정비되지 않은 상태에서 경제개발계획을 수행할 자금을 마련하고자 하는 당면의 목적을 수행하기 위해 「한일기본조약」을 체결하였다. 하지만 이 조약은 당시에도 국민들의 거센 반발을 일으켰고, 현재도 제대로 된 식민지 청산이 이루어지지 않았다는 평가를 받고 있다. 3선개헌을 통해 다시 대통령이 된 박정희는 1972년 10월 17일, 위헌적 계엄과 국회 해산 및 헌법 정지 등을 골자로 하는 「대통령특별선언」과 네 가지 비상조치를 발표하였고, 12월 27일에 이른바 '유신체제'를 탄생시켰다. 이 체제는 행정, 입법, 사법의 삼권을 모두 장악한 대통령이 종신 집권할 수 있도록 설계된 1인 영도의 절대적 대통령제이다.

가인은 한일기본조약 조인 전해인 1964년에, 바오로 김홍섭은 한일기본조약이 조인되던 해에 유명을 달리하였고, 화강만이 이 모든 과정을 지켜보고 1992년에 영면하였다.

제2부

‘법조삼성’ 평전

I

사법부 독립의 초석, 가인 김병로

정긍식
(서울대학교 법학대학원 교수)

동경유학시절의 김병로(왼쪽)

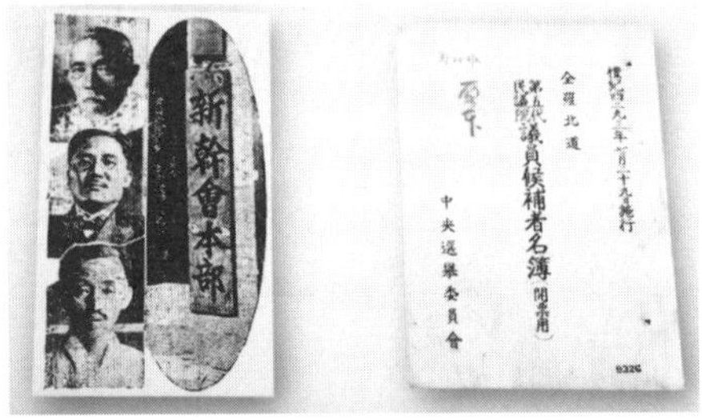

신간회와 김병로

김병로 생가터

김병로 대법원장 주재 재판 모습

김병로 대법원장 퇴임식

김병로 대법원장 퇴임 기념사진

가인기념관(전북 순창)

1. 민족 법률가의 탄생

가인 김병로는 음력 1887년 12월 15일 전라북도 순창군 복흥면 하리에서 태어났다. 양력으로는 1888년(고종 25) 1월 27일이지만, 그는 평생 자신의 생일은 둘을 겸하여 양력 12월 15일로 삼았다(김학준, 1987: 11). 가인은 울산 김씨로 조선 중기의 문신인 김인후의 15대손이며, 할아버지는 학수(學洙, 1839~1894), 아버지는 상희(相熹, 1865~1895)이고, 어머니는 임진왜란 때 의병장으로 활약한 장흥 고씨 고경명의 후예 고제찬高濟瓚의 따님이다. 1남 2녀의 둘째인 2대 독자로 3, 4촌도 없이 산간벽지에서 생활하였다(김학준, 1987: 14).

가인이 출생하였을 때 조선은 바람 앞의 등불과 같은 위기상황이었다. 1880년대의 조선은 더 이상 조용한 아침의 나라, 은자의 나라가 아니었다. 열강의 각축장으로 세계사의 소용돌이에 휘말리게 되었고, 그 선두는 후발 자본주의 국가인 일본이었다. 그리고 가인이 만 여섯 살이 되던 1894년에는 이웃 고부에서 동학농민운동이 발발하였다. 어린 가인이 직접 의병에 참여한 것은 아니지만, 동학대장인 전봉준의 영향을 직·간접적으로 받았으며, 이는 가인의 인생항로에 결정적인 영향을 미쳤다(처음으로 가인의 전기를 쓴 김진배는 가인이 동학농민운동에 직접 참여하였다고 하지만, 이는 사실이 아닐 것이다. 이 일화는 가인의 인품과 활동에 감복한 후대 사람들이 가인의 훌륭함을 더 높이기 위해 지어낸 것으로 보인다. 이 일화는 후대 사람들에게 가인이 어떻게 인식되었던가를 잘 보여 준다). 동학농민운동을 빌미로 조선에 출병한 일본은 강제로 갑오·을미개혁을 단행하였으며, 특히 을미개혁의 단발령과 양력사용 등에 반발한 을미의병이 일어났다.

새로운 세상을 향한 힘과 함께 가인에게는 슬픔이 닥쳐왔다. 1894년에는 아버지를 대신하여 그를 훈육한 조부가 별세하셨고, 이듬해에는 서울에서 귀향한 아버지마저 돌아가셔서 할머니의 보살핌으로 새로운 세계를 맞이할 준비를 하였다. 가인은 할머니 박 씨가 그를 위해 세운 독서당에서 한문공부를 하였다. 가인의 소리로 직접 들어보자.

> 그런데 나는 본시 재질이 둔탁하여 일과에도 다른 학도보다 2~3배의 시간을 공부하지 아니하면 그것을 암송하기 어려운 까닭에 어린 나로서는 참으로 고통을 느껴 심지어는 다른 학도의 침식시간을 이용하여 나의 공부시간으로 하기에 고심하였던 것이다. 그 결과인지 모르나 내가 열 살이 되던 해부터는 『사략史略』, 『통감절요通鑑節要』 등 중국역사서를 시독始讀하였는데 암송과 이해력이 조금 진취됨에 따라 나의 고통이 감생減省되었으며 무슨 서책이든지 독서에 취미를 느끼게 되어 밤공부에도 계명鷄鳴 전에는 취침한 일이 별로 적었고 휴식시간에도 항상 글을 암기하기에 노력하였다. 그 익년부터는 『소학小學』을 강독하여 수신修身절차에 기본을 닦았고, 이어 『논어』, 『맹자』, 『대학』, 『중용』 등 사서四書를 읽게 되었는데, 그때부터 나는 독서에만 전념할 수 없고 가사에 간여하여야 되었으니, 즉 말하면 파종播種이나 이앙移秧 시에는 그 인부를 감시해야 하고 퇴비의 조성 또는 추수 및 시초柴草 시에는 그 수량을 조정하고 인부를 감독해야 하겠으므로 학업의 추진에 지장이 없을 수 없었다. 그러나 그것 역시 나의 운명에 피할 수 없는 것임을 깨닫고 더욱이 야간공부를 면려勉勵하여 매일 예기한 과정의 분량에 흠결이 없기에 노력하였으며 또 그와 같이 실천하였다(「수상단편 1」, 1959. 3. 20.).

으레 그렇듯이 가인은 한학 외에 의학과 산학山學 — 음택학 — 을 공부하였다. 만 11세가 되던 해인 1899년 송강 정철의 후손인 연일 정교원鄭敎源의 딸과 혼인하였다. 어린 나이에 혼인을 한 것은 할머니의 바람이었다. 부인 정 씨는 1950년 공비에게 피살될 때까지 힘든 생활에도 불구하고 묵묵히 가인을 내조하였다. 혼인의 기쁨도 잠시, 가인을 몸으로 길러 주신 할머니가 1900년 봄에 돌아가셨다. 가인은 그동안 공부한 것을 바탕으로 조부모의 유택幽宅을 정하여 장례를 치른 후에는 산학은 술서術書일 뿐 성학聖學이 아니라고 하여 폐기하였다. 풍수설은 아직까지도 적지 않은 영향을 미치고 있는데, 이 점에서 어린 가인의 선각자적 모습을 느낄 수 있다(김학준, 1987: 18).

이후에도 가인은 봄, 가을에는 농사일을 하고 여름과 겨울에는 강독 및 담론으로 학문의 진리를 탐구하는 주경야독의 나날을 보냈다. 이때 가인이 집중적으로 공부한 것은 성리학의 이념을 일상생활에서 터득할 수 있는 『소학小學』, 사서 중에서 개요를 제시하고 있는 『대학大學』, 인성에 대한 핵심적인 내용을 담고 있는 『중용中庸』이었다. 1902년 14세의 가인은 고향에서의 학습을 바탕으로 더 높은 학문을 연마하기 위해 당대 최고의 성리학자인 간재艮齋 전우田愚의 문하에 들어가 성리학을 공부하였다. 간재는 조선조 최후의 정통 유학자로 추앙을 받았으며, 오로지 학문의 전수에만 매진한 고고한 학자였다(김학준, 1987: 19). 그러나 시국은 가인을 성리학자로만 머물게는 만들지 않았다. 갑오·을미개혁의 여파로 고종이 러시아 공사관으로 피신하는 아관파천이 발생했으며, 1897년에는 고종이 황제로 등극하여 대한제국을 선포하였다. 이후 열강들은 조선을 먹잇감으로 여겨 각종 이권을 나누어 가졌고, 그 와중에 1899년에는 대한국제大韓國制를 공포하는 등 근대국가로서의 면모를 일신하려고 하였다. 열강의 위세에 눌린 일본은 경제적으로 조선을 야금야금 갉아먹으며 정치적으로도 지배할 야욕을 숨기지 않았다. 결국 일본은 영국과 미국의 암묵적 지원 아래에 러시아와 일전을 벼르고 있었다. 결국 가인은 1904년 8월 말 신학문을 배우기 위해 간재의 문하를 떠나 목포로 떠났다. 그때의 심정을 가인은 다음과 같이 술회하였다.

> 이것—간재 문하를 떠난 것—이 학업의 방향을 전도하려는 심산에서 작용된 것이었다. 그것은 그 전부터 서울에 다년 체류하던 나의 친족 또는 인척되는 어른들이 현대에는 경학經學에 전념하는 것보다 신학문을 탐구하여야 한다는 교시도 있었고 나의 생각에도 막연히 시대가 변천할 것도 상상되고 시대가 변천되면 학문의 변천도 없을 수 없다는 생각에서, 또 한 가지는 나 자신의 기수氣數—기질이나 운수—가 일생을 성리학에 진향하여 학업을 대성하기에 적합하지 않다는 것이 의식됨에 따라 좌우간 도시에 나가서 대세의 추이를 본 후에 결정하겠다는 심정으로 간재 전 선생의 문을 떠나게 된 것이었다(「수상단편 2」, 1959. 3. 21.).

간재를 떠난 가인은 광주를 거쳐 목포로 갔다. 목포에서 가인은 새로운 경험을 하고 개안開眼을 하였다. 흔히 말하는 '문화충격' 그 이상이었다. 당시의 충격과 각오를 가인의 몸으로 느껴보자.

> 그리하여 그달로 전라남도 수부인 광주를 거쳐 목포항에 이르러 본즉 뜻밖에도 항구에 거대한 상점이나 해상의 거대한 선박은 거의 일인의 소유이거나 점거한 바가 되고 우리 한인은 산 밑으로 밀려 협소한 초가에만 서식할 뿐이며 해상에도 구태의연한 작은 범선 약간이 있을 뿐이고 소위 지식층에 속하는 청년들도 일인 기타 외국인에게 고용살이를 하고 있을 뿐이니 나로서 어찌 놀랍고 한심하다 아니하였으랴. 때마침 일본 군함이 항구에 정박되었으므로 나는 다른 청년들과 같이 그 군함을 견학하였던바 그 체구의 웅대함과 선체 외부를 모두 철로 조성한 것과 거기에 거치된 대포, 중포, 기타 해군 무장 등을 볼 때에 이것이 나의 상상도 하지 못하였던 것으로 어찌 놀라지 아니할 수 있었으랴(「수상단편 2」, 1959. 3. 21.).

이 귀중한 정신문화의 선진자인 우리는 이것을 널리 미개한 세계 인류에게 수교하여 홍익인간의 책임을 다하여야 할 것이요, 기질문화, 즉 물질문명에 있어서는 우리보다 선진자인 구미에서 습취하는 것이 우리의 향상 발전에 적응하다고 믿었던 것이다. 지금도 나는 이러한 관점이 정곡을 얻은 것이라고 믿는다. 대저 물질문명의 발전이란 것은 무엇을 새로 창조한다는 것이 아니고 기존한 만물萬物과 만유萬有의 대기운화大氣運化를 인간의 지각으로 잘 이용하는 데 있는 것이므로 누구도 무한히 궁리할 수 있는 것이나, 선진자의 교도에 의존하는 것은 시간적 이익을 얻음에 불과한 것이다(「수상단편 3」, 1959. 3. 22.).

우선 가인은 일본의 물리력 앞에 압도되었고, 그에 밀려난 초라한 민족의 현실에 다시 놀랐다. 그러나 그에 움츠러들 가인은 아니었다. 물질문화에서 뒤진 현실을 직시하고 이를 추월할 방법을 찾았다. 정신문화의 선구자임을 자각하고 이를 바탕으로 앞선 이들을 배워 가는 것만이 시간을 줄이는 지름길로 여겨 신학문을 익히기 시작하였다. 이러한 가인의 사상에서는 당시 풍미한 사회진화론社會進化論과 동도서기론東道西器論을 찾을 수 있다. 이러한 사상가들은 결국에는 일본의 식민지배를 긍정하는 방향으로 선회하였으며 심지어는 그들의 앞잡이가 되어 민족을 탄압하는 데까지 이르렀다. 그러나 가인은 뿌리를 같이하면서도 오히려 그들의 기술—법—을 활용하여 민족의 앞날을 개척하고 또 백성들을 도운 것이다. 이러한 가인의 또 다른 길의 바탕에는 신학문에 들어서기 전에 연마한 성리학이 있었고, 이는 끝까지 삶의 버팀목이 되어 주었다.

1904년 가인은 목포에서 4~5인의 동지와 함께 일신학교日新學校를 세우고 또 스스로 학습을 하였다. 그때 가인은 먼저 물질문명의 선진국가의 언문을 습득할 필요를 느껴 일본어는 물론, 당시 영국의 소관이었던 세관에서 방판幇辦으로 근무하던 남궁혁南宮爀 씨로부터 영어를 매일 한 시간씩 배우고 산수강습도 받았는데, 산수는 이전에 측량술을 배운 적이 있어 쉽게 익힐 수 있었다(김학준, 1987: 24). 그러나 이러한 힘을 기를 준비기간은 그다지 길지 않았다. 러일전쟁에서 승리한 일본은 1905년 11월 대한제국의 외교권을 일본에 위임하는 제2차 한일협약, 이른바 을사조약을 강제로 체결하였으며, 1907년 7월과 8월에는 군대를 해산시키고 헤이그밀사 사건을 빌미로 고종을 강제로 퇴위시키고 순종을 즉위시켜 식민지배의 발판을 다졌다. 1905년 을사조약의 체결은 멀리 목포로까지 전해졌다. 특히 장지연의 사설 '是日也放聲大哭(오늘은 목 놓아 크게 울 날)'이 실린 「황성신문」이 배포되자 목포 전체는 눈물바다가 되었으며 상점은 철시하고 노동자는 모두 파업하여 백성들의 서러움과 원한이 하늘을 찔렀다.

가인은 이러한 상황에서 어찌할 바를 몰라 자살까지 생각하는 등 참담한 심정이었는데, 서울에서 민영환과 조병세가 자결한 사실을 듣고서는 그나마 위안을 얻었고 민족정신이 아직 살아 있다는 자위심을 갖게 되었다. 또 일본을 '구적寇賊'으로 여기고 메이지유신 이전의 일본은 교린의 나라였으나 오늘날의 왜는 양적洋賊의 앞잡이라 여기는, 일본에 대한 인식을 분명히 하였다. 그러나 가인이 현실적으로 할 수 있는 일이라고는 아무것도 없었다. 힘을 길러 일본에 대항하기에는 너무 늦었다고 여겨 일신학교에서의 학습을 중단하고 그동안 구독한 「황성신문」 및 월남越南과 애급埃及[이집트] 등의 망국사亡國史를 가지고 향리로 돌아와 이를 모든 지역과 유식계급에 알리어 중지로써 긴급한 방략을 강구할 심산으로 귀가하였다(김학준, 1987: 27).

가인은 곧 최익현의 의병에 참여하였다. 그는 친산親山의 산지기인 포

수 채상순蔡相順에게 창의倡義의 취지를 설명하고 포군砲軍을 모아 줄 것을 부탁하였고, 채상순은 6~7명을 모아서 이를 최익현에게 보내었다. 그러나 최익현의 의병은 대부분 유생들로 구성되어 있었으며, 또 순창 전투에서 관군들과 싸우게 되자 최익현은 동족상잔을 피하기 위해 스스로 의병을 해산하고 본인은 체포되어 대마도로 유배된 후, 조선에서 가지고 간 곡식이 떨어지자 단식으로 순국하였다. 채상순은 순창에서 일본군을 습격하고 영남으로 행군하던 중 거창에서 일본 기병대의 습격을 받았는데, 채상순은 "왜군을 보고 도피만 하려면 의병은 무엇을 하자는 것이냐?"라고 독전하고 마지막 순간까지 총을 놓지 않고 '대한독립만세'를 외치며 순국하였다. 가인은 아무 교육도 받지 않았지만 조국을 위해 순국한 채상순에게서 깊은 감화를 받아 그의 숭고한 정의감과 용감성을 민족혼의 정화로 여겼다. 이러한 경험과 인식은 훗날 일제의 압박을 피해 은둔한 창동시절에 주위의 무지렁이와 거리낌 없이 지낼 수 있는 원천이 되었다.

최익현 의병의 참담한 실패를 맛본 가인은 삶의 의지를 잃고 전라도의 산천을 유람하거나 기인들을 만나 오행술수五行術數를 배우는 것으로 소일하였다. 그러면서도 민족의 치욕을 씻을 준비는 잊지 않고 있었다. 1907년 군대해산과 고종의 강제퇴위를 계기로 의병운동이 활발해졌다. 1908년 종조부와 당숙의 권유로 산장을 나와 향리로 돌아와 당숙의 소개로 알게 된 전주 출신의 의병장 백낙구(白樂九[龜], ?~1907)의 의병투쟁을 도와주었지만 역시 실패하였다(가인은 이 일을 1908년으로 기억하고 있으나, 백낙구는 1907년 4월 사망하여 일치하지 않는다. 아마 가인의 기억에 착오가 있는 듯하다).

1909년 일본은 식민지배를 확실히 하기 위해 조선 전역에 걸쳐 의병

토벌에 착수했고, 이후 전라도 일대에서는 의병활동이 소멸하였다. 가인은 의병들의 참상을 목도하고 슬퍼하였다.

> 의병의 형세가 이와 같이 되고 보니 분산된 의병들은 의탁할 바도 없고 생활할 길을 상실한 결과, 산간벽지에서 삼삼오오 폭행과 약탈을 자행함에 이르렀으므로, 일반 거민들은 도리어 그들을 원수처럼 여기고 평야지역이나 또는 소도시로 피난을 하게 되어 일대 소란을 일으켰으니, 이것 역시 국권을 잃은 국민의 비참한 정경이 아니고 무엇이랴!(「수상단편 7」, 1959. 3. 26.)

의사들의 열기는 무기 앞에서는 아무런 소용이 없었다. 그들을 이기고 자주독립 국가를 건설하기 위해서는 그들처럼 힘을 기르는 길밖에 없다는 '실력양성론', '자강론'이 대세를 이루었다. 1909년을 전후로 하여 대한자강회, 대한협회, 신민회 등 애국계몽단체가 설립되었으며, 또 1910년 7월에 전국의 학교는 2,306개인데 이 가운데 사립학교는 2,250개일 정도로 교육을 통한 구국운동이 활기를 띠었다.

가인 역시 이러한 흐름에 동참하여 창평에서 유력인사들과 창흥학교昌興學校를 설립하고, 고정주高鼎柱는 교장을, 이내성李內星은 교감이 되었으며, 이후 창평보통학교로 발전하였다. 가인은 객사客舍를 수리하여 교사校舍로 사용하고, 일인 교사 1명을 초빙하고 생도 50인을 모집하여 수업을 개시하였다. 처음에는 단발한 생도도 없었고, 연령도 13세 내지 23, 24세였었다. 초등과는 3년, 고등과는 6개월 속성으로 하고, 개학 후 1~2개월 후에는 모두 다 단발 착모하였다(「수상단편 8」, 1959. 3. 27.). 가인은 이 학교의 고등과인 6개월 속성과에 입학하여 학업을 마쳤다. 그 후 가인은 일본 유학을 결심하였는데, 이는 "호랑이를 잡으려면 호랑이굴에 가야 한다"는, 즉 신학문을 배우려면 그 본거지인 도쿄에서 제대로 배워야 한다는 심정이었다. 또 가인의 유학은 창흥학교 교장의 아들인 고광준의 상하이上海 유학과 1908년 송진우와 김성수가 도쿄로 유학을 간 것에 영향을 받은 것이다. 이제 가인은 『손자병법孫子兵法』의 "지피지기知彼知己면 백전백승百戰百勝"을 체득하는 과정으로 발을 내딛었다.

가인이 태어난 1888년 1월부터 1910년까지 조선은 말 그대로 격변의 시대였다. 개항 후 10년이 지나자 일본 상인들이 조선 내륙까지 진출하여 경제적 이익을 독점하고 있었다. 또한 1894년에는 동학농민운동이 발발하여 잠시나마 농민들이 중심이 되는 새로운 세상을 열었으며, 곧 이어 청국과 일본이 이 땅에서 싸우는 청일전쟁과 그에 따른 갑오·을미개혁과 의병이 일어났으며, 잠시 열강의 세력균형의 틈새를 이용하여 자주독립 국가를 건설하려는 광무개혁光武改革이 진행되었지만, 결국 러일전쟁에 승리한 일본은 점진적으로 식민지화를 추진하였다. 그 결과 대한제국은 외교권을 박탈당하고 군대가 해산되며 사법권이 강탈되고 결국 황제가 강제 퇴위되어 식민지로 전락하였다.

당시의 궁극적 목표는 문명개화를 이루어 자주독립 국가를 건설하는 것이었다. 이에 대해서는 네 갈래의 흐름이 있었다. 첫째, 실학을 계승하여 서양문물을 수용하고 정치제도를 개혁하려는 실학계승론자이다. 둘째는, 성리학을 중심으로 소중화小中華를 자처한 조선을 그대로 유지하면서 자주독립 국가를 이룩하려는 위정척사론자衛正斥邪論者인데, 의병을 일으켜 일본에 항쟁한 최익현 등이다. 셋째, 농민항쟁을 바탕으로 농민들이 중심이 되는 국가를 건설하려는 농민항쟁파이다. 그리고 넷째는, 현실에서는 일본의 무력을 감당할 수 없으므로 일본 등 앞선 문명개화국을 모방하여 백성을 계몽하고 실력을 배양하여 자주독립 국가를 달성하려는 문명개화론자이다. 국권상실 후에는 분화가 있었지만 결국은 공화주의로 귀결되었다(김도형, 1994).

이 격변의 시대를 온몸으로 살아온 가인은 그중 세 조류를 두루 체험하였다. 어려서 이웃 고부에서 일어난 동학농민운동은 직접 참가하여 체험한 것은 아니지만 그의 정신세계에 큰 영향을 주었음이 분명하고, 특히 포수 출신이었던 의병 채상순의 순국으로 농민들의 우직함에 깊은 감명을 받았다. 이어서 전우의 학문을 배우고 최익현의 의병에 가담하여 위정척사파의 정신세계는 물론 실제 활동까지 실천하였다. 그러나 물리력 앞에서는 도를 지키려는 정신과 애국의 순박한 심성만으로 부족함을 절감하였다. 결국 실력양성론으로 선회하여 학교설립에 관여하고 마침내 제대로 된 실력을 배양하기 위해 일본 유학을 결심하였다. 이제 호랑이를 잡으러 호랑이굴로 가는 가인의 고군분투하는 모습을 살펴보자.

2. 독립 운동가 변호사를 꿈꾸다

가인은 만 22세인 1910년 3월 도쿄 유학길에 올랐는데, 그 길은 순탄치 않았다. 46세의 홀어머니와 27세의 아내, 그리고 3살 된 아들을 남겨놓고 학비는 물론 생활비조차 마련하지 않은 채 창흥학교 시절 그대로 일본 유학의 장도에 올랐다. 게다가 가인의 이력을 낱낱이 파악하고 있던 일본 경찰은 사복을 입은 채 도쿄까지 미행하였다. 가인은 그 경험을 담담히 기억하였다.

목포에서 고베神戶로 가는 배에 경비선에서 내린 일본 헌병대장이 일반인으로 가장한 채 가인에게 다가와 인사를 하고 친절을 베풀면서 가인의 짐을 훑어보고 가버렸다. 일본에 도착하니 일본인이 가인을 맞이하면서 차표와 도시락을 사주는 등 호의를 베풀었으며, 정거장에 도착할 때마다 교대로 가인을 감시하였다.

가인은 일본의 환대 아닌 환대를 받으면서 상하이를 거쳐 이미 도쿄에 와 있던 고광준과 동포 유학생들이 자취하는 곳에 여장을 풀었다. 각오는 하였지만 도쿄에서의 유학생활은 예상보다 더 힘들었다. 조선 유학생들은 고학으로 학비를 벌며 공부를 하였고, 가인 역시 예외는 아니었다. 그래서 가인은 유학기간을 단축하여 이를 이겨내려고 하였다. 유학생들은 세이소쿠正則 영어학교를 거쳐 중학교를 마치고 고등학교나 대학교에 진학하는 것이 상례였다. 그러나 가인은 곧장 대학 강의록을 독학하여 대학 상급학년으로 편입을 준비하였다. 우선 일본대학 법과 청강생으로 등록하고 자취방에서 제1학년 전 과목 강의록을 서너 달에 걸쳐 독파한 후 청강을 하였다. 그 결과 수월하게 학습을 할 수 있어 법학 연구에 취미를 가지게 되었다(김학준, 1987: 48~49).

그러나 법학에 취미를 가져 본격적으로 빠져들기도 전에 가인에게 시련이 닥쳐왔다. 경제적인 문제는 어느 정도 이겨낼 수 있었다. 그런데 8월 초 형사들의 미행도 늘었고 그 수도 불었으며, 유학생의 왕래도 중단되었으며 서신조차 단절되었다. 그러다가 8월 22일, 23일경에 일본 신문에 국권피탈 기사가 실리자 일본은 온통 축제 분위기였고, 유학생들이 있는 곳에는 경찰이 더 많이 배치되어 사실상 감금상태가 되었다. 유학생들은 8월 27일 오전에 유학생 회관에 약 80명이 간신히 모였는데, 경찰 100여 명이 들이닥쳐 해산령을 내렸고, 어쩔 수 없이 회장인 최창조가 눈물을 흘리며 단상에 올라 "사태가 이 지경에 이르고 보니 금후의 행동은 각자에게 맡길 수밖에 없다"고 선포하고 전원은 울음소리와 함께 '대한독립만세'를 부르고 해산하였다. 훗날 가인은 당시를 아래와 같이 회고하였다.

> 그리하여, 나도 하염없이 하숙에 돌아와 책상에 의지하고 앉아 있으니 흐르는 것이 눈물뿐이요, 밥 생각[食念]은 고사하고 하녀에게도 면접하기 참괴하여 얼굴을 파묻고 신음할 뿐이었으며, 밖에서 만세소리가 들릴 때마다 심장이 맺혀서 통곡하고 싶은 심정이었지만 차마 그러하기도 어려웠고, 다만 동숙하는 우리 사이에 서로 만나서도 얼굴만 바라보고 말없이 눈물로 지내는 정상이었고, 누구나 학교에 갈 생각도 전연 없었던 것이다(「수상단편 9」, 1959. 3. 28.).

예기는 하였지만 급작스럽게 이루어진 국권상실에 가인은 몸도 마음도 지쳐 버렸다. 불면증으로 잠을 설치기도 한 가인은 신학을 연구하고자 주공삼朱孔三 목사와 상의하기도 하다가 결국 학비 때문에 1911년경에 귀국을 하였다. 그와 함께 동고동락을 한 송진우나 고광준 등도 비탄을 이기지 못하고 귀국하였다. 그의 귀국 역시 순탄하지 않았다. 부산에 도착한 가인은 기다리고 있던 일본 경찰에 연행되어 수상경찰서에 구인된 후 검색을 받고 사흘 뒤에야 풀려나올 수 있었다. 힘에 좌절하였는지 귀향한 가인은 광주 양림陽林의 기독교 신앙촌에 머물며 위안을 찾으려고 하였고, 친구들과 독서로 날을 보내며, 때로는 교인들과 같이 성경을 연구하기도 하고, 일요일에는 광주교회에서 예배를 보며 마음의 안식을 찾았다(김학준, 1987: 60). 하지만 다음의 글에 나타나듯이 그의 사상 밑바탕에는 유교가 여전히 자리를 잡고 있었다.

사람은 마땅히 성심의 함양과 궁리성정의 수연에 조차불리의 공부를 해이하여서는 아니 될 것이다. 왜냐하면 사람으로서 성심의 본연을 떠나게 된다면 무엇이 금수와 다를 것이 있으랴. 이러한 함양과 수연의 공부를 주로 하는 것을 성리학이라 한다. 그리하여 만민으로 하여금 성심을 근원으로 한 도덕과 윤리의 규범을 엄수하여 정신문화의 향상 발전에 끊임없이 천수의 직업을 다하여 성경지신을 비롯하여 가풍의 정제, 국강의 부액, 천하의 평화에 이르기까지 위육(位天地育萬物)의 공효를 달성하는 것이 정신문화의 궁극의 목적이요, 천의순응의 본연이라고 믿는 바이다(「수상단편 39」, 1959. 4. 28.).

실낱같은 희망도 사라져 버린 상황은 가인의 몸조차 병들게 하였다. 병원에서도 집에서도 병은 낫지 않았다. 한의원 홍경칠은 폐결핵으로 진단하여 특종의 뱀으로 보양하라는 특단의 처방을 내렸는데, 흑질백장黑膣白腸(등은 검고 배는 흰 무독성 뱀)을 여러 마리를 먹고서 금세 거짓말같이 나았다. 이 뱀을 잡아 준 집안의 아저씨를 가인은 생명의 은인으로 모셨다.

건강을 회복한 후 광주에서 자형이 되는 박하룡朴夏龍과 잡화상을 경영하고, 한편으로 메이지대학 법과 강의록을 학습하였다. 잡화상으로 학자금을 마련한 뒤 가인은 다시 도쿄 유학을 떠났는데 이때 가인은 지난날들이 그림처럼 머리에 떠올랐다. 당대 최고의 성리학자 간재의 문하를 떠나 상투를 자르고 양복을 입고 일본으로 갔으나 돌아올 때에는 아무것도 없는 그야말로 허망함 그 자체였었다. 이제는 무엇인가를 이루어야 한다. 개인의 영달이 아닌 민족을 위해.

1911년 가을 도쿄에서 메이지대학 법과 3학년 편입을 목표로 준비하여 1912년 3월에 편입하였고, 1913년 3월 졸업시험에서 평균점수 73점으로 합격자 270명 가운데 제22번으로 합격하였다. 그때 가인이 공부한 모습을 생생하게 들어보자.

명치대학 법과 3학년에 편입할 계획으로 강의록에 의한 교외생 시험을 마치고, 3학년 편입이 허가되어 절차를 완료하고, 자취생활을 계속하면서 공부 방식으로는 매일 미명에 일어나 세 끼 먹을 분량의 밥을 지어 아침밥[朝飯]을 마친 후, 점심밥을 휴대하고 학교 도서관에 가서 남 먼저 좌석을 정하고, 필요한 몇 권의 책을 빌려 공부를 하다가 강의를 개시하는 종소리에 따라, 곧 노트를 가지고 강당에 들어가 필기를 완료한 후, 다음 시간이 없으면 도로 도서관에 돌아와 공부를 최종시간까지 계속하다가 숙소에 와서는 아침에 남겨 놓은 밥으로 식사를 마치고, 다시 야간공부를 하게 되는바, 그러고 보면 매일 주야를 통해 학교 강의시간을 제하고도 평균 8~9시간 공부를 할 수 있었다(「수상단편 10」, 1959. 3. 29.).

가인은 법 공부에 매진하면서도 한인 학생들과 어울리는 것을 잊지 않았다. 학업에 지장이 없는 일요일에는 '재도쿄조선인유학생학우회'에 참석하여 활동하였다. 졸업시험 발표에 앞서 그는 마음의 평정도 찾고 또 앞날을 구상하기 위해 일본여행을 하였다. 그는 일본의 농촌을 직접 보면서 상반된 감정을 느꼈다.

연로한 사람들은 한국을 숭앙하여 한국인을 존대하는 유풍이 상존하였고, 연소한 사람들은 전연 한국을 알지 못하였으며, 한일 합방이란 것이 무엇인지도 모르는 정도였으나, 농사관계에 있어서는 경지의 정리와 농가의 근면은 실로 놀랄 만한 것이었으니, 예를 들면 농가 부부는 아침 일찍 조반을 마치고, 보통 학생 '도시락' 분량의 점심을 휴대하고 전야田野에 나가 남자는 갈고 여자는 종자를 뿌리는 등 해가 저물어서야 집에 돌아오는 것이 일상사이며, 밤이면 가족들 전원이 수공업에 근면하여 촌락에서는 유일遊逸하는 사람을 찾아볼 수 없었으니, 이것이 우리 농촌과 비교하여 훨씬 우수하다는 것이 인정되었으며, 특히 나가노長野 지방의 양잠 상황에 있어서는 그 지방에 상전잠사 전문학교가 설치된 영향인지 모르나 가가호호에서 양잠에 전력을 다하여 연간 생사수출만 하여도 거액에 달한다는 것이었다.

그러나 어느 촌락이나 소도시에서 심상소학이나 고등소학을 마쳤다는 사람들과 담론을 하여 보면, 모두 정치관계에는 전연 몽매하여 우리 산군벽지에 사는 문맹의 농민들과 담론하는 것보다 훨씬 저열함을 발견하였던 것이다. 대개 말하자면, 우리나라 농민들은 아무리 문맹이라 할지라도 원래부터 정치의 득실을 비판할 줄 알고, 때로는 폭력에 의한 혁신행동까지 하여 왔음에 반하여 일본 농민들은 관에 대하여는 절대적으로 복종이 있을 뿐이라는 의식을 갖고 있는 것이다. 이것을 볼 때, 나는 우리 민족 문화의 전통적 우수성을 깊이 느낀 바 있었다(「수상단편 11」, 1959. 3. 30.).

일본에 대한 이중인식이 그대로 드러나고 있다. 일찍 개국을 하여 서양문물을 받아들임으로써 이루어 낸 물질문명의 우수성은 긍정하면서도, 정치에 대해서는 문맹이고 특히 관에 절대 복종하는 의식을 보면서 우리 민족의 우수성을 높이 평가하였다.

낙방을 걱정했지만 우수한 성적으로 졸업한 가인은 법률을 본격적으로 연구하려고 하였다. 가인이 귀국을 하니 광주와 송정의 철도를 건설하려는 경편철도회사에서 최고 대우의 전무로 초청을 하였다. 그러나 회사설립과 관련된 법을 설명해 준 후, 가인은 법률공부를 계속하겠다는 뜻을 알리고 거절하였다. 가인은 2년 동안의 학자금 240원을 마련하여 다시 일본으로 떠났다. 그에게 학비를 주겠다는 사람이 있었지만, 그런 사람들의 속셈을 알기에 거절하고 혈혈단신으로 장도에 올랐다(김학준, 1987: 67).

세 번째 일본에 간 가인은 메이지대학과 주오中央대학이 공동으로 설치한 대학원 과정인 법률고등연구과에 적을 두고 연구를 하였다. 이때 식민지 시기에는 함께 법정에서 독립의 열변을 토하여 민족의 독립을 외치고 해방 후에는 검찰총장과 법무부장관으로 사법제도의 기틀을 닦은 애산 이인李仁도 함께 메이지대학 법과를 다녔다(이인은 일제강점기에 허헌, 김병로와 함께 사상사건의 변론을 맡으며 항일변호사로 불렸고, 해방 후 초대 법무부장관을 지냈다).

지금과는 다른 당시의 법학을 공부하며 살아가던 가인의 모습을 보자.

다시 동경에 와서 명치대학과 중앙대학에서 공동 설치한 고등연구과(야학)에 입학절차를 마치고, 공부하는 방식도 이를 변경하여 특별한 참고를 요하는 경우 외에는 도서관에도 가지 아니하고, 나의 자취하는 거실에서 아침 일찍부터 오정까지와 오후 1시부터 4시까지를 공부시간으로 하고, 야학에서 돌아와서는 매야 3시간을 공부시간으로 정하였으며, 학비계산은 20원 중에서 월사금 5원을 지출하고, 2원을 방세로, 6원을 식료품비로 하고, 2원은 이발, 목욕 등 잡비로, 그 잔여로는 매월 저서 2~3권씩을 사서 연구의 자료로 하였던 것이다(「수상단편 11」, 1959. 3. 30.).

그때까지 내가 공부한 과정으로는 고등연구과에 있어서는 일정한 교과서나 일정한 필기도 없었고, 형법은 마키노 에이이치牧野英一(1878~1970) 박사, 민법 중 물권, 채권은 요코다 히데오横田秀雄 박사, 상법은 마츠나미니이치로松波仁一郎와 가타야마 요시카츠片山義勝 박사, 민사소송법은 마에다 고카이前田孝階 박사의 담당으로 출석 10인 내외의 학생들과 함께 일본법전을 축조하여 질의문답의 방식을 진취하여 나는 일단 연구과정을 마쳐 졸업논문이 통과되었고, 그동안에 일본대학에도 학적이 있었으므로, 나는 평소 강의가 능숙한 선생의 시간을 택해 강의를 듣고 필기도 한 사실이 있었으며, 나의 개괄적 연구방법으로는 각 과별로 된 법전의 상단 여백 있는 것을 가지고, 조문 조문에 따라 그 정의, 요건, 효과 및 다른 법조와의 관계를 암기하기에 노력하는 동시에 각 과에 대한 저서 2권 내지 4~5권을 읽어 학설의 다른 점을 간단한 문구로, 전기 각과 법전 당해 조문의 상단 여백에 세기細記하여, 언제든지 그 법전 조문만 보면 학설의 이동異同까지도 소연히 알 수 있게 하였던 것이다(「수상단편 13」, 1959. 4. 1.).

1915년 주경야독으로 공부를 한 가인은 일본 변호사 시험에도 자신이 있었다. 그는 준비 격으로 일본대학 졸업시험을 보았는데, 평균 80점으로 통과를 하였다. 일본 내각 법제국의 참사관이면서 전임강사인 야마우치山內 박사가 가인에게 변호사 시험을 권유하고 모든 편의를 제공하였다. 그런데 한 달 뒤쯤 야마우치 박사는 분개하면서 외국인에게는 변호사 시험 응시자격이 없으며 식민지인 대만과 조선은 법역法域이 다르기 때문에 가인도 응시할 수 없다고 하였다.

가인은 법률을 연구하느라 바쁜 가운데도 유학생 활동에도 적극적이었다. 가인은 공인의식에서 시간을 쪼개어 가며 호남다화회湖南茶話會와 도쿄조선인유학생학우회의 간사부장과 학우회 기관지 『학지광學之光』의 편집 책임을 맡았다(학지광은 1914년 4월 2일에 창간, 1930년 4월 통권 29호로 폐간되었다. 편집 겸 발행인은 최팔용, 신익희, 최원순 등이었고, 이광수, 현상윤, 김억, 최승구, 김동인 등의 글이 실려 있다. 게재된 논설은 대부분 망국의 울분을 토로하고 국민의 분발을 촉구하는 것이 많아서, 1925년 4월호는 발행되자마자 조선총독부에 의해 압수되기도 하였다. 그 뒤 몇 차례 휴간을 거듭하다 1927년 3월호를 펴내고 장기휴간에 들어갔다. 한국 근대 문학의 자각기에 해당되는 1910년대의 문학 연구에 중요한 자료가 된다). 그러나 기관지의 내용을 채우는 것은 편집 책임자인 가인의 몫이었다. 그는 신입학생의 동향[형편]을 조사하여 학우들과 금연회를 조직하여 고학생을 도왔으며, 또 유학생의 비행이 발견될 때에는 '검봉劍鋒'란에 기재하여 각성을 촉구했지만, 이 때문에 곤란을 겪기도 하였다. 다음 '인환대금引換代金' 일화는 당시 유학생의 기개를 잘 보여 주고 있다.

괴이한 조선 노인 두 분이 체류한다는 말을 듣고 그 노인을 찾아갔는데, 그

노인들은 단발도 아니하고 큰 갓을 쓰고 도포를 입었으며, 좀처럼 무슨 사유로 동경까지 왔다는 것을 말하려 하지 아니하므로 장시간 따진 끝에 그 행장 속에 우리 국산 장지에 글을 써서 큰 봉투에 넣고 있음을 발견하였다. 그 내용은 "조선인들은 일본 천황의 성은에 열복하여 태평을 구가하는바, 그 은택이 우리 노유老儒에게 미치지 못함을 유감으로 생각하오며, 우리 노유도 천황의 적자이오니 특별히 성념을 내리시와 구호하시기를 바라옵고, 수륙만리를 멀다 아니하고 충성된 마음으로 상소를 올린다"라는 것이었다. 그 글을 본 우리는 분함을 참고, 그 노인을 회유하여 그 글을 그 자리에서 폐기하고 귀국을 요구하였으나, 여비가 없다고 하므로 하숙비는 우리가 부담하고 부산까지의 차비는 철도국에 교섭하여 그 노인의 주소에서 받기로 무임승차케 하여 곧 귀국시켰다. 이로 인하여 유학생계에서는 조선 사람으로 일본에서 우리의 체면을 손상케 하는 자가 있으면 '인환대금引換代金'으로 보낸다는 웃음거리가 되었던 것이다(「수상단편 12」, 1959. 3. 31.).

1914년 봄 도쿄 간다神田의 조선기독교청년회관에서 열린 신입생 축하모임에서 '고목봉춘枯木逢春'이라는 격려사를 하였다. '고목봉춘'은 "마른 나무에도 꽃이 핀다"는 뜻으로 독립을 암시하는 것이었다. 가인 주위에는 항상 일본 경찰이 맴돌고 있었고, '조선독립'은 입 밖에 내지도 못하였으니, "조선은 망하였지만[枯木] 후배는 봄을 맞이하여 꽃을 피우라[逢春]"고 에둘러 격려하였다. 이처럼 가인은 이미 유학생들의 중심에 서 있었다.

가인은 상당히 주관적인 기억을 하고 있다. 장인환張仁煥 의사와 함께 1908년 3월 일본 외무성의 외교고문으로 한국에 와서 일본의 한국 지배의 정당함을 선전한 스티븐스를 암살한 전명운田明雲 의사를 만났다는 것이다. 실제로 가인이 전명운 의사와 만났을 가능성은 적다. 하지만 가인은 미국 변호사들이 두 의사를 변호하였고 그 결과 가벼운 형을 선고받게 된 사실에 깊은 감명을 받았을 것이다. 이것이 훗날 법정에서 법을 통한 독립운동을 하게 된 계기가 되었다.

법률공부와 유학생회의 활동으로 바빴지만 가인은 현실정치를 외면하지 않고 일본정치에 관심을 두고 신문과 잡지를 정독하고, 의회 방청을 하거나 선거 실정을 관찰하였다. 당시 일본은 보통선거가 아닌 차등선거이었으며, 돈으로 유권자들의 표를 사는 금권정치가 행해지고 있었다. 금전에 대해서는 결벽증이 있을 정도인 가인이 이에 환멸을 느낀 것은 당연하였다. 이 경험은 훗날 가인이 정치일선에 나섰을 때 정치와 일정한 거리를 두고 또 부정선거에 대해 열변을 토한 바탕이 되었다(김학준, 1987: 78).

가인은 합격할 자신이 있었던 일본 변호사 시험에 응시조차 못하게 되자 귀국준비를 하였다. 학우회의 간사와 『학지광』 편집업무를 후임자에게 인계하였는데, 가인에 이어 『학지광』 편집을 맡은 이는 해공 신익희였다. 1915년 7월 가인은 동료들의 환송을 받으며 도쿄를 떠났다. 금연회 회원이 정표로 담배 한 갑을 주어 귀국열차에서 한 대를 피웠는데, 2년 동안의 금연에도 불구하고 새롭게 맛을 느꼈으면서도 또한 담배의 해독도 실감하였다.

가인은 비록 변호사가 되지는 못하였지만, 당대 조선의, 아니 일본 최고의 법학자가 되어 귀국하였다. 이제 모든 이에게 당당하게 나설 수 있었고 그의 꿈—법을 통한 독립—을 실현할 만반의 채비를 갖추었다.

가인은 유학을 공부하고 의병에 투신하였으며 결국은 법률가가 되었다. 이러한 삶의 여정을 통해 가인의 법에 대한 인식은 변화해 왔다. 조선시대 법률가는 문과보다 격이 떨어지는 잡과로 선발되는 기술직인 중인이었고, 같은 중인들 사이에서도 격이 낮았다. 또 법보다는 예를 중시하는 유교의 영향으로 법은 통치의 최후수단으로 여겨졌다. 그러나 개화기가 되면서 법에 대한 인식이 달라졌다. 우선 일본이 조선을 침략한 도구는 만국공법萬國公法, 즉 국제법이었다. 우선 운요호 사건을 빌미로 강제로 조선을 개국시켰는데, 운요호 사건은 일본 국기를 단 선박에 대한 포격—사실상 조선의 대포로는 운요호에 도달할 수 없었다—을 이유로 강화도를 침략하고 조약을 체결하였다. 이후 조약으로 조선에서 이권을 획득하고 내정에 간섭하였으며 마침내 한일병합조약이라는 평화스러운 모습—사실은 고종을 협박하고 국새를 강탈하는 등 폭력이 수반되었다—으로 조선을 식민지화하였다.

법을 통해 자주독립 국가를 수립할 수 있다고 생각하여 법률을 공부하고, 법제를 대대적으로 정비하자는 분위기가 일어나 정부에서는 1895년 4월 법관양성소를 세웠으며, 보성학교나 양정학교 등 사립학교에서도 법학을 교육하였다(한국의 근대 법학교육은 1895년 3월에 반포한 칙령 제49호 법관양성소규정에 따라 평리원에 설치된 법관양성소에서 실질적으로 시작한다). 안중근은 이토 히로부미를 살해한 후 국제법에 따라 재판할 것을 요구했으나 일본은 거절하였고, 그를 변호한 안병찬 역시 법률을 활용하여 독립운동을 한 예이다.

당시 법률에 대한 기대 내지 인식과 법을 통한 독립운동, 나아가 자주국가의 수립에 대한 열망은 가인의 동지인 애산 이인에게서도 잘 보인다.

> 내가 법률을 공부하기로 마음먹기는 한마디로 억울한 국민을 구해 보자는 의분義憤이 뭉쳐서였다. 그때만 해도 일부 식자층을 제외하고는 일반인이 몽매하여 일본 이사청日本理事廳에 망국亡國의 한恨을 풀어 달라고 탄원서歎願書를 넣을 정도였다. 이사청이란 것은 일본 거류민日本居留民의 권익을 보호하기 위해 서울, 부산 등 큰 도시에 설치한 일본 기관으로 우리나라를 먹

어 치우겠다는 그러한 기관에 탄원서를 내었으니, 우리 국민이 비분강개하고 나라를 잃은 설움을 안타까워할 줄만 알았지 반항할 절차를 전혀 몰랐던 것이다. 나는 어려서부터 어떻게 하면 일제의 압박을 벗어 볼까 생각하는 가운데 법률을 공부함이 그 한 가지 길이라 생각하였던 것이다(李仁, 『半世紀의 證言』(명지대학교출판부, 1974: 1~3).

이인의 부친 이종영李宗榮은 대한자강회大韓自强會와 대한협회大韓協會의 중심인물로 활약하였고, 숙부 우재 이시영李始榮은 한인무관학교를 세우는 등 큰일을 하다가 1919년에 사망하였다. 이인은 민족주의적인 집안의 분위기에서 한 사건이 계기가 되어 법률을 공부하게 되었다. 그의 부친은 보성학원을 경제적으로 지원하기 위해 사업에 뛰어들었다가 실패하였다. 이런 와중에 가산을 탕진하여 일본인에게 돈을 빌리려고 전당典當을 잡힌 대구의 집도 넘어가게 되었는데, 일본인은 적법한 절차에 따라 집행을 하는 것이 아니라 불한당 같은 장정들을 시켜 가재도구를 그냥 가져가 버리는 사집행私執行을 하였다. 이러한 일은 그 당시 이인에게만이 아니라 여기저기서 발생하였다. 이인은 일본인의 횡포로부터 민족을 보호하기 위해서는 그들과 같은 능력과 지식이 필수적임을 깨달았고, 그래서 법률을 공부하였다. 이는 가인도 마찬가지였다.

당시 법을 공부한다는 것, 법률가가 되는 것은 일신의 영달을 위한 것이 아니라 자주독립 국가를 수립하고 고통받는 민족을 구해내는 것, 즉 '애국적 민족법학'이었다. 이제 가인은 법률 지식을 활용하여 애국을 할 능력을 갖추었다. 다만 그 기회가 아직 오지 않아 잠룡으로 새로운 시대를 준비하고 있었다.

3. 법으로 독립을 외치다

1) 변호사를 준비하다

1915년 7월 귀국한 가인은 법관양성소의 후신인 경성전수학교京城專修學校 법률학 조교수로 발령을 받아 1915년 9월부터 1919년 4월까지 봉직하였다. 경성전수학교의 교직원은 거의 일본인이었는데, 1916년 7월 교유敎諭 박용희朴容熙가 학교를 떠난 후에는 유일한 조선인 교직원으로 남았으며, 또 고종의 밀지를 받아 이용익이 세운 보성법률상업학교에도 출강하였다. 경성전수학교에서 민법 가운데 친족·상속법, 국제법, 형법 및 형사실무 4과목을, 보성법률상업학교에서는 민법 총칙과 친족 상속법, 어음법(수형법手形法), 형사실무 4과목을 맡았다. 1922년 보성법률상업학교는 보성전문학교로 개편되었는데, 가인은 1930년대 후반까지도 강의를 담당하였다. 당시 법학자로 활동하는 가인의 모습을 보자.

> 나는 경성에 돌아와 그해 9월 신학기부터 경성전수학교 및 보성법률상업학교에서 교편을 잡게 되었는바, 전수학교에서는 민법 중 친족·상속법, 국제법, 형법 및 형사실무 등 4과목을 담당하였고, 보성학교에서는 민법 총칙, 친족·상속법, 상법 중 수형법 및 형사실무 등 5과목을 담당하였는데, 형사실무를 제외하고는 다 교안을 작성하여 시간마다 30분간 필기에 30분간 설명하는 것이 교수방법의 통례가 되어 있는바, 나는 오전 9시부터 오후 4시까지 전수학교에 근무하고, 오후 5시부터 10시까지 보성학교에 출강하게 되었으므로, 교안을 작성하기에는 근무 중에 강의시간 이외의 시간을 이용하는 것과 오후 10시경 숙소에 돌아온 후의 시간을 이용하였으며, 그 외에는 휴일만이 효능적으로 이용되었으나 어려운 문제가 있을 때마다 교안의 준비가 지연되어 2~3일간을 계속하여 밤을 새우는 사례도 왕왕히 있었던 것이다. 그리하여

도 교안준비가 부족한 때에는 교수시간에 학생에게 법전 전 과목에 대해 질의하게 하고, 이에 응답함으로써 필기에 갈음하는 사실도 없지 아니하였다. 또, 그 당시 우리 법조인으로만 조직된 사법협회가 있었던바, 협회의 요청에 의해 그 기관지로 발행하는 월간잡지의 편집 책임을 부득이 맡게 되었으므로, 그 잡지에 게재할 논문이 부족하기 때문에 내 자신이 글을 써서 매월 그 지면을 보충하기에 시간적 곤란이 가중되었다(「수상단편 15」, 1959. 4. 3.).

가인은 강의로 동분서주하면서도 또한 학술지의 편집을 맡아 바쁘게 지냈다. 불행히도 당시 가인의 강의안이나 강의록이 남은 것이 없어서 그의 강의내용을 알 길이 없어 아쉬울 따름이다. 다행히 1917년에서 1919년까지 보성법률상업학교에서 그의 강의를 들은 이병희는 다음과 같이 회고하였다.

수십 명의 교수와 강사 가운데 가장 인상이 깊은 선생은 민법의 물권법을 담당한 가인 김병로이었으며, 교단에 서시면 예리한 금속성으로 청산유수격, 일분일초도 쉴 사이 없는 열성 담긴 강의였으며, 제목만 정하면 원고도 없이 몇 시간이든 계속할 수 있는 풍부한 자원에 시간 가는 줄 모르고 경청했으며, 도쿄의 저명한 박사의 학설까지 비교, 비판하시니 실로 흥미진진하였다.

이병희의 글을 읽으면 각고의 노력으로 일본에서 얻은 지식을 후학들을 위해 혼신을 다해 강의를 준비하고 남김없이 가르쳐 주는 가인의 모습이 눈앞에 선하다.

가인은 연구자로서의 모습도 겸하였다. 그는 경성전수학교에 봉직하는 동안 1915년, 1916년 각각 5편 총 10편의 논문을 발표하였는데, 첫 논문은 「법리관法理觀」으로 법철학적 논문이며, 형법은 7편, 민법은 2편으로 모두 사법협회의 기관지인 『법학계』에 수록된 것이다. 이는 당시는 물론 오늘날에도 대단한 성과라고 할 수 있으며, 원고가 부족하기 때문에 같은 호에 2편을 실은 때도 4회나 된다.

> 가인은 일본 유학을 하면서 유명한 형법학자 마키노 에이이치 교수에게 배웠다. 1913년 마키노는 당시 독일 형법학계에서 새로이 주장된 실질적 위법성론을 일본 형법학계에 도입하려고 하였으며, 공법과 사법을 관통하는 통일 원리를 추구하였다. 마키노의 영향은 가인의 「법리관」에 잘 나타난다 (신동운, 2014: 299).

「법리관」은 '법학의 근계根系', '법리학의 정의', '법리의 적귀的歸' 3장으로, '법리의 적귀'는 다시 '보편아普遍我와 개아個我', '동부동動不動과 자연우연自然偶然', '우연자유偶然自由와 인과율因果律', '오悟와 미迷'의 4절로 되어 있는 법철학 논문이다. 가인은 「법리관」에서 일반적인 학문의 정의로부터 시작하여 자연과학과 정신과학으로 분류한 뒤, 법학의 정의를 다음과 같이 검토하였다.

> 여기에서 논하고자 하는 바는 법학, 즉 법률학은 개인의 심계현상에 근거하여 사회의 의사 조성에 관련한 현상, 즉 인격자 간의 활동관계의 인정적認定的 규율規律에 관한 현상을 대상으로 하는 것이니 …… 법리학은 법률학의 연구에 필요할 뿐만 아니라 실제의 생활활동으로 하여금 보편성 및 근본적 통괄적인 성장性狀을 구유具有하여 응대하며 확실하게 하는 데에는 반드시 근본적, 통괄적인 최고 지식을 요하지 않을 수 없으니 법리학은 실제가實際家가 필요로 하는 근거를 공급하는 근본적 가치적 학문이라고 할 것이다. …… 법리학의 정의精義는 이상 개론한 바와 같거니와 이에 그 이론을 정관靜觀하여 기신론起信論의 보편적 동체불리同體不離의 진수眞髓와 무명론無明論의 차별 무차별의 정신에 묵회黙會하여 법리法理의 적중귀일的中歸一한 진상眞象을 시론試論하고자 한다.

위의 '인정적 규율'이란 사람들이 정해 놓은 규율을 의미하니, 즉 사회에서 일어나는 사람들 사이의 활동관계를 사람들이 정하는 규율 현상을 다루는 것이 법학이라고 하였으며, 법리학은 '인정적 규율'의 기준에 관련하여 개개 법학분야의 지식을 통괄적 대상으로 하는 일반적 지식 체계라 강조하였다. 그래서 법리학이 추구하는 '근본적 통괄적인 최고 지식'을 규명하여 유교는 물론 불교까지 포함한 동양철학과 서양철학을 접목시켜 자신의 이론체계를 독자적으로 완성하고 있었다(신동운, 2014: 304~305).

가인의 논문 중에 의미 있는 것은 1915년부터 1916년까지 4회에 걸쳐 연재된 논문인 「범죄구성의 요건 되는 위법성을 논함」인데, 이 논문에서 사용한 용어가 대한민국 형법의 총칙 조문에 채택되었다.

범죄가 성립하려면 우선 행위가 형법에 규정하는 구성요건에 해당해야 하며 여기에 객관적으로는 위법이, 주관적으로는 책임이 요구된다. 가인은 당시 위법성을 구분하지 않는 것에서 더 나아가 위법과 위법성을 구별하고, 위법은 형식상 명령금지 위반이요 실질상 법익의 침해로 구성된다고 보았다. 그리고 위법성은 '위법의 특별성'을 압축한 것으로 구성요건에 해당하는 행위가 있어서 형식적으로 위법성이 인정된다고 해도 위법성의 실질이 구비되어야만 행위가 위법으로 판단되는 것으로 보았다. 결국 위법성이란 행위가 사회적 공안 목적의 보편적 판정에 따라서 법률상 보호의 무가치성 및 범죄구성의 유가치성, 즉 실질적 위법성을 의미한다. 범죄의 외관은 갖추었으나 위법성이 없는 것으로 인정되는, 즉 위법성조각 사유로 일본형법 제35조에서 인정하고 있는 '① 법령에 의한 행위, ② 정당한 업무로 인한 행위' 외에 '그 밖의 정당행위'를 추가하고 이에는 '정당한 업무'의 영역에 속하지 않는 개개의 행위도 정당행위로 될 수 있다고 주장하였다(신동운, 2014: 307~308).

가인의 사회상규 이론은 우리 형법 제20조(정당행위) "법령에 의한 행위 또는 업무로 인한 행위 기타 사회상규에 위배되지 아니하는 행위는 벌하지 아니한다."로 구체화되었다. 가인 주장의 핵심은 외관상 범죄행위로 보이지만 사회적으로 용인되는 정당행위도 위법성 조각 사유를 인정하여 형법과 현실의 괴리를 줄이는 데 기여하였다. 이때의 학술 활동과 연구는 1950년대에 우리 형법전을 제정할 때에 그대로 반영이 되었으며, 일본법을 바탕으로 하면서도 우리의 특색을 드러내는 데 중요한 역할을 하였다(신동운, 2014: 310).

2) 법정에서 독립운동

1919년 3·1운동은 우리 민족만이 아니라 가인에게도 중요하였다. 드디어 꿈꾸어 온 변호사가 될 수 있는 터전을 마련하였던 것이다. 그는 1919년 4월 경성전수학교 교수직을 사직하고 1919년 4월 16일 '조선총독부 판사'로 임용되어 '부산지방법원 밀양지청 판사'로 부임하였으나, 이듬해인 1920년 4월 17일 1년 만에 판사직을 사직하고, 준비를 거쳐 1920년 12월 24일 변호사로 등록하였다. 가인이 판사직을 그만둔 것에 대해 "3·1운동에 따른 사건 폭주로 판사로 임용되었고, 조선인 독립운동을 재판한다는 가책으로 판사직을 내던졌다"고 하지만, 당시 김병로 1인만 신규판사로 임용되었고, 또 실제 3·1운동 재판에 관여한 자료는 아직 발견되지 않았을 뿐만 아니라 이에 대해 가인이 직접 언급한 것도 없다. 다만 이는 가인을 위한 변명에 불과하다. 가인은 2보 아니 100보 전진을 위해 1보 후퇴하였다. 가인은 일본에서나 조선에서 법학만 공부하고 강의했지만 재판실무에 대해서는 무지하였다. 판사로 1년 동안 재직하면서 법전 속의 법과 법정 속의 법 두 모습을 보고 비교하며 법정 속의 법을 활용할 방법을 강구하였을 것이다. 그래서 변호사 등록과 동시에 3·1운동의 여파와 재판이 채 끝나지도 않은 살벌한 상황에서 법을 활용하여 한편으로는 논리적으로 한편으로는 민족의식으로 독립운동을 변론할 수 있었다. 가인은 변호사가 된 동기를 다음과 같이 정리하였다.

> 변호사라는 직무가 그다지 큰 것도 아니지만, 그 당시의 현실에 있어서 첫째, 가장 우리에게 잔혹하던 경찰도 변호사라면 용이하게 폭행이나 구금하기 어려웠다는 것, 둘째로 그 수입으로써 사회운동의 자금에 충당할 수 있는 것, 셋째로 공개법정을 통해 정치투쟁을 전개할 수 있는 것 등이 약자인 우리에게는 한 무기가 될 수 있다는 것이었다. 뿐만 아니라, 나는 생각하기를 변호사라는 직무가 자기의 생활 직업으로만 하지 아니한다면 인권옹호와 사회방위에 실로 위대한 사업이 될 수 있다고 믿었던 것이다. 그리하여, 나는 곧 동지를 규합하여 집단활동을 추진한 바도 있고, 비밀계획을 시도한 바도 있어 미력이나마 해방 직전까지 30년이란 기간을 끊임없이 시련한 바 있었…… 다(「수상단편 15」 1959. 4. 3.).

즉 변호사는 경찰도 함부로 하지 못하며, 경제적 수입으로는 사회운동을 지원할 수 있고, 또 공개된 법정에서 합법적으로 정치 투쟁—독립운동—을 하며 나아가 인권옹호 운동을 할 수 있다는 점이다. 이는 인권변호사, 공익변호사들이 표방하는 목표와 거의 같다. 여기서 우리는 가인의 선각자적 모습을 잘 볼 수 있다.

이론과 실무를 두루 갖춘 가인은 1921년부터 1941년까지 44건의 독립운동 및 각종 사회운동을 변론하였으며, 1921년부터 1934년까지는 매년 변론을 하였으며, 1928년 한 해에만 무려 9개의 사건을 변론하기도 하였지만, 1938년 공산당 재건 사건과 1941년 수양동우회 사건을 마지막으로 법정에서 어쩔 수 없이 물러났다.

(1) 무장 독립운동

가인이 처음으로 독립운동을 변론한 것은 1921년 3월 9일 대동단大同團 사건의 항소심이었다. 1919년 3·1운동 이후 전협全協과 최익환崔益煥 등이 4월 김가진金嘉鎭을 총재로 추대하여 조선민족대동단朝鮮民族大同團을 결성하여, 의친왕義親王 이강李堈을 망명시켜 임시정부에 참여시키려 하였다. 그러나 중국 안동[현재: 신의주 맞은편 단동]에 도착한 의친왕이 체포되면서 실패하였다. 1921년 2월 28일에는 상해 임시정부 군무부장 이춘숙의 변호를 맡았다. 이춘숙은 임시정부의 군부차장이자 의정원의 부의장으로, 대통령 이승만을 상해로 초청하고, 미국에서 조선인 애국금 모집 공채를 발행하고, 여운형과 함께 신한문화동맹단을 조직하였다. 변호사 김병로는 열렬한 변론을 펼쳤다.

1920년 12월 4일 대한독립보합단원 김도원은 독립군 군자금 모집을 위해 변석원의 집을 방문했을 때 신고로 대기하던 형사와 총격전을 벌이다가 형사 순사 이정선을 사살하였다. 일경은 12월 20일까지 김도원과 그 연루자 이종영, 보합단원 이광세, 이광수 등 20명을 검거하였다. 김병로는 김도원이 애초에 누구를 죽일 의도가 없었고 김도원의 발포는 정당방위라는 논거로 변호하였다. 김도원에게는 사형이 선고되어 1923년 3월 6일 사형이 집행되었다.

김상옥 의사 사건

가인이 전 조선인의 주목을 받게 된 것은 김상옥 의사 사건이다. 이 사건은 가인만이 아니라 최진, 허헌 등과 함께하였고 또 피고인도 조선독립의 당위를 논변하여 무력투쟁이 아닌 법리투쟁을 전개하였다. 김상옥 의사는 1923년 1월 12일 종로경찰서에 폭탄을 던졌으며 체포당할 때에 자살하였다. 일경은 관련자로 김한, 안홍한, 윤익중, 서병두, 정설교, 신화수, 전우진, 이혜수 등을 체포하고, 고문하여 자백을 강요하였다. 1923년 5월 12일 피고인 8인에 대한 공판이 시작되었는데, 전우진, 이혜수 등은 고문 때문에 법정에 올 수 없었다. 김병로는 아래와 같이 "조리가 있는 가장 열렬한[有條理最熱烈] 변호"를 하였다고 언론에 대서특필되었다.

> 조선독립을 희망하는 사상은 조선인 전체가 가진 것이다. 피고 등의 한 일을 보면 김상옥으로 말하면 삼판동에서 다무라田村 순사를 죽였고, 계속하여 몇 사람의 경관을 상하게 하였으므로 사실이 표현된 죄상이라 할지나, 그 외에 현재 법정에 나타난 피고 등은 자기의 사상으로는 그 주의에 공명되고 계획상 어떠한 일을 혹 가담하였다고 할지나, 사실은 이천만의 조선 민족이 독립사상을 가진 것과 같은 사상에 지나지 못하는 바임은 경찰서와 검사국의 기록을 보아도 명백한 사실이다. 그런데 이것을 정치의 변혁을 도모함이라 하여 (1919년) 제령 7호 위반이라고 법에 처하다 하면, 이것은 제령 제7호라는 법을 구성하여 양민을 억지로 법의 그물에다가 잡아넣은 것이나 조금도 다름이 없을 뿐이다. 이것을 감독관이 색안경으로 인민을 대해 억지로 처벌하는 데 지나지 못하는 바이니 일본 국가에 대하여도 치욕이 아닌가 의심하는 바이다.

1923년 5월 17일 제2회 공판에서 최진 변호사는 "조선 민족 전체가 무산자인데 무산자동맹회에 관여한 것은 범죄사실이 되지 않으며, 사리사욕이 아닌 민족적 사명으로 한 것이니 무죄"라고 주장하였고, 변호사 허헌은 "김한이 사회주의자임은 인정하나 민족주의자와는 모순되는 것이니 무죄"라고 변론하였다. 피고인인 김한은 "비판적 사회진화론의 입장에서 인간의 자유와 개성 추구, 생존 유지를 위한 조선인들의 노력을 일제가 유린하는 것과 차별대우 등을 통박하며, 무정부주의자의 입장에서 식민지하 조선인의 운명을 진술하여, 행위의 정당성은 물론 조선 독립의 필연성"을 주장하였다(한인섭, 2012: 119~123).

이러한 노력에도 불구하고 1923년 5월 26일 신화수에게만 무죄가 선고되고, 나머지는 모두 유죄를 선고받았으며, 특히 김한은 검사의 구형 5년보다 높은 징역 7년을 선고받았다. 1923년 10월 10일 항소심에서는 감형이 되었을 뿐이었다.

특히 이혜수는 경찰의 고문으로 병보석으로 풀려났다가, 1923년 6월 30일에 별도로 다시 재판을 받았다. 1923년 12월 25일 재개된 공판에서 환자임에도 불구하고 재판부는 신문을 개시하여 검사가 2년을 구형하였지만, 김병로, 김용무 양 변호사의 '열렬한 변론'으로 징역 1년이 선고되었다. "독립운동을 하면 3대가 망한다"는 말처럼 이혜수는 빈곤한 생활을 하였는데, 해방 후 대법원장이 된 김병로는 이혜수가 김상옥 의사의 사건에 관련된 사실을 증명해 주어, 약간의 경제적 도움을 줄 수 있었다(한인섭, 2014: 40~41).

의열단 사건

의열단 단원 김시현은 1922년 7월 서울에 잠입하여 국내 무기반입을 시도하여, 경기도 경찰부 고등과 소속 황옥의 협조를 얻어 1923년 3월 중국에서 폭탄과 무기를 서울로 반입하는 데 성공하였다. 그러나 이를 미끼로 총독부 경찰국은 황옥을 이용하여 의열단원을 국내로 유인하려고 하였고, 결국 김시현을 비롯하여 관련자 18명이 체포되었다.

1923년 8월 7일 개정된 공판에서 김시현은 자신의 활동을 인정하고 최후진술에서 "우리는 …… 민중을 위해 희생코자 하는 사람이므로 징역 10년은 고사하고 100년이라도 거기에 불복을 하려고도 하지 않소"

라고 의연한 모습을 보였으며, 그 외 유석현, 이현준, 남영덕 등도 의열단원으로 의연하게 대처하였다. 검사는 황옥을 이중간첩으로 보았고, 황옥은 경찰로서 의열단을 잡아 승진을 바랐는데 오히려 억울하게 공범자로 몰렸다고 주장하였다. 8월 11일 검사는 일본이 조선을 압박하는 것은 '오해'라고 주장하였다.

변호사 하라 고이치原剛一, 다카하시 다케오高橋武夫, 최진 변호사는 감형론을 펴고 김병로, 이인, 김용무는 무죄론을 펼쳤다. 가인은 "조선 민족의 참상과 이번 사건이 일어난 동기를 말하고 총독부 당국의 행정에 대해 공격을 시작한 후" 무죄론으로 귀결시켰다. 이인은 "현재 세계 정세와 각국에 유행하는 각 주의에 대해 매우 명백하고도 철저한 언론을 열렬히 토로"하고, 김용무는 "어떤 나라 사람이든지 좋은 생활을 하고자 하는 것이 무슨 죄가 되겠느냐"며 논박하였다. 식민지기 조선인들의 좋은 이웃이었던 후세 다츠지布施辰治는 황옥 사건의 배경을 "독립운동에 대한 교활한 형사대책"으로 보고, 그 외 피고들은 "조선인을 위한 초월적인 인격, 독립의 사상을 가진 이들"이라며 공정한 재판을 촉구하는 편지를 이인 변호사에게 보냈다. 1923년 8월 21일 선고에서 전원에게 유죄가 선고되었으며 피고들은 항소를 취하하고 복역하였고, 황옥의 주장은 받아들여지지 않았다(한인섭, 2014: 45~49).

이인은 1923년 5월 변호사 사무실을 차려 2개월 만에 사건을 맡았는데, 변호사의 변론이 가진 효과에 대해 아주 긍정적으로 보았다. 그는 현실의 법정과 동시에 여론의 법정에 호소하고, 신문을 통해 전국적으로 사건의 파장이 퍼지도록 하여 법정이라는 합법적인 공간을 투쟁의 공간으로 전환시키려고 하였다. 이러한 전술은 전쟁기인 1941년 사상 변호사 지정제가 도입될 때까지 효과가 아주 높았다(한인섭, 2014: 50~51).

희천경찰 고문 사건

1923년 9월 21일 평북 희천군 북면 명문동 창참倉站에 천마 사령관 최시흥의 부하 최오산이 거느린 30여 명의 무장독립단이 주재소와 면사무소를 습격하여 순사 1명이 죽고 면사무소와 민가 20여 호를 불태웠다. 일경은 범인을 찾아내기 위해 인근의 주민을 조사하여 조준룡 등 28명을 신의주지방법원에 기소했으며, 3명에게는 무죄판결이, 25명에게는 유죄판결이 선고되었는데, 평양복심법원에 항소하였다. 1924년 5월 1일 항소심에서 피고들은 피의사실을 부인하며, 경찰의 고문으로 자백하였으며 고문을 검증해 달라고 재판장에 요청하여 허락받았다.

1924년 5월 3일 공판에서 평양 자혜의원 의관이 감정인으로 선정되었고, 5월 17일 공판에서 의관은 피고인 23인이 고문을 당한 흔적이 있다고 진술했지만, 1924년 6월 21일 공판에서 증인인 경찰들은 고문사실을 부인하였다. 1924년 7월 3일 공판에서는 조선변호사협회에서 파견한 김병로가 변호사로 추가 선임되었으며, 김병로는 "열정을 다해 국경에 있는 우리 동포들의 가련한 상태"를 말하고 피고들의 무죄를 주장하였다. 1924년 7월 12일 무죄 예상에도 불구하고 1심에서 7년을 선고받은 조준룡 등 4인은 2년이 감형되고, 나머지는 1심판결이 그대로 유지되었다.

조선인변호사회에서는 평북 희천경찰서 고문 사건을 주목하여 1925년 5월 23일 정기총회에서 이사진을 개선하여 김병로를 이사회 의장으로 선임하고, 이 사건의 조사와 처리를 맡겼다. 이는 단순한 변론을 넘어 「조선형사령」상 경찰조서의 효력을 피고인의 부인에도 불구하고 인정하기 때문에 경찰의 고문 등 권력남용이 심하므로 이를 개폐하려는 의도도 있었다. 특히 변호사회의 궐기에 대해 언론은 동감을 표시하여 변호사회가 그동안 인권에 무관심했던 과거를 지적하며 주시하겠다고 하였다. 이후 변호사 개인 및 단체가 그 천직인 인권옹호에 나서면서 사회적 평가도 크게 높아졌다(한인섭, 2014: 68~69).

조선인변호사회는 희천경찰서 고문 사건에 대해 여론을 환기하기로 하고, 경성, 평양, 신의주의 변호사들로 하여금 협동으로 고문사실을 조사하여 고문 책임자의 면직권고와 형사고발을 하는 등 적극적인 대응책을 논의하였다. 이후 신문 등 언론에 대대적으로 보도되었다. 이러한 활동은 희천 고문 사건 주체에 대해서는 피고인의 감형에 그치고 말았을 뿐, 고문경찰의 책임을 묻는 것까지는 달성할 수 없었다. 하지만 그 효과는 이후 경찰의 수사에 제약을 주었으며, 민중들의 권리의식을 각성시키는 데 기여하였다.

정의부 오동진

1925년 1월 만주에서 결성된 정의부正義府의 오동진吳東振이 1927년 12월 19에 일경에게 체포되자, 가인과 이인이 함께 신의주지방법원에서 변호하였다. 무기징역형을 선고받은 오동진은 해방을 앞둔 1944년에 옥사하였다. 피고인들은 인정신문에서 이름이 다르다고 항의하고 묵비권을 행사했으며, 오동진은 인정신문을 하려는 재판장에게 함자를 함부로 부른다고 항의하고 오히려 재판장을 심판하기 위해 그에게 돌진하였다. 1929년에는 만주의 무장독립 단체인 통의부統義府의 지도자인 이웅서李應瑞도 가인과 이인이 함께 변호하였다. 이웅서는 평양복심법원에서 사형을 선고받았으나, 이인과 가인은 그의 소송기록에 사건의 날짜나 피해자의 신원, 발생장소 등이 적혀 있지 않음을 근거로 경성고등법원에 상고하여 경성고등법원은 무기징역을 선고하였다(이인, 1974:

60~62; 김학준, 1987: 147~152).

(2) 공산주의 운동

조선공산당 사건

1925년 11월 22일 신의주에서 순사와 변호사, 지역유지 등이 폭행을 당한 사건의 피의자를 수색하면서 '고려공산청년회'와 관련된 문건이 발견되어 관련자들이 검거되었는데, 서울의 박헌영 등도 체포되어 신의주로 압송되었다. 12월 12일 치안유지법 위반, 명예훼손 등으로 박헌영 등 44명이 신의주지방법원에 송치되고, 수사과정 중에 박헌영 등이 1925년 4월 17일 서울에서 '조선공산당'을 결성한 사실이 발각되어, 제1차 조선공산당 책임비서 김재봉 이하 30여 명이 검거되었다. 이후 조선공산당은 강달영을 중심으로 조직을 재건하였다. 1926년 4월 25일 순종이 별세하자, 조선공산당은 권오설을 중심으로 천도교 측, 조선노농총동맹, 조선학생과학연구회 등과 통일전선을 구축하고 만세 시위를 구상하였다. 하지만 1927년 6월 5일 '불온문서'가 발각되어 6월 7일 권오설 등 지도부가 검거되어 제2차 조선공산당도 붕괴되었다.

조선총독부는 1차 조선공산당과 2차 조선공산당을 동시에 심리하는 것이 편리하므로 7월 12일에 신의주지방법원의 제1차 조선공산당 사건을 경성지방법원으로 이송하였다. 예심종결 결정은 1927년 3월 31일이고, 8월 22일 추가검거자 예심이 종결되어, 검거인원 220여 명 가운데 101명이 공판에 회부되었다. 1927년 9월 13일 공판이 시작되자 언론은 "천하를 용동聳動한 조선공산당 대공판" 등으로 대서특필하고, 105인 사건, 3·1운동 주역 48인 재판과 함께 '조선의 3대 사건'으로 불렀다. 공판은 1927년 9월 13일부터 48회를 거듭하여 1928년 2월 13일 제1심판결이 선고되었는데, 경찰의 고문 때문에 옥사하거나 병으로 분리 심리해야 하였던 피고인도 여럿이 되었다.

관여한 변호사는 28명으로, 일본인 변호사도 관심을 가지고 참여하였으며, 조선은 물론 대만에서도 각계의 단체와 시민들도 성원을 보냈다. 공판은 대부분 비밀이었으나, 언론은 상세히 보도하여 가인의 변론활동을 엿볼 수 있다. 그리고 조선과 일본 등 각지에서 변호인단에 격려문을 발송했고, 총독부와 사법부, 경찰에게는 '항의문'을 전달하기도 하였다. 항의문은 고문에 항의하면서 공개재판을 요구하고, 치안유지법과 1919년 3·1운동 직후에 조선인의 모든 정치활동을 금지한 제령 제7호 등의 악법을 비판하였다(한인섭, 2014: 115~117).

참여한 변호사 28인 가운데 공판조서를 통해 보면, 김병로, 허헌 등의 참여도가 완벽하고, 이인, 한국종, 김태영, 권승렬, 가세형, 김용무 등이 주요한 역할을 하였다. 언론과의 대담에서는 후루야 사다오古屋貞雄, 후세 다츠지, 김병로, 이인, 김태영이 빈번히 등장하는데, '형사공동연구회' 구성원으로 조선인인 김병로, 허헌, 이인, 김태영 등이 주도적으로 개입하였다고 추론할 수 있다. 또 당시 조선변호사협회(회장 이승우, 부회장 김병로) 차원에서도 '사법권침해탄핵대연설회'를 주최하고 선전지를 배포하여 지원하였다. 변호사들은 무료로 변론했을 뿐만 아니라 보석보증금을 마련해 주기도 하고 구속자가족을 보살피는 등 인간적인 배려도 하였다(한인섭, 2014: 120).

1928년에는 마르크스-레닌(ML)당 간부인 김준연 등과 제1차 간도공산당 사건을 변호하였다. 조선공산당 만주총국 책임비서대리인 최원택崔元澤과 안기성安基成 등 29인이 재판을 받았는데, 허헌과 함께 가인은 피고인의 무죄를 주장하였으나 전원 유죄판결을 받았다. 이때 가인은 만주 안동현(현 중국 단동시)의 청년회에서 '우리의 비애'라는 제목으로 강연하여 민족혼을 불러일으켰다. 1928년에 검거된 제3차 조선공산당 관련자들이 공판에 회부되자, 1930년 1월에 가인이 검거된 관련자들을 면회하여 그들이 처한 상황을 직접 확인했고, 3월 공판이 시작되자 가인이 변호하였다. 이 사건은 철저하게 보도통제가 이루어져 내막을 알 수 없지만, 이인은 공산주의자이기는 하지만 민족주의자임이 분명하기 때문에 적극적으로 변론했다고 회고하였는데, 이는 가인도 같은 입장이었을 것이다.

국제 공산주의 운동의 급격한 좌경화와 폭동화가 조선에도 나타난 것이 제3차 간도공산당의 의거 준비이다. 1930년 3월 1일을 기해 동만주와 북만주에 3·1폭동 11주년 기념 준비위원회라는 비밀조직이 결성되었으나 실행 전에 발각되어 3월부터 5월까지 130여 명이 체포되었다. 가인은 변호사 정직이 해제된 7월부터 이인 및 이창휘 변호사와 변호를 했으며, 피고인이 많아 선임계 용지가 바닥나고 등사비 등 비용이 막대하여 곤란을 겪기도 하였다(이인, 1974: 71~72; 김학준, 1987: 227~229).

고려혁명당 사건: 피고인의 법정투쟁과 '불온한' 변론

1926년 12월 28일 이동락은 만주 장춘長春에서 불심검문에 걸려 소지하고 있던 '고려혁명당선언서'와 강령, 규약, 맹약 등의 문건과 함께, 1926년 2월 26일 양기탁 등 6인이 연서한 '고려혁명당발기록', '결당대회결의서'까지 압수당하였다. 이동락이 자백한 뒤, 만주와 서울 등지에서 김봉국, 송헌, 이동구, 유공삼, 이한봉, 박기돈, 정이형, 이원주 등이 체포되었다. 예심은 1927년 10월 3일 종결되었고, 15인이 제1심 공판에 회부되어 1927년 12월 19일 시작되고, 판결은 1928년 4월 20일에 선고되었다. 항소심은 1928년 10월 18일에 선고되었다. 1심에서는 2인이, 2심에서는 다시 2인 더 무죄판결을 받았다.

변호사들은 열정적으로 공판에 임하였고, 재판의 객체가 아닌 주체로 적극적으로 참여하였다. 이러한 법률 전선은 독립 운동가들의 비밀활동이 재판에서의 투쟁을 통해 전 국민에게 알려져 공감을 불러일으켰다는 점에 의의가 있다. 참여한 변호사는 신의주 현지의 이희적, 최창조 변호사와 이인이었고, 김병로는 제2회 공판부터 참여하였다(한인섭, 2014: 122~123).

김병로는 제2회 공판에서 피고인에게 수갑을 채운 것은 불법이라고 항의하여 검사와 판사의 기세를 꺾었다. 특히 최종진술에서 이인 변호사의 변론이 '불온'하다고 중지시켰는데, 그 진술 내용의 요지는 다음과 같다.

> 일본은 조선을 위해 동양 평화를 위해 일청, 일로 전쟁을 했다고 말하지만, 추호도 조선을 위해 동양 평화를 위해 한 것이 아니며, 또 일본은 조선을 위해 일한합병을 했다고 말하지만 일한합병을 함에서 이익을 얻은 것은 일본뿐으로 조선은 하나도 이익을 얻지 못하고, 병합 이래 내지로부터 다수가 조선에 들어온 반면 조선인은 다수 만주에 축출되었다.

이인은 회고록에서 "일본의 식민정책은 양두구육羊頭狗肉에 흡사……" 하다고 하는 순간에 검사가 항의하였고 재판장이 변론을 중지시켰다고 한다. 김병로는 치안유지법 위반으로 적용한 것은 법리상 잘못이고, 피고인 등이 결코 범죄를 구성하지 않았으므로 무죄이며, 피고인 행위의 대상이 일본이 아니라 전 세계이니 무죄라고 주장하였다. 변호사들은 ① 사실관계 자체를 부인하는 등 도전하고, ② 사실관계가 인정되면, 고려혁명당이 인류애를 표방하는 종교적 색채나 평화사회 건설 등을 표방하고 있으니 치안유지법 적용은 부당하다고 주장하였다(한인섭, 2014: 124~127).

일제하 독립 운동가들의 활동은 비밀스럽게 진행되었기 때문에 검거된 후 재판에서야 제대로 밝혀질 수 있었고, 독립 운동가들이 자기 목소리를 가질 수 있는 곳은 공판과정이었다. 고려혁명당 사건 피고인들은 '공판의 쟁점화'에 성공하여 재판장의 수동적 질문에 저항하였고, 이는 언론을 통해 공개되어 일반에 알려졌으며, 간접적으로 독립의 분위기를 고취시킬 수 있었다. 재판투쟁의 효율화는 언론을 통해 대중에게 독립운동을 '확산'시키는 데 결정적이었다. 독립 운동가들의 지하투쟁은 피고인으로서 법정에서 쟁점화시키고, 언론을 통해 이 쟁점이 대중에게 전달되어, 식민지 민중에게 공감과 분노와 안타까움과 결의로 이어지는 '확산효과'를 불러일으켰다. 재판투쟁은 용기 있는 피고인과 열렬한 변호인의 합작품이라고 보아야 한다. 가인은 법정투쟁으로 직접적이지는 않지만 더 효율적이고 효과적으로 독립운동을 하였던 것이다.

(3) 민족주의자의 변론

몽양 여운형이 동남아시아를 순방하며 미국과 영국의 식민정책을 성토하다 1929년 5월 상해에서 일경에 체포되고, 1930년 1월 치안유지법 위반 혐의로 공판에 회부되자 가인이 변호를 맡았다. 3년 징역형을 선고받아, 1932년 7월 대전형무소에서 출옥하였다.

1932년 이봉창, 윤봉길 의사의 의거 이후 일본 경찰은 대대적인 검거에 들어가 프랑스 조계지였던 상해에서 김구 선생 대신 안창호를 체포하여 1932년 12월 경성지방법원 공판에 회부하였다. 도산은 "숙원인 민족 과업을 성취하지 못하고 적에게 사로잡힌 몸이 민족을 대할 면목이 없다"며 변호사들의 변호를 거부하였다. 그러나 안창호와 가인은 1921년 제2차 범태평양변호사대회에 참가하여 북경에서 만난 적이 있었고, 안팎으로 연락하기 위해 가장 믿을 수 있는 가인과 허헌, 이인을 변호사로 선임하였다. 안창호는 재판 후 징역 4년을 선고받고, 1935년 2월 11일 가출옥하였지만, 다시 수양동우회 사건으로 1937년 6월 구속되었다가 1937년 12월 병보석으로 풀려났다가 1938년 3월에 경성제대 병원에서 별세하였다(김학준, 1987: 230).

1931년 만주사변과 1937년 중일전쟁을 개시하면서 일본은 군국주의로 치달아 갔고, 조선을 대륙 침략을 위한 병참기지로 전락시켜 수탈을 강화하였다. '조선적인 것'을 박멸하는 황국신민화 정책을 적극적으로 추진하였다. 이러한 여파는 가인을 비롯한 법률가에게도 거센 파도처럼 밀려왔다.

1929년 말부터 항일 변호사들은 수난을 당하였다. 허헌은 민중대회 사건이 사전 발각되어 1932년 1월까지 투옥되었고, 후에 변호사 등록마저 취소되었으며, 이인은 법정변론 내용으로 1930년 5월 5일 정직 6개월에 처해져 법정에 나설 수 없었다. 또 김병로는 민사변론의 위조 위임장을 방조하였다는 혐의로 1931년 1월 23일 정직 6개월에 처해졌다. 그리고 김태영은 독직죄瀆職罪로 1931년 5월 9일 변호사 등록이 취소되었다. 한 시대를 주름잡은 변호사들은 법정에서 추방되어 더 이상 그들의 열변을 듣지도 못하였고 또 독립의 희망을 꿈꿀 수 없게 되었다(한인섭, 2014: 130).

법정에서의 변론이 독립 운동가만을 위한 것이 아니라 민족 전체에 열려 있었기 때문에 독립운동의 변호는 민족의 독립의지를 강화하였다.

그래서 조선총독부는 이들 변호사의 활동을 봉쇄시켰다. 1936년 조선총독부는 지정한 변호사 외에는 사상과 관련된 사건의 변호를 담당하지 못하게 하여 형사공동연구회 회원들의 변호할 기회를 봉쇄하였는데, 이는 법적인 조치는 아니었다. 일본은 1941년 치안유지법을 개정하여 변호사의 선임, 인원, 소송서류의 등사 등에 특례규정을 신설하여, 특정 변호사만 치안유지법 사건을 맡도록 하고, 담당 변호사의 수도 제한하였으며, 이에 따라 조선총독부는 1941년 7월 고시 제1141호로, 국방보안법 제29조 및 치안유지법 제29조의 규정에 따라 시국사건을 변론할 수 있는 변호사를 제한하였으며, 1943년에는 그 수를 더 줄였다. 그래서 김병로와 이인과 같은 변호사의 변론을 원천적으로 봉쇄하였고, 법정에서 여론을 형성할 수조차 없는 암흑과 같은 상황이 되어 버렸다(한인섭, 2014: 134~137).

이러한 상태에서 가인이 맡은 마지막 사건은 합법적 친목단체로 위장한 민족단체인 수양동우회 사건이다. 수양동우회의 회원에 대한 검거는 1937년 6월부터 시작되어 1941년 11월까지 이어졌는데, 전국에서 이광수, 주요한, 박현화, 김윤경, 신윤국, 한승인 등 181명이 검거되었다. 일경은 고문 등으로 자백을 받아 49명을 기소, 57명을 기소유예, 75명을 기소중지 처분을 하였으며, 기소된 49명 중에서 1938년 3월 사망한 안창호를 제외한 41명이 재판에 회부되었다. 예심은 1938년 8월에 종료되었으며, 1939년 10월 3일 공판이 개시되어 12월 8일 증거불충분으로 41명 전원에게 무죄판결을 선고하였다.

이에 대해 검사가 항소하여 1940년 7월 1일 경성복심법원에서 항소심 공판이 열려 8월 11일 유죄판결이 선고되었는데, 이광수는 징역 5년에, 김종덕 등 4명은 징역 4년, 김동원 등 4명은 징역 3년, 조병옥趙炳玉

은 징역 2년 6월, 오봉빈吳鳳彬 등 7명은 징역 2년, 나머지는 징역 2년에 집행유예 3년을 각각 선고받았다.

피고인들이 상고하여 최종심인 경성고등법원에서 상고심은 1941년 5월 22일 개정되고, 변호사는 김병로, 이인 등 13인이 맡았는데, 변호인들은 인격수양과 단결을 위한 단체를 고문으로 자백을 받은 사실을 가지고 범죄를 조작하여 처벌하려 했다고 변론하였다. 1941년 11월 17일 최종판결에서 피고인 전원에게 무죄판결을 선고하였다. 법은 행동의 잘못을 처벌하는 것이지 마음까지 처벌할 수 없고, 피압박 민족은 모두 마음속에 독립과 자유를 원하지만 그 마음을 처벌할 수 없다는 취지였다. 즉 겉으로 드러난 심정이나 동기만은 처벌할 수 없다고 하였다(한인섭, 2014: 138).

수양동우회 사건은 검거부터 최종판결까지는 4년 5개월의 시간이 흘렀고, 결국은 피고인에게 절대적으로 유리한 결론이 났다. 이러한 결과는 헌신적인 변호사들이 있었기에 가능하였다. 피고인인 한글학자 김윤경은 다음과 같이 회고하였다.

> 5년이란 긴 세월에 걸친 이 사건을 법 이론적으로 변호한 변호사들의 덕택이라 아니할 수 없다. 그러나 이 사건의 피고들은 5년이란 긴 세월 동안 실직하게 되었으니 자기 생활고에 허덕이는 형편에 변호비를 낼 힘은 없었다. 이런 큰 사건에 본인이 변호사를 세우지 못할 때에는 관선 변호사를 세워 주거나 변호사가 무료로 자진하여 변호해 주게 되는 것이다. 그러한데 일본 사람들은 변호 보수를 받고 나오는 것이었지만은 김병로, 이인 이하 우리나라 사람 변호사는 대개 무료로 변호를 한 것이다. 애국운동을 돕기 위함이다(한인섭 2012: 562).

사실 조선고등법원에서 전원에 대해 무죄를 선고한 것은 법리적 측면도 있지만, 이들을 구금할 실질적인 이유가 없었기 때문이다. 우선 혹독한 고문으로 안창호는 수사 중에, 최윤세崔允洗와 이기윤李基潤은 재판 중에 사망하였고, 김성업金性業은 불구가 되었다. 이 무렵 일제의 끈질긴 회유책으로 수양동우회의 핵심인사들은 모두 변절하였고, 제2심에서 최고형을 선고받은 이광수는 이후 친일파가 되어 내선일체를 선전하였으며, 또 민족주의 운동 계열은 급속히 해체되거나 친일파로 전향하였다. 그리고 관련자들도 무죄로 석방되기는 하였지만 자유롭지는 않았다. 일경은 해방될 때까지 특수범이라고 하여 사상전향을 강제하는 단체인 '대화숙大和塾'에 소속시켜 여전히 감시를 하였다(한인섭, 2012: 562).

민족에 대한 애정으로 가득 찬 변호인 없이 재판이 진행된 조선어학회 사건을 보면 변호사의 역할을 분명히 알 수 있다. 조선어학회는 1921년 12월 한글을 과학적으로 연구하기 위해 장지영, 이병기, 김윤경 등 국어학자를 중심으로 창립되었으며, 1931년 조선어학회로 명칭을 변경하였다. 조선어학회의 사업은 국어를 통일하고 언문강습회와 한글날 기념회를 개최하는 등 한글을 보급하는 것이었는데, 가장 중요한 사업으로 조선어사전 편찬에 착수하였다. 1942년 8월에 함흥에서 발단된 조선어학회 사건은 그해 9월부터 관련자 33명을 검거하여 29명을 구속하여 고문으로 허위자백을 받아 1년이 지난 1943년 9월 이극로와 이인 등 16명을 예심에 회부하였다. 그러고서도 1년이 지난 1944년 9월 예심에서는 12명을 정식재판에 회부하였다. 1945년 1월 제1심법원은 이극로, 최현배, 이희승, 정인승, 정태진 등 5명에게는 실형을, 이인 등 7명에게는 집행유예를 선고하였다. 1945년 8월 13일에 조선고등법원에서는 양쪽의 상고를 기각하는 선고를 하여 제1심판결이 확정되었다(정긍식, 2006).

이는 치안유지법 사건으로 민족 변호사의 변론은 원천적으로 봉쇄되었으며, 허위자백을 받기 위한 고문이 횡행하여 예심기간 동안 이윤재와 한징은 옥사하였다. 이러한 고문은 전혀 법의 제재를 받지 않았다. 피고인들은 경찰에서의 고문사실을 검사와 예심 판사에게 주장하였다. 그러나 검찰에서는 고문으로 날조된 사실을 그대로 인정하였고, 예심판사 역시 마찬가지여서 예심조서는 경찰 조서와 같은 내용으로 꾸며지게 되었다(정긍식, 2006).

가인이 변론을 하지 못한 독립 운동가가 있는데, 바로 심산 김창숙이다. 선비의 나라라고 하는 조선에서 유림은 그 주춧돌인데, 3·1운동 때 민족대표로 참여하지 않은 사실이 유림으로서는 부끄러운 일이었다. 김창숙은 영남을 중심으로 곽종석을 대표하여 유림의 규합에 나섰고 프랑스강화회의에 보낼 서한을 작성하였으나 실패에 그쳤는데, 이것이 '파리장서사건'이다. 1919년 5월 곽종석은 제1심선고에서 "우리나라 법에 의한 범죄자가 아니고 포로로 항소할 곳이 없으며, 원수에게 용서를 바라고 싶지 않고 다만 호소할 곳이 있으면 하늘뿐이다"라고 하면서 항소를 포기하였다. 김창숙은 상해로 건너가 국내와 유기적인 연계를 맺어 가며 독립운동을 하다가 1927년에 상해에서 검거되었다. 예심을 거쳐 재판이 시작되었는데, 김창숙은 결연한 의지로 변호인의 변호를 거절하였다. 김창숙은 그 심정을 다음과 같이 피력하였다.

> 내가 변호를 거절하는 것은 중대한 대의이다. 나는 대한 사람으로 일본 법률을 부정하는 사람이다. 일본 법률을 부정하면서 일본 법률론자에게 변호를 부탁하면 얼마나 대의에 모순되는가? …… 나는 포로다. 포로로서 구차하게 살려고 하는 것은 치욕이다. 정말 내 지조를 바꾸어 남에게 변호를 위탁하여 살기를 구하고 싶지 않다.

식민지하에서 많은 독립 운동가가 변호사의 도움을 거절하였고 나아가 재판 자체를 거부하였지만 김창숙과 같이 재판 거부를 분명하게 밝힌 경우는 드물다. 이는 조선 '선비'의 정신과 기개를 널리 알린 것이다 (한인섭, 2012: 441~456).

3) 사회운동의 변론

'경성조선인변호사회'는 조선총독부의 요주의 대상이었다. 1924년 종로경찰서장이 경성지방법원 검사정檢事正에게 보낸 비밀문건에서 조선인변호사회가 권리옹호를 구실로 불근신한 행동을 하여 우려하고 있다고 하였는데, 예를 들어 국제변호사회 문제나, 평북 희천경찰서 고문사건 조사, 박춘금 폭행 사건, 암태면 소작쟁의, 언론·집회 자유 압박 등에 대해 조선인들로 하여금 오해를 하게 만들어, 일반 대중들이 이제는 관헌에 대항하는 유일한 아군이라 믿고 있다며 우려를 표시하였다.

(1) 다양한 사회운동과 가인

소작쟁의 등의 변론

1923년 8월 고율의 소작료에 신음하는 농민은 소작료의 인하 등을 내걸고 추수거부와 불납不納 운동을 벌였다. 지주는 개별적으로 회유를 했고 경찰이 개입하였다. 1924년 3월 소작인들은 4월 15일에 열리는 전조선노동대회에 대표를 참석시키려고 하였으나 경찰에 의해 저지되었고, 또 지주의 송덕비를 철거하려다가 농민들이 구속되어 목포로 압송되었다. 농민 600여 명은 목포법원에서 농성하였으며 이 시위는 동아일보를 통해 전국에 알려졌다. 사태의 심각성을 깨달은 조선총독부는 구속자들을 석방하는 한편 소작료를 인하 조정하였다.

암태도 소작쟁의에 조선노농총동맹이 관여하여, 조선인변호사회와 접촉하여 무료 변론을 요청하였으며, 김병로가 담당 변호사로 지정되어 암태도 사건을 변론하였다. 암태도 소작쟁의는 농민들의 승리로 귀결되었으며 1920년대 중반 이후 서해안 섬지방의 농민운동에 큰 영향을 미쳤다. 이러한 승리에는 농민들의 적극적인 투쟁이 그 밑바탕이었겠지만 가인을 비롯한 법률가의 역할도 중요하였다.

1927년, 함경남도 장진군에서 미쓰비시의 발전소 건설을 위해 주민의 토지를 강매하자, 조선일보와 동아일보는 이를 널리 알리고 가인과 함께 특파원 김을한金乙漢과 김동진을 파견하였다. 그때 조선일보의 재정 상태가 좋지 않았기 때문에 비용은 변호사회에서 부담하였다. 장진에서 군수와 서장을 만나 경과를 묻고, 도지사와 경찰부장에게 항의한 뒤 상경하였다. 그러나 이러한 노력에도 불구하고 미쓰비시는 주민들의 땅을 강제로 사들여 홍남질소비료회사에 전기를 공급하기 위해 장진강수력전기회사를 세웠고, 이 분규는 1937년까지 계속되었다.

식민지가 된 후에 농민들의 사정은 갈수록 나빠져만 갔다. 고율의 소작료와 마름의 농간으로 생활 자체가 불안하였다. 농민들은 소작쟁의를 일으켰지만 관의 비호를 받는 지주층에게 유리하게 전개되었다. 1928년 전라북도 옥구군 서수의 소작쟁의에서 가인은 한상억 변호사와 함께 농민을 변호하였다.

산업화가 진행되면서 노동자 역시 열악한 처우를 개선하기 위해 파업을 하였으며, 그 대표적인 사건은 1929년의 원산 노동자 총파업이다. 원산에서 파업이 시작되자 일경은 노동연합회의 해체를 꾀하면서 어용단체를 만들어 수습하려고 하였다. 이는 불에 기름을 붓는 격이 되어 파업은 더욱 강렬해졌으며, 주민들의 생계조차 위협을 받았다. 변호사들도 관심을 가져 가인과 애산은 현지로 갔으며 국내외에서 동조파업이 일어났다. 일경은 노조원을 연행했으며 그중 1인은 고문 끝에 사망하였다. 핵심세력이 없는 상태에서 82일간 버틴 끝에 실패하였다. 재판에 회부된 노조위원장 김경식金慶植 등 간부 7명을 위해 가인과 이인이 변호하였다.

백정계급의 해방운동을 벌이던 형평사는 1926년부터는 고려공산당과 연결되었으며, 1928년부터는 민족주의 운동으로 방향을 전환하였다. 1929년에는 일경이 형평사 운동을 탄압하여 40여 명을 구속 기소하였다.

가인은 이인 및 이창휘李昌輝, 그리고 광주의 서광설徐光卨, 신순언申淳彦 변호사와 함께 변호하였다. 이인은 법정에 들어서서 엄청나게 쌓인 서류뭉치들과 첫 싸움을 시작하였다. 구속 기소된 자만 40명이고 불구속도 많았는데, 피고인의 조서가 모두 같은 날짜였고 분량도 많은 점을 지적하니 판사들조차 어이없어하였다.

1930년 7월에는 산림조합의 반대로 자기 소유 산림을 간벌하지 못하게 된 농민들의 평소의 불만이 폭발하여 면사무소를 급습했고 이에 경찰이 발포로 대응하면서 농민과 경찰 다수가 죽고 다치는 사태가 발생하였다. 신간회 단천지부의 보고로 가인이 현지로 내려가 조사하였다. 가인은 사건의 발단은 비록 농민에게 있지만 이를 예방하지 못하고 또 실탄을 발사한 경찰의 책임이 더 크다고 추궁했으며, 조사결과를 받아 수사에 활용하려는 경찰의 간계를 파악하고 경찰의 책임을 더 강하게 촉구하였다. 그러나 이 사건은 경찰의 미온적 태도 등으로 제대로 처리되지 않았고 1931년에 다시 발생했으며, 이후 가인이 야인의 몸으로 있을 때에도 발생하였다.

형평사 관련자들은 당시까지 가장 천시를 받던 백정들이었다. 당대 최고의 유학자인 간재 전우의 문하생이며 하서 김인후의 후손이었던 가인은 명문가 중의 명문가 출신이라고 할 수 있다. 그런 그가 백정들을 아무런 거리낌 없이 변호했다는 것은 법학을 공부한 바탕 위에 농민과 노동자를 변호한 체험에서 비롯된 그의 사상이 평등주의로 '혁명적'으로 전환하였음을 알려 준다.

언론·학생 활동의 변론

조선총독부는 3·1운동 이후 문화통치를 표방하면서 한국인에게 신문 발행을 허가하여, 조선일보는 1920년 3월 5일에, 동아일보는 4월 1일에 창간하였다. 하지만 어디까지나 조선총독부의 방침을 벗어나지 않는 범위 내에서만 언론의 자유가 인정되었으며, 이를 어기면 직간접으로 제약을 하였다.

조선총독부의 후원 아래 일선융화와 노자협조勞資協調를 표방하며 조직된 친일단체의 연합체인 각파유지연맹에 대해 1923년 3월 30일 동아일보가 비판적인 사설을 쓰자, 각파유지연맹에 노동상애회勞動相愛會 대표로 참가한 박춘금朴春琴이 4월 송진우와 김성수를 식도원食道園으로 불러내어 회유를 하다가 공갈과 폭행을 하였다. 이 사태를 동아일보가 기사로 쓰니, 총독부 기관지인 매일신보는 박춘금을 옹호하며 동아일보를 공격하였다.

이에 각 민족단체 40여 명이 각파유지연맹을 응징하기 위한 민중대회를 열고, 당국의 태도를 규탄하기로 하자 일제 당국은 집회를 금지시켰다. 조선변호사협회는 4월 22일 김병로 자택에서 임시회의를 개최하여 경무국장, 법무국장, 검사정을 면회하여 반성을 촉구하기로 하고, 아래의 결의문을 채택하였다(한인섭, 2014: 71).

> 조선총독부 당국의 원조하에 있는 이른바 각파연맹단원 등이 횡포한 태도를 갖고 그들의 의사에 합치하지 않는 인사에게 대해 단체적으로 공연히 폭행 협박 및 금전의 강요를 감행하야 사회의 질서를 교란케 함은 실로 용서하지 못할 죄악이요, 민중이 함께 분노하는 바라. 그러한데 이에 대한 당국의 태도는 극히 완만함에 빠져서 몰래 그들의 악행을 조장함과 같다. 우리들은 관계 당국자의 책임을 묻고 그 맹렬한 반성을 요구하야 인권옹호의 실행을 완전케 함을 기대함(「동아일보」, 1924. 4. 24. "당국에 문책키로, 변호사단 결의")

1924년 이후 일제의 언론탄압이 가중되자, 1924년 6월 7일 조선 전체에서 31개 단체의 대표 1백여 명이 '언론집회압박탄핵회'를 결성하였다. 이 회의에서 언론과 집회에 대한 압박의 사례에 대한 각 단체의 보고가 있었고, 결의문 초안을 위해 기초위원으로 김병로, 이정윤, 한신교, 권오설, 김찬을 선정하였는데, 결의문은 다음과 같다.

> 1. 우리는 언론 및 집회에 대한 당국의 무리한 압박을 공고한 결속으로써 적극적 항거할 것.
> 1. 언론 및 집회의 압박에 대한 항거 방법은 실행위원에게 일임할 것.

그리고 실행위원 13인을 선임했는데 김병로와 이인은 변호사를 대표했으며, 언론계, 사회주의 청년계, 종교계 등 전국의 유지를 포괄하였다. 6월 8일에는 탄핵 실행방법을 아래와 같이 정했으며, 김병로, 이인, 이봉수, 윤홍렬, 안재홍 5인을 조사위원으로 선출하였다.

> 1. 실제상으로 본 언론과 집회의 압박에 관한 전후 사실을 조사할 것.

1. 입법적 견지로서 일본과 조선과 내외 각지의 언론집회 압박에 관한 사태를 조사할 것.
1. 위 조사를 11일 이내로 한 후 그 실행절차에 착수할 것.

6월 20일 민중대회 개최를 결의했으나, 총독부는 치안방해의 우려와 보안법 위반을 이유로 원천 봉쇄하였다. 언론탄압에 대한 비난은 집회를 원천 봉쇄한 경찰에 대한 비난으로 이어졌고, 6월 28일 100여 명의 각 대표자들이 모여 단체대표 회의가 열렸으며, 이전의 실행위원 13인은 사직하고 새로 13인이 선출되었는데, 김병로는 연임되었고 다시 결의문을 발표하였다.

언론은 생존의 표현이요, 집회는 그 충동이라. 우리의 생명이 여기에 있고 우리의 향상이 여기에 있다. 만일 우리의 언론과 집회를 압박하는 자 있다 하면 그것은 곧 우리의 생존권을 박해하는 자이다. 현하의 조선총독부 당국은 직접으로 우리의 언론을 압박하며 집회를 억제한다. 그러므로 우리 민중은 우리의 생존을 위해 당국의 이러한 횡포를 탄핵한다.

또 7월 20일을 기하여 조선 각지와 해외에서도 일제히 연설회나 시위운동을 열기로 하여, 8월 5일 일본 오사카에서 언론 압박 탄핵 대연설회가 개최되었다.

이 활동은 언론의 자유를 주장한 점에 사회 운동적 의의가 있으며, 아울러 조선변호사협회와 변호사인 김병로와 이인의 적극적인 참여로 일반 민중들에게 변호사에 대한 인식을 새롭게 하였다. 즉 일반 민중이 "관헌에 대항하는 유일한 아군"으로 변호사를 믿게 된 것은 큰 의미가 있으며, 이를 바탕으로 가인 등 변호사는 민중들과 가까워져 훨씬 적극적인 활동을 할 수 있었다(한인섭, 2014: 78).

1928년 1월 「조선일보」의 "보석保釋 지연의 희생"이라는 사설로 발행인 겸 주필 안재홍과 편집인 백관수, 논설위원 이관구가 구속되자 가인이 변호하였지만, 안재홍은 금고 4개월, 백관수는 벌금 100원을 선고받았다. 또 5월 9일 「조선일보」에서는 제남사변은 남경南京 정부의 약탈 때문이 아니라 일본 정부가 산동을 점령하기 위한 술책임을 폭로한 사설 "제남濟南 사건의 벽상관壁上觀"을 게재하였다. 이 때문에 집필자 안재홍은 금고 8개월을 선고받고, 조선일보는 1년 4개월간의 제4차 정간을 당하였다. 동아일보의 창간에 참여한 가인이 변호를 하는 것은 당연하였다.

또한 수원고등농림학교 학생들은 흥농사興農社를 조직하여 농촌부흥과 계몽운동을 하였다. 1928년 9월 학교에서 농산물 품평회 겸 학예회를 개최했는데, 그때 출품된 작품의 글귀를 꼬투리를 잡아 학생 220명을 검거하고 주모자를 송치하여 2년간의 예심을 거쳐 1930년 5월에 기소하였다. 가인은 이인과 함께 관련자 변호를 맡았다. 이때 이인의 변론을 빌미로 총독부는 변호사 자격정지 6개월에 처하였다. 일본은 신간회의 비타협적 운동노선을 탄압하여 개량주의적 운동으로 유도하려고 했으나 그 시도는 실패했고, 신간회에 대한 직접적인 탄압을 강화하였다.

1929년 9월경에는 대구 학생들의 독서모임인 '사회과학을 연구하는 단체'를 비밀결사로 몰아 '국체변동'을 획책했다는 혐의로 기소하였다. 가인은 허헌 및 이인과 함께 순수한 학술모임이고 사유재산 제도를 부인하지 않는다고 변호하였다. 가인은 당시 여러 학생 민족운동이 좌익운동의 형태를 띠고 있는 것을 두고 식민지의 청년 학생들이 피압박지역의 세계적인 추세에 따라 사회주의와 공산주의 이념에 탐닉한 것이라 평가하였다.

(2) 신간회

신간회의 발족과 활동

신간회는 민족주의자와 사회주의자가 연합한 민족 단체이다. 1929년 7월 2차 '전체복대표대회'에서 허헌이 신간회 회장이 되었으며, 김병로는 중앙집행위원 중 1인으로 선출되었다. 이후 신간회는 각종 사회문제에 적극적으로 반항적으로 나섰다. 신간회에 몸담으면서 가인은 1929년 7월 갑산 화전민 사건에 실지 조사단을 파견하여 조사단의 보고를 토대로 규탄과 항의를 조직화하고 여론화하였다. 1929년 11월 광주학생항일운동에도 조사단을 파견하고 민중대회를 개최하려다 일제의 사전 검거로 인해 좌절되지만, 1930년 2월까지 전국적으로 항쟁이 확대되도록 하였다.

민중대회 준비로 신간회 지도자들이 예비 검속되어 허헌 등 간부들이 체포되자, 풀려난 김병로가 1930년 1월부터 신간회를 임시로 이끌었고, 김병로가 거의 경비를 충당하며 유지하였다. 1930년 11월 9일 김병로는 정식 집행위원장으로 선임되었으며, 가인의 수족을 묶기 위해 일제는 김병로의 변호사 자격을 1931년 1월 23일부터 7월 22일까지 6개월간 정지시켰다.

민중대회 사건 이후 사실상 해체된 신간회는 가인이 중앙집행위원장의 직무를 대행하여 명맥은 유지되었다. 한규설의 2천원 비밀기부로 청진동 덕원빌딩 3층 전부를 회관으로 임대하여 사용하다 윤용구의 저택으로 옮겨 노총과 농총 및 청총 등 3총에 속한 13개 단체의 사무소를 한 곳으로 모았다.

> 신간회 회관에 있어서는 제2차 전체대회에서 허헌 군이 중앙집행위원장

에 당선된 직후부터는 종로 2가 '덕원빌딩' 3층 전부를 빌려 중앙본부로 사용하고, 그 옥상에 신간회의 깃발을 높이 날렸으며, 내가 광주학생 사건 직후부터 중앙집행위원장의 직무를 대행함에 이르러서는 우호단체 상호 간의 연락을 신속 긴밀하게 하기 위해 안국동 입구에 있는 윤용구 씨의 소유인 300여 간의 저택을 전세금 1,500원에 얻어 노총, 농총, 청총 등의 13개 단체의 사무소를 그곳에 이전하게 하였던바, 신간회 해소의 뒤를 이어 경찰의 무리한 탄압으로 모두 다 해산을 당하였고, 그 전세금은 얼마 후에 나종석 군이 나를 대신하여 이왕직으로부터 받아 갔다는 말을 들었을 뿐이었다(「수상단편 21」, 1959. 4. 10.: 경비유지에 허다한 난관).

가인은 신간회의 대내적인 결속과 조직 정비에 집중했으며, 소요되는 경비는 거의 전부 가인이 자신의 집까지 팔아서 조달하였다(김진배, 1983: 197). 가인이 개인적 희생을 무릅쓰고 신간회를 유지하려고 한 이유는 신간회가 좌우 합작의 민족단체이었기 때문이었다.

1930년 일경은 가인을 모함하고 나아가 신간회를 합법적으로 해체하기 위해 가인이 신간회 사무소에서 비밀회합을 가져 당중당黨中黨을 조직하고 학생 2명을 모스크바에 파견했다는 신간회 비밀결사 사건을 조작하였다. 용산경찰서의 형사가 조작한 사건을 맡은 검사는 허위자백과 조서를 재조사했었고 가인은 구속을 면하였다.

검사국으로부터 불기소된 조사내용을 들은즉, 피의자들이 경찰에서 자백하였다는 사실 중에 '모스크바'에 보냈다는 청주읍에 사는 김 모, 이 모라는 학생에 관해 청주경찰부에 조회한 결과, 전연 허무인虛無人인 것이 밝혀졌고, 또 비밀 결사하였다는 시일, 장소에 관해 신간회 본부에서 압수한 상임위원회 회의록을 대조한즉, 그 시일, 장소가 정례 중앙상임위원회 회의일임을 알게 되었는데, 상임위원회 회의 날이면 아침부터 저녁까지 경찰부에서 2~3명, 경무국에서 1명, 종로서에서 1명, 헌병대에서 1명으로 상임위원 수와 비등한 경찰관이 와 있는 것이 상례인데, 그러한 환경에서 비밀결사를 조직하였다는 것은 있을 수 없는 사실이라고 인정되었다는 것이다. 이에 대한 기담괴변이 있으니, 즉 각 신문기자들이 불기소처분이 있은 직후, 삼시(三矢, 미쓰야) 경무국장에게 '금번 신간회 사건은 개인 사건이 아니고 비밀결사인 단체 사건인바 경찰서에서 피의자 전원이 자백했다는 범죄사실로 송청한 것인데, 검사국에서 그 전원에 대한 불기소처분을 하였으니, 그 어떤 괴이한 사실인가?' 하고 질문한즉, 삼시 국장이 말하기를 '그것은 경찰관의 기술이 부족한 소치'라고 하였으니, 이것이야말로 괴변에는 틀림없지만 음흉한 걸작이라고도 할 수 있을 것이다(「수상단편 33」, 1959. 4. 22.: 갖은 고문으로 사건 날조).

용산경찰서의 조작은 수사의 기본마저 갖추지 않은 그야말로 유치하기 짝이 없는 일이지만, 이것으로 가인과 그가 이끄는 신간회의 위력을 간접으로나마 확인할 수 있는 일화이다.

신간회의 간부로서 가인은 개인으로서는 할 수 없는 일을 할 수 있었다. 특히 사건에 대한 현지조사는 조선인변호사협회나 신간회 등 단체에서 파견되는 형식을 취함으로써 가능하였으며, 특히 변호사의 위상을 생각하여 경찰로서도 방문을 거부하기 어렵고 기자를 대동하면 더욱 거절하기 어려워 제대로 된 조사를 할 수 있었다. 또 사실조사의 전문가로 사회문제에 대해 사전조사를 통해 문제를 환기시키고 개선책을 촉구하는 것은 변호사의 영역을 확장시키는 역할을 하였으며, 실지조사로 변호사는 사회운동가 역할을 할 수 있었다. 가인은 1929년 갑산 화전민 사건을 조사하면서 변호사와 사회운동가의 길을 동시에 걷게 되었다(한인섭, 2014: 93).

갑산 화전민 사건에 대한 실지조사

1920년대 총독부는 화전火田 정리 사업으로 화전민을 축출하는 시책을 추진하여, 갑산과 삼수에 살던 많은 화전민이 아무런 대책 없이 쫓겨나게 되었다. 1929년 6월경 갑산의 삼림을 책임지던 영림서營林署는 경찰을 대동하고 화전민 집을 불태우며 농민들을 강제 축출시켰고, 화전민 대표는 총독부에 진정을 해도 소용이 없자 경성 신간회 본부에 와서 호소하였다.

언론과 사회단체는 당국의 무책임을 비판하였지만, 사실 확인을 제대로 하지 못해 논조는 약할 수밖에 없었다. 신간회 본부는 진상조사를 추진하고, 사회단체 대표 27인은 '갑산화전민구축사건대책강구회'를 조직하고 안재홍 등 27인을 선정하여 진상 조사원을 파견하기로 했는데, 총독부는 불온한 명칭과 사실관계 확인이 미비하다고 위원회를 금지하였다. 신간회 본부는 1929년 7월 18일 오후 4시에 긴급중앙상무회의를 열고 가인을 '갑산 화전민 사건 실지조사' 책임자로 하여 진상조사단을 급파하였고, 가인은 그 즉시 출발하여 당일 오후 10시 55분에 경성을 떠나 총독부도 미리 제지할 수 없었다. 김병로와 동아일보 박금, 중외일보 정인익, 북청 김영수와 김광, 그 외 김은서, 한남형 등 7인이 동행한 10일에 걸친 여정이었다. 그 여정은 목숨을 건 것으로, 일경은 생명까지 위협하였다. 가인은 당시의 상황을 다음과 같이 담담하게 회고하였다.

> 바로 그날 밤에 괴이한 일이 있었으니, 즉 밤이 너무 늦었으므로 나는 자리에 누웠으나 그 현지 참상이 머릿속에서 떠나지 아니하여, 피곤하면서도 잠을 이루지 못하고 있던 그때였다. 이와 같이, 나는 누워 있고 박금 군은 아직 앉아 있었는데, 난데없이 평복을 입은 괴한 2명이 나타나 권총에 장탄하여 박금 군에게 겨누면서 "당신들이 이곳 화전민을 몰아내고, 무슨 비밀회의를 하였느냐?"고 힐문하였다. 그러나 박금 군은 태연하게 "우리는 우리 동포의 피해상황을 조사하기 위해 이곳에까지 왔은즉, 그들에게 피해상황을 물

어 기록했을 뿐이다. 무슨 비밀회의가 있겠느냐?"고 응답하면서 누워 있는 나를 가리키며, "이 사실을 조사 기록한 분은 변호사인 김병로 씨인즉, 당신들이 더 할 말이 있으면 깨워도 좋다"고 말한즉, 그자들은 한참 동안 생각하다가 "그럴 필요는 없다"고 하면서 날이 새거든 다시 오겠노라 하고 권총을 도로 집어넣은 채 어디로인지 가버리고 말았다. 그 순간, 나는 잠이 들지 아니하였으나 자는 척하고 누워서 그 광경을 보았지만, 실로 일경의 음흉한 행동에는 분개하지 아니할 수 없었다. 나는 그날 아침 일찍 일어났더니, 벌써 40~50명의 이재민들이 밖에 와서 기다리고 있었고, 그즈음 어젯밤에 나타났던 괴한들이 다시 나타나 나를 보자, 자기들은 혜산진 경찰서에 근무하는 형사라는 명함을 내놓으면서 어제 기록한 조사서류를 잠깐 보여 달라고 간청하는 것이었으나, 나는 그자들의 간청을 강경히 거부하면서, "우리는 경찰의 불법행동을 조사하러 온 것으로, 귀로에는 혜산진 경찰 책임자에게도 그 죄과를 조사할 예정인데, 그대들이 누구의 기록을 보겠다고 한단 말이냐?"고 힐책하였더니, 아무 말 없이 그대로 어디로인지 가버리고 말았다(「수상단편 26」 1959. 4. 15.: 일경, 조사서류 제시 강요).

28일 김병로의 진상조사 보고를 들은 후 보고서를 작성하여 발표하고, 29일 하오 8시부터 종로중앙청년회관에서 실지조사 보고연설회를 개최하며, 대책과 구제방법을 찾는다고 결의하였다. 총독부는 김병로 일행과 언론보도가 가진 파급력에 대응하기 위해서 신간회와 언론의 조사 보고회를 봉쇄하였다. 그 대신 총독부가 독자적으로 진상을 조사하여 기관지인 「매일신보」에 '갑산사건에 관한 진상조사결과 발표'라는 제하에 "관헌이 민가를 방화하지 않았으며, 주민이 양해하여 빈 집에 방화한 것"이라고 게재하였다. 신간회는 '갑산화전민사건항의문'을 통과시켜 총독부의 '언어도단의 조처에 엄중 항의'하였다.

결국 조선총독부는 화전민 구호정책을 펴서 백두산 근처의 화전민 마을은 당분간 그대로 두고 확대하지 않기로 하였으며, 또 이주할 곳을 지정하였다. 가인도 갑산화전민 사건을 중요하게 여겨 3회에 걸쳐 회고하였다(「수상단편 25~27」, 1959. 4. 14~16.). 또 가인은 전북의 신간회 활동을 도와 농민들이 조선 최대의 지주인 동양척식주식회사에 대항하는 것을 지원했으며, 1931년 3월 전북일보의 조선인 모독 사건에 신간회 전주지부와 함께 가인이 전주로 내려가 활동하였다(이병헌의 회고; 김학준, 1987: 166 재인용).

광주학생항일운동과 그 여파

신간회가 적극적으로 활동한 것은 1929년의 광주학생항일운동이다. 1929년 11월 3일 발생한 광주학생항일운동에 10여 명이 검거되자 이튿날 4일 신간회에 보고되었고, 11월 5일 신간회 본부는 중앙상무집행위원회를 열고 조사를 결정하여 조병옥을 급파하지만 경관에게 쫓겨 돌아왔다. 11월 9일 신간회는 구속된 학생을 위해 노력하기로 하고, 허헌과 황상규, 김병로로 조사단을 구성하고 3개 언론사 언론인도 동행하였다. 가인은 11월 10일 광주에 도착하여 학교 교장과 경찰서장, 검사정을 만나 민족 차별에 대해 항의하며 사실을 조사하고 귀경하였다.

총독부는 11월 12일부터 전면적인 보도관제를 하였으나, 전국에 이미 소식이 전해져, 12월에는 각처에서 광주학생에 호응하는 움직임이 나타났다. 신간회가 1929년 12월 민중대회 소집을 준비하자, 총독부는 허헌을 비롯한 신간회 간부들을 대대적으로 검거하고, 청년 및 여성 단체 간부까지 총검거에 들어가 본격적인 법정투쟁이 일어났다.

가. 학생들에 대한 재판

광주학생항일운동 관련으로 공판에 넘어간 학생은 전국적으로 3만여 명이었고, 변호사들은 변호인단을 구성하여 재판에 대비하였다. 1930년 2월 12일에 폭력행위 등 처벌의 건, 보안법 및 출판법 위반으로 광주지방법원에서 피고인 49인에 대한 공판이 시작되었다. 2월 18일 경성에서 출발한 변호사는 이인, 이창휘, 김병로, 권승렬, 강세형 등으로 2월 19일 공판에 참여했고 학생들은 자신들의 행동이 일종의 정당방위임을 역설하였다. 재판장이 보안법 위반과 치안유지법 위반에 대해 유도신문을 하자 권승렬 변호사가 이의를 제기하였다. 이인은 "교육제도의 결함, 일본인의 우월감, 당국의 사건 과대시, 조선인 어린 학생의 통유성通有性에서 발단된 것"으로 무죄라고 변론했으며, 김병로는 사건이 조작되었다고 주장하며 학생의 희생에 대해 광주검찰 당국의 책임이 있다고 변론하였다. 검사는 김향남에 징역 10월, 37명은 4개월 내지 8개월, 나머지는 금고형을 구형하였으며, 2월 26일 판결에서 폭력행위는 증거불충분으로 무죄를 선고하고, 상해 및 가택침입, 보안법 및 출판법 위반으로, 징역 8월 2명, 금고 8월 2명, 징역 6월 5명, 금고 6월 7명, 징역 4월 8명, 금고 4월 25명, 그리고 징역 및 금고 4월 이하의 33명은 집행유예 5년이 부가되었다. 이 재판은 재판장의 유도신문에서 보듯이 결론은 예정된 것이었지만, 민족 차별적인 교육에 대해 항의하는 등 공개된 법정을 활용하여 독립운동을 한 것이라 평가된다.

나. 경성여학생 만세 운동

광주학생항일운동의 영향으로 서울 학생들이 동맹휴학과 가두시위를 감행하다 경찰과 충돌하였고, 일제는 보도관제와 휴교조치를 취하였다. 1930년 1월 15일에는 이화여고보, 이화여전, 경성여자상업, 동덕, 근화, 실천, 배화, 정신, 경성여자미술, 보육, 태화 등 각 여학교가 중심이 되어 항쟁이 일어났다. 여학생의 배후에 근우회라는 여성조직을 확인하고 1월 16일 근우회 간부인 허정숙 등을 검거하였으며, 1월 20일까지 피검자 406명 가운데 여학생이 135명이었다.

1월 30일 보안법 제7조 위반으로 피의자 34명을 검사에 송치하여, 허정숙, 최복순, 김지년, 최윤숙, 임경애, 이순옥, 박계월, 송계월 등 8인을 기소하였다. 변호사는 김병로, 한국종, 강세형, 양윤식, 이창휘, 이인 등 6인으로 '열렬한 무죄변론'을 하였다. 김병로는 광주학생항일운동의 진상조사를 토대로, 광주경찰의 책임을 추궁하고, 서울 여학생들의 봉기도 본능적으로 자연스럽게 발로한 동정의 표시이므로 실형은 부당할 뿐 아니라, 또한 정치에 관한 사안이 아니며 치안을 방해하지도 않았으므로 강력하게 무죄라고 변론하였다. 그리고 보안법에 대해서도 김병로는 구한국 시대에 제정된 것으로 시대에 걸맞지 않다면서, 종래의 보안법 폐지론을 언급하였다(한인섭, 2014: 111).

검사는 허정숙에게 징역 1년, 최복순 징역 10월, 기타 6인은 징역 6월을 구형하였으며, 1930년 3월 22일 재판장은 피고 전부를 보안법 위반으로 유죄로 판결하여, 허정숙은 징역 1년, 최복순은 징역 8월을 선고, 나머지 6인은 징역 6월에 집행유예로 석방되었다. 허정숙은 임신 중에 수감되었다가 출산으로 인한 형 집행정지로 출옥하고 출산 1년 뒤 재수감되었는데, 허정숙의 아버지 허헌도 민중대회 사건으로 수감 중이었다.

다. 민중대회로 발전

가인을 비롯한 신간회 중앙본부 및 경성지회의 간부들은 광주학생항일운동을 전국에 알리기 위해 12월 12일 밤에 12인의 비밀회의를 열었다. 일경은 13일에 곧바로 신간회 간부의 검거에 들어가, 허헌과 권동진, 한용운, 서정희, 김항규, 김병로, 이종린 등 100여 명이 검거되었는데, 이를 민중대회 사건 또는 허헌 사건이라 하며, 이를 계기로 신간회는 급속도로 활동력을 잃어 갔다.

총독부는 허헌, 홍명희, 이관용, 조병옥, 김무삼, 이원혁 6명을 보안법 위반으로 구속하고, 안재홍은 기소유예로 석방했으며, 가인 등 다른 간부들은 석방하였다. 석방된 가인은 민중대회에 관련되어 구속된 학생들을 뒷바라지했고 또 구속된 신간회 간부를 대신하여 신간회 복구 사업에 매진하였다.

> 나는 석방된 직후부터 소수의 상임위원과 함께 모든 사무 처리에 일층 면려하였으며, 각 학교 학생 사건의 원호에 분망하였으나, 다행히도 사건과 피고인이 가장 많은 경성지방법원 담당 재판장인 야마시타山下가 일본인으로는 보기 어려운 아량으로 학생들에게 동정하여 될 수 있는 데까지 경벌로써 처단하였고, 특히 재판장 자신이 피고인을 위해 각 학교 책임자를 방문하여 퇴학처분의 완화를 요청한 일도 있었고, 집행유예 판결을 받은 학생에 대하여는 그 기간 중에 있는 학생의 취직까지도 알선한 사례가 있어, 실제 실형을 받은 학생은 극히 그 수가 적었던 것이다(「수상단편 24」 1959. 4. 13.: 신간회 간부에 검거 선풍).

신간회 민중대회 관련자 6명의 재판이 1931년 4월에 시작되자, 가인을 중심으로 20인의 변호인단이 구성되었으나, 가인은 정작 변호사 정칙 처분을 당한 상태라 변호하지 못하였다.

라. 신간회의 해소와 가인

민중대회를 계기로 신간회가 휴면상태에 들어가면서 사회주의파가 신간회 해소론을 제기하자, 김병로는 적극적으로 신간회의 존속을 주장하였다.

신간회 해소 반대: 만일, 해소론자가 현하의 신간회 운동을 편달하는 의미에서 해소론을 전개하고 있다 하면 우리는 이것을 환영한다. 그들의 활발한 이론투쟁으로 인해 우리의 진영이 조금이라도 강대화될 것이요, 궤산멸퇴潰散滅退될 리가 없겠는 까닭이다. 그렇지 아니하고, 그들이 그 이론을 실현에까지 추진할 의사가 있다 하면 필연의 형세로는 그 이론을 지지하는 사람은 종당에는 자발적으로 신간회를 떠나게 될 것밖에는 없으니, 그 의미에서 우리의 진영이 조금이라도 축소되고, 따라서 투쟁력이 감퇴가 될 수밖에 없을 터이니, 그렇게 되는 것은 매우 유감이요, 또 그들의 본의가 아닐 줄로 생각한다(「조선일보」, 1931. 5. ?).

1931년 5월 15일 신간회 제2회 전체대회에서 강기덕이 중앙집행위원장에 선정되자 해소론자들은 본회의에 제1안건으로 신간회 해소안을 제출하였고, 일경의 토론봉쇄 속에 찬성 43, 반대 3, 기권 30으로 해소안이 가결되었으며, 일경은 기다렸다는 듯이 곧바로 신간회의 집회를 금지하고 실질적으로 해체시켰다(김학준, 1987: 218~220).

김병로는 신간회에 대해 초기 4~5년간 민족주의자와 공산주의자가 서로 일치 협조했으나, 코민테른의 지령 이후 공산주의자들의 태도가 돌변했다고 회고하였다. 즉, 발전을 위한 해소론에는 찬성하지만 이론 — 코민테른의 지시 — 에 의한 해소론은 투쟁력이 약화될 것을 예상하였던 것이다. 결국 신간회가 해소된 후 가인의 예언대로 표면적 활동을 지속해야 했던 민족진영은 존속을 위해 일제와 보다 타협적으로 퇴행하였고, 지하운동에 매진했던 사회주의 진영은 탄압을 받아 세력이 위축되었다(한인섭, 2014: 91~92).

4) 사회활동과 개인생활

(1) 국제변호사대회 참가

1910년 직전 한국 변호사회는 일본인으로 구성된 경성제일변호사회와 한국인으로 구성된 경성제이변호사회의 두 회가 있었으나, 1919년 4월에 경성지방법원 검사정의 통합 권고에 따라 '경성변호사회' 창립총회를 개최하였는데, 이때 조선인은 31명, 일본인은 34명이었다. 3·1운동 이후 조선인 변호사들은 경성변호사회의 회장으로 일본인 변호사를 물리치고 장도張燾를 선출했고, 이에 일본인 변호사들이 반발하자 1년 뒤 1920년 4월 24일에 일본인과 조선인 변호사를 나누어 '경성조선인변호사회'와 '경성일본인변호사회'로 분립시켰다가, 1936년 조선변호사령으로 단일 변호사회를 구성하도록 강제하였다.

1921년 5월에 전 조선인변호사회 회장회의에서 박승빈, 장도, 이승우의 발기로 조선인변호사회를 창립하기로 하여, 1921년 10월 2일 창립총회를 개최하였고 가인도 15명의 의원에 선임되었다. 그 목적은 '정의의 발전, 인권의 옹호, 법제의 개선, 회원의 친교 증진' 등이다.

이는 1921년 10월 23일 북경에서 개최될 국제변호사대회에 조선변호사의 독자적인 대표성을 확보하기 위해 단체를 결성한 것이다. 북경대회에 중국은 500명, 일본은 50명, 필리핀 15명, 상해 거주 미국인 4명, 러시아인 4명이 출석하고, 조선인은 21명이 참가하였다. 조선인변호사회에서는 "① 조선은 재판소구성법부터 일본과 다르기 때문에 독자적인 참가자격이 있고, ② 국제대회라도 사적 회합이니 민족대표를 보내는 것은 정당하며, ③ 식민지 인도나 필리핀도 결의권이 있으니 조선도 대표가 될 수 있다"는 논리로 조선인변호사회를 독립된 단체의 대표로 가입신청을 하였다. 그러나 일본인 측의 반대와 방해로 회의는 논의는커녕 폐회선언조차 없이 종결되었으며, 또 1923년 1월 필리핀에서 개최된 대회에 조선총독부는 출국하려는 변호사 10명의 여권발급을 불허하여 참석을 좌절시켰다(한인섭, 2014: 64~67).

제1차 세계대전 이후에 민족자결주의가 세계적 조류가 되자, 우리도 독립운동에 이를 이용하였으며, 이러한 흐름에 변호사들도 예외는 아니었다. 국제변호사대회 참가에 가인의 기여 정도는 알 수 없지만, 일찍부터 국제적 안목을 키우고 세계와 유대하여 변호사의 영역을 확대하고 또 민족자결을 성취하고자 한 정신은 충분히 짐작할 수 있다.

(2) 형사공동연구회

바람이 세차면 풀들은 고개를 숙인다. 하지만 쓰러지지 않은 채 바람이 약해지면 다시 고개를 든다. 조선 민족은 풀과 같다. 일본이 독립운동을 탄압하면 할수록 저항은 더욱 거세졌고, 가인의 할 일 역시 늘어났다. 가인에게 쏠리는 기대는 혼자서만 감당하기에는 너무나 컸다. 하지만 가인은 그 정신을 함께하였다.

1923년경부터 독립운동, 사상 사건과 관련된 재판이 폭주하자, 김병로와 이인, 권승렬, 김태영, 김용무, 허헌 등은 '한 사람의 보수로 5명이 공동으로 연구하여 변호한다'는 취지의 '형사공동연구회'를 결성하여 항일변론의 구심점을 만들었다. 악법인 보안법, 1919년 제령 제7호, 치안유지법, 신문지법, 집회취체[단속]령을 위반한 사상범을 원호했으며, 이외 다른 사건의 변호사비는 연구회의 공동수입으로 책정하여 재정적 기초를 마련하였고, 또 공동으로 연구하여 목소리만이 아닌 법 이론상으로도 독립 변호할 수 있는 이론적 기초를 닦았다. 김병로는 형사공동연구회의 주관으로 도산 안창호의 변론을 맡았다. 재정적 기반을 갖추었기 때문에 형사공동연구회에서는 법정에서의 변론과 투쟁 외에 형무소에 구금된 애국투사에게 사식私食을 넣고 유족을 돌보는 등 실질적으로 독립운동을 도울 수 있었다.

연구회는 10여 년간 회원들도 고정되지 않고 일부 변동을 겪으면서도 존속해 오다가, 1941년부터는 사상 사건에 대한 자유변론권이 박탈되어 활동하지 못하였다. '형사공동연구회'는 항일 변론을 조직화하고 장기적인 활동이 가능한 인적 유대와 물적 기반을 만들었다는 의의가 크다. '형사공동연구회'의 조직과 활동방법에서 현재 공익변호사의 원형을 찾을 수 있고 또 나아갈 방향을 가늠할 수 있다(한인섭, 2014: 79~82).

가인은 변호사로서 주어진 법을 인정하고 이를 바탕으로 변론을 하는 소극적인 자세에서 나아가 민족을 탄압하고 언론에 재갈을 물리는 치안유지법, 신문지법, 출판법 등 악법의 개정과 폐지를 촉구하였다. 1927년 6월 조선변호사대회에서의 연설내용은 조선일보에서 다음과 같이 보도하였다.

> 김병로 씨 신문지법 개정론 "지면에 게재함은 직무상 의당사: 이십여 년 전 썩은 법령을 항상 사회에 인용은 불가": "신문지법 및 출판물에 관한 법령은 이를 개정하여 언론 및 저작의 자유에 관한 제한을 완화할 사"에 들어가 김병로 씨가 등단하야 이 문제는 다시 말하면 언론해방 문제이며, 따라(서) 사상해방 문제도 되는 터인즉, 매우 신중히 할 것이라는 말을 장내의 공기를 신중히 가라앉힌 후 무릇 사회를 개선코자 하면 언론기관을 빌지 않으면 아니 될 것인즉, 사회개선을 도모함에는 언론기관같이 필요한 것이 없다. 그러나 지금에 있어서 우리가 이와 같이 중대한 문제를 경솔하게 이리이리 하라거나 저리저리 하라고 구체적으로 말할 수는 없으나 자기가 현금의 신문지법과 출판법을 개정할 필요가 있는 것을 느낀 것이 두 가지가 있으니 하나는 현재 조선에서 시행하는 신문지법으로 신문기사가 어떤 경우에 형법을 범하

느냐 하면 신문지에 어떤 개인의 나쁜 일[惡事]를 게재한다면 그것은 신문사에 앉아서는 무슨 개인의 혐의를 가지고 가공적 사실을 거짓말로 보도하는 것이 아니라 신문사나 신문기자로서는 직무상 부득이한 행동인데 오늘의 신문지법은 사실의 유무를 물론하고 명예훼손이라는 것이 걸리는 것이며 또 하나는 출판법에 의지하여 간행하는 것은 납본을 먼저 하게 하는 관계로 정기간행물이나 연속하기를 요하는 간행물은 그 관계로 비상한 곤란을 초치할 뿐더러 조선에 시행하는 신문지법은 구한국시대의 법령인데 이십 년이나 된 오늘 더욱 문화향상의 사회에서 이와 같이 썩어 문드러진 법령을 인용한다는 것은 언어도단이며 만일 어떤 신문기자 개인이 사사혐의로 남을 중상하는 기사를 보도한다거나 하는 일이 있거든 그것은 따로 엄중한 법률을 만들어 가지고 이것을 처벌케 하여 달라는 말을 하고 하단下壇하매 만장은 일치 가결하고 …… (「조선일보」, 1927. 6. 28.).

속개한 변호사대회 "치유와 보안 병용은 법률적 반감을 산다: 보안법 폐지론에 대하여 김병로 씨의 장광설에 만장은 이를 일치 가결해": …… 보안법은 이를 폐지할 것에 들어가 김병로 씨가 등단하여 보안법이라는 것은 구한국 말엽에 정치적으로 민중의 가를 방지케 하기 위하여 만든 것인데 더 자세한 입법의 동기는 자세한 설명을 아니하여도 알 것이나, 근자 소위 불온하다는 행동을 방지하여 치안을 유지하고자 한다고 조선에서도 치안유지법을 적용하면서 어찌하여 겹겹이 구한국의 유물을 적용하는 것이냐, 치안유지법을 쓰면서도 이와 같은 법령을 내내 적용함은 민권을 유린하는 행위이며, 따라서 민중의 법률적 반감을 사서 사법권의 위신에 거리끼는 일이라고 거침없이 장광설을 토하여 민장의 박수를 받은 후 (보안법 폐지안을) 일치가결 하였더라(「조선일보」, 1927. 6. 28.).

변호사 김병로 씨 담談 "제령 7호와 집회령 토의 못한 것이 유감: 부득이 내년을 기다린다는" …… 남은 의안에도 별 긴요한 것이 많지만은 직접 긴급을 요하는 것은 1919년 제령 제7호와 집회취체령 폐지에 대한 것 …… 이다(「조선일보」, 1927. 6. 28.).

가인은 사회개선, 즉 조선 민족의 탄압 상황을 극복하기 위해서는 언론기관의 중요성을 강조하고 언론의 자유를 침해하는 1907년 신문지법의 폐지를 주장했으며 또한 출판법에서 규정한 사전검열인 납본제도를 비판하였다. 특히 납본제도는 계몽지의 역할을 한 잡지의 간행을 금압하였다. 또 정치적 활동을 제약하는 1909년의 보안법을 적용하고 있는 상황에서 일본의 치안유지법을 적용하는 것은 2중, 3중으로 제약하는 것으로 보아 전술적으로 보안법의 폐지를 주장하였다. 민중의 집단적 의사표현을 금지하는 3·1운동 직후에 공포된 제령 제7호「정치에 관한 범죄처벌에 관한 건」과 집회취체령의 폐지를 강력하게 주장하였다.

또 1932년에는 『신동아』에 "민중의 권익옹호: 변호사의 직책은 무엇?"에서는 변호사 비용과 수수료 제도를 논하여 일반인들이 실질적으로 변호사의 도움을 받을 수 있는 방안에 대해 논의했으며, 『동광』에서는 "국가의 근본의와 민중의 자유"에서는 국가가 개별적 인간들의 자유를 보장해야 한다는 주장을 펴서, 조선인의 자유를 억압하는 조선총독부를 비난하였다.

(3) 조선고등법원 판결록에 나타난 가인

가인은 변호사로 다양한 활동을 하였지만, 현재 그 모습을 알 수 있는 자료는 제한적이다. 당시 최고 법원인 조선고등법원에서는 1908년부터 1943년까지의 중요사건을 발췌하여 『조선고등법원 판결록』을 1913년부터 1944년까지 간행하였다. 여기서 가인이 소송대리인이나 변호인으로 활동한 편린을 찾을 수 있는데, 1921년 6월 3일 판결부터 1941년 3월 4일 판결까지, 민사판결문 30건, 형사판결문 6건 등 모두 36건이 있다. 1921년부터 1930년까지는 계속 있으며, 1932년 1건, 1934년부터

1936년까지, 그리고 1940년, 1941년까지 있다. 가인이 창동으로 은둔한 1934년 이후에도 변론을 한 것처럼 보이는데, 이는 가인이 민사사건의 변론을 계속해서일 수도 있고 또 제소 후 최종심의 판결이 있을 때까지의 시차 때문일 수도 있다.

가인은 거의 모든 종류의 사건을 다 다루었는데, 이를 통해 그를 필요로 하는 곳에는 항상 달려가는 그의 성실성과 애정을 알 수 있다. 그가 변론한 사건의 당사자를 살펴보면, 형사 피고인은 전부 조선인이다. 민사사건은 조선인 사이의 분쟁이 대부분이며, 조선인과 회사는 2건(1925. 12. 26.; 1930. 10. 18. 판결), 조선인과 중국인, 조선인과 일본인은 각각 1건(1921. 12. 20.; 1941. 3. 4. 판결)이다. 사건을 선임하여 변론을 할 때에도 가인은 민족을 고려하였다.

1912년 조선형사령을 시행하고 형법대전을 폐지한 후부터 조선총독부는 명예훼손에 대해 일본 형법을 적용하여 처벌했는데, 두 차례의 변호에서 가인 등은 형벌이 가벼운 1907년 신문지법을 적용할 것을 주장하였지만 각하되었다. 그러나 가인은 후술하듯이 1927년 조선변호사대회에서 언론의 자유를 탄압하는 20년 전의 법률인 신문지법을 폐지할 것을 주장하였다. 조선총독부는 언론에 의한 명예훼손에 대해서는 일본 형법을 적용하고 그 외 신문의 발행 금지 등 언론의 자유에 대해서는 신문지법을 임의로 적용하여 언론을 통제하였다. 가인은 법적 논리의 일관성보다는 피고인에게 유리하게 변론을 하였다.

30건의 민사판결 가운데 고등법원 판사 전원이 참여한 연합부 판결이 2건 있다(1921. 12. 23.; 1922. 11. 17. 판결). 이 핵심내용은 절대적 효력을 갖는 토지조사령의 사정·재결에 따른 소유권과 법원의 판결에 의해 확정된 소유권이 충돌될 때에는 병존을 인정하고 모순되지 않은 상태로 이용해야 한다는 것이다. 이 두 사건의 당사자는 동일한데, 가인은 1921년 사건에서는 피상고인을 대리하여 상고기각의 판결을 받았으며, 1922년 사건에서는 상고인을 대리하여 상고기각의 판결을 받았다.

그리고 3개의 판결(1926. 2. 26.; 1927. 4. 5.; 1928. 4. 13. 판결)과 4개의 판결(1934. 4. 13.; 1934. 9. 21.; 1935. 2. 8.; 1936. 3. 13. 판결)은 모두 당사자는 동일한데, 전자는 차양자선정, 후자는 부父 사후 자의 친권자인 모母의 친권 박탈과 관련된 조선의 관습이 쟁점이 되었다. 이는 당시 친족상속 사건에서 일차적인 법원인 관습에 대한 가인의 해박한 지식과 당사자들과의 신뢰 관계를 한눈에 보여 주는 것이다.

(4) 개인생활

가인은 변호사로 법정에서 활동하였을 뿐만 아니라 다양한 사회적 활동을 하였다. 식민지 조선의 중대한 안건에는 항상 가인이 있었다. 특히 민족의 미래를 준비하는 교육에는 큰 기여를 하였다.

그는 경성전수학교 교유로 재직하면서 강의를 나간 보성전문학교에도 이사로 참여하였다. 1920년 2월 보성법률상업학교가 보성전문학교로 승격하는 운동을 벌이기 시작했는데, 문화통치기에 강력한 교육열을 달래기 위해 조선총독부는 1922년 4월 1일에 보성전문학교로의 승격을 인정하였다. 이때 가인은 허헌과 이승우, 윤치호, 김성수 등과 함께 설립자의 한 사람으로 참여하였으며, 1922년 1월의 제1차 이사회에서 6인의 상임 이사 중 1인으로 선출되었다. 또 분쟁이 있으면 변호사로 법정에도 나갔다(김학준, 1987: 233~235).

민족의 여망과 달리 분쟁도 잦았고 또 재력이 모자라 발전에는 한계가 있어서 학교를 충분히 지원할 수 있는 사람이 학교를 인수하기를 바랐다. 1931년 대학 설립에 뜻을 두고 유럽과 미국의 명문대학을 순방한 김성수가 귀국하자 가인은 그가 보성전문학교를 인수하도록 교섭을 전담했으며, 재단인수에 따른 법적인 문제와 운영상의 문제를 치밀하게 협의했고, 1932년 3월 28일 김성수가 보성전문학교 제10대 교장으로 취임하였다. 1934년 9월 현재의 안암동으로 이전하고, 1935년 보성학교 창립 30주년 기념사업 상임위원회에 가인, 인촌, 고하, 최두선, 김용우, 이승우 등이 상임위원으로 활동하였다. 가인의 준비와 헌신에 힘입어 민족의 대학으로 자리를 잡은 보성전문학교는 1946년 종합대학으로 승격하며 고려대학교로 교명을 바꾸게 되었다. 이러한 인연과 기여를 기려서 고려대학교에서는 1955년 개교 50주년 기념식에서 가인에게 명예법학박사 학위를 수여하였다.

1923년 이상재를 중심으로 민립대학 설립운동이 일어나자, 가인은 여기에도 참여한 듯하며, 1924년 4월 14일 조선중앙기독교청년회학관 산하 고등보통학교를 세우려는 기성회의 발기인은 이상재와 가인을 포함하여 54인이었다.

가인은 동아일보사 운영에도 참여하였는데, 1920년 1월14일 김성수가 동아일보사를 발기하여 총회를 열 때는 가인은 현직 판사여서 참여하지 않았지만, 그해 9월 무기정간을 당한 뒤 1921년 1월에 해제되고, 9월 14일에 주식회사로 성립되었는데, 이때 가인은 검사역으로 법률 고문 격의 자리를 맡았다. 1922년 동아일보의 후원 아래 조만식이 조선물산장려회를 창립하여 벌인 물산장려운동도 가인은 힘껏 지원했으며, 1931년 5월 동아일보사 충무공 유적 보존 운동에도 기금 관리위원으로 참가하였다.

가인은 본연인 변호사 업무 외에 교육과 언론, 사회 운동 등 다양한 방면에서 민족을 위해 헌신적으로 봉사하였으며, 이는 해방 후 그가 사법부의 기틀을 다지는 데 중요한 기반이 되었다.

가인은 부유하게 자라지는 않았지만, 일본 유학과 조선 최고의 변호사라는 명성을 얻었고, 변호사 시절에는 금전적 여유도 있었을 것이다. 하지만 절약하는 생활을 몸소 실천하여 집안에 혼사나 큰일이 있을 때도 요릿집에서 피로연이나 잔치를 하지 않았다. 그리고 그는 항상 민족을 상징하는 두루마기를 입고 다녔다. 변호사 수익은 거의 집에 가져다주지 않았는데, 이는 대부분 신간회의 활동경비나 형사공동연구회의 경비 등으로 썼다. 이에 대해 부인 정 씨는 한마디 불평도 하지 않았다.

그는 개방된 유학자이었다. 우선 가인은 여성이라도 반드시 배워야 한다는 믿음을 가지고 있어 딸과 며느리를 숙명여학교에 입학시켰으며, 맏며느리 고귀현은 고정주의 손녀로 결혼 후에 서울약학전문학교로 진학하였다. 특히 1927년 5월 27일부터 4개월간 지속된 숙명여학교의 일인 교사 배척운동에 가인이 주동 여학생들을 격려하고 도와주었다. 가인은 여성들의 교육과 정의를 위한 사회활동을 강조하면서도, 어디까지나 여성은 '가정을 중심으로 한 현모양처', 즉 "가정을 떠난 여성의 방종은 털끝만 한 것이라도 용서하지 않았으며, 교육을 받더라도 가정을 지키는 여성이 되어야 한다"고 가르쳤다. 하지만 도덕성은 남자에게도 요구하여 자신부터 사생활을 깨끗이 하고 당시 유행한 축첩행위를 철저히 배격하였다.

1930년 3월 가인의 어머니가 별세하자, 장례를 치르고 난 뒤 제사를 철폐하고, 선산 밖에는 산소를 위한 땅을 사지도 않는 선각자적인 모습을 보였다. 1900년 조모가 돌아가셨을 때 직접 명당을 고르던 때와는 전혀 다른 모습이었다. 하지만 조상 자체를 부정한 것은 아니다. 1930년대 순창군 복흥면에서 조상인 하서 김인후의 덕을 추모하는 낙덕정樂德亭을 지을 때는 문중에 많은 돈을 희사하였다(김학준, 1987: 190).

4. 도약을 위한 은둔

1937년 중일전쟁 이후 일제의 황민화 정책이 강화되면서, 사상전향 등의 압박을 이기지 못하고 친일로 돌아서는 사람들, 반대로 더욱 적극적으로 항일운동을 하는 사람들, 또는 시골로 낙향하거나 은둔하는 사람들이 많이 생겨났다. 조선총독부는 1941년 사상 변호사 지정제를 실시하여 변호사들이 적극적인 항일운동을 할 길을 막아 버렸다. 가인과 함께 활동하던 변호사들은 아예 변호사 자격마저 박탈되었다. 신태익은 1939년 5월 28일에 내선일체 정책을 비판하여 보안법 위반으로 징역 1년을 선고받고, 항소에서도 징역 8월이 선고되어 변호사 자격을 박탈당하였으며, 1943년 12월 일제정책을 비판하여 육해군형법 위반으로 징역 8월을 선고받았다. 민중대회 사건으로 옥고를 치른 허헌은 1943년 단파방송 사건에 연루되어 고문 끝에 징역 1년을 선고받았다. 이 사건은 일경이 단파 라디오로 전황을 몰래 들었던 경성방송국 직원들을 문초하여 외부인사로 홍익범 외에 송남헌, 허헌을 체포하였으며, 허헌은 다른 인사를 거론하지 않아 김병로, 송진우 등은 체포를 면하였다. 이인은 1942년 조선어학회 사건에 연루되어 고문을 당한 뒤 징역 2년 집행유예 3년을 선고받아 거의 몸이 묶인 상태로 해방을 맞이하였다.

가인은 1934년경 경성의 집을 팔아 경기도 양주군 노해면 창동으로 온 가족을 데리고 이주하였다. 철저하게 농촌에 은둔하며 농사와 양계, 양돈까지 겸하여 식량을 자급하며 은둔하여 일본에 의존하지 않고 살아가기 위해서였다. 이후 송진우, 정인보, 홍명희, 박명환 등이 이 일대로 이사하고, 한용운과 유진태와도 교류했으며, 1942년 조선어학회 사건으로 수감되었던 이인은 해방 직전에 석방되어 경기도 양주의 농가에 피신하였다. 가인의 창동 거주 이후 창동 지역이 민족지사들의 거점 구실을 하자, 양주경찰서는 고등계 형사가 상주하여 감시하였다(김학준, 1987: 242~244).

여성작가 장덕조(1914~2003)는 「창동시절」이라는 수필에서 가인의 도움을 받고 일제 말기 창동에서 산 모습을 잘 그리고 있다. 장덕조는 서울에서 소개령이 내려져 이사할 집을 구하다가 창동에 가인이 산다는 이야기를 듣고 하늘의 도움이라고 여겨 식량문제는 신세지지 않는다고 다짐을 하고 가인의 집에 세 들어 살았다. 힘든 시절이었지만 가인은 단 한 번도 풀기 없는 옷이나 때가 묻은 옷을 입고 다닌 적이 없었다. 집이 상당히 넓어 작가와 가인의 며느리는 함께 농사를 짓기도 하였다. 일본군이 창동에 진주하여 군가를 부르며 행진을 하고 저녁때 '훈도시' 바람으로 길에 나오기도 해 부녀자들이 놀라 대소동을 벌이기도 하였다. 하지만 가인의 명성을 아는 그들은 마을 부녀자들에게 추잡한 행패는 하지 못하였다. 또 학병, 징용, 정신대 문제 등으로 부당한 핍박을 받는 이웃 동리의 주민은 밤중에 몰래 가인 선생을 찾아와 울며 하소연하기도 하였다. 가인의 존재 자체가 일본군에는 위협이었고 조선인들에게는 큰 위안이었다.

8·15가 되자 김병로 댁은 갑자기 웅성거리기 시작하였다. 동리 사람

들이 축하를 겸해 인사를 하러 오고 서울에서도 그를 추대하려는 사람들이 밀어닥쳤다. 집 개나리 울타리 위에는 태극기가 내걸리고 행군하던 일본군들도 자취를 감추었다. 깊은 밤중에 일본군이 울타리 아래에 무언가를 묻고 갔는데, 아침에 그곳을 파보니 일장기에 싼 권총 한 자루가 나왔다.

가인은 누구보다 먼저 경기도 양주군 노해면 창동리로 은둔하였다. 창동은 강과 산이 어우러진 풍광이 탁월한 한적한 시골마을이며 동시에 경원선 창동역이 있어서 서울을 오가기에 힘들지 않은, 잠룡潛龍이 때를 기다리며 은신하기에는 안성맞춤인 곳이었다. 몸은 창동에 은둔했지만, 눈과 귀는 밖으로 향하였다. 청진동 합동변호사 사무실에서 홍익범이 단파 라디오를 통해 전황을 전해 주기도 해서 가인 등은 당시 전황을 정확히 알고 새로운 날을 준비하였다. 1945년 3월경 궁지에 몰린 일제가 최후의 발악으로 민족 지도자를 죽이려고 한다는 소문에 가인은 가족조차 모르게 경기도 가평군 조종안이라는 촌락으로 피신했다가, 8월 11일 일제의 항복 임박 소식을 듣고 창동 집으로 돌아와 골방에 숨어 지내가다 창동에서 해방을 맞이하였다.

가인은 창동에서도 품격을 지키며 살고 또 모든 사람을 품었다. 이는 변호사로서 민족의 지도자로서 자존심을 지켜내기 위한 것이었다. 가인의 은둔은 논어에 나오는 '난진이퇴難進易退', 즉 "(관직 등에) 나가는 것은 어렵게 하고 물러나는 것은 쉽게 하라"라는 선비정신을 실천한 것이다. 현실의 작은 이익—변호사로서의 수입, 민족지도자로서의 명망, 본인의 도움이 필요한 사람들의 바람 등등—에 구애되어 서울에서 계속 변호사로 활동하였다면 어쩔 수 없이 일제의 압박에 굴복하거나 타협할 수도 있었을 것이다. 그의 빠른 처신은 한 점의 오점도 남기지 않았다.

가인의 은둔생활은 '때를 만나지 못한 선비의 처신'으로 '선비다운 법률가의 지조'를 웅변한 것이다.

5. 새로운 국가를 건설하다

1) 해방과 민족통합의 추구

1945년 8월 15일 일본이 항복하였다. 해방은 도둑처럼 찾아왔다고 하지만, 가인은 준비를 하고 맞이하였다. 가인 집 앞에 사람들이 모이고 서로 격려하였다. 해방은 가인을 더 이상 길거리의 변호사로 내버려 두지 않았다. 일제의 압제 아래에서도 법으로 독립운동을 변호한 경력을 지니고 있고, 또 새로운 정부를 조직하기 위해서는 법률가의 도움이 절실한 상태인 데다가, 일찍 창동으로 은둔하여 일제에 협력하지 않은 그는 자연히 새로운 정치세력의 구심점으로 부상하였다.

해방 당시에는 국내 정치세력의 구심점이 없는 상태이었다. 1937년 수양동우회 사건을 계기로 민족주의 진영은 궤멸하거나 일제와 타협하여 더 이상 지도자의 역할을 할 수 없었으며, 사회주의 진영은 일제의 탄압을 피해 지하로 숨어들어 적극적인 활동을 못하였으며, 중국의 대한민국임시정부(이하 임정) 세력은 국내 기반이 부족하였다. 이런 상황에서 가인의 정치적 위상과 역할은 그가 의도하거나 기대하지 않았지만 날이 갈수록 커졌다.

가인이 해방 직후인 8월 16일 서울의 고하 송진우 집으로 가니 양주에 은거하던 이인과 함께 백관수, 김준연, 정인보 등이 모여 있었다(이인, 1974: 144~145). 이들은 총독부의 치안권 이양을 수락하고, 조선건국준비위원회를 조직한 여운형과 임정 봉대론을 내세워 적극적이지 않은 송진우에 대한 비판과 함께 좌우 합작의 필요성을 암묵적으로 말하였다. 8월 20일경 가인, 백관수, 이인은 조선건국준비위원회(이하 건준)를 찾아가 안재홍과 만나 협력을 합의했고, 건준의 공산주의자들은 가인과 협의 없이 135명의 확대 위원을 8월 25일에 발표했으나 가인은 즉각 무관하다고 반박하였다(김학준, 1987: 258).

그리고 정치적 입장 등에 따라 많은 정치모임이 조직되어 새로운 국가를 건설할 채비를 하였다. 가인은 고려민주당을 발기했으며, 김용무, 김약수 등을 참여시켜 1945년 8월 28일 '조선민족당'으로 발전하였다. 또 윤보선 등 다른 민족주의 세력은 9월 1일 '한국국민당'을 발기하였다. 조선민족당, 한국국민당은 민족진영의 대동단결이라는 명분 아래 9월 2일 한국민주당(한민당)으로 합당하기로 하고, 발기 소위원으로 가인, 백관수, 원세훈, 김약수, 조병옥, 이인을 선출하였다.

미군의 서울입성 소식을 들은 송진우와 김성수는 9월 4일에 대한민국 임시정부 및 연합군 환영준비회를 공식 발족시켰고, 여기에 한민당 인사도 참여하여 한민당과 김성수-송진우 세력의 접점이 마련되었고, 가인은 위원으로 선출되었다.

건준의 좌우 대립이 표면화되면서 안재홍 중심의 중도 우파는 9월 1일 이탈하여 9월 4일 조선국민당을 창당하였고, 공산주의자들은 9월 3일 박헌영이 재건한 조선공산당으로 통합되었다. 9월 4일 건준은 여운형을 위원장으로 허헌을 부위원장으로 뽑고 중앙집행위원 일부를 개편하였다.

9월 6일 미군이 인천에 상륙하여 8일에는 서울에 진주하였다. 건준은 9월 6일 조선인민공화국을 급조하고 9월 7일 발전적으로 해체하였다. 이때 55명의 인민위원을 일방적으로 선출했는데, 가인은 조선인민공화국(이하 인공) 중앙인민위원회의 사법부장으로 발표되었으나 본인은 부인하였다. 9월 7일 서울에서 연합군환영국민대회 준비회를 열고, 한민당 발기인 600여 명의 명의로 건준-인공 타도와 임정 봉대를 주장하는 성명을 발표하였다(김학준, 1987: 261~262).

미군정은 남한의 유일한 정부는 미군정청이라 선언하여 인공과 임정을 부정하였으며, 한민당은 이승만 등 7인을 영수로 추대하고 중앙집행위원회에서 지도체제를 구축하였으며, 가인은 중앙감찰위원장을 맡았다. 한민당과 미군정이 제휴하여 고문회의가 구성되고 이후 한민당과 군정청이 유착하자, 가인은 고문회의에 참여하지 않았다. 10월 10일 아놀드 군정장관은 인공을 부정하는 담화를 발표했는데, 한민당은 이를 지지했지만 가인은 담화를 공개 비판하였다. 이는 뒷날 가인이 한민당을 탈당하고 좌우 합작 운동에 가담하는 단초가 되었다. 10월 5일 창신동에서 좌우 합작 회합이 열렸는데, 가인은 송진우와 함께 여운형이 건준을 성급하게 설립하여 혼란을 자초하였다고 비판하자, 여운형이 책임을 인정하고 인공의 해체 가능성을 언급하여 좌우 합작의 길을 열었으나, 조선공산당은 인공해체를 완강히 거부하여 협상은 실패로 돌아갔다.

10월 16일 귀국한 이승만은 자신의 정치기반을 마련하기 위해 독립촉성중앙협의회 운동을 시작하며 가인을 정치고문으로 초빙했으나 가인이 사양하였다. 한민당, 조선국민당, 조선공산당 3당은 국민대회준비회를 구성한다는 공동성명을 발표하고 가인을 포함한 5인의 연구위원을 선출하였다.

1945년 11월 23일 김구와 김규식 등 임정 요인이 귀국했고, 12월 1일의 대한민국임시정부봉영회에는 이승만과 김구 등 임정 요인이 전부 참석하였다. 그러나 12월 12일 조선공산당은 임정을 비난하고 독자노선을 걷기 시작했으며, 이승만은 조선공산당을 비난했고 또 임정의 요인들은 한민당 지도자들을 '친일파'로 경원하였다. 결국 정치세력은 분열되기 시작하였고, 이를 더욱 가속한 것은 신탁통치안이 포함된 모스크바 3상회의 결과이었다(김학준, 1987: 272).

가인은 신탁통치안에 다음과 같이 반대하고 한민당의 대표로 활동하였다.

> 우리의 독립 완성을 합심-협력하여 촉진함에 매진하면서 연합제국의 절대 원조를 확신하고 감사한 뜻을 마지않는 바인데, 돌연히 우방 소련이 국제회담에 있어서 조선의 신탁관리 문제를 제의하였다는 보도가 전하게 된 것은 우리 3천만 민중은 몽상도 아니했던 중대 문제일뿐더러 우방 소련이 국제신의에 위반되고 약소민족을 침탈하는 그런 행동이 있었으리라고는 믿지 아니하나, 만일 그것이 사실이라면 어떤 국가의 제의라도 이것은 제국주의적 침략으로 규정하고 3천만 민중의 심혈을 다하여 여하한 희생도 불피하고 최후의 일인까지 분투할 각오를 가질 것이다(「동아일보」, 1945. 12. 28.).

이후 반탁-찬탁의 논쟁은 정치를 소용돌이 속으로 몰았으며, 가인은 이 와중에 발생한 1946년 1월 18일 서울에서 찬탁의 조선공산당의 산하기관을 때려 부순 주모자 학생 4명이 구속되자 이들의 변호를 맡기도 하였다(김학준, 1987: 281).

1946년 2월 13일 이승만과 김구가 합작하여 대한독립촉성국민회(이하 국민회)를 결성하였다. 가인은 그 최고정무위원회의 법제위원회 위원장으로 선임되었다. 미군정의 요청에 따라 최고정무회의는 남조선대한

국민대표민주위원으로 바뀌어 2월 14일 개원하였고, 가인은 제외되었다(김학준, 1987: 282).

미소공동위원회가 1946년 3월 20일에 열리자 한민당 대표로서 가인은 '통일된 조선 임시정부 수립'과 '탁치' 부분을 구별하여 발언하였다. 우파 4개 정당의 통합이 추진되어 가인은 김성수 및 김약수와 함께 한민당 대표로 참석했지만 실패하여 한민당을 제외한 3개 정당이 통합하였다.

1946년 4월 18일 "이전에 반탁을 주장한 단체도 모스크바 결정을 수락하면 협상 대상이 될 수 있다"는 미군정청 제5호 성명에 대해 한민당의 보수우익 지도층은 거부했지만, 가인은 수락을 주장하였다. 비상국민회의와 민주의원을 비롯한 우익계 21개 정당-단체들이 5호 성명을 지지하는 성명을 발표하였으나 미소공동위원회는 5월 8일 무기 휴회에 들어갔다. 이후 남과 북은 돌아올 수 없는 길로 나갔다.

이런 상황에서도 가인은 좌우 합작 운동에 관심을 가졌지만, 한민당에서 법제조사분과위원회 책임위원으로 임명되는 등 한민당과의 관계를 유지하였다. 가인은 토지문제 해결을 위한 농지개혁방안에서 체감매상遞減買上-무상분배無償分配를 주장하는 한민당에 반대하여 소작인을 위해 무상분배를 주장하여 결국 한민당과 결별하였다. 가인은 1946년 12월 22일에 결성된 민중동맹民衆同盟에 가담하였으며, 이 역시 조선공화당과 조선농민당으로 3분되었다(김학준, 1987: 289).

미군정은 좌우 합작 원칙에 입각하여 1946년 12월 12일에는 남조선과도입법의원을, 1947년 6월 3일에는 이를 남조선과도정부로 개편하였다. 그러나 8월 12일에 제2차 미소공동위원회가 완전 결렬되자, 미국은 이에 9월 17일 한반도 문제를 국제연합에 상정하고, 국제연합은 11월 14일 국제연합한국임시위원단의 참관 아래 남북한 인구 비례에 따른 총선거를 실시하기로 하여 좌우합작위원회는 1947년 12월 6일 자진 해체하고 분단의 서막을 열었다.

1947년 9월 가인은 '민족국가로의 독립'을 염원하는 다음의 7인 공동성명을 발표하여 통일 국가에 대한 꿈을 버리지 못하였다.

> 오늘날 우리 민족에게는 오직 하나의 뚜렷한 목표가 있다. 그 목표란 민족국가로의 독립이다. 지금 우리들은 민족독립의 절대적 사명을 다시 한 번 선양코자 소이를 버리고 대동을 취하여 한 기치 아래 모이기로 약속하였다. 하루빨리 큰 노력으로 성장하여 절대적 사명을 완수하려 하니 민족독립을 염원하는 동지여, 우리와 한데 뭉쳐 함께 나아가자(「경향신문」, 1947. 9. 9.).

가인 등 중간파는 10월 민족자주연맹 준비위원회를 발족시켰고, 12월 20일 김규식이 위원장으로 선출되었다. 가인은 국제연합의 결의를 지지하며 국제연합위원단의 참관하에 남북통일 총선거의 실시를 주장하였다. 그러나 세상은 가인의 뜻대로 움직이지 않았고 결국 가인도 꿈을 접고 현실을 받아들였다.

해방기 가인의 정치적 행동은 편을 가르지 않고 철저하게 통합을 추구하였다. 좌우, 남북 합작을 통한 통일된 민족국가를 세우려고 하였다. 그의 이러한 신념은 그에게 쓰라린 경험을 안겨 준 신간회의 해체와 그 이후 식민지 상황에 대한 반성에서 나온 것이다. 그러나 역사는 더 거칠고 험난하게 반복되었다.

2) 사법독립의 주춧돌이 되다

(1) 미군정기, 사법제도의 기초를 마련하다

가인이 활동할 곳은 정치무대가 아닌 법원이었고, 법원 역시 그를 필요로 하였다. 가인은 1946년 7월 12일 미군정 사법부장에 임명되어 해방기의 사법부를 이끌었으며, 정부수립 후에는 초대 대법원장이 되어 사법부의 주춧돌을 놓아 우리 사법부의 아버지로 역할을 하였다.

1945년 9월 8일 서울에 진주한 미군정은 9월 12일과 15일 조선총독부 총독과 국장들을 모두 해임하고, 초대 군정장관에 아널드Archivold V. Arnold 소장을, 29일에 시츠Joseph R. Sheetz 준장을 조선 군정대리장관에, 우달Emery J. Woodall 소령을 법무국장에 임명하였다. 미군정은 사법부의 공백에 따른 치안 부재를 막고 법질서를 유지하기 위해 사법부의 재건에 착수하여, 9월 11일 정보장교 헤이워드 중령은 법조계의 대표들을 만나 실정을 들었으며, 이튿날 하야타 후쿠조早田福臧 법무국장과 사법기관 접수를 의논하였다. 20일 미군정청의 조직을 발표하였는데, 민사과, 형사과, 행형과로 구성된 법무국은 변화가 없었다. 10월 9일에는 법무국장 등을 한국인으로 교체했고, 11일에는 조선고등법원장을 비롯한 일본인 판사와 검사를 면직하고, 김용무를 대법원장에, 이인 등을 대법관에 임명하여 대법원을 구성하였다. 또한 미군정청은 한국인화 정책을 추진하여 10월 16일 한국인을 배치하고 미군장교는 고문의 역할을 맡겠다는 방안을 발표하였다. 이어서 조선변호사협회의 도움을 얻어 남한의 30여 개 법원을 재건하였다. 미군정청이 임명한 판사는 대개 한민당 계열의 인사이어서 반발이 많았고, 김용무 대법원장은 한민당을 탈당하였다. 1946년 1월까지 41개의 법원을 정비하는 등 미군정의 노력에도 불구하고 사법부는 정비되지 않았고, 더구나 임명된 판사들도 출근을 하지 않아 임명을 취소하는 사태까지 발생하였다(윤남근, 2014: 355~357).

미군정청은 1946년 3월 정부부서 명칭을 국局에서 부府로 승격시켰으며, 4월 2일 우달이 초대 사법부장에 취임하였다. 한인화 정책에 따라 가인은 6월 27일 사법부장(현재의 법무부 장관과 유사)에 취임하였다. 6월 20일 미군정청 기구표에 따르면 사법부에는 한국인과 미군 사법부장을 두고 있는데, 미군은 코넬 주니어John W. Cornelly Jr 소령이다. 미군 사법부장은 군정장관의 법률고문으로 사법행정에 관한 최종 책임을 지고 한국인 사법부장의 결정을 승인하는 역할을 하였다. 1947년 2월 15일 남조선과도정부가 출범하고 미군 사법부장 코넬 주니어 소령이 퇴임함에 따라 가인이 단독으로 사법부장직을 맡았다. 가인이 사법부장으로 취임하였을 때, 대법원장은 김용무, 대법원 검사총장은 이인이었다. 이들은 거의 비슷한 시기에 일본으로 유학을 다녀왔고 변호사로 형사공동연구회에서 같이 활동한 동지이었다. 과도기의 상황에서 법원, 검찰, 경찰 사이의 직제변경, 직무관할의 조정 등 갈등이 산적하였으나 이들의 인적 관계로 업무조정이 원만히 이루어졌다(윤남근, 2014: 358~360).

가인은 "최초에 마음먹기는 군정하에서 우리가 제반 사무에 종사하는 것이 우리의 정식 정부를 수립하고 앞으로 독립국가를 건설하는 데 기초사업이 되는 것"으로 믿고 사법부장에 취임했다고 술회하였으며, 그의 희망대로 되었다.

사법부장에 취임한 가인은 직원이나 재판 종사자들에게 민족정기의 앙양이 절실하므로 법관으로서의 품위와 명예를 지킬 것을 강조하였다. 그는 중앙청에서 미군들과 근무하면서도 한복을 즐겨 입고 양복은 거의 입지를 않았는데, 민족정기의 앙양도 있지만 양복 구입비 등의 경제적 문제도 무시할 수 없었다. 또 점심은 집무실에서 도시락으로 해결하는 등 스스로 솔선수범하여 검약함으로써 주위 사람들에게 큰 감동을 주었다.

좌우 대립의 혼란 속에서 사법부장에 취임한 가인에게 닥친 첫 시련은 1946년 5월의 '조선정판사 위조지폐 사건'이다. 좌익은 이를 조작이라고 하여 신문을 동원하여 대대적으로 공세를 폈으며, 검찰총장 이인과 조재천, 김홍섭 담당검사들에게 협박편지를 보내어 위협하였다.

사법부의 최고 책임자인 가인의 임무 중 하나는 수사결과가 날조된 것이 아님을 대중에게 설득시키는 일과 공판이 열리면 법정소란과 법원 주위의 대규모 시위에 대한 대책을 세우는 것이었다. 특히 조선공산당은 언론을 통해 조재천, 김홍섭 검사의 파면, 좌우 정당 대표의 배심재판을 요구하였고, 이후 언론재판의 양상으로 치닫게 되었다. 가인은 공판을 앞두고 다음과 같은 대국민담화를 발표하여 재판부 기피신청에 대한 결정과 공정한 재판을 다짐하고 아울러 언론의 공정성을 요구하면서 이를 어긴 언론기관에도 법적 책임을 물을 것을 천명하였다.

> 사법부장 김병로 "(특별성명) 위폐사건에 관한 사법부장의 경고": 위조지폐 사건으로 기소된 사람들의 재판에 관하여 각 신문지상의 여론이 분분한데, 그중 어느 신문은 이 위폐사건을 재판소에서 취급하게 하지 않고, 신문지상에서 취급하려고 분망하고 있는 것이 현저하다. 또 어떤 신문은 정치적 야망에서 그네들의 정당당원인 피고들에게 유리하도록 민중의 호감을 사기 위하여 애매한 성명을 하고 있다. 그러나 그것은 큰 과오이다. 이 사건에 있어서는 피고들의 정당관계를 전혀 고려에 넣지 않고 취조하여 왔으며, 또 이 재판이 그와 같은 견지에서 진행될 것이다. 우리는 단지 위폐사건의 진범인을 발견하여 그 범죄인들을 그들의 어느 정당가입과는 무관계로 처벌하는 데 관심을 가지고 있을 뿐이다. 이 위폐사건의 재판은 공개될 것이므로, 이 사건에 대하여 진상을 발견하고 싶은 사람은 누구나 방청할 수 있다. 소송수속에

관하여서도 어느 형사사건의 소송과 동일할 것이다.

만일 신문이 이 사건의 진실을 왜곡하려고 고집한다면 그네들은 흥미 본위라고 보기에는 너무도 악질적일 뿐만 아니라 큰 과오를 범하여 현행 형사법에 저촉됨을 깨달을 것이다. 그리고 재판소의 판결에 영향을 미칠 발표는 법에 위반될 것이며 이와 같은 발표를 한 사람은 고발될 것이다(「동아일보」, 1946. 7. 25.).

1946년 7월 29일 제1회 공판이 열렸으나, 변호인들은 재판장이 법정에서 피고인에게 수갑을 채운 점, 공소제기 후 10일 만에 공판을 열어 재판준비를 충분히 할 수 없었다는 점을 이유로 재판부 기피신청을 하고 퇴정하였다. 가인은 형사소송법에 따른 적법한 신청이므로 이를 수용한다는 담화를 발표하였다. 이 사건은 26회의 공판을 거쳐 판결이 선고되었다. 이 사건은 해방 후 최대의 사건이었고 재판과정에서 우여곡절도 많았지만, 적법한 절차에 따라 재판이 마무리된 것에는 사법부장인 가인의 경력과 인품에 대해 국민들의 믿음이 있었기에 가능하였다(윤남근, 2014: 364~369).

해방기 사법부의 숙원은 3심제를 회복하는 것과 행정부인 법무국(사법부)으로부터 법원이 독립하는 것이었다. 이는 모두 일제의 잔재로 법원과 검찰 모두 조선총독부 법무국 소속이었으며, 1944년 2월 조선총독부재판소전시특례로 2심으로 한 것이다. 1945년 12월 김용무 대법원장은 법원의 독립을 강조했으며, 1946년 7월 법조회에서는 3심제의 환원을 미군정청에 건의했고, 1947년 2월에는 3심제의 환원, 군정재판의 한국인 재판소 이양, 경찰의 고문 금지 등을 건의하였다. 또 1946년 11월 한미법학회Korean-American Legal Academy를 만들어 양국의 사법제도를 비교하고 새로운 사법제도에 대해 고민하였다. 1947년 초 전국의 법관들은 3심제의 부활, 사법기관의 독립, 법관의 처우 개선 등 사법제도 개혁의 요청을 건의하였다. 사법부 고문 코넬 주니어 소령의 의견을 듣고, 미군정장관 러치Archer L. Lerch 소장은 사법부의 독립은 정부기구의 개편과 관련하여 신중하게 논의한다는 단서와 함께 모두 수용했으며, 특히 직제상 사법부장인 가인 아래인 대법원장 김용무에 대한 처우를 행정수반인 민정장관이나 남조선과도입법의원 의장과 같은 수준으로 예우하였다(윤남근, 2014: 369~373).

1947년 2월 대법원 내에 한국 법조인의 건의를 반영한 사법제도의 개혁방안을 연구하기 위한 조직이 설치되었으며, 5월에는 대법관 이상기와 서울지방심리원장 장경근을 비롯한 미국 사법제도 시찰단이 방미하였다. 이들은 사법제도 개혁과 법원조직법 기초안을 마련하기 위한 기초자료를 수집하는 것이 목적이었는데, 미국 사법제도의 도입까지 검토하였다. 사법부 고문보 길리엄 주니어Richard D. Gilliam, Jr는 1947년 4월 법원조직법 초안을 제출하여 사법부(법무부), 법원, 검찰 등의 의견을 듣고 조율하였다. 이후 25차례의 회의를 거쳐 7월 28일 법원조직법 제1차 초안을 완성하여 미군정청에 송부하였다. 주요내용은 다음과 같다.

> 법원조직: 대법원, 고등법원, 지방법원, 간이법원의 4종으로 하고, 대법원에는 대법관과 판사를, 기타 법원에는 판사를 두며, 대법관은 대법원장 이하 7인으로 한다. 사법행정의 최고 의결기관으로 대법관회의를 두고, 고등법원 이하에는 사법행정 의결기관으로 판사회의를 둔다. 그리고 대법원 등 각급 법원의 심판권, 법관의 자격과 임명, 법정질서 유지와 위반행위에 대한 제재, 법원의 예산 및 법관의 보수, 사법행정처의 조직과 기능, 법관의 신분에 대한 경과 규정 등을 두었다.

위 제1초안은 원안대로 입법될 것을 예정하지 않았다. 길리엄이 고문 코넬에게 제출한 보고서에 따르면 사법부장인 가인은 별도의 법안을 준비하였고, 미국인 고문은 미국 사법제도 시찰단이 돌아오기를 기다렸다. 그 결과 10월 법원 중심의 법원조직법안(법원안)을 완성하였다. 이는 제1초안보다 법원의 권한과 법관의 신분을 강화하는 방향으로 수정되었다. 특히 논란이 된 것은 고위 법관에 대한 선거제인데, 제1초안에서는 대통령(군정장관)이 임명하는 것이었다. 미군 고문들은 선거를 선호했으나 위원장인 대법원장의 반대로 실현되지는 못하였다. 몇 차례 조정을 했지만 검찰의 반발이 너무 커서 타협안은 성사되지 못하여 사법부장 가인, 대법원장 김용무, 검찰총장 이인은 각자의 안을 제출하였다. 결국 1948년 2월 김병로 사법부장은 수개월 전에 사법제도에 대한 논의가 시작되었을 때, 자신이 법원조직법안을 마련하겠다는 약속에 따라 직접 작성한 초안을 미군정청 장관에게 제출하였다. 가인의 안은 법원안보다 법원이 관장할 업무를 대폭 축소시켰다. 1947년 10월 법원안이 확정되자 검찰 측에서 크게 반발하였다. 그러자 미군정청은 법조인의 합의를 기다렸으며 고문들은 의견을 수렴하면서 법리를 검토하였다. 이런 교착상태에서 가인의 안이 나온 것이다. 가인은 사법부장으로서 법원과 검찰의 입장을 고려하지 않을 수 없었으며, 또 법원의 독립으로 사법부의 위상 격하에 따른 부하직원의 동요 등도 생각하지 않을 수 없었다. 가인의 안은 이런 직업적·인간적 고민이 배어 있는 것이었다. 그러나 검찰 역시 수정안을 제출하였다. 1948년 2월 마침내 미군정청은 3심제 부활을 포함한 법원조직법 초안을 군정장관의 명령으로 채택하는 방침을 확정하고, 기존의 초안들을 반영하여 4월 3일 길리엄과 코넬이 실무를 담당하여 조정안을 완성하였다. 이 안은 미군정청 상부의 검토를 거쳐 5월 4일 군정법령 제192호 법원조직법으로 탄생하였다(윤남근, 2014: 373~413). 이는 미국 최고재판소 제도를 도입한 사법우월제의 채택이라고 평가할 수 있다(『한국변호사사』).

1948년 4월 1일 「군정 법령의 폐지 및 관계법령의 개정」이 공포되어 재판소의 3심제가 부활하였으며, 「변호사법」이 7월 1일 제207호로, 「검찰청법」이 8월 2일 제213호로 공포되었다. 이와 같이, 가인은 사법부장으로 있는 동안 3심제의 부활, 법원, 검찰, 변호사 관련 법령을 공포하여 사법제도, 나아가 법치주의를 제도적으로 실현할 수 있는 기틀을 마련하였다.

(2) 정부수립과 사법부독립을 실천하다

1948년 3월 17일 「국회의원선거법」이 공포되었고, 5월 10일에 국회의원 선거를 실시하여 5월 31일 국회를 개원하였다. 7월 17일 헌법을 공포하고, 사흘 후인 20일에는 국회의장 이승만을 대통령으로 선출하였다. 이승만은 가인을 김규식의 사람이라 여겨 대법원장 임명에 부정적이었다. 서광설, 노진설 등을 생각했으나, 이인은 연공서열을 중시하는 법원의 분위기를 이유로 노진설에 대해 반대하고, 장택상은 서광설이 일제하에서 판사를 한 경력을 이유로 들어 반대하였다. 8월 5일 국무회의에서 이인이 검찰총장직을 걸고 가인을 대법원장으로 추천하였고, 다른 이들도 이에 찬성하여 결정되었으며, 같은 날 국회에서는 재적 157석에 찬성 117표로 임명 동의를 받았다. 이승만 대통령, 이시영 부통령, 신익희 국회의장, 김병로 대법원장, 이범석 국무총리로 3부의 수뇌부가 갖추어졌다(김학준, 1987: 317~321). 8월 15일 대한민국 건국이 선포되고 8월 16일 국회에서 취임인사를 하면서 가인은 사법부의 운영방침과 포부를 다음과 같이 밝혔는데, 법관의 덕목으로 인격의 수양과 연구, 기술적 단련을, 국회에 대해서는 삼권분립의 원칙과 사법권의 독립을 강조하였다. 국민의 생명과 신체, 재산과 명예, 헌법상의 권리와 의무에 대해 최종적으로 결정하는 법관은 국민들에게 법관의 인격에 대한 확신을 주어야 하기 때문에 인격을 수양해야 하며, 또 국민의 총의로 제정된 법을 적정하게 해석하고 공정하게 적용하여 국민들의 신뢰를 얻기 위해선 연구와 기술적 단련이 필요함을 중시하였다.

1948년 5월 통과된 「법원조직법」의 수명은 길지 않았다. 1949년 1월 정부에서는 법원조직법을 만들어 5월 국회에 제출하였으나 회기 내 불심의로 폐기되었다. 7월 8일에 다시 정부안이 제출되었고, 법사위 대안이 국회에서 통과되어 8월 1일 정부로 이송되었는데, 정부는 8월 13일 재의를 요청하였지만, 9월 11일 국회에서 원안대로 다시 의결하여 9월 26일 공포되었고, 8월 15일부터 소급 적용되었다. 미군정기의 법원조직법을 재정리하면서 많은 쟁점을 정리했으나 정부는 여전히 법무부의 주장을 반영한 개정안을 제출하고 국회 법제사법위원회에서는 당초 대법원안을 수정안으로 심의하였다(윤남근, 2014: 420).

이때의 쟁점은 "① 간이법원 폐지, ② 지방법원의 행정소송 관장 불가, ③ 등기와 호적의 법원 관장, ④ 법원행정처장의 국무회의 출석 발언권, ⑤ 대법원장의 임명에 관한 규정 위헌 여부" 등이었다. 정부는 8월 13일 "① 대통령이 대법원장을 임명하는 권한은 헌법적인 것이므로 법률로써 제한할 수 없고, ② 법원행정처장이 국무회의에 출석하여 발언하는 것은 삼권분립에 어긋나고, ③ 호적과 등기의 법원 관장은 문제점이 있다"는 이의를 제기하였다. 국회에서 가인은 "① 대법원장 임명에 대한 법률규정은 위헌이 아니며, ② 법원행정처장이 국무회의에 출석하여 발언할 수 있다는 것은 삼권 분립의 원칙을 지킨 것이고, ③ 국민의 권리, 재산과 직결되는 등기와 호적은 법원에서 감독해야 한다"는 요지로 설명했고, 국회는 원안대로 가결하였다.

1949년의 법원조직법은 1948년의 그것보다 다음의 점에서 후퇴하였다. 대법관의 정원이 축소되고 또 정년도 단축되었으며, 특히 헌법에서 법관의 임기를 10년으로 축소하였다. 법원의 예산 독립권, 고등법원 이하의 판사회의, 법관훈련소 등을 삭제하였으며, 법관선거제 등을 폐지하고 대통령이 임명하도록 하였다(윤남근, 2014: 420~425).

해방 후 국민들은 일제치하에서의 반민족 행위자를 처벌할 것을 강력하게 요구했고, 1947년 7월 남조선과도입법의원은 「민족반역자, 부일협력자, 간상배의 처벌에 관한 특별법」을 통과시켰으나, 미군정의 반대로 포고는 하지 못하였다. 이러한 여망에 따라 제헌국회에서는 헌법 부칙 제101조에 "이 헌법을 제정한 국회는 단기 4278년(1945) 8월 15일 이전의 악질적인 반민족 행위를 처벌하는 특별법을 제정할 수 있다"고 규정하여 반민족 행위자를 소급하여 처벌할 수 있는 헌법적 근거를 마련하였고, 1948년 9월 7일 「반민족행위처벌법(법률 3)」을 통과시켜 9월 22일 공포하였다. 이후 반민족행위특별조사위원회를 구성하고 10월 23일 1차위원회를 열어 위원장 김상덕, 부위원장 김상돈과 조사위원 조중현 등을 선출했으며, 「반민족행위특별조사기관조직법(법률 14)」을 제정하여 12월 7일 공포하고 중앙과 각 도에 사무실을 설치하였다. 특별재판부를 대법원에 두었는데 재판관장에는 대법원장인 가인이, 특별검찰부의 검찰관장에는 검찰총장 권승렬이 각각 선출되었다.

해외에서 독립운동을 한 이승만은 한편으로는 국가운영의 현실적 필요성 때문에 친일세력을 인정할 수밖에 없었으며, 또 한편으로는 국내의 정치적 기반이 약했기 때문에 친일파를 옹호하여 지지파를 육성할 필요가 있었으므로 위의 법을 반대하였다. 이승만은 1949년 1월 9일 담화에서 반민특위의 활동을 견제하였다.

하지만 1949년 1월 25일 반민특위는 수도경찰청 전 수사과장 노덕술을 체포하였고, 친일경찰과 이승만은 공산주의의 음모라며 반민특위에 석방을 종용하였으며, 2월 15일 이승만은 반민특위를 비난하며 반민법의 개정을 요구하는 담화를 발표하였다. 이에 대해 국회와 반민특위는 이승만의 담화를 비난하며 반박성명을 발표하였다. 가인은 다음과 같이 의견을 피력하였다.

> 대법원장 김병로의 반민특위 조사부 해체에 관한 견해: 대통령 담화에 대하여 일반은 구구한 견해를 가지고 있는 모양인데 내가 해석한 바에는 반민특위에서 반민법에 의하여 행동을 취하고 있는 것은 합법적이라고 본다. 그러나 반민법 자체가 헌법 정신에 위반되니까 수정해야 한다고 말한 것으로 생각한다. 특위조사부는 조사하여 특검을 거쳐 특별재판부에 회부한다는 것이 예사인데, 이에 위반되는 것도 있으나 명령과 규칙이 법령에 위반되는가 어떤가는 대법원에서 최종 심리할 것이고, 법률이 헌법과의 위반 여하는 그 문제가 여하튼 사건이 재판의 전제조건이 되는 경우에는 헌법위원회에서 이를 판정하기를 요청하게 되는데, 대법관 5명이 헌법위원회에 참석하게 되므로, 나로서는 이 같은 중대한 문제를 헌법위원회에서 판정하기 전에 무엇이라고 말할 수는 없다(「동아일보」, 1949. 2. 17.).

가인은 이승만의 담화 취지를 헌법정신에 반민법이 위배됨을 지적한 것이라 평하고, 이는 헌법위원회가 판단할 것이라는 신중한 입장을 피력하였다. 단 반민법이 존속하는 한 반민특위의 활동은 합법적이라 평가하였다(김학준, 1987: 331). 3월 12일 가인은 다음과 같이 반민특위의 특별재판부가 엄정한 재판을 수행한다는 결의를 밝혔다.

> …… 반민법에 규정한 바와 같이 단시일 내로 이 사업을 완결하여 민족정기를 부흥하는 동시 전 민족의 분의를 일소하고 완전하고 순정한 민족 통합으로 민족국가의 만년대계에 매진할 것이다. 본인은 이러한 사건을 처단함에 있어 …… 따라서 개인의 사감이나 편파한 관념에 흐르는 것은 절대 금물이요, 만일 그러한 피해가 있어서 이 중대한 사무수행에 혼란을 불러일으켜서는 안 된다(길진현, 『역사에 다시 묻는다』, 77쪽 재인용).

3월 26일부터 실업인 박홍식, 이승우, 김태석金泰錫, 김덕기金悳基, 최린崔麟, 이광수 등에 대한 특별재판이 시작되었는데, 전반적으로 관대하게 다루었다. 이는 소급입법이라는 법논리와 같은 시대를 살아온 사람으로서 그들에 대한 연민, 그리고 국가를 함께 건설할 인재들이 필요한 현실을 고려한 결과였다.

그러나 반민특위에 대한 압력은 더욱 노골적으로 진행되었다. 반민법의 제정을 주도하고 실행에 앞장선 국회의원들을 남로당의 프락치라는 혐의로 구속하였으며, 민중대회를 열어 반민특위 간부를 성토하는 관제 데모를 하였다. 민중대회의 배후 조종자인 서울 시경의 최운하 등을 구속하자 경찰이 반민특위의 본부를 습격하는 6·6사건이 일어났다. 이때 반민특위 특별검찰관장 겸 검찰총장인 권승렬이 중부경찰서 경찰에게 무장해제를 당하는 봉변을 당하였다. 국회는 이에 대해 대통령에게 항의를 하였고, 가인은 특별재판관장의 자격으로 경찰을 비난하며, "사법기관으로서는 …… 추호라도 용서 없이 법에 비추어 판단을 내릴 것"이라는 기자회견을 하여 소신을 밝혔다(김학준, 1987: 336).

그러나 6월 11일 이승만은 반민특위와 그 소속 의원을 비난하였다. 국회의원을 겸직하고 있던 법무부장관 이인을 해임하여 권승렬과 자리를 바꾸어 임명하였다. 권승렬은 반민특위와 경찰을 타협시켰고, 이승만은 국회에 출석하여 체면을 살려 주는 선에서 정치적 타협을 보았다. 이를 계기로 법이 힘에 굴복하는 선례를 만들었으며, 반민특위는 사실상 빈사의 상태에서 공식적인 사망선고만을 기다리고 있는 상태가 되었다. 1949년 6월 26일 민족정신의 구심점인 김구가 암살되는 등의 분위기 속에서, 반민법의 공소시효를 1950년 6월 20일에서 1949년 8월 31일로 줄이는 개정안이 가결되었다. 가인은 특별재판관장으로 대통령의 압력에 굴하지 않고 업무를 계속하여 1949년 9월 5일부로 공식적인 활동을 끝냈다. 1949년 9월 21일 국회에서 후속조치가 가결되면서 반민특위의 활동은 끝났다.

이외에도 행정부의 사법부에 대한 간섭은 심하였다. 1949년의 국회 국정감사보고서에서는 그 실태를 다음과 같이 보고하였다.

> 검찰이나 경찰에서는 자기가 원하는 대로 판결이 나오지 않으면 흑막이 있다느니 빨갱이 판사니 하면서 법관의 입장을 대단히 곤란하게 하는 경우가 허다하다. 이러한 사례가 재판에 대한 간섭이며 또는 법관에 대한 압력으로서 민주정치 국가에서는 찾아볼 수 없는 현상이니 시정을 촉구한다.

수사기관과 마찰을 빚은 시골 판사를 구속하려 하자, 가인은 구속영장이 청구되면 모든 서류를 본인에게 보인 후에 조처하라고 하여 판사를 보호하였다. 그러나 가인은 좌익사범에 대해서는 엄벌주의를 택하여 정부와 큰 마찰은 없었다. 이는 해방정국과 여수·순천사건의 경험에서 나온 것이다. 그러나 6·25 때의 부역자를 처벌하기 위해 제정된 「비상사태하의 범죄 처벌에 관한 특별조치령」은 이적행위 등에 대해 형벌을 가중시켰고 단심제로 집행하였다(헌법위원회에서는 1952년 8월 9일 이를 위헌으로 결정하였다). 가인은 부역자 재판에서 사법부의 수장으로 깊은 고뇌를 하였는데, 이는 그의 인간적인 면모를 잘 보여 주는 사례이다.

가인에게는 정치적 압력 외에 육체적 고통도 엄습해 왔다. 1949년 10월 11일 왼쪽 다리 신경통이 악화되어 결국 1950년 2월 20일 왼쪽다리 무릎 이하를 절단했는데, 이승만은 여러 경로를 통해 가인에게 대법원장의 사임을 종용하였으나 사법부의 독립을 지키기 위해 물러나지 않았다(김학준, 1987: 339).

전시하에서 대통령은 계엄을 선포하여 사법부의 권한을 축소하였다. 그러나 가인은 이러한 상황에서도 행정부는 물론 국회로부터 사법부의 독립을 유지하려고 노력하였다. 국회의원이 귀속재산 업체를 관리할 수 있는가에 대해 국회에서 결의를 추진하자, 가인은 "행정부와 사법부의 책임자를 탄핵할 수 있는 국가의 최고 권한을 가진 국회의원이 행정부의 감독 아래에 있는 국영기업체 등의 관리 직무를 갖는 것은 타당하지 않다"고 하였다. 이는 가인과 입법부와의 관계를 잘 보여 준다.

1951년 동아일보는 국민방위군 사건을 특종으로 보도하였다. 이 사건에는 미국 대사관과 장면 국무총리 등이 관계되었는데, 미국과의 관계를 중시하던 이승만이 진상조사를 지시하자 내무부는 즉각 기사가 허위라고 동아일보를 검찰에 고발하고 검찰에서는 편집인과 기자를 기소하였다. 그 적용 법조는 1907년 신문지법과 일본 형법 제105조 제3항으로, 모두 언론의 자유를 억압하는 법이었다. 동아일보가 11월 11일 두 법의 폐지를 주장하자, 국회에서는 곧 폐기법안을 제출하였다. 그리하여 신문지법은 1952년 2월에 폐지되었고, 후자는 1953년 제정형법에서 삭제되었다. 가인은 국가와 사회의 발전을 위해서는 언론의 자유가 신장되어야 한다고 믿어 이에 적극적으로 찬동하였다(김학준, 1987: 357~358).

1952년 5월 부산정치 파동에서도 가인은 "폭군적인 집권자가 법에 의거한 행동인 것처럼 조작하는 수법은 민주법치 국가에서는 있을 수 없는 일이며, 이를 억제할 수 있는 것은 사법부의 독립뿐이다"라고 하여 이승만과 대립하면서 사법권의 독립을 옹호하였다. 또 가인은 기회가 있을 때마다 헌법의 중요성과 주권재민의 원칙을 강조하였다. 그는 1954년 제6회 제헌절 경축사에서 다음과 같이 소회를 표시하였다.

> 우리 헌법은 유구한 전통을 기본으로 하고, 민주정치의 이념을 구현한 『경국대전經國大典』입니다. 그 내용에 있어서 대한민국의 영토권과 국민주권의 범위를 밝히고, 모든 국민의 권리, 의무에 관한 기본강령을 규정하여 제 법령의 제정이나 제반 국정운영도 이 헌법의 기본정신에 위배되어서는 아니 될 것을 명백히 하였습니다. 그 가장 중요한 것은 국가의 주권이 국민에게 있고, 국가의 모든 권리도 국민의 의사로부터 나오는 것이며, 국민의 권리, 의무도 법 앞에 평등이요, 사회적으로 신분의 차별이나 특수한 계급이 있을 수 없다는 것입니다. 이것이 우리 건국이념의 기본원칙이며, 영원한 국민의 행복을 가져오는 것이므로, 모든 국민은 이 헌법의 존엄성을 심각하게 인식하고, 그 운용과 수호에 최대의 노력을 다하여야 할 것입니다. …… 그러므로 국민 된 자는 누구를 막론하고, 헌법을 수호하고 헌법을 근원으로 하여 제정된 모든 법령을 준수할 것을 강조하는 바입니다.

법령의 제정과 개정, 그리고 국정운영은 헌법에 위배되어서는 안 되며, 주권재민의 원칙을 강조하고 법 앞의 평등을 강조하였다. 또 헌법의 존엄성을 깨닫고 이를 수호할 의무가 국민에게 있음을 분명히 하였다. 그는 헌법존중의 정신에서 1954년 11월의 사사오입 개헌을 강력하게 비판하였다(김학준, 1987: 383).

야당 국회의원들에 대한 법원의 무죄판결에 대해 이승만은 노골적으로 반감을 표시하였다. 1953년 10월 살인죄로 기소된 서민호 의원에게 무죄판결을 선고하자 이에 항의하는 장관에게 상소절차를 밟으라고 응수하였다. 1954년 11월 윤재욱 국회의원 횡령사건과 진헌식 전 내무부 장관 국가보안법 위반사건에 대해서도 1심과 2심에서 무죄가 선고되자, 검찰총장은 이해하기 어렵다고 논평했지만, 가인은 독립된 법관의 재판에 대해 가부를 논할 수 없다고 하였다. 이승만이 11월 25일에 재판관들의 무제한한 자유권을 제약하는 헌법에 조건을 달겠다고 하자, 가인은 재판의 독립성을 강조하며 부당한 재판도 3심절차를 밟으라고 반격하였다(김학준, 1987: 384).

선거를 앞둔 이승만은 1956년 2월 정기 국회에 보낸 치사에서 "검찰에서 자세히 수사하여 법원에 넘기면 법원에서는 그대로 석방하며 범행과 관계없는 판결을 한다. …… 법관은 세계에 없는 행세를 한다"며 사법부에 대한 불만을 노골적으로 드러내었다. 그러면서 "다행히 대법원장이 이 폐단을 생각하여 중대한 사건에 대해서는 행정부와 협의해서 정부의 위신과 법의 공평을 참고해서 판결하니 큰 문제는 없다"고 하여 가인을 폄하하였다. 마지막으로 "법이 제대로 시행되도록 재판장의 권한에 한정이 있어야 한다"고 하여 사법권의 권한을 축소하려는 평소의 믿음을 강조하였다.

이에 대해 국회는 삼권분립의 원칙이 무너졌다고 크게 반발하면서, 가인에게는 진위를 확인하려고 하였다. 가인은 "재판에도 간혹 과오가 있을 수 있으나 양심껏 재판하는 일선 재판관들을 간섭할 수 없다고 하며, 사법부가 행정부와 협의해서 법을 운영하는 것은 있을 수 없는 일이라 못 박고, 재판장의 권한 제한은 입법부의 권한이므로 사법부가 말할 성질이 아니다"라고 하였다. 또 대한변호사협회가 2월 24일 긴급 총회를 열어 삼권분립을 무너뜨린다고 이승만과 가인을 함께 공격하자, 가인은

2월 27일에 공식 발표문을 통해 독립된 사법 운영에 추호도 양심의 가책을 받은 일이 없다고 석명하였다(김학준, 1987: 389).

이승만의 노회한 술수에도 불구하고 사법부 독립을 지켜온 가인에 대해 아무도 의심을 품지 않았다. 1년 후인 1957년 12월에는 가인은 정년으로 대법원장직에서 물러났고, 대법원장 재임 9년 3개월 동안 "사법부 밖에서 오는 간섭과 압력을 뿌리치며 사법권 독립의 기틀을 다졌다"는 평을 받았다(이영근 외, 1992: 184; 김학준, 1987: 392).

대법관 8명과 고등법원장 3명으로 구성된 법관회의에서는 1957년 11월 김동현을 대법원장으로 대통령에게 제청했으나 이승만은 거부했고, 이승만의 의중에 따라 1958년 1월 조용순을 제청하였다. 그리고 정부는 가인이라는 거대한 방패가 사라진 틈을 타 사법부의 독립을 훼손하는 시도를 하였다. 2월 법무부 장관으로 홍진기를 임명하고, 정부는 법관회의의 대법원장 제청권을 삭제하는 법원조직법 개정안을 국회에 제출하였다. 1958년 3월 전국변호사대회에서는 "법관회의의 제청권은 삼권분립의 원칙에 기반하는 것으로 사법권의 독립과 직결된다"는 결의문을 발표하여 정부를 성토했고, 가인 역시 비난하였다. 결국 정부는 5월 제4대 민의원 선거가 끝난 뒤인 1958년 6월 조용순을 제2대 대법원장으로 임명하였다(김학준, 1987: 405).

(3) 법관의 모범을 보이다

가인은 개인생활뿐만 아니라 법원의 예산은 1원까지 꼼꼼히 계산하고 관리하여 낭비를 줄였으며, 가족이나 친인척은 물론 가까운 사람의 인사문제에는 전혀 관계하지 않았다. 그래서 가인은 사법부의 수장으로서 청렴과 강직의 표본이라 칭송을 받고 있다. 이러한 생활태도는 혼자만이 아니라 법관들에게도 요구하였다.

1953년도 법관훈련 회동에서 법관들에게도 청렴을 철저히 실천하라고 훈시하였다. 생계와 관련하여서도 법관은 일반인과 같은 최소의 생계조건과는 달라야 하며, 특히 정의의 최후의 사수인 법관은 법원에 대한 신뢰가 사라지게 되면 존재가치도 없어지는 것이기 때문에 청렴이 더욱 중요하다고 기회가 있을 때마다 강조하였다. 1954년 9월 법관이 사건청탁으로 돈을 받은 사건으로 구속되자, 10월 전국법원수석부장판사회의를 소집하고 "사법관으로서의 청렴한 본분을 지킬 수 없다고 생각될 때에는 사법부의 위신을 위해 사법부를 용감히 떠나야 합니다"라고 질타하였다. 그러나 정년퇴임식에서 법원직원에게 청렴을 지나치게 강조하여 경제적으로 어려움을 겪게 한 것을 안타깝게 생각하는 마음을 토로한 것에서는 그의 인간적 면모를 느낄 수 있다. 하지만 그는 퇴임 후 변호사 개업도 하지 않고 야인으로 지내며 꿋꿋하게 그의 길을 갔다.

가인이 대법원장으로 재임하는 동안 사건처리가 늦다는 점이 항상 지적되었다. 가인은 사건이 과도함에도 불구하고 직원의 성실한 노력으로 사건처리가 되고 있다고 치하하면서, 한편으로 신속 때문에 신중한 처리를 희생할 수 없는 것이므로 신속과 신중을 함께 도모할 것을 강조하였다. 또한 판사마다 다를 수 있는 양형과 구속영장 심사의 기준은 사법에 대한 불신을 초래할 수 있다고 하여 감독관의 역할을 강조하였다(윤남근, 2014: 437~440). 또 신형법의 시행 등에 대비해서는 법관훈련 회동을 소집하여 법관을 상대로 한 강의를 통해 수준을 높였으며, 사법관감독회의를 개최하여 전쟁 중의 혼란도 정리하였다. 법관들에게 해외연수의 기회를 마련해 주었으며, 판례를 편찬하고 사법공보와 사법연감을 간행하는 등 사법행정의 기틀을 닦았다(윤남근, 2014: 452~455).

3) 법제의 기틀을 갖추다

(1) 법제정비의 준비

일본이 패망하고 미군정이 실시되었지만, 일반인의 생각과는 다르게 일본의 법령은 그대로 유효하였다. 미군정은 일본을 법령을 일괄적으로 폐지하지 않고 개별적으로 폐지하였으며, 이는 1948년 정부수립 후에도 마찬가지였다(제헌헌법 부칙 제100조 참조). 그러나 이런 상태를 지속할 수는 없었으므로 미군정은 법령의 정비에 착수하여 1945년 10월 '법전편찬부' 등을 설치했고, 1947년 6월 남조선과도정부는 사법부 아래 '법전기초위원회法典起草委員會'를 설치하였다(정긍식, 2002: 200~202). 위원회는 "민권, 재산권, 친족관계, 상업관계, 범죄의 처벌, 법률의 시행 및 사법 행정의 제 수속에 관한 현행법에 대체하여 채용될 기초 법전의 완전한 초안을 작성할 사명"을 가진다고 규정하였으며, 위원장은 대법원장 김용무, 위원은 사법부장 김병로, 대검찰청장 이인이었다. 그러나 활동이 미진하여 가시적인 성과는 내지 못하였다(김재형, 165).

하지만 가인이 사법부장으로 재직하던 1948년 3월, 군정 법령 제176호「형사소송법의 개정」은 한국 최초로 서구식의 영장주의와 보석제도, 구속적부심사제도 등을 도입한 것으로 수사관이 아무런 제약 없이 인신구속이나 압수, 수색 등을 자신의 고유권한으로 행할 수 있는 조선형사령 제12조 및 제13조의 독소조항을 폐지한 것으로 미군정청이 한국인에게 준 독립선물이다(심희기, 1995).

또 가인은 일찍부터 헌법의 기초에 착수하였다. 가인은 1945년 12월부터 헌법 초안의 기초에 참여했는데, 김규식과 최동오 등 임시정부 요인과 국내 법률가 100여 명이 모여 헌법기초위원회를 조직하고, 회장은 가인, 부회장은 이인이 맡고, 헌법은 가인, 정부조직법은 이인, 선거법은 한근조가 각각 주사主查를 맡았지만, 4~5개월 뒤 위원회 자체가 유야무야되어 아무런 성과를 거두지 못하였다.

1946년 7월 가인이 사법부장, 이인이 검찰총장이 된 후에 사법부와 대법원이 헌법안 심의를 거듭하여 거의 마무리되어 갈 즈음에, 가인은 신병으로 입원하여 끝까지 참여하지 못하였다. 남조선과도입법의원에 헌법기초위원회가 생겨 이 초안을 유진오 등 기초위원 20명이 다소 수정을 가하여 헌법안을 다시 만들었다. 1948년 2월 하순부터 헌법 기초 작업을 진전시켜 5월 초에 초안을 헌법기초분과위원회에 제출했고, 이 안을 골격으로 헌법 초안을 확정하였다. 헌법 제정과정에서 가인의 역할은 분명히 나타나지 않지만, 가인은 시론에서 미국의 민주주의를 높이 평가하며 자유 민주주의의 원리에 입각하여 헌법을 만들려고 하였다 (이영록 2006; 서희경 2012 참조).

본격적인 법전편찬은 정부수립 후에 착수되었다. 1948년 9월 15일 대통령령으로 '법전편찬위원회직제'가 제정되어 대법원장이 위원장, 법무부장관이 부위원장, 위원 75명과 전문위원 약간 명으로 위원회가 구성되었고, 헌법을 제외한 민법, 상법, 형법, 민사소송법, 형사소송법 등의 기본법과 기타 재판법규를 기초하는 것을 임무로 정하여 발족하였다. 그러나 6·25 등으로 인해 제대로 활동하지 못하였다.

결국 법전편찬의 임무는 가인이 맡았다. 김병로는 신속하게 일본법을 일소하고 대한민국 법률을 제정해야 한다는 여론이 높았지만, 법조계의 인력이 부족하였기 때문에 자신이 법전편찬위원회의 책임자의 한 사람으로서 약간의 자료를 참고하고 40년 동안 머릿속에 있던 관념을 냉철하게 생각해서 민법안을 기안하였다. 낮에는 대법원에서 여가를 틈타서 하고 밤에는 집에서 기초하며, 밝을 때는 조문을 작성하고 불이 없을 때는 머릿속으로 구상하는 방식으로 편찬하였다고 한다. 실제 법전편찬과 법률용어의 선정은 가인의 손으로 이루어졌음을 이인, 고재호, 김갑수가 이구동성으로 증언하고 있다(김학준, 1987: 322~324).

(2) 민법전의 편찬

가인은 1953년 7월 4일 민법 초안을 완성하여 9월 30일 정부로 이송시켰고, 이는 국무회의를 통과하여 10월 26일 정부제출법률안으로 국회에 제출되었는데, 조문 1,118조와 부칙 32조로 구성되어 있다. 가인은 1957년 11월 6일 제26회 국회 본회의에 출석하여 민법안의 입법취지 및 경과를 다음과 같이 설명하였다.

1. 민법안은 단순히 일본법을 원용한 것이 아니며, 일본법, 중국법, 만주국법, 독일법, 프랑스법 등을 참고하고 우리의 역사와 문화 등을 고려하여 독자적인 차원에서 제정하였다.
2. 권리남용금지의 원칙과 신의성실의 원칙은 민법 최고의 가치이며, 확인적 의미에서 이를 명문으로 규정하였다.
3. 물권 편에서 먼저 부동산 물권 변동에 있어서 형식주의를 입법하고 등기의 공신력을 인정하지 않는 입법의 우수성을 역설하였다.
4. 전세권은 경성에서 오래전부터 이용되어 왔고 앞으로도 많이 이용될 것이나 권리 내용이 복잡하고 혼동의 우려가 있어 독립적 물권으로 규정하였다.
5. 영소작권永小作權은 잘 이용되지 않아 삭제하였다.
6. 친족법, 상속법은 중국법과 만주국법을 일부 참고했고, 그 밖에는 우리나라의 역사, 문화 등을 고려하여 본인의 생각을 입법으로 하였다.
7. 우리나라의 근친혼 금지의 전통은 매우 우수한 것임을 강조하며, 당시 급속히 유입된 서양문화에 따른 사회상을 비판적으로 평가하였다.
8. 일본과 우리나라의 가족제도 차이를 설명하고 이 때문에 일본민법의 태

도를 그대로 수용하기 어렵다.

9. 친족의 기본개념과 관련하여 부계주의가 근본임을 역설, 양자제도의 취지를 설명하였다.

10. 남녀평등의 의미와 당시 사회상을 비교하였다.

가인이 민법 안을 기안할 때 가졌던 가치관과 이념은 크게 세 가지이다. 첫째는 민법의 맨 앞부분에 통칙으로서 권리를 남용해서는 안 된다는 것과 당사자 사이에는 신의성실의 원칙을 지켜야 한다. 권리가 있다고 해서 그 권리를 남용해 남에게 피해를 끼쳐서는 안 되는 것인데, 사람들이 신의성실의 원칙을 지키지 않는다면 인류 공동생활은 향상, 발전될 수 없기 때문이다. 둘째는 민법 초안을 기안하면서 일본법, 프랑스법, 독일법, 중국법, 만주국법 등을 참조하여, 어느 나라 법인지의 여부를 불문하고 우리나라의 현실에 부합하며 그 타당성이 인정되는 규정은 명문화하였다. 셋째는 어느 나라를 막론하고 친족법과 상속법은 남의 나라법을 그대로 수용할 수 없다. 따라서 친족법과 상속법의 가장 중요한 토대는 우리나라의 역사와 문화의 전통이다. 우리나라의 민족윤리와 사회도덕은 중국은 물론 다른 여러 나라보다도 훨씬 완전하고 우수하므로, 대부분의 규정은 그동안 우리나라 고유의 역사와 문화에 대해 냉철하게 생각해 온 가치와 이념을 바탕으로 독자적으로 기안한 것이며, 새로운 친족법과 상속법을 통해 우리나라의 순풍미속을 조장·완성시키고자 하였다(김재형, 2014: 184~185).

가인은 재산법에서는 외국법을 적극적으로 참조하여 극단적인 개인주의를 지양, 발전시키고 공공복리라는 국민의 경제 도의에 부합하도록 하였다. 또 처의 행위능력 제한 폐지, 불공정법률 행위, 합유와 총유 신설, 전세권의 명문화 등 사회현실과 거래계의 현상을 반영하였다(김재형, 2014: 193).

그러나 친족·상속법에서는 우리나라 고유의 역사화 문화적 전통에 부합하는 제도를 만들어야 한다고 생각하고, 우리나라의 역사와 문화가 가장 우수하다는 자부심을 갖고 있었다. 특히 부계혈통에 입각한 가족제도만이 인류 보편적으로 타당한 것임을 강조하고, 헌법상의 남녀평등이란 정치, 사회, 문화적인 면에서 균등한 기회를 준다는 것이지 가정 내에서는 남녀평등을 주장할 수 없다고 하였다. 민법 제정 당시 여성계에서 민법 초안에 대해 많은 비판이 있었고, 특히 호주제도 등과 관련하여 김병로의 가부장적인 사고방식에 많은 비판이 있었다.

가인은 가부장적 사회문화에 전적으로 찬성하지는 않아, 모친이 사망한 이후 제사를 철폐하였고 큰며느리를 자신의 딸과 함께 여학교에 보내는 등 다른 면을 볼 수 있다. 그는 가족법 분야에서 고유한 순풍미속을 유지함과 동시에 변화한 사회현실과 조화되도록 가족제도를 개혁하고자 하였다. 동성동본 금혼에 반대한 것은 불합리한 부분을 폐지하려고 노력하였다(김재형, 2014: 197).

김병로는 민족 고유의 문화에 대한 자부심이 아주 강했으며, 그 핵심을 부계 혈통주의로 인식하였고, 식민지의 암울한 분위기에서 일본과는 달리 부계혈통주의를 기반으로 하는 호주제에 대해 무한한 자부심을 지니고 있었다. 이러한 그의 사고는 제정 민법에서 호주와 가족으로 구성되는 가家제도에 반영되었다. 즉, 가를 대표하는 호주는 실질적인 권한을 갖고 있으며, 부자승계가 원칙이었다. 우리의 성姓제도와 일본의 씨氏제도의 차이를 분명히 인식하고 혈연적 세대가 단절되지 않는 우리 제도를 세계에서 가장 우수한 것으로 인식하였다(정긍식, 2009). (호주제도는 1963년, 1991년의 부분 개정을 거쳐 2005년 헌법재판소에서 헌법불일치 결정을 하자 2005년 민법의 개정으로 2008년부터 폐지되었다.)

(3) 형법과 형사소송법의 편찬

법전편찬위원회에서는 형법 총칙은 양원일 판사가, 각칙은 엄상섭 검사가 담당하고, 형사소송법은 이호 검사가 기초를 담당하기로 하였다. 그러나 형법총칙을 담당한 양원일 판사가 1949년 3월 타계하자 김병로 법전편찬위원회 위원장이 인수하였다. 그는 1940년에 각칙까지 공포된 일본의 '개정형법가안'을 모델로 하여 첨삭, 가감하여 편찬한다는 방침을 정하였다.

가인은 인과관계, 불능범, 독립행위의 경합, 부작위범, 자구행위, 의제공동정범 등 종래 학설상 논란이 되던 쟁점들에 대해 다음과 같이 입법적으로 해결한다는 방침을 세웠다.

> 총칙 편에 있어서는 첫째 범죄에 관한 일반적 관념, 즉 말하자면 범죄가 성립되는 데에 공통되는 총칙적·일반적 관념에 있어서 종전에 어느 나라 형법에는 조문이 없고 어느 나라 형법에는 그러한 조문을 두고, 또는 종전에 학자들이 학설로만 가지고 이러니저러니 다투고 따라서 사실적 판단을 인정人情에 따라서 혹 좌우되는 그러한 이론이 오늘날까지 남아 있는 그러한 단계에서 될 수 있는 데까지 우리 대한민국 형법은 그러한 것을 법조로 정하는 이론을 세웠습니다(제2대 국회 제55차 회의 형법 안 제1독회 발언[1953. 4. 16.]).

그리고 일본에서 연구하고 한국에서 발표한 논문을 토대로 우리 형법에만 있는 독특한 다음의 조문을 창안하였다.

1. 사회상규 규정: 1915년의 논문 「범죄구성의 요건되는 위법성을 논함」에서 실질적 위법성의 개념을 강조하면서 그 판단기준이 사회상규라는 점과

이 기준으로 실정법으로 명시할 필요가 있다고 논증하고, '사회상규에 위배되지 않는 행위'는 벌하지 않는다는 위법성조각 사유로 사회상규를 규정한 형법 제20조를 성안하였다.

2. 부작위범 규정: 같은 논문에서 작위의무의 발생 근거를 법률이나 특별한 계약으로 국한하는 종래의 견해를 비판하며 작위의무의 발생 근거를 사회상규에서 구해야 한다고 주장하여 형법 제18조를 성안하였다.
3. 위험성 표지: 형법 제17조 "어떤 행위라도 죄의 요소가 되는 위험 발생에 연결되지 아니한 때에는 그 결과로 인하여 벌하지 아니한다.", 제18조 "위험의 발생을 방지할 의무가 있거나 자기의 행위로 인하여 위험발생의 원인을 야기한 자가 그 위험발생을 방지하지 아니한 때에는 그 발생된 결과에 의하여 처벌한다." 등에서 '위험' 또는 '위험성'이라는 용어는 1916년의 위 논문에서 '적극적 범죄사실, 즉 위험성'이라는 표현으로 '적극적 범죄 사실'과 '위험성'이 동일한 의미를 가지고 있음을 논증하였다.
4. 인과관계 규정: 인과관계에 관하여 규정하고 있는 형법 제17조는 다른 나라 입법례에서는 찾아볼 수 없는 독자적인 것으로, 가인의 최초의 논문인 '법리관'에서 찾아볼 수 있다.
5. 피해자의 승낙 규정: 1916년의 위 논문에서 일본 형법 제35조를 분석하며 피해자의 승낙을 정당행위의 이론적 행위로 삼을 수 없음을 논하였다. 이때 사회상규와 별도의 차원에서 피해자의 승낙을 범죄성립 조각사유로 인정할 필요를 느끼고 이의 관계를 입법적으로 정리한 것이 형법 제24조이다(신동운, 2014: 317~322).

1953년 개천절에 가인은 형법 시행을 기념하는 식사를 하면서 형법제정의 이념과 취지, 핵심적 내용을 간략히 소개하였다.

단군의 홍익이념은 인류 최고 문화의 기본이며 우리 형벌에 관한 법제의 발원이므로, 이 성절을 맞이하여 신형법을 시행함은 우리 법제의 전통을 빛나게 하고, 온 국민의 머리에 깊은 인상을 주는 것이다. 입법의 이념은 헌법의 기본정신에 의거하여 인류옹호와 자유평등의 이념을 구현하고, 유래의 민족적 순풍양속을 유지함에 특별한 주의를 가하였으며, 자유세계의 각국 법전을 고안하여 민주주의 요소를 흡수함에 노력한 것이라고 하였다. 구체적인 내용은 첫째로 종전에 있어서 법문의 규정이 없고 학자의 논의와 법관의 견해에 의존하여 온 사항을 명백히 규정하여 범죄 성립의 요소를 일반상식으로 이해할 수 있게 한 것, 둘째로 범죄를 목적으로 한 단체를 조직하거나 가입한 자에 대하여 그 목적한 죄에 정한 형으로 처단할 것을 규정하여 치안 확보를 기한 것, 셋째로 공무원의 직무상 범죄에 대한 가중형을 규정하여 공무원의 국민에 대한 책임감을 강화케 한 것, 넷째로 정조에 관한 남녀 동일한 형벌을 규정하여 방임되었던 남자의 정조이념을 강조한 것 등을 들었다. …… 끝으로, 절실히 바라는 바는 모든 국민이 이 법전의 기본이념을 이해하여서 준법의 상도를 이탈함이 없이 상 협조의 정신으로 국가의 기강을 확립하고, 사회의 정화를 완성하여 영원한 국가 민족의 복리를 증가함에 일치 노력하자는 것입니다.

그는 형법 제정의 역사적 의의를 단군의 홍익인간에서 찾고, 입법 이념은 헌법과 자유평등, 그리고 순풍양속을 조화시켰으며, 입법상의 특징을 간략히 언급하고 국민들에게 바라는 바로 매듭지었다. 법전편찬위원회에서 기초위원 검사 이호에 의해 형사소송법 요강안이 성안되고, 판사 양원일 등이 분과위원회 위원으로 참여하였으며, 1949년 1월 17개 항목의 형사소송법 요강안이 법전편찬위원회 총회에 제안되고, 의용형사소송법을 참고로 하여 민주주의적 형사 재판제도를 확립하도록 하고, 이와 함께 미군정법령 제176호 「형사소송법의 개정」이 우리 형사소송법의 핵심 내용이 되었다(신동운, 2014: 322).

요강안 제7항은 "소위 공판중심주의(당사자주의)를 채택하여 공판수속을 공판청구서로부터 시작하여 검찰관, 변호인에게 직접 신문 및 반대신문의 권한을 인정하고 변호인이 없는 경우에는 피고인에게 그 권한을 인정할 것"으로 되어 있는데, 가인은 당시 대한민국의 열악한 사법환경에 주목하여 반대 입장을 피력하였으며, 결국 위원회는 결론을 내리지 못하였다. 가인은 이론에만 바탕을 두지 않고 현실에 직시하여 입법을 추진하였다(신동운, 2014: 323).

1950년 1월 하순까지는 영장주의, 피의자의 변호인 접견권, 구속기간, 긴급구속, 변사자검시, 기소유예, 공소시효, 불기소처분, 형의 시효, 공소장등본 송달, 검사의 항소 등 여러 항목이 심의를 통과하였다. 그러나 6·25전쟁으로 그동안 수집, 작성된 형사소송법안 자료들이 망실되어, 가인은 임시수도 부산에서 위원장으로서 거의 단독작업으로 진행할 수밖에 없었다. 본칙 472개조 부칙 9개조의 법전편찬위원회 형사소송법 초안이 국회에 제출된 때는 1953년 1월 초순으로 추정된다. 국회에서 상당한 수정을 겪은 후 입법화되지만, 가인이 사법부장 시절 입법하여 초안에 담은 영장제도, 보석제도, 구속적부심제도는 현행 형사소송법에도 남아 있다.

종래의 직권주의로 할 것인가 아니면 영미법의 당사자주의로 구성할 것인가라는 문제에 봉착하여, 가인은 대한민국 사법부의 현실을 지적하며 무기대등의 원칙과 관련한 당사자주의의 문제점을 지적하며, 직권주의와 당사자주의의 대등한 절충을 시도하였다. 그 결과 일본 형사소송법 제298조는 당사자의 증거신청권을 제1항으로 법원의 직권증거조사를 제2항으로 나누고, 당사자주의를 이론적 토대로 삼아 전자가 원칙적이고 후자는 보충적이라고 새기고 있는데, 우리 형사소송법 제295조는 가인의 견해에 따라 양자를 대등적·병렬적으로 규정하였다(신동운, 2014: 327~328).

수사기관의 조서는 1948년 3월 미군정법령 제176호 「형사소송법의 개정」으로 증거능력을 인정받지 못하였다. 그러나 기존의 수사와 재판

관행에 조서를 활용하지 않으면 형사재판의 실체적 진실을 해치는 것이라는 의식이 대두되었고, 1950년 1월 법전편찬위원들은 "검사가 작성한 심문조서 이외의 서류 및 사법경찰 관리가 작성한 서류는 다른 증거와 종합되는 경우에 한하여 증거가 될 수 있다"는 규정을 채택하였다. 가인은 ① 법관의 조서는 아무런 형식심사 없이 절대적으로 증거능력을 부여하고(법 제311조), ② 검사 및 사법경찰이 작성한 조서는 '성립의 진정'이 인정됨을 조건으로 하여 증거능력을 부여하고(법 제312조), ③ 그 밖의 서류는 '자필서명'의 요건이 가중된 '성립의 진정'을 요건으로 증거능력을 부여한다(법 제313조)는 3단계의 증거법 조문을 창안하였다(신동운, 2014: 330).

또한 식민지기 법정의 경험을 바탕으로 공판조서의 정리 등(법 제54조), 피고인의 공판조서열람권(법 제54조), 구속기간 연장의 제한(법 제205조) 등을 규정했으며, 특히 폐해가 심했던 예심은 당연히 폐지되어 수사기관에서의 장기구금을 제도적으로 방지하여 인권보장에 크게 기여하였다.

법전편찬위원회 위원장인 가인은 우리나라가 독립되었음에도 불구하고 여전히 적용되고 있는 일본의 법률을 교체하는 작업에 심혈을 기울였다. 또 법률의 심의과정에서 법률을 기초한 실무책임자로서 중요한 역할을 하였다. 법률제정 과정에서 정부안이 그 기초기관인 법전편찬위원회나 대법원의 안과 다를 경우, 가인은 국회에 출석하여 법안을 설명하곤 하였다. 법전편찬위원회 위원장인 가인이 심혈을 만든 안을 정부, 특히 법무부에서 수정하여 제출하면 가인은 국회의원에게 원안의 중요성을 설득하여, 그 안을 법제사법위원회 수정안으로 만들어 통과시킨 예가 많았다(윤남근, 2014: 420).

4) 은퇴 후, 민주주의를 수호하다

1957년 12월 16일 퇴임하고 17일에 국회에서 퇴임인사를 하는 것으로 공식일정을 마무리하였다. 현직에서 은퇴한 가인은 사법부의 독립, 나아가 국민의 자유를 적극적으로 수호하였다. 1958년 민의원 선거 관련 소송에서 자유당 소속의원의 선거무효 판결에 자유당이 반발하자 가인은 사법권 독립을 모독하는 발언이라 공개 비난하였다. 1958년 7월 진보당의 조봉암과 양명산에게 무죄를 선고하자 '반공청년'들이 법원청사에서 용공판사를 처단하라며 몰려들었다. 여론의 지탄이 높아지자 경찰은 주모자 5명을 긴급 구속했고 조용순 대법원장도 법관을 모욕한 중죄로 처단하라고 했으며, 가인도 사법부를 협박하는 미개한 나라라고 하며 배후를 밝히라고 주장했고, 법관모욕죄는 살인강도에 비할 바가 아닌 중대한 범죄라고 개탄하였다(김학준, 1987: 407).

1958년 12월에 자유당이 야당의 반대를 무릅쓰고 국가보안법을 개정하자, 가인은 1959년 1월 1일 자 「동아일보」에 '국민이 권리 수호하자'라는 논설을 발표하여 자유당 정부를 비판하였다. 또 1월 10일 자 「동아일보」의 '국민은 악법폐지를 요구할 권리 있다'에서 2·4파동으로 통과된 모든 법안은 무효이고 불법적으로 통과된 법에 대해서는 국민은 그 폐지를 요구할 권리가 있다고 선언하였다. 국민대회준비위원회는 1월 17일 항의집회를 허용하지 않은 서울특별시장을 상대로 행정소송을 제기하였고, 이후 위원회가 민권수호국민연맹으로 확대되었을 때 가인은 고문으로 추대되었다.

자유당 정권은 야당지인 「경향신문」을 사소한 실수를 빌미로 1958년 4월 30일 군정법령 제88호에 의거해 폐간하였다. 가인은 5월 2일 「동아일보」에 '경향신문 폐간은 위헌·불법이다'라는 논설을 발표하여 부당성을 지적하였다. 이에 대해 서울고등법원은 6월 26일 효력정지 가처분 결정을 내렸으나 정부는 그날 「경향신문」에 무기정간 처분을 내렸고, 이에 대해 다시 행정소송을 제기하였는데, 4·19 이후에야 취소하는 판결이 났다. 1960년 3·15대선을 앞두고 가인은 1960년 「동아일보」에 '부정선거는 천추의 한이 될 것'이라는 제목으로 자유당 정부의 부정선거 계획과 실상을 신랄하게 공격하였고, 그의 예언대로 4·19혁명이 일어나 자유당은 몰락하였다.

4월 20일, 가인은 자택에서 재야 정치지도자 13인 회의를 열고 비상계엄 해제, 학생의 희생 중단과 구속자 석방, 국민총의 존중의 3개 대정부 건의안을 발표했고, 23일에는 가인을 비롯한 재야인사 18인이 시국수습임시협의회를 구성하였다. 이승만 하야 후에 가인은 과도정부 개편을 요구하고, 5월 6일 항일 원로 운동가인 김창숙, 이강 및 신숙 등과 비상대책위원회 지도위원이라는 이름으로 "① 허정 과도정부를 개편할 것, ② 현 경찰간부와 공무원의 승진을 중지하고 일제 잔재의 경찰관을 재등용하지 말 것, ③ 친일파 및 이승만 정권에 추종, 아부한 각계 간부를 과도정부에서 제거, 숙청할 것, ④ 공명선거를 방해한 현행 법령을 즉시 철폐할 것, ⑤ 자유당, 자유당 산하의 사이비 애국단체를 불법화하여 즉시 해체할 것"의 다섯 가지 시국수습책을 제시하였다(김학준, 1987: 424). 가인은 민주주의를 파괴한 부정선거 원흉과 부정축재자 처단 문제에는 강경한 입장을 취하여 '특별법'을 만들어서라도 처단하자고 주장하였고, 1960년 12월 특별법이 제정되었다. 가인은 자유법조단을 발기하여 그 대표로서, 1960년 민의원 선거에 순창에서 출마했으나 낙선하였다. 이후 민주당이 신파와 구파로 분열되자 가인을 중심으로 새로운 정당을 만들려는 움직임이 있었으나 거절하였다(김학준, 1987: 428).

1961년 5·16쿠데타에는 부정적이어서, 아무리 무능한 정권이라 하더라도 군사정권보다는 낫다고 생각하였다. 박정희는 몇 차례의 변신 끝에 1962년 7월 정치참여를 선언했고, 가인은 이에 대해 반대의 뜻을 분명히 하였다. 1963년 1월 군정은 민간인의 정치활동을 허용하고, '건전한 야당의 육성'을 다짐하였으며, 만 75세의 가인은 민간 정치인들의 활동을 후원하겠다고 밝혔다. 가인의 자택에서 야당 지도자들이 모여 통합을 논의했으나, 대통령 후보 문제로 결렬되고 가인은 민주당계를 제외하고 민정당의 창당작업에 착수하였다. 1월 27일 창당준비발기인대회에서 가인은 임시의장으로 선출되어 손수 쓴 창당 발기 취지문을 낭독하였다. 6월 2일 번복을 거듭한 박정희가 민주공화당의 대통령 후보직을 수락하자, 가인은 이인, 허정 등과 재야 지도자 12인의 이름으로 "박 의장의 대통령 출마는 민정이양의 공약을 어기고 실질적인 군정연장을 꾀하는 것"이라고 비난하였다. 가인은 야당통합의 진통 끝에 국민의 당 대표가 되었다. 다시 야당통합을 시도했으나 실패하고 박정희가 대통령이 되었으며, 가인은 정계를 은퇴하였다.

정계에서 은퇴한 가인은 병석에 누웠으며, 1964년 1월 13일 인현동 자택에서 만 76세로 영면하였다. 김종인 전 대통령 경제수석비서관이 임종을 하였는데, 매우 조용한 모습으로 떠나셨다고 한다. 1962년 8월 15일 국민훈장 무궁화장, 1963년 3월 1일 건국공로훈장 단장을 받은 가인이 별세하자, 조선일보, 동아일보, 서울신문, 한국일보 등이 사설로 애도하였으며, 대통령 박정희도 조문하고, 대법원장 조진만도 "법조계의 대선배이시고 국민들의 위대한 지도자이며 국민의 사표"라는 말로 가인을 기렸으며, 장례는 이인이 장례위원장이 되어 사회장으로 치르고, 1월 19일 수유리 독립 운동가 묘역에 안장되었다.

6. 왜 오늘 다시 가인인가?

법률가 가인 김병로의 삶의 궤적을 살펴보았다. 지난 2014년은 서세 50주년이 되는 해였다. 지하에서 쉬고 있는 그가 지금 우리에게 하고 싶은 말은 무엇일까? 박정희의 군사정권에 맞서 민주주의를 지키려고 노구에도 불구하고 몸부림쳤던 가인이 오늘의 정치와 생활을 보면 어떤 느낌을 가질까?

그는 성리학에서 출발하여 일본에서 법학을 공부하고 식민지 시기에는 변호사로 활동을 했으며, 해방 후에는 대법원장으로 사법부의 기틀을 확립하고 입법가로 활동하였다. 삶의 끝자락에서는 정치인으로서 민주주의를 수호하기 위해 고군분투하였다. 그는 밖으로부터의 어떠한 압력에도 굴종하지 않고 지조를 지켜 나갔다. 그는 그가 필요한 곳에는 늘 있었으며 그럴 자리가 아니면 발을 붙이지 않았다. '난진이퇴難進易退'의 선비적 삶으로 일관하였다.

그는 전통사상과 고유문화에 대한 무한한 애정을 가지고 있었으며 이는 민법 편찬에 그대로 반영되었다. 하지만 고루한 보수주의자가 아니라, 민주주의의 옹호자로서 변화하는 현실을 직시하고 이를 받아들였다. 호주제도를 적극적으로 옹호하면서도 동성금혼의 철폐를 주장하였고, 간통죄의 쌍벌주의를 도입하였다. 또 사법부의 독립을 지키기 위해 대통령과 맞서는 기개를 보였다. 또한 자신에게는 엄격하여 사생활은 엄격했고 공사를 분명히 하였다. 이러한 삶은 혼자만을 위한 독선(獨善其身)이 아니라 모두에게 향하고 함께 이루는 '겸선천하兼善天下'를 온몸으로 실천하였다. 하지만 이 때문에 주위에서 겪는 어려움에 대해서는 인간적 고민을 토로하였다.

가인은 철저한 민족주의자로 민족의 통합을 위해서는 좌우를 가리지 않는 포용적인 모습을 보여 주었다. 또한 민주주의자로 헌법을 수호하고 독재에 반대했으며, 법질서를 위반하는 행위에 대해서는 엄격히 처리하여 사회를 유지하려고 하였다. 그의 삶을 한마디로 요약하면 "중용中庸을 실천한, 머리는 차갑고 가슴은 따뜻한 법률가"이다.

가인을 기리는 사업이 전국에서 벌어지고 있다. 대법원에서는 가인 김병로의 반신상이 찾아오는 이들을 맞이하고, 법원행정처에서는 '가인 법정변론경시대회'를 주관하고 있으며, 전라북도 순창에는 대법원 가인 연수관이, 전북대학교에는 '가인홀'이, 전주 덕진공원에는 법조삼성 동상이 서 있다. 전라북도를 중심으로 '법조삼성기념관'의 건립을 추진하고 있으며, 그가 은둔했던 도봉구 창동에는 '가인초등학교', '가인로' 등이 있으며, 위당 정인보, 고하 송진우와 함께 창동의 세 마리 사자로 현창하고 있다. 겉으로만 하는 현창이 아니라 마음과 행동으로 기념해야 할 것이다.

왜 반세기 전에 우리 곁을 떠난 가인을 그리워하는 것일까? 난세에는 영웅을 찾는다. 그 영웅이 바로 가인 김병로이다. 사법부가 휘청거릴 때, 법관이 구설수에 오르내릴 때, 그리고 민주주의가 힘겨워할 때, 가인을 찾고 그에게서 용기를 얻으려고 한다. 가인의 육신은 우리 곁에서 멀어졌지만 그의 삶의 향기와 정신은 여전히 우리 곁에 있으며 용기를 북돋아 주고 격려하고 때로는 질책을 한다. 가인처럼 살기는 어렵다. 그렇다고 해서 꿈마저 버릴 수는 없다. 지하에 영면한 가인이 오늘 우리의 모습을 보고 편히 쉴 수 있도록 하는 것이 우리의 시대적 임무일 것이다.

Ⅱ

검찰의 양심, 화강 최대교 검사

백승종
(한국기술교육대학교 대우교수, 전 서강대 사학과 교수)

경성제일고등보통학교
(현 경기고) 시절의
최대교

젊은 시절의 최대교 부부

전주검사장 시절의 최대교(가운데 앉은 이)

서울지방검찰청 역대 검사장 초청 간담회(앞줄 오른쪽에서 네 번째)

1. '식민지 조선'의 한국인 검사(1933~1945)

최대교는 일제강점기에 '고등문관시험'을 거쳐 검사로 활동한 몇 안 되는 한국인 가운데 한 사람이었다. 그는 강직하였고 청렴하였다. 일제의 사법제도의 한계 안에서 최대교는, 상부의 압력이나 행정부의 간섭에 쉬 꺾이지 않는 사법 중립의 정신을 키워 나갔다. 그는 제도적 차별 속에서도 비교적 착실히 승진하였다. 하지만 엄밀히 말해 그는 식민지 권력의 주변부만을 배회하였다. 그럼에도 불구하고, 군국주의 체제를 수호하는 사법기관에서 오래 근무한 경력으로 인해 잠시나마 그에게도 '친일'의 혐의라는 역사의 그림자가 드리웠다.

1) 서당에서 근대학교로

1901년 1월 21일, 최대교崔大敎는 현재의 전북 익산시 삼기면 간촌리 상표마을에서 농사를 짓던 최현중과 아내 경주 최 씨 사이에서 3남 2녀 중 장남으로 태어났다. 그가 태어난 곳은 익산의 명산인 용화산(미륵산)의 서쪽으로, 제법 넓은 평야지대였다. 그의 선대는 벼 1,000석을 거둘 정도였다. 인근에서는 꽤나 알아주는 부농이었다.

그의 집안은 강화江華 최씨崔氏로, 그 고장에 뿌리를 내린 지 10대도 넘은 명문이었다. 19세기에는 문과에 급제한 인물까지 나올 정도였다. 강화 최씨는 비교적 희성이다. 2000년 현재 전국에 14,557명이 거주하는 것으로 조사되어 있지만, 전국 최대의 집성촌은 최대교의 고향인 익산이다. 시조 최익후崔益厚는 본래 경주 최씨의 후손이었다고 한다. 고려 말에 공조전서를 지낸 최용소(1422년 사망)는 이 집안의 현조顯祖다. 그는 조선 태조 때 회례사回禮使로 일본에 건너가 포로로 잡혀갔던 조선 사람 570명을 데리고 나왔다. 나중에는 명나라에도 사신으로 다녀올 만큼 조정의 신망이 높았다.

긍지 높은 선비 가문의 후예로서 최대교는 13세 무렵까지 성리학을 공부하였다. 사서삼경四書三經 등 유교의 기본경전을 일찌감치 독파하였음은 두말할 필요가 없다. 어린 시절에 익힌 성리학의 엄격한 도덕관은 그의 일생을 지배하였다. 근대적인 법학지식을 연마한 뒤에도 그는 성리학의 도덕적 가치를 잃지 않았다. 그가 늘 강조한 '수분守分', 즉 분수에 맞게 사는 절검節儉의 철학은 어린 시절 서당과 집안에서 되풀이하여 배운 바였다.

최대교의 입장에서 볼 때 현대 한국사회의 최대 단점은 고위층의 부정부패에 있었다. 물질과 권력에 관한 과욕過慾이 문제의 근원이었다. 비리와 부정이 꼬리를 물고 연달아 일어나는 한국의 현실을 개탄하며, 그는 이렇게 말하기도 하였다.

> 조상들로부터 물려받은 근검절약의 미풍이 사라져 버렸습니다. 너나없이 분에 넘치는 욕심을 부리고, 도를 지나친 사치에 물들어 있어요. 공직자, 특히 판사, 검사는 가급적 사람과의 접촉을 피해 오해를 살 만한 소지를 없애야 합니다. 골프, 등산, 낚시나 룸살롱 등에서 이 사람 저 사람과 어울리다 보면, 만약 부탁을 받았을 경우 인정에 치우치고 공정할 수 없게 됩니다. 이런 요인을 없애 버리려면 애초부터 마음가짐에 각별한 신경을 써야 합니다.(「동아일보」, 1991. 2. 10. 인터뷰 기사).

최대교뿐만 아니라 김병로金炳魯와 김홍섭金洪燮 등 이른바 '법조삼성'의 신념이 모두 일치하였다. 그들은 가문의 전통에 따라 어린 시절 성리학에 잠심潛心했고 그 가치를 내면화하였다. 그리하여 일평생 권력과 재물의 유혹을 물리치고 청빈淸貧을 지식인의 사명으로 여겼다. 물질적 이익을 노골적으로 추구하는 현세대에 속한 우리로서는, 그들의 극단적인 도덕심을 이해하기 어려운 점이 있다. 그러나 그것이야말로 한국의 전통사회를 지배한 가치관이었다.

뒤늦게 15세가 된 다음에야 최대교는 근대교육의 혜택을 입었다. 그는 금마공립보통학교(현 금마초등학교)에 입학하였다. 날마다 30리(12㎞) 먼 길을 걸어서 통학하였다. 그는 학업성적이 유난히 뛰어났다. 18살 때 그는 전국의 수재가 모인다는 경성제일고등보통학교(현 경기고)에 당당히 입학하였다. 1923년 2월 그 학교를 졸업하고, 같은 해 4월 일본에 있는 호세이法政대학 예과 제1부에 입학하였다. 1926년 3월에 예과를 무난히 마치고, 바로 그다음 달(4월) 법문학부의 법률과에 진학하였다. 그 당시에는 한국의 많은 수재가 앞을 다퉈 근대적 학문으로서 법률학을 공부하려는 경향이 있었다. 1929년 3월, 그는 마침내 호세이대학을 졸업하였다. 이것으로 그의 긴 학창세월은 끝났다. 그의 나이 스물아홉이었다.

2) 식민지의 한국인 검사

대학을 졸업한 지도 3년이 지났다. 시험은 '식민지 조선'의 수재 최대교에게도 적잖은 고통을 강요하였다. 1932년 11월, 드디어 그는 일본 고등문관시험 사법과에 합격하였다. 호세이대학 출신으로서는 드문 경우였다. 1894년부터 1947년까지 그 대학 출신으로 고등문관시험(사법과와 행정과 모두)에 합격한 이는 49명이었다(14위). 1924년에 발족한 경성제국대학(현 서울대학교)이 85명으로 11위를 차지한 것에 비해 오히려 부진한 편이었다. 부동의 1위를 지킨 것은 도쿄제국대학(현 도쿄대학교)이었다. 이 학교에서는 총 5,969명의 합격자가 나왔다. 해마다 100명도 넘게 합격한 것이다. 출신대학별 고등문관시험의 합격자 수가 많든 적든 고등문관시험, 그것도 사법과에 합격한다는 것은 기대하기조차 어려운 일이었다.

1933년 11월부터 최대교는 조선총독부 사법관 시보를 시작하였다. 그는 평양지방법원 검사대리(1934)를 거쳐 검사의 길에 접어들었다. 당시에는 한국인으로서 판검사에 임용된 경우가 거의 없었다. 그마저도 1920년대에는 재판소와 검사국 서기를 거쳐 판사 또는 검사로 특별 임용되었다. 그 역시 한 자릿수에 불과하였다. 한국인이 고등문관시험의 사법과에 본격적으로 합격자를 낸 것은 1930년대의 일이었다. 최대교는 바로 그 가운데 1명이었다.

일제강점기 후반 최대교는 부산지방법원 진주지청 검사분국(1936년), 부산지방법원 검사국(1938년), 함흥지방법원 검사국(1941년), 광주지방법원 검사국(1942년)에서 검사를 역임하였다. 해방을 1년 앞둔 1944년 11월, 그는 전주지방법원 정읍지청 검사분국檢事分局 상석검사上席檢事로 발령을 받았다. 전기 자료에 따라서는 당시 최대교의 직책을 '정읍지검장'이라고 말하는 경우가 있다. 그러나 실제로는 검사분국의 '상석검사'였다.

일제강점기 그의 이력을 연도별로 정리하면 아래와 같다. 『조선총독부직원록朝鮮總督府職員錄』과 『조선사법대관』(1936년) 등 여러 기록을 바탕으로 한 것이다.

연도	경력	서열	공훈
1901. 1. 21.	전라북도 익산 출생		
1923. 2.	경성제일고등보통학교 졸업		
1926. 3.	일본 호세이대학 예과 졸업		
1929. 3.	일본 호세이대학 법률과 졸업		
1932. 11.	일본 고등문관시험 사법과 합격		
1933. 11.	평양지방법원 검사국 사법관 시보		
1934.	평양지방법원 검사대리		
1935. 7. 25.	평양지방법원(예비검사)		
1936. 7.	부산지방법원 진주지청 검사분국 검사	7등 10급	종 7
1938. 4.	부산지방법원 검사국 검사	6등 9급	정 7
1939.	경상남도 문관보통분한위원회 예비위원	5등 8급	정 7
1940.	부산지방법원 검사국 검사	5등 8급	정 7
1941.	함흥지방법원 검사국 검사	5등 8급	종 6
1942.	광주지방법원 검사국 검사	5등	종 6
1943.	광주지방법원 검사국 검사	4등	정 6
1944.	전주지방법원 정읍지청 검사분국 검사(상석검사)		
1945. 11. 19.	전주지방검찰청 검사장		

1933년의 평양지방법원 검사국의 시보 때부터 계산에 넣으면, 1945년에 해방될 때까지 그는 무려 12년가량 검사로 재직하였다. 해방 뒤에도 그는 검사로 임용되었다. 하지만 그것은 4년 남짓에 그쳤다. 그의 검사 재직기간은 통산 16년쯤 되었다. 그 가운데서도 일제강점기의 재임기간이 압도적으로 길었다.

처음 검사로 발령받았을 때부터 검사 최대교의 신조는 늘 한결같았다. "나라 또는 사회의 재산이 곧 내 재산이고, 내 재산은 곧 나라/사회의 재산이다." 공익을 강조하는 그 시대의 분위기가 개입된 표현이다. 물론 보다 더 중요한 사실은 그 자신의 세계관이었다. 최대교의 정신세계를 지배한 것은 성리학적 도덕관념이었다. 조선의 모범적인 선비들처럼 그 역시 공인公人으로서 개인의 부귀영달 따위는 돌아보지 않겠다는 강한 의지가 인상적이었다.

최대교가 검사로서 어느 정도 자율성을 확보한 것은 1938년 부산지방법원에 부임하였을 때부터였다. 그 시절은 정치적으로 대단히 어려운 시기였다. 이른바 국가총동원법이 횡행하는 '전시체제'였다. 창씨개명과 강제 징용 및 징병이 한국인의 목을 비틀었다. 일제 군국주의의 통치기구였던 법원의 중추적인 요원으로서 그는 경제 및 비리 사범을 적발하는 데 종사하였다. 쉽게 말해, 일선 지방법원에서 일상적인 범죄행위를 적발하는 것이 임무였다. 그가 이른바 '사상범'이나 독립운동에 관한 사건을 취급한 흔적은 전혀 없다. 일제강점기 최대교의 동료였던 엄상섭嚴詳燮(1907~1960)이 증언하였듯, 조선총독부는 한국인 검사에게는 결코 '사상사건'을 맡기지 않았다(엄상섭, 1957: 485).

일제의 통치방침에 따라 최대교도 창씨創氏라는 것을 하였다. 1940년도 『조선총독부직원록』에는 그 이름이 '江本大敎'라 되어 있다. 1945년 11월 3일 자 전라북도 지방군정단이 작성한 군정활동보고서에는 그 이름은 'Emoto Tai Kyo'로 되어 있어, '에모토 타이쿄'로 읽었다. '에모토'란 '강'화를 '본'관으로 삼는 사람들이란 뜻이다. 얼핏 보기에는 일본식 성씨 같은 느낌을 주지만, 실은 강화 최씨라는 고유한 정체성을 달리 표현한 것이었다.

검사라는 높은 직책에 있던 최대교로서는 창씨개명의 압박을 견디기 어려웠을 것이다. 그러나 최대교는 창씨만 하였을 뿐, 개명은 하지 않았다. 본래의 한국적 정체성을 절대 포기하지 않았다고 볼 수 있다. 동료 법조인 장경근張暻根(1911~1978)이 '長山'으로, 이상기李相基(1898~?)가 '佐川'으로 창씨한 것과는 달랐다. 그들은 누가 보아도 한눈에 순수한 일본식 성씨로 바꾸었다. 그 당시 한국인의 대다수는 최대교처럼 마지못해 창씨를 하였다. 그들은 조상 전래의 성씨와 본관을 어떤 식으로든 지키고자 하였다. 창씨를 했대서 무조건 그것을 친일행위로 몰아붙일 수 없는 이유가 명백히 존재한다.

하지만 최대교는 일제로부터 '서훈敍勳'을 받은 기록이 있다. 그는 '종從 7위'부터 시작하여 '정正 5위'까지 여러 단계 승진하였다. 친일행적을 의심받게 할 만한 일이다. 그러나 조금만 자세히 알고 보면 사정이 달라진다. 최대교의 서훈은 특별한 공적을 세운 대가로 얻은 것이 아니었다. 그것은 검사로서 경력이 차근차근 쌓일 때마다 의례적으로 부과된 것이었다. 사법관 시보를 거쳐 정식으로 판사나 검사가 될 경우에는 으레 종 7위에 서위되었다. 그 관등은 승급절차에 따라 저절로 '위位'가 한 등급씩 올라가는 것이 관례였다.

일제강점기의 검사 최대교는 어떤 사람이었을까. 누구보다 강직한 검사였다. 한번은 관내에서 일본인 순사가 한국인 절도 피의자를 때려 숨지게 하는 사건이 발생하였다. 그러자 최대교 검사는 그를 기소하였다. 부산지방법원 재직시절의 일이었다.

조선총독부 경무국은 법무국을 통해 최대교에게 기소중지의 압력을 넣었다. 그러나 최대교는 공소장과 함께 자신의 사표를 함께 올려 기소의지를 관철하였다. 일본인 순사를 조사할 때는 입회서기에게 미리 빵 2개를 사놓도록 하고 서기와 함께 마른 빵을 씹었다. 해당 경찰서의 서장이 진수성찬을 들여보냈으나 그는 이를 사절하는 등 외부압력에 엄히 대처하였다(「동아일보」, 1984. 3. 12.). 최대교는 자신의 이러한 행적을 직접적으로 거론한 적이 없다. 그럼에도 불구하고, 법조계 일각에 널리 퍼져 있는 일화이다.

그 사건을 본격적으로 연구한 이는 임상혁이다(임상혁, 2007: 50~51). 해당 사건이 발생한 것은 1938년 5월 8일의 일이었다. 울산경찰서 소속 정자주재소의 일본인 수석순사 하야시겐지林元次와 한국인 순사 박맹렬朴孟烈이 절도 피의자를 조사하던 중 곤봉으로 전신을 구타하여 사망에 이르렀다(「동아일보」, 1938. 10. 6.). 결국 그들은 부산지방법원에서 타다多田 예심판사로부터 징역 2년의 선고를 받았다. 그때 최대교 검사는 징역 3년을 구형했었다(「동아일보」, 1938. 11. 10.).

해당 사건을 연구한 임상혁은, 최대교 검사가 그 순사들을 기소할 적에 상부로부터 강한 압력을 받았다는 증거를 발견할 수 없다고 말한다. 첫째, 최대교는 이 사건을 한 번도 언급한 적이 없다는 것이다. 둘째, 그 당시 총독부 검찰청은 "상부에서 검사에게 '이래라' '저래라' 하는 지시를 거의 하지 않아 자기 소신껏 일을 할 수 있었다."(최대교, 1984b: 72) 최대교는 부산지검 시절의 다른 일화를 소개하면서, 야마자와山澤 경남지사의 독직사건이 일어났을 때도 일본인에게 맡기면 너무 관대하게 처리될까 봐 한국인 검사인 자신에게 맡겼다고 말한 적이 있다(최대교, 1984b: 73). 일제강점기의 신문기사를 검토해 보더라도 경찰에 의한 고문치사 사건이 종종 발생하였다. 가령 1933년 조선공산당 재건사건에서 피의자를 때려 죽인 북청경찰서의 일본인 고등계 주임과 일본인 순사의 경우도 신문에서 확인된다. 그들이 제1심에서 집행유예를 선고받자, 일본인 담당검사가 항소하여 실형을 받게 한 사실이 있다. 이러한 정황을 종합적으로 고려할 때, 일본인 순사 사건에 관한 최대교의 에피소드는 "사람들의 입을 거치며 살이 붙어 만들어진 것"이라고 추정된다는 것이다(임상혁, 2007: 52).

임상혁의 추론에는 일리가 있다. 그럼에도 불구하고 선뜻 동의하기가 어렵다. 조선공산당 재건 사건에서 확인된 일본인 검사의 정의감을 지나치게 일반화하는 것은 문제라고 생각한다. 또 최대교에게 야마자와 경남지사의 독직사건을 맡긴 일은, 총독부의 정치적 결정으로 봐야 한다. 최대교는 이것을 일본 법조계의 형평성으로 해석하였고, 임상혁은 그 시대 법조계의 공정한 분위기로 읽었지만, 나는 그에 동의하지 못하겠다. 아울러 총독부 검찰청이 검사의 고유권한을 존중하였다는 최대교의 회고 역시 함부로 확대 해석해서는 위험하다. 최대교가 일제강점기 자신의 검사 경험을 긍정적으로 평가한 데는 특별한 동기가 작용하고 있다. 우리는 그 사실을 놓치면 안 될 것이다. 그것은 어디까지나 신생 대한민국의 법조 현실을 개탄하는 과정에서 쏟아져 나온 비판이었다. 게다가 본인이 문제의 사건을 언급하지 않았으므로 진위가 의심스럽다는 추론은 더욱더 따르기 어렵다. 누구든 자신의 모든 과거 경험을 일일이 공개하지는 않는다. 알다시피 '식민지 조선인'들의 삶은 엄혹하였다. 곳곳에 인권의 사각지대가 존재하였다. 일본인 순사에 의한 한국인 치사 사건에 관한 최대교의 일화, 그것을 애써 부정할 이유는 어디서도 찾을 수 없다.

대상과 방법은 앞서 말한 사건과 달랐지만, 일본인 검사장의 뜻을 거른 최대교의 기소사건은 또 있었다. 1942년 그가 함흥지방법원 검사로 일하던 시절의 일이었다. 최대교 자신의 증언에 따르면, 아래와 같은 일이 일어났다. 당시 이와기 기사부로岩城義三郎 검사장과 교분이 두터운 조선인 기업가가 있었다. 마침 그가 횡령사건으로 함흥경찰서에서 조사를 받고 검찰로 송치되었다. 그러나 경찰 측 소장에는 '불구속, 기소유예'라는 경찰 측 요구가 적혀 있었다.

최대교는 일제 경찰의 사건처리가 잘못되었다고 확신하였다. 그는 문제의 인물을 구속 기소하기로 작정하고, 상관인 일본인 검사장과 점심 도시락을 함께 먹으며 그 사건 이야기를 꺼냈다. 다음은 그 일에 관한 최대교의 회상기록이다(문장의 표현은 약간 손질하였다.)

> "만 원 상당의 거액을 횡령한 회사 사장 한 사람을 경찰 측에서 불구속 기소유예 의견을 붙여 송치하여 왔습니다." 그러자 검사장은 "그게 무슨 말이요. 구속 기소해야 할 사건인데"라고 말하였다. 다음 날 나[=최대교]는 전화로 C씨를 검찰청으로 들어오라고 주문하였다. C씨는 영문도 모른 채 의기양양하게 내 사무실로 왔다. 그 자리에서 나는 사건을 조사하고 즉각 구속하였다. 다음 날 검사장은 나에게 어제 구속한 사람이 C씨가 아니냐고 물었다. 나는, "그날 점심 먹으면서 말씀드렸습니다"라고 대답하였다. 그러자 검사장은, "그를 구속하면 함흥 경제가 마비될 우려가 있는데, 신중하게 하지 그랬소. 그러나 일단 구속했으니, 염려 말고 검찰의 명예를 걸고 최선을 다하시오" 하면서 오히려 격려까지 하는 것이었다(최대교, 1984c: 72).

일본인 이와기 검사장은 애당초 지인인 C씨의 불구속을 바랐다. 경찰 측에서는 그 점을 미리 헤아려 '기소유예'를 주문하였던 것이다. 그러나 이 사건의 담당검사 최대교의 판단은 달랐다. 그는 비리를 용납하지 않을 결심이었다. 주위의 눈치를 살피지 않고 법대로 처리함으로써 최소한의 정의나마 구현하고자 하였다. 그의 단호함을 눈치챈 이와기 검사장은 한발 양보하였다. 이것이 이야기의 본질이었다.

만일 연구자가 최대교의 진술을 잘못 적용하면 그 본질이 흐려질 우려가 있다. "일제 때 검사는 일하기가 쉬웠어요. 법대로만 처리하면 아무런 간섭이 없었습니다. …… 일제 때는 법대로만 하면 한국 사람이라고 해서 차별을 하지 않았고 간섭도 하지 않았습니다."(「원로 법조인과의 대화」, 대담자 김준수) 방금 인용한 글에서 최대교는 일제의 '차별'을 부정한 것이 엄연한 사실이지만, 문자 그대로 받아들이면 곤란하다. 현실에서는 엄연히 한국인에 대한 '차별'이 존재하였다. 때로 그것이 무력화되었다 해도, 그것은 당사자인 최대교에게는 남다른 의지와 용기가 있었기 때문이었다.

최대교의 또 다른 회상이 이를 뒷받침한다. 서훈이 최대교보다 한 등급 낮은 일본인 아오야기 고로青柳五郎가 '차석검사'로 임명되어 최대교는 그로부터 결재를 받아야 되는 수모를 겪었다. 최대교는 그것이 함흥지방법원 시절이었다고 기억한다. 하지만 서훈의 등급으로 미루어 볼 때, 1943년경 광주지방법원 시절의 일로 짐작된다. 한국인에 대한 차별은 오랜 관행이었다. 좀체 한국인을 차석검사에 임명하지 않았다. 최대교 자신의 증언대로 일제 때는 '검사장-차석검사-3석검사'의 순서로 검찰조직에 엄격한 서열이 있었다. 한국인 검사에 대한 차별은 심각한 수준이라서 제아무리 등급이 높더라도 차석검사가 되지 못하였다(김이조, 1999: 229). 또 한 가지 고려할 점이 있다. 역시 광주지방법원 시절의 일이었다. 최대교는 돈을 받고 청탁을 잘 들어주는 일본인 검사장을 골려 주고 '개새끼(이누코로)'라고 비난하여 주위의 인정을 받았다(최대교, 1984c: 73~74). 이처럼 일본인 검사와의 갈등은 법원 내부의 구조적인 문제에서 비롯된 것이 대부분이었다.

일제강점기가 끝날 무렵, 최대교는 전주지방법원 소속 정읍지청 검사분국의 상석검사였다. 1944년 11월, 그는 정읍에 부임하였다. 그 바람에 김장도 제대로 못하였다. 누군가 그런 사실을 눈치채고 김치를 가져왔는데, 최대교는 그것도 거절하였다(사법행정, 1990: 79). 뒷날 최대교는 자신의 이러한 행동이 너무 지나쳤다며 후회하였다.

지금까지 소개한 여러 가지 일화를 통해서 우리는 식민지의 아들로서 검사라는 직무를 수행한 최대교의 진면모를 어림짐작할 수 있다. 그는 젊은 시절부터 청렴, 강직이 몸에 밴 사람이었다. 일제의 구조적 차별에 분노하면서도 그는 법질서 안에서 정의와 평등을 추구하였다. 그에게는 강렬한 민족의식 같은 것은 없었다. 그러나 차별과 폭력에서 벗어난 정의의 세계를 지향하였다는 점에서, 그의 세계관은 보편적 가치를 지향한 것으로 평가될 만하였다.

3) 무의미한 친일논란

2005년 5월 9일 검찰은 '이준 검사상'과 '최대교 검사상'을 제정하기로 결정하였다(「서울신문」, 2005. 5. 10.). 그런데 이준은 시민들의 뇌리에 헤이그 밀사로만 각인되어 있다. 그가 구한말의 검사였다는 사실 자체를 아는 이가 드물다. 실제로 그가 검사로 재직한 기간도 매우 짧았다. 더욱이 국운이 날로 기울어 가던 그 당시, 검사로서 할 수 있는 일도 적었다. '대쪽 검사' 최대교의 경우는 어떠한가. 법조계는 물론이고 현대사에 관심이 있는 시민이라면 누구든 고개를 끄덕일 것이다. 최대교란 이름 석 자는, 검찰의 독립을 거론할 때마다 빠짐없이 등장하기 때문이다.

검찰의 계획이 발표되고 거의 10년이 지났다. 그러나 지금까지도 '검사상' 시상 소식은 들리지 않는다. 그 계획 자체가 무산된 것이 아닌가 하는 우려의 목소리도 있다. 이준은 검사로서의 활동이 그다지 인상적이지 않았고, 최대교는 비록 일시나마 친일파 논란에 휘말리기도 하였기 때문이다. 이준의 경우는 그렇다 하고, 최대교의 친일문제란 무엇인가?

사람은 누구나 자신이 속한 세대의 질곡을 안고 갈 수밖에 없다. 그런 점에서 인간은 누구나 역사 앞에 숙명적인 존재다. 2005년 8월 29일, '친일인명사전편찬위원회'는 사전의 1차 수록 대상으로 3,090명의 명단을 발표하였다. 최대교의 이름도 그 안에 포함되었다. 그가 구체적으로 어떠한 친일행위를 하였는지는 아직 밝혀진 바 없다. 다만 그가 일제강점기에 검사로 봉직한 것이 사실이기 때문에 친일파 명단에 끼게 되었다.

'친일인명사전편찬위원회'가 친일파를 선정한 기준은 다섯 가지였다. ① 일제의 국권침탈에 협력한 자, ② 일제의 식민통치기구에 참여한 자, ③ 항일운동을 방해한 자, ④ 일제의 황민화 정책 침략전쟁에 협력한 자, ⑤ 기타 친일행위자가 그것이다. 그런데 ②의 세부사항을 보면, '판사 검사로 재직한 자'와 '친일행위가 현저한 일반 사법관리'라는 항목이 있다. 이 기준에 따라 '검사로 재직한' 최대교는 무조건 친일파로 규정된다.

일제강점기에 태어난 한국인으로서 판사나 검사로 활동한 것을 어떻게 보아야 할까? 그 시대의 한국인이라면 무조건 독립투쟁에 나섰어야만 옳고, 그 밖의 직업에 종사한 것은 범죄행위일까? 민족이라는 이데올로기를 앞세워, 인간의 과거행적을 단선적 또는 결과론의 시각으로 평가하는 것은 무리한 일이다. 역사적 평가는 시대상황과 개인의 처지를 고려하여 신중하고 종합적으로 이뤄지는 것이 당연하다.

「일제강점하 반민족행위 진상규명에 관한 특별법」(제정 2004. 3. 22., 법률 제7203호; 일부개정 2006. 4. 28., 법률 제7937호)의 제2조에는 최대교와 관련되는 부분이 있다. 해당 법은 '친일반민족행위' 중 하나로 일제의 국권 침탈 전후로부터 1945년 8월 14일까지 "사법부 내의 판사 또는 검사로서 주로 무고한 우리 민족 구성원의 감금, 고문, 학대 등 탄압에 앞장선 행위(2004년)"를 반민족 행위라 정의하였다. 일부 개정된 내용에 따르면, '사법관리'로서 같은 행위를 한 사람도 포함시키고 있다(2006년).

해당 규정을 적용하면, 일제강점기에 검사를 역임한 최대교는 일단

'친일반민족행위자'의 혐의를 쓰게 된다. 그러나 그가 '무고한 우리 민족 구성원의 감금, 고문, 학대 등 탄압에 앞장선 행위'를 하였다는 충분한 증거가 있어야 '친일반민족행위자', 곧 '친일파'라고 단정할 수 있다. 아직은 누구도 최대교가 '민족탄압'에 앞장섰다는 구체적인 증거를 누구도 발견하지 못한 상태다. 하지만 '친일인명사전편찬위원회'는 2005년 8월 최대교를 친일인명사전의 수록대상에 포함시켰다. 해당 사전의 수록대상으로 발표된 상당수 인사들의 처지도 최대교의 경우와 비슷하다. 장차 '사전편찬위원회'가 어떠한 조사활동을 벌일지 귀추가 주목된다.

그런데 '친일반민족행위자진상규명위원회'(이하 '위원회'라 약칭)는 최대교를 친일행위 조사대상에서 제외하였다(2009년 1월 13일 이전). 이러한 결정은 '위원회'가 위에서 언급한 특별법 제2조에 관한 조사 대상자를 선정하는 과정에서 내려졌다. 한마디로, '위원회'는 최대교에게 친일 혐의를 두지 않는다고 공언한 셈이다. 이러한 결정이 '사전편찬위원회'의 활동에도 직접적인 영향을 미칠 것으로 예측된다.

알다시피 사법기관은 언제 어디서나 체제유지의 중추기관이다. 일제강점기도 예외가 아니었다. 그때도 사법기관이 식민지 지배 체제의 유지에 기여한 것이 사실이다. 그러나 일제강점기에 사법부 관리로 근무하였다는 사실만 가지고 '친일파'라고 규정하는 것은 너무 단순하고 작위적인 판단이다.

친일파 청산 문제에 있어 비교적 철저했다고 하는 북한에서도 총독부가 수여한 지위나 직책보다는 구체적인 친일행위를 우선으로 판단하였다. 1946년 2월에 구성된 북조선임시인민위원회는 '친일파, 민족반역자에 대한 규정'을 심의 채택하였다. 그 규정의 제4항에는, "일제 경찰 및 헌병의 고급관리와 사상범 담임 판사와 검사"라 하여 '사상범'을 취급한 판사와 검사로 제한하였다. 또 제11항에 "일제의 행정, 사법, 경찰 부문의 관리로서 인민들의 원한의 대상이 된 악질분자"라고 규정하여, 민족의 '원한'을 산 구체적인 행위를 범한 경우로 제한하였다.

이러한 여러 가지 사실에 비추어, '사전편찬위원회'의 친일파 규정은 지나치게 단순하다는 비판을 면하기 어렵겠다. 이제 우리는 일제강점기 일반 사법관료들에 대한 총체적인 검토와 분석을 할 필요가 있다. 다행히 그 시절의 행정관료에 관하여는 몇 편의 연구가 있다(박은경, 1994; 장신, 2002; 장신, 2007). 그에 비해 사법부를 대상으로 한 연구는 겨우 시작 단계이다(문준영, 2004).

검사로서의 행적이 어떤 평가를 받든, 최대교는 일제강점기 '고등관'을 지낸 것이 사실이다. 따라서 고등관이라는 직책이 갖는 엄중성도 심각하게 고려해야 하지 않을까 하는 견해가 얼마든지 제기될 수 있다. 그러나 우리는 해방 뒤에 태어난 현대 한국인으로서, 최대교 세대의 특수한 입장을 충분히 고려해야 한다. 그들은 일제하 식민지에서 태어나 그 시절에 군국주의 교육을 받았다. 그들에게는 조국 해방의 가능성조차 잘 보이지 않았다. 그때 이 땅의 수재들은 과연 언제까지 상실된 조국만을 그리며 일체의 사회진출을 포기하고 살았어야만 하는 것일까? 만일 우리 세대가 그때 태어났더라면, 우리는 무엇이 얼마나 달랐을까? 장기간 지속된 원나라 지배 아래서 출세한 것과 최대교 등의 경우는 근본적으로 무슨 차이가 있었을까? 대놓고 자랑할 수는 없겠지만, 후세가 관용할 수 있는 범위가 너무 좁은 것도 문제다.

최대교는 일제강점기의 검사생활을 회고하는 글도 남겼고 말로 표현한 적도 많았다. 간혹 "해방 후보다 일제시기가 검사로서 일하기가 쉬웠다"고 주장하였다. "그때는 상부의 압력이 없어 소신껏 일을 처리할 수 있었다"고도 말하였다. 심지어는, "일본인 검사들뿐인 직장이었지만 거리낌 없이 검사장의 일처리를 욕할 수 있는 분위기였다"라고까지 말했다(최대교, 1984c: 74). 이러한 최대교의 진술을 토대로 학자들이 "그의 말은 사실을 전하는 것"이라며, 일제강점기 검찰 및 법원 일반의 근무환경을 공정한 분위기라고 호평하기도 한다.

나로서는 그러한 평가에 동의하지 못하겠다. 일제는 군국주의의 기치 아래 권위주의적 국가체제로 운영되었다. 설사 삼권분립의 원칙을 존중하였다 하더라도, 그 한계는 명백하다. 또 법을 공정하게 집행하고자 하는 의지가 설혹 존재했다 할지라도, 그들의 법 자체가 이미 비민주적이고 차별적인 독소조항으로 가득하였다는 점은 부언할 필요조차 없다.

최대교의 회고를 문자 그대로 받아들이는 것은 위험하다. 마치 최대교가 일제강점기로 되돌아가고 싶어 한 것처럼 오해할 여지가 있다. 그의 단편적 회고담은 식민지라는 과거에 대한 향수와 애착심의 발로로 읽힐 가능성도 있어 독자의 경계심이 요구된다.

그럼 최대교가 일제 때의 검사생활을 긍정적으로 평가한 것은 왜일까? 해방 뒤 법정에서 몸소 겪은 외부의 압력과 상부의 변칙적 일처리에 대해 그가 강하게 반발하였다는 증거이다. "썩어 빠진 네놈들보다는 차라리 왜놈들이 더 나았다!" 아마도 그는 이렇게 꾸짖고 싶은 심정이었던 모양이다. 그것은 결코 일제를 두둔해서 나온 말이 아니었다. 그것은 해방 후 우리의 일상을 장악한 부정부패한 정치세력에 대한 최대교의 처절한 항변이었다. 나는 그렇게 본다.

어떤 연구자는 최대교가 일제 사법제도 전반에 대해서 아낌없는 신뢰를 가졌다고 판단한다. 실제로 최대교는 1919년의 3·1운동 관련자에 대한 일제의 판결을 분석한 적이 있었다. 일제 검찰은 내란죄를 적용하자고 주장했으나 법원은 그보다 가벼운 보안법, 출판법 위반을 적용했기 때문에, 독립만세 운동에 참가한 한국인들 가운데 최고형이 3년에 그쳤다고 최대교는 말하였다. 아울러 재판이 진행될 당시 조선총독에 재임한 하세가와長谷川나 사이토齋藤 총독이 간섭한 흔적이 없다고 하였다. 즉, 삼권분립의 원칙이 지켜졌기 때문에 법관의 소신대로 재판이 이뤄졌다고 본 것이다(최대교, 1984b).

일제의 삼권분립을 강조하면서 최대교는, 1891년에 발생한 일본의 '오쓰大津 사건'을 언급하기도 하였다. 이것은 그해 5월 11일, 일본시찰 중 오쓰에서 러시아의 황태자 니콜라이 알렉산드로비치(훗날 니콜라이 2세)가 일본인 순사 쓰다 산조津田三藏의 칼에 상해를 입은 사건이다. 러시아 황태자는 시베리아 횡단철도 기공식에 참석하러 가던 중 잠시 일본에 들른 거였다. 의외의 사건이 일어나자, 일제는 강대국 러시아의 비위를 맞추려고 대심원大審院(당시 일본의 최고 법원)을 압박하였다. 쓰다에게 사형을 주문하였던 것이다. 그러나 대심원장 고지마 고레다카兒島惟謙는 미동도 하지 않았다. "사법권은 독립이다. 정부의 지시는 받지 않는다." 최대교는 이 사건을 언급하면서, "일본은 약 100년 전부터 이렇게 문화가 발전되어, 사법이 행정부의 간섭 없이 독립되어 공평하게 집행되고 있는 것"이라고 말하였다(최대교, 1984b: 85).

이와 같은 최대교의 주장은 일제하의 권력분립을 칭찬한 것 같아 보이지만, 그 속내는 단순하지 않았다. 해방 이후 신생 대한민국의 정치적 굴곡과 보다 깊은 관계가 있는 발언이었다. 그 당시에 일어난 여러 가지 사건에서 명백하게 드러난 것처럼 제1공화국 행정부는 입법부와 사법부의 독립성을 부정하였다. 누구든지 권력자의 비위를 거스르면 가차 없이 현직에서 축출되거나 지위강등의 수난을 겪었다. 1950년 6월 12일, 검찰총장 김익진金翼鎭은 서울고등검찰청 검사장으로 좌천되었다. 상식을 벗어난 정치적 탄압이 횡행하였던 것이다. 이러한 정치풍토 속에서 최대교는 사법부 독립에 대한 자신의 신념이 훼손되는 것을 여러 차례 겪었다. 그러다 결국에는 그 자신마저 현직에서 물러나게 되었다(1964년).

1950~1960년대 한국의 사법부의 왜곡된 현실은 최대교뿐만 아니라 김병로와 김홍섭 같은 양심적 법조인들에게 큰 좌절을 안겨 주었다. 최대교가 일제 때를 비교적 자주 거론한 것은 유감이라면 유감이었다. 하지만 구미 여러 나라의 법조현실을 직접 체험하지 못한 그로서는 어쩔 수 없는 비교대상이 일제였다. 그의 주장에서 핵심적 역할을 담당한 것은 낙후된 신생 대한민국의 정치현실이었다. 그는 과거의 경험을 토대로 자신의 시대를 비판한 것이었다. 그의 회고담에는 양심적 법조인의 비애와 처참한 심정이 절절하였다. 나는 그렇게 믿는다.

혹자는 최대교가 일제강점기의 몇 안 되는 한국인 판검사였다는 사실 때문에 '엘리트 의식'이 강한 사람이었다고 단정할는지도 모르겠다. 일제 때는 일본인 판검사와 어깨를 나란히 법정에 들어선 한국인은 실제로 극소수였다. 최대교가 검사로 발령을 받은 1935년 당시 조선총독부 소속의 검사는 총88명이었고, 그 가운데 한국인은 7명뿐이었다(김이조, 2002b: 885). 1937년에 숫자가 11명으로 늘었다. 의심의 여지 없이 그들은 한 시대의 엘리트였음이 틀림없다. 그러나 검사 최대교의 행적에서 우리는 '엘리트 의식'의 부정적인 측면을 발견할 수가 없다.

검찰의 올바른 태도가 어떠해야 하는지를 말할 때 그는, "정부의 지시에 따라서만 움직이지 말고, 정부를 법률 면에서 선도, 보좌할 책임이 있음을 잊어서는 안 된다"(최대교, 1984d: 95)라고 하였다. 검찰은 한국사회의 엘리트로서 행정부를 선도할 책임이 있다는 것이다. 그런데 최대교가 염두에 두었던 엘리트는 다분히 도덕적이고 자기희생적인 존재였다. 정치 또는 경제적 특권에 연연해하는 것은 결코 최대교가 가슴속으로 그리는 엘리트가 아니었다.

일제강점기 그의 회고담에 등장하는 일본인 판사, 검사들도 고상한 품위를 견지한 도덕적인 존재들이었다. 법에 따라 지인의 구속을 허용한 함흥의 이와기 검사장만 해도 자신을 슬며시 속이며 법 대로를 주장하는 최대교의 원칙주의를 격려한 사람이었다. 최대교는 원고와 피고 모두에게 공정하다는 믿음을 심어 준 일본인 판사 이야기도 한 적이 있다(최대교, 1963: 82). 또한 어느 일본인 판사가 피고인에게 보석결정을 했는데, 시계를 뇌물로 받은 사실이 밝혀져 10개월의 실형을 받은 실례를 언급하였다(최대교, 1984d: 95). 그만큼 일제 때 법조인에게는 엄격한 자기관리가 요구되었다는 것이다. 최대교의 동경 어린 회상은 근대적 법치주의에 대한 그의 열망을 투영한다. 그와 동시에 최대교의 세계관에 있어 토대가 되는 성리학적 도덕관념의 표현이기도 하였다.

그는 일제 때의 검사들을 한마디로 짧게 평하였다. "당시의 검사는 …… 예의가 바르고 사리가 분명했으며, 검사장들마저도 그러한 상하 선후배 관계를 무시한 인사에 대해 불평을 늘어놓는 때도 한두 번이 아니었다."(최대교, 1984c: 73) 그 당시의 모든 검사가 그러하였다고 보기는 어렵다. 최대교 자신의 진술을 자세히 살펴보아도, 당시에는 한국인 검사를 차별하는 불공정한 관행이 적지 않았다. 다만 그가 회고담을 통해 애써 하고 싶었던 말은, "기개도 원칙도 없는 대한민국 검사들아, 제발 정신 차려라!"는 질책이었을 것이다. 실제로 그는 한국 법조계의 잘못된 관행을 꼬집어 비판하였다. "오전에 법정에서 피고인의 변호인과 법관으로 서로 다투던 두 사람이, 점심식사를 위해 휴정한 직후 서로 거리낌 없이 요정으로 함께 식사하러 가는 관행이 있다. 이것은 관련자들의 의심을 자아내는 일이다."(최대교, 1963: 81)

물론 최대교에게도 인간적인 약점이 있었다. 그 시대를 함께 산 대개의 한국인 법률가들이 그러하였듯, 그 역시 민족적 위기를 극복할 방안을 심각하게 고려한 흔적이 없다. 그 당시 한국의 법조인들은 민족의식에 충실하기보다 검사로서 일상의 직무에 충실하였다. 대한제국 시절부터도 국운을 타개하기 위해 노력한 법률가는 극히 드물었다. 예외적인 존재라면 안병찬安秉贊(1854~1929)과 이시영李始榮(1869~1953) 등이 있었을 따름이다. 안병찬은 안중근 의사를 변호하였고, 이시영은 대한민국임시정부에 투신하여 독립운동에 힘썼다. 초기의 법률가들은 법관양성소 출신이거나 일본에 유학해 법학을 공부한 경우가 대부분이었다. 그런데 나라가 망하였기 때문에 그들 가운데서는 정치적으로 출세한 경우가 거의 없었다. 대개는 변호사로 조용히 생을 마감하였다(최종고, 1990: 87).

구한말 한국의 개화세력은 서구의 근대적 법률체계를 선망의 대상으로 삼았다. 그들의 관점에서 보면, 일본의 근대적 법제는 메이지유신을 통해 새롭게 정립된 것으로서 표준이 될 만하였다. 개화파는 일본에 직접 유학해서 배웠거나, 국내에 있으면서 일본인을 통해 법률지식을 획득하였다. 그들은 법률을 통해 새로운 한국이 건설되기를 희망하였다. 그들은 일본이란 존재를 긍정적으로 인식하였고, 그것이 자주독립 국가를 건설하기 위한 초석이라 믿었다(정긍식, 2005: 160~173).

일제강점기의 법률가들에게는 세속적인 목표도 중요하였다. 김홍섭의 경우에서도 확인되듯, 식민지의 백성으로서 심한 차별을 받지 않으려고 변호사 자격을 취득하였다. 그보다 적극적인 기대를 가졌던 사람도 많았다. 그들은 일본법의 전문가로서 식민지 통치 체제에 적극 가담하여 입신양명立身揚名의 꿈을 이루고자 하였다. 이러한 법조인들에게는 눈앞에 법률과 법률가의 사회적 위상만 보였을 뿐이다. 그들에게 민족이란 존재는 아득히 먼 구름과도 같았다(정긍식, 2005).

민족의 현실에 대해 고민이 많았던 소수의 법조인들 중에는 일부러 변호사의 길을 선택한 사람도 있었다. 나중에 대한민국 초대 대법원장을 지낸 김병로가 그러하였다. 김병로는 청년시절 면암勉庵 최익현崔益鉉(1833~1906)의 문하에 들어갔고 일찍부터 의병운동에 가담하였다. 그러나 의병운동의 한계를 절감하고 신식공부의 필요를 느꼈다. 1910년 4월, 김병로는 일본 유학길에 올랐고, 1915년에 대학을 졸업하였다. 귀국한 뒤 그는 경성전수학교京城專修學校와 보성법률상업학교普成法律商業學校의 강사로 일하였다. 전문지식을 활용해 총독부의 관리가 되고 싶지 않았기 때문에 그는 강단을 선택할 수밖에 없었다. 1919년 법제가 바뀌어 그는 판사로 임용되었지만, 민족독립운동가를 재판하게 되자 서슴없이 현직을 박차고 떠났다. 이후 김병로는 변호사로 활동하면서 간접적으로 독립운동을 도왔다. 그는 일제강점기 최고의 양심적 변호사이자 사회운동가였다. 김병로가 걸어간 길은 전인미답前人未踏의 특별한 인생행로였다.

대개는 잡다한 일신상의 이유로 법조계에 뛰어들었다. 엄상섭도 예외가 아니었다. 그는 9세에 부친을 여의는 등 불우한 환경에서 성장하였다. 고생 끝에 전남사범학교를 졸업하여 교사가 되었다. 영문학 공부를 더 하고 싶은 바람이 있었으나 여의치 못해 포기하고, 대신에 자유업을 할 계획으로 법률학을 공부하였다. 최대교와 마찬가지로 그도 일본 고등문관시험 사법과에 합격하였다. 그리하여 사법관 시보가 되었고, 끝내는 검사에 임명되어 식민지의 관리가 되었다(엄상섭, 1957: 483~485). 이렇듯 법조계의 대다수 인사들은 사회적 지위와 자유를 얻기 위해 법률가란 직업을 선택하였다. 결과적으로 그들은 판사나 검사 또는 변호사가 되었다. 그러나 이렇다 할 민족의식은 없었다. 대신에 일신의 안일과 영달이 보장된 전문가로서의 책무를 성실히 수행하였다.

최대교는 일제강점기에 자신이 검사의 직책을 수행한 사실을 친일의 문제로 인식한 적이 없었던 것 같다. 그는 이 문제에 관해 직접 언급한 적이 없다. 그의 동료였던 엄상섭은 좀 달랐다. 엄상섭은 자신의 검사경력을 부끄러워하였다. 그는 해방 후에도 자신이 계속 검사로 일하는 것이 과연 옳은지를 자문하였다. '반민족행위처벌법'이 통과된 뒤에는 "민족정기의 앙양을 위해 반성하는 마음으로 자신은 현직에서 물러나겠다"고 선언하고, 검사직을 자진 사퇴하였다(엄상섭, 1957: 485).

최대교에게는 민족의식 자체가 아예 없었다거나 그가 친일반민족행위자였다고 주장하려는 것은 아니다. 나에게 명백한 사실은, 민족의식보다는 검사로서의 직업정신이 최대교에게는 더욱 투철하였다는 것이다. 전문가로서 이러한 직업정신도 물론 중요하다. 해방 후 아직 사법제도가 정비되지 못한 격변기에, 그것은 사법부의 독립과 정치적 중립성을 세우는 과정에서 중요한 동력이 될 것이었기 때문이다.

1945년 8월 15일, 45세의 최대교는 해방을 맞았다. 그 당시 한국의 법조인들은 소수에 지나지 않았고, 그나마도 일제가 길러낸 전문가들이 그 전부였다. 최대교는 그들 가운데서도 최고 수준의 교육과 실무경험을 쌓은 사람이었다. 일본 호세이대학에서 받은 근대적 법률교육과 조선총독부에 속한 일본인 검사들과의 경쟁과 협력 관계 속에서 연마된 실무능력은 결코 과소평가될 수 없는 수준이었다. 게다가 법률가로서 그의 높은 소양은 성리학에 바탕을 둔 강직한 그의 성품을 통해 더욱 빛났다. 중년의 나이에 접어든 최대교는 검사로서의 실무능력과 활동력이 절정에 달하였다. 그의 검사 직무수행 능력이 신생 대한민국에 과연 어떤 식으로 기여하게 될지는 그 자신으로서도 몹시 궁금하였을 것이다.

2. '대쪽검사'의 전성기(1945~1949)

1945년 8월 15일, 해방의 날이 왔다. 최대교는 미군정 시기를 거쳐, 신생 대한민국의 검사로 활약하게 되었다. 일제강점기에 연마된 그의 실무능력은 호평을 받았다. 전주지방법원의 지검장을 거쳐, 그는 일약에 서울지검의 검사장으로 발탁되었다. 서울에는 정치적으로 민감한 많은 사건이 그의 손길을 기다리고 있었다.

최대교는 백범 김구의 암살 사건과 임영신 상공부장관 사건을 처리하는 과정에서 정치적 중립과 사법부의 독립을 실천하기 위해 각별히 노력하였다. 독재의 길에 접어든 이승만의 제1공화국이 최대교 검사장과 결별하는 것은 시간문제였다. 결국 그는 부패한 정권과의 타협을 단호히 거부하고 초야로 돌아갔다. 해방된 지 겨우 4년 만의 일이었다.

1) 반공주의자 전주지검장(1945~1948)

1945년 8월 15일, 그는 정읍지청에서 일제의 패망을 목격하였다. 그

때 그의 심정은 어떠하였을까. 일제 때의 검사경력이 마음에 다소 걸리기는 하였을지 모르겠으나, 한 사람의 한국인으로서 해방을 맞는 기쁨이 훨씬 더 컸을 것이다.

1945년 9월 미군이 한반도에 진주하자, 일제의 사법기구는 미군정청과 한국인의 수중으로 넘어왔다. 1945년 11월 3일, 전라북도지방군정단의 「군정활동보고서」는 당시 최대교의 직책을 '檢事正 대리' 또는 'Acting Chief Procurator'라고 기록하였다. 말하자면, 그는 전주지방법원의 검사장 대리였다. 그때는 미군정이라 한국인을 정식 판사와 검사로 임용하지 않았다. 최대교는 일제강점기의 경력으로 보아 전북지역에서 가장 관등이 높았다. 따라서 전주지방법원 검사국의 책임자가 되는 것이 당연하였을 것이다.

1945년 11월 19일, 미군정청은 최대교를 정식으로 전주지방법원 검사국의 검사장에 임명하였다. 어떤 문헌에서는 이 직책을 '전주지방검찰청 검사장'이라고 기록하였다. 그러나 검찰이 법원으로부터 분리, 독립한 것은 1948년 8월 「과도검찰청법」이 공포되면서부터였다. 1945년에는 '지방검찰청'이란 조직이 아직 형성되지 않았다.

그 시절부터 최대교는 '반공'노선을 견지하였다. 어쩌면 일제강점기부터 죽 그래 왔을 가능성도 적지 않다. 일제는 공산주의를 탄압하였다. 검사 최대교가 공산주의를 호의적으로 볼 이유는 별로 없었다. 그의 반공주의는 죽을 때까지 지속되었다. 1990년 아흔 살의 최대교는 언론과의 인터뷰에서 남북관계에 대해 이렇게 말하였다.

> 대체로 보아 우리나라의 통일도 먼 것 같지는 않은데, 너무 서두른다는 느낌이 들어. 폐쇄된 북한 내부 주민들이 스스로 일어나 북한의 체제가 다소

라도 허물어진 다음에야 통일에 접근될 수 있을 텐데……(인터넷 「중앙일보」, 1990. 8. 17.).

통일문제는 "북한의 체제가 다소라도 허물어진 다음에야" 가능하다고 그는 못 박았다. 최대교의 입장에서 볼 때 '북한체제', 곧 공산주의 사회는 공존의 대상이 아니다. 그것은 반드시 박멸해야만 될 적이었다. 최대교의 이러한 소신은 해방 후 그의 전주지검장 시절 한 가지 인상적인 사건으로 비화되었다.

그가 전주지검장으로 있던 시절 좌우익의 대립은 극심하였다. 특히 1948년 한 해는 격동 그 자체였으며, 제주에서는 '4·3사건'이 일어났다. 그 진압과정에서 또 '여수·순천사건'이 촉발되었다. 대한민국 정부의 수립이 임박하자 좌익은 총공세를 폈다. 국내의 정치사정은 난맥상 그 자체였다. 법원과 검찰의 내부사정도 복잡하였다. 최대교가 재임하던 전주지방도 예외가 아니었다.

1948년 8월 말 전라북도 경찰국은 전주지방법원 서기 유창수柳昶秀 외 2명의 법원직원을 체포해 전주지검에 송치하였다. 그들은 남로당 전주시당 법원 세포책이었다. 최대교가 지휘하는 전주지검은 그들을 전주지방법원에 기소하였다. 그들 중 일부에게는 무죄가 선고되었으나, 일부에게는 1년 6월의 실형이 선고되었다. 당시 전주지검이 기소한 사상범들은 검사의 구형에 비해 선고된 형량이 가벼울 때가 많았다(김이조, 1999: 137).

그러자 법원에 대한 검사장 최대교의 불만이 폭발하였다. 반공주의에 대한 소신으로 무장된 그는 전주지방법원장을 용서하기 어려웠다. '제6관구경찰청', 즉 전라북도 경찰국의 책임자인 홍낙구洪洛九와 함께 그는, 현지의 미군정장관 딘William. F.Dean 소장에게 전주지방법원장 이우식

李遇軾(1901~1985)을 좌익혐의로 고발하였다. 이미 대한민국 정부는 수립되었지만 아직은 각종 사무가 대한민국 정부에 온전히 이양되기 전이었다. 고발장을 접수한 딘 군정장관은 현지조사를 명령하였다. 1948년 9월 7일, 서울로부터 이상기 대법관이 현지조사를 하러 전주에 내려왔다(「평화일보」, 1948. 9. 3.).

고발된 이우식 전주지방법원장은 누구인가? 그는 1926년 경성법학전문학교를 졸업하고, 1927년 1월 같은 학교 졸업생인 조진만趙鎭滿, 한격만韓格晩, 심상호沈相弧와 함께 일본 고등문관시험 사법과에 합격한 이였다. 최대교에게는 법조계의 선배 격이었다. 이우식은 1929년 3월 8일 전주지방법원 정읍지청 판사로 임명되었으나, 그 이듬해 10월 21일 퇴직하였다. 그 뒤 1934년 6월부터 1935년 3월까지 동아일보사의 경남지방 남지지국南旨支局 기자였다. 그 뒤에는 변호사로 활동하였다. 해방 직후 그는 법조계에 등용되어, 1945년 11월 19일 전주지방법원장에 임명되었다. 제1공화국 시절에는 비록 짧은 기간이었지만 대법관(1951. 6. 17.~1951. 12. 25.)을 역임하기도 하였다. 이력을 자세히 검토해 보면 알 수 있듯, 이우식은 섣불리 좌익으로 취급될 인사가 아니었다.

이우식에 대한 최대교의 고발은 사회적으로 상당한 저항을 초래하였다. 법조계 인사들은 물론 언론도 비판적이었다. 만일 이우식의 판결에 불만이 있으면 상급법원에 상소하여 시비를 가릴 일이라는 게 지배적인 의견이었다. 한 지역에 근무하는 지방법원장을 지검장이 고발하였다는 것은 재판에 대한 검사의 간섭으로 비쳐질 수도 있었다. 사건 당시 대법원장은 담화문까지 발표하였다. 최대교의 고발은 민주사법 건설 정신에 위배된다는 비판이었다.

> 원래 재판관은 자기의 신념에 의해 자유로운 심증으로 심판하는 것을 천직으로 하는 것이다. 판결에 대해 불복한 자는 상급법원에 상소의 길이 있으니 이러한 법적 절차를 밟아서 구제를 받는 것이 정당한 절차이거늘 판사의 신성한 재판에 대해 좌익 가담 운운하는 것은 우리 민주사법 건설에 막대한 지장이 있을 것이다(김이조, 2002b: 577).

이 고발사건은 언론으로부터도 질책을 받았다. 최대교의 고발은 명백한 과잉대응이었다. 과장해서 말하면, 그의 평소 지론인 사법부의 독립 자체를 훼손하는 잘못을 범하였다고도 볼 수 있다. 그러나 그렇게까지 과장할 필요는 없다.

최대교, 그는 정말 전적으로 잘못하기만 한 것이었을까? 미군정 시기에는 사법부 내에 크고 작은 갈등이 어디든 존재하였다. 첫째, 수사지휘권을 둘러싸고 검찰과 경찰 사이에 상당한 대립이 있었다. 지휘권 문제는 그때나 지금이나 풀리지 않는 난제이다. 둘째, 좌익사건과 부정부패사건을 처리하는 태도와 방침도 법원, 검찰, 경찰 등 기관마다 제각각이었다. 셋째, 이런 상황을 더욱 복잡하게 만든 것은 미군정 당국자들이었다. 그들은 사사건건 지나치게 간섭하였다. 최대교의 경우는 그의 철저한 반공주의에 더하여 검찰과 법원의 대립을 반영하였다. 그리하여 법원-검찰 간의 불필요한 마찰이 빚어졌다고 본다. 법조계의 어느 원로 인사가 쓴 회고문은 당시의 상황을 이해하는 데 도움이 된다.

> 극심한 좌우의 대립 국면은 한국 땅에 강력한 대소 방파제를 구축하여 친미 반공 국가 대한민국 정부가 수립되게 하였던 것이다. …… 따라서 검사는 좌익세력 척결에 앞장섰고, 판사와 변호사는 그 재판에 변호에 관여하여 유무죄 또는 변론에 대해여 여러 가지 논란이 생겼으며, 판사가 좌익사건을 무죄 또는 경한 형벌을 내리면 판사를 좌익으로 몰아 고발하는 사례도 있었고,

검사도 경찰 등에서 송치한 것을 풀어 주면 검사마저도 좌익으로 몰았던 시절이다"(김이조, 2002b: 567).

반공주의자 최대교는 훗날 서울지방검찰청의 검사장으로서 '법조계 프락치 사건'이란 좌익사건을 처리하였다. 그러나 주의할 점이 있다. 최대교를 반공주의의 화신처럼 보아서는 안 될 것이다. 그 당시 정부에는 반공 절대주의를 표방하는 분위기가 지배적이었다. 특히 대한민국 정부의 수립을 전후하여 좌익계열 인사를 공직에서 추방하려는 작업이 열을 띠었다. 1948년 12월 29일 각급 검찰청에는 법무부장관 명의로 다음과 같은 내용의 '통첩'이 전달되었다.

국초國礎는 파죽지세로 익익益益 확호부동確乎不動한 태세로 이행함에 따라, 공복公僕으로서의 공무원 된 자, 오로지 국가민족 만대의 번영발전을 위하야 일로충성을 다하여야 함은 새삼스럽게 부언함을 요치 않으나, 간혹 공무원 중에는 불순극렬사상에 전염되어 국헌을 위배하고 민족국가 발전에 일대 영향을 초래케 하는 예 없지 않음은 심히 유감지사이며, 금후 여차한 공무원에 대하여서는 그 이유 여하를 불문하고 국가보안법 급 기타 법령에 의하여 엄중 처단될 것은 물론이려니와, 현직 공무원에 대한 그 소질향상과 사상선도를 획책하여, 그로써 그 부하負荷된 직책완수에 매진케 하고자 하오니 귀관은 좌의 각 항에 의하여 각별한 주의와 엄밀한 조사하에 소속공무원의 소질판단에 과오 없기를 의명 통첩함.

1. 공무원 중에서 불순분자적색공산도배를 철저 조사하여 시급 숙청하는 동시에 그 전말을 총무처에 보고할 것. 단 귀관에게 임면권이 무無한 공무원이 해당사항이 유有할 시에는 그 이유와 성명 관명 등을 총무처에 보고할 것
2. 불순분자적색공산도배로서 면직된 자의 명단, 직책을 관내에 공개하는 동시에 좌의 서식의 대장을 비치하여 차此(이)를 정리할 것

불순공무원해면대장: 해면연월일 성명 관명 근무처 해면전말

3. 불순분자적색공산도배는 대한민국공무원으로서 재임용 또는 신규임용을 불허할 것
4. 각부처장은 그 감독하에 있는 소속기관의 공무원에게 대하여서도 동일한 조치를 할 것
5. 불순분자적색공산도배의 숙청을 빙자하여 온건 성행 착실한 공무원을 모함 획책하여 관의 위신을 상실케 하는 자가 없기를 특히 주의할 것

요컨대 최대교는 정부의 반공노선에 충실한 한 사람의 검사였다. 그 이상도 이하도 아니었다.

2) 칼날 위의 서울지검장(1948~1949)

청렴 강직하며 유능한 검사. 최대교라는 이름 석 자에서 사람들은 한 시대를 풍미할 검사의 전형을 발견하였다. 전주지검장으로서 지방법원장을 고발하기까지 한 것, 그 역시 자신의 소신을 절대로 굽히지 않는 그의 강직함을 상징하는 사건이었다. 정부가 수립된 직후 수도 서울에서는 최대교처럼 유능하고 강직한 검사를 찾는 목소리가 높아졌다. 그리하여 1948년 11월, 그는 서울지검장에 취임하게 되었다. 그 이듬해인 1949년 9월에 검사장을 사임하게 될 때까지 10개월 동안 실로 많은 사건이 그의 손길을 거쳐 갔다.

이른바 친일파 경관 '노덕술盧德述 사건'이라고도 불리는 '반민특위 간부 및 정부요인 암살음모 사건'을 시작으로, '국회프락치 사건', '김구 선생 암살사건'에 이어 '법조프락치 사건'도 있었다. '법조프락치 사건'은 비교적 덜 알려진 사건이지만, 1949년 7월부터 그해 12월까지 사법부

내의 좌익분자 17명이 고발된 대형사건이었다. 판사 5명, 검사 3명, 변호사 7명 등 17명이 공판에 넘겨졌다. 판결은 최대교가 사임한 지 몇 달 지난 1950년 3월에 있었다. 피소된 11명에게는 유죄, 6명에게는 무죄가 선고되었다.

그 밖에도 최대교를 사직으로까지 몰고 간 '임영신 상공부장관 사건'이 있었다. 임영신 장관 사건은 당사자인 임 장관뿐만 아니라 최대교를 포함한 사법부의 전체에 큰 영향을 끼쳤다. 이것은 두말할 나위 없이 검사장 최대교의 강직함이 여지없이 발휘된 사건이었다.

물론 최대교는 검사장이었기 때문에 모든 사건의 담당검사는 아니었다. 그는 지휘선상의 책임자로서 모든 사건에 관여하였다. 짧은 기간이었지만 그는 검찰의 독립과 수사지휘권 확립에 크게 기여하였다(정긍식, 2006: 232~236). 사건별로 그 점을 간단히 정리해 보겠다.

(1) 반민특위 간부 및 정부요인 암살음모 사건('노덕술 사건')

1949년 1월 서울지검에서 이 사건을 적발하였다. 검찰수사 결과 경무국 수도청장 노덕술盧德術, 수도청 수사과장 최난수崔蘭洙, 동 부과장 홍택희洪宅喜, 전 중부서장 박경림朴京林 등이 중대한 음모를 꾸민 것으로 드러났다.

노덕술 등은 일반이 공인하는 과거 식민지시절의 악질 친일경관이었다. 그들은 당시 국회에서 '반민족행위처벌법(약칭 '반민법')' 제정이 활발하게 논의되자 긴장하였다. 그리하여 법제정에 앞장선 김웅진, 김장렬, 노일환 등 국회의원 수 명을 납치 감금할 계획이었다. 그들을 납치한 뒤, "나는 이남에서 생활할 생각이 없어 이북으로 간다"는 요지의 성명서를 자필로 작성하도록 강요하여 대통령, 국회 및 언론사에 전달하고, '38선'

부근까지 끌고 가 그들을 살해할 작정이었다. 그러고는 우익청년들이 그들을 살해한 것처럼 위장하기로 합의하였다.

아울러 평소 자기들의 눈에 거슬리는 정관계의 요인도 살해하기로 공모하였다. 노덕술 등은 이런 목적으로 우익테러분자 백민태를 매수하고 그에게 이미 권총과 자금을 지급하였다. 검찰조사 결과, 거사 자금의 지원자들 중에는 시민들의 지탄을 받는 친일파의 거두 박흥식도 포함되었다. 이 밖에도 그들이 살해하기로 공모한 대상자 명단에 김병로 대법원장과 권승렬 검찰총장이 포함되어 있었다.

사안이 중대했기 때문에 사건 초기에는 최대교 검사장이 직접 사건을 담당하였다. 그는 노덕술과 최난수를 직접 취조하였다. 그 뒤 이 사건은 서울지검의 이원희 검사에게 배속되었다. 1949년 2월, 서울지검은 수사결과를 마무리하여 노덕술, 최난수, 홍택희, 박경림 등을 살인예비 및 폭발물취체법위반으로 기소하였다. 일제강점기의 악덕 경찰간부들이 무더기로 구속 기소되자 시민들이 통쾌해 하였다.

그러나 법원의 판정은 편파적이었다. 여론의 향배와 무관하게 수도청장 노덕술은 이승만 정권의 충복이었다. 1949년 6월, 제1심법원인 서울지방법원은 노덕술과 박경림에 대해 무죄를 선고하고, 직위가 낮은 최난수와 홍택희에게만 징역 2년을 선고하였다. 서울고등법원은 그해 12월의 항소심판결에서 더욱더 정권의 의사에 노골적으로 영합하였다. 노덕술, 박경림에 대해서는 무죄를, 최난수와 홍택희에 대해서도 벌금형을 선고하는 데 그쳤다.

이 사건은 형사판례상으로 특기할 만하다는 견해가 있다. 서울고법은 최난수와 홍택희에 대해 「폭발물취체법」의 위반죄만 인정하였다. 그들은 살인을 교사하고 무기까지 지급했으나 살인사건이 실제로 발생하지 않았으므로 살인교사 죄를 적용하지 않는다고 하였다. 그러나 대법원은 살해에 이르지 않았다 하더라도 교사자 및 그에 호응한 자는 처벌되어야 한다는 취지로 제2심판결을 파기하였다. 대법원의 판결은 공정하다는 평가를 받았다. 이 판례를 바탕으로 나중에 형법 제31조 제2항의 규정이 마련되었다. 즉, 교사를 받은 자가 범죄의 실행을 승낙하고 실행의 착수에 이르지 아니한 때에 교사자와 피교사자를 음모 또는 예비에 준하여 처벌한다는 것이다.

거물급 친일경관 노덕술 등이 무죄방면 되기는 하였지만, 최대교 검사장은 그들과 같은 '권력의 주구走狗'도 실정법을 위반하면 가차 없이 구속 기소한다는 원칙을 그대로 밀고 나갔다. 그 과정에서 정치권력의 압박과 회유가 있었으리라는 점은 누구나 쉽게 짐작할 수 있다.

(2) 국회프락치 사건

노덕술 등과 아직도 법정공방을 벌이고 있을 때 또 다른 사건이 터졌다. 국회에서 활발하게 논의되던 「반민법」 제정에 찬물을 끼얹고 이승만 정권의 권력을 강화하기 위한 정치적 사건이었다. 1949년 5월 18일, 서울시 경찰국 사찰과가 조사를 시작하였다. 경찰은 「국가보안법」을 적용하여 현직 국회의원 이문원李文源과 최태규崔泰奎를 체포하였다. 그 파문이 컸다. 그달 20일에는 이구수李龜洙 의원도 체포되었다. 해당 국회의원들은 같은 해 3월 말 남조선노동당 회의에 참석해 장차 국회에서 미군철수와 정치범 석방을 도모하기로 하였다는 혐의가 적용되었다.

나날이 사건이 확대되었다. 1949년 8월 6일까지 국회부의장 김약수金若水를 비롯하여, 노일환盧鎰煥, 김옥주金沃周, 김병회金秉會, 박윤원朴允源, 강욱중姜旭中, 황윤호黃潤鎬, 서용길徐容吉, 신성균申性均, 배중혁裵重

赫, 김봉두金奉斗, 차경모車庚模 등 모두 15명의 현역 국회의원이 구속되었다. 신생국가 대한민국을 뒤흔든 전대미문의 사건이었다.

사건수사가 아직 초기 단계이던 1949년 6월, 최대교 서울지검장은 그들 국회의원에 관한 구속수사 방침을 승인하였다. 최대교는 이미 헌병대로부터 해당 국회의원들에게 국가보안법 위반 및 기타 범죄혐의가 있다는 내사결과를 입수하였던 것이다. 그러나 서울지검이 이 사건을 직접 수사하지는 않았다. 초동 단계부터 수사의 주체는 서울지검이 아니었다. 헌병대가 주축이 되고 경찰이 보조하는 식으로 수사가 진행되었다(「연합신문」, 1950. 5. 7.).

국회프락치 사건으로 구속된 의원들은 누구인가? 그들은 대한민국의 건국 초기 국회에서 활동한 진보세력이었다. 그들은 친미적이고 보수적인 이승만 대통령과 '한국민주당'의 노선과 대립하였다. 당시 김약수 등은 '진보적 소장집단', '의회 내의 진보블록', '중간파 색채의 그룹', '민족주의적 개혁주의자' 등으로 불렸다. 재야에 있는 김구의 한국독립당 및 사회당과도 연계된 세력이라 하였다. 그들은 국회에서 「반민법」의 제정을 적극 추진하고, 「국가보안법」의 제정에도 반대하였다.

1949년 2월, 그들은 과연 국회에 '남북평화통일에 관한 결의안'을 제출하였다. 그해 3월에는 국제연합한국위원단에 평화통일과 외국군철수를 요청하는 '진언서'도 보냈다. 이문원 의원 등이 검거되고 '반민특위'에 대한 보수세력의 공세가 쏟아지던 그해 6월 17일, 김약수 외 6명의 국회의원은 미국 군사고문단의 설치를 반대하는 '진언서'를 국제연합한국위원단에 발송하였다. 그로부터 나흘 뒤인 6월 21일 김약수 등이 전격 체포되었다. 헌병대와 경찰은 이미 1949년 3월부터 해당 국회의원들에 대한 내사를 시작했고, 임시국회가 열리기 직전인 5월 18일에 맞춰 이문원 의원 등을 구속하였다. 김약수 등의 기선을 제압하기 위해서였다.

이 사건은 '반민특위'를 와해시키기 위한 정치적 포석이었다고 해석할 수 있다. 그해 4월 중순, 이승만 대통령은 반민특위 특별조사위원회에 소속된 특경대를 해산하라는 담화를 발표하였다. 대통령이 직접 나서 특위조사를 방해한 것이다. 이와 같은 맥락에서 반민특위가 가장 먼저 체포한 친일파 거부 박홍식이 그해 4월 20일 병보석으로 석방되었다. 그해 6월 2일에 열린 관제시위를 통해 보수파들은 반민특위를 빨갱이의 앞잡이라고 비판하며 반민특위를 습격하는 일이 발생하였다.

그러자 반민특위는 서울시 경찰국의 사찰과장 최운하崔雲霞를 구속하였다. 최운하는 노덕술과 함께 일제강점기에 고등계 형사로 악명을 떨친 인물이다. 그는 반민특위의 건재를 자신의 생명에 대한 위협으로 받아들였다. 자연히 최운하는 친일경력의 헌병대와 합세하여 '국회프락치 사건'의 장본인으로 활약하였다.

특위가 문제의 인물 최운하를 체포하자, 그해 6월 6일 친일경력자인 중부경찰서장이 부하들을 이끌고 반민특위를 습격하여 특경대를 무장해제하였다. 특경대가 소지한 무기와 조사서류까지 압수하고 반민특위 직원을 연행하였다. 이것이 이른바 '반민특위 습격사건'이었다. 명백한 불법사태였다. 그러나 최대교의 서울지검은 미동도 하지 않았다. 그는 사태를 좌익에 대한 경찰의 반격으로 간주한 것이다. 최대교 검사장은 냉전시기 '반공'이란 국시國是에 충실한 대한민국의 검사였다.

'국회프락치 사건'을 계기로 국회는 이승만 대통령의 충실한 부하가 되어 갔다. 친일세력과 공존을 추구하는 대통령의 요구에 따라, 반민법 피의자들의 공소시효는 본래의 2년에서 1949년 8월 31일까지로 단축되었다. 반민법이 사실상 무력화된 것이다. 이에 반민특위의 간부와 특조

위원들이 연달아 사퇴하였다. 이어서 평소 반민법을 반대하던 이인 법무부장관이 특별조사위원회의 위원장이 되었다. 이제 반민법은 폐기된 것과 다름없었다.

1949년 6월 6일부터 최대교의 서울지검은 '국회프락치 사건'에 직접 관여하였다. 앞서 경찰에 체포된 이문원, 이구수, 최태규 의원 등 도합 5명의 피의자가 서울시 경찰국에서 서울지검으로 송치되었다. 서울지검은 그해 6월 25일, 그들 가운데 4명을 국가보안법 및 법령 제19호 4조 '나'항 위반죄로 서울지법에 기소하였다. 그로부터 보름쯤 지난 7월 11일에는 김약수, 노일환, 김옥주, 김병회, 박윤원, 강욱중, 황윤호 등 7명의 국회의원도 서울지검에 송치되었다. 그해 7월 30일 그들 역시 같은 죄명으로 기소되었다. 다시 2달쯤 지난 9월 15일, 서용길, 배중혁, 신성균 의원도 같은 절차를 거쳐 전원 기소되었다. 사건을 직접 담당한 검사는 반공검사로 유명한 오제도吳制道와 장재갑張載甲이었다. 그 무렵 최대교는 임영신 장관 사건의 여파로 서울지검장에서 물러나게 되었다.

'국회프락치 사건'은 최대교가 퇴임한 지 2달가량 지나서 공판을 시작하였다. 이 사건은 해를 넘겨 1950년 3월 14일 피고인 전원에 대한 유죄 선고로 결론이 났다. 입회검사는 오제도였다. 피고인들은 판결에 불복하여 항소하였다. 약 3달 뒤에 6·25전쟁이 일어났고, 항소심은 1951년 12월 31일 피난지 부산에서 공소기각으로 끝났다. 전쟁으로 인해 사건 관련기록이 모두 멸실되어 검사가 법정기간 내에 본건의 공소를 유지할 자료를 제출하지 못하였기 때문이다.

본 사건에 관하여는 비판적인 의견이 많다. 혐의사실을 입증하는 물적 증거가 거의 없었던 데다가, 혐의자들을 고문하여 자백을 강요하였다고 한다. 이승만 정권이 반대파를 탄압하기 위해 무리하게 일으킨 사건으로 볼 수 있다. 그러나 반대의견도 있다. 실제로 남로당이 지령을 내려 국회 안에서 합법투쟁을 벌였다고 간주하는 것이다. 그 당시 미국 측 군사정보당국은 피의자의 혐의를 입증할 증거는 불충분하지만 프락치가 실제로 존재하였을 가능성에 무게를 두었다(도진순, 1997: 340). 그 사실 여부를 떠나 반공이란 정치적 이데올로기가 깊이 개입된 사건이었다. 반공주의자 최대교 검사장에게 그에 관한 엄정하고 중립적인 수사를 기대하기는 어려운 일이었다.

(3) 백범 김구 선생 암살사건

헌병대가 정치적인 사건의 수사를 주도하였다. 그것은 이 시대의 큰 병폐였다. 경찰은 기껏 해야 헌병대의 보조역할을 하였을 뿐이다. 검찰 역시 헌병대의 수사방침에 휘둘리는 것이 보통이었다. 이런 풍조는 일제강점기 군국주의하에서도 찾아볼 수 없었던 변칙적 관행이었다. 이승만은 자신의 독재권력을 강화하려고 정치적 사건마다 검찰 대신에 자신의 충복인 헌병대를 깊숙이 끌어들였다. 서울지검장 최대교의 수심은 날로 깊어 갔다.

1949년 6월 26일, 안두희가 백범白凡 김구金九(1876~1949)를 암살하였을 때에도 같은 상황이 되풀이되었다. 제1공화국 정부는 이 사건을 조작하여 김구가 당수로 활동했던 한국독립당의 내분으로 가장하였다. 이승만 대통령이 직접 검찰총장을 불러 사건을 그렇게 정리하라는 지시를 내렸다. 훗날 최대교는 중앙일보와의 인터뷰에서 그와 같이 증언하였다(「중앙일보」, 1992. 4. 15.).

'김구 선생 암살사건'에 관한 이승만의 개입은 도를 지나쳤다. 그는 안두희에게 한국독립당의 비밀당원증을 발급한 조직부장 김학규 등 7명을 구속하라고 직접 지시하기도 하였다. 그들에 대한 영장이 발부될 경우, 그것은 당연히 최대교 검사장을 통하는 것이 마땅한 일이었다. 그러나 이 대통령은 최대교의 영장거부를 염려해 검찰총장을 불러 별도의 명령을 내렸다. 검찰총장이 서울지방법원장에게 명령하여 영장발부를 책임지게 한 것이다. 대통령 자신이 이러한 불법행위를 지시하였다. 그때 이 대통령은 검찰총장의 입단속까지 하였다. 최대교 검사장에게는 이 일에 관해 한마디도 알리지 말라는 함구령이었다. 그러나 비밀은 없었다. 얼마 후 사태의 전말을 알게 된 최대교 검사장은 검찰총장을 찾아가 사표를 제출하였다. 사표는 반려되었다.

암살사건이 발생했을 때 최대교는 사건수사를 직접 지휘하고자 하였다. 그러나 헌병의 개입으로 한계를 느낀 나머지 상관인 권승렬 법무장관과 동행하여 신성모 국방장관을 찾아갔다. 수사문제를 협의하기 위해서였다.

그때 신 국방장관은 병을 빙자하고 침대에 누워 있었다. 그는 암살소식에 놀라기는커녕 묘한 표정을 지으면서 "이제 민주주의가 되겠군" 하고 중얼거렸다. 정적이 제거되었으니 마음대로 권력을 휘두르게 되었다는 뜻이었을 것이다. 최대교는 자신의 입장에서 그때의 사정을 회고담으로 정리하였고, 전기적 서술에 수록되었다(김이조, 1997: 31~36; 김진배 외, 1999: 157~165).

그날은 일요일이었다.(1949. 6. 26.) 나[=최대교, 이하 같음]는 당시 서울지방검찰청 검사장이었다. 집에서 점심을 먹고 별 할 일도 없고 해서 일요일이었지만 낮 1시경 검찰청에 나갔다. 반 시간쯤 지났을까. 당직 중이던 이원희 부장검사가 허겁지겁 3층 내방으로 뛰어 들어왔다. "검사장님, 김구 선생께서 암살당했다는 보고가 들어왔습니다." "뭐요?" 나는 강한 충격을 받고 벌떡 일어나 밖으로 뛰어나갔다. 이 부장검사와 함께 김구 선생의 숙소인 서대문 경교장으로 지프차를 타고 달려갔다. 우선 현장검증을 하기 위해서였다.

우리는 도중에 관할경찰서인 서대문경찰서에 들렀다. 일요일이었기 때문에 한산했다. 경찰서 문을 들어서면서, "누구 간부 있어?" 하고 소리쳤다. "서장님은 숙직실에 계십니다." 순경 한 사람이 지하실에 있는 숙직실로 안내했다. 당시 서장이던 이하성은 신발을 신고 모자를 쓴 채 누워 있다가 깜짝 놀라며 일어났다.

"아니 김구 선생께서 암살당했다는데, 사건현장에는 안 가고 왜 이러고 있는 게요?" 대뜸 나무라자 이 서장은 홍분한 듯 겁에 질린 표정으로 손을 내저으며 말을 더듬었다. "검사장님, 못 갑니다. 헌병들이 지켜 서서 절대 못 들어가게 합니다." 이 서장은 자신이 이미 현장을 보기 위해 찾아갔다가 헌병들에게 얻어맞고 쫓겨났다고 설명하였다. 정말 기가 찰 노릇이었다. "설혹 김구 선생이 아니라 해도, 한 민간인이 피살됐는데 검사나 경관이 현장에조차 접근 못한대서야 될 일인가." 나는 더 이상 지체할 수가 없었다.

나와 이 부장검사는 경찰관의 안내 없이 경교장으로 급히 찾아갔다. 집 주위를 헌병들이 삼엄하게 경비하고 있었다. 문 앞에서 책임자인 듯한 헌병 대위에게 신분과 목적을 밝혔다. 키가 작달막한 이 헌병대위는 한마디로 잘라 말하였다. "못 들어갑니다!" 나는 화가 치밀었으나 냉정을 되찾아 "살인사건이 나면 법대로 검사가 검증을 하도록 돼 있소. 우리는 법집행을 위해 온 거요." 타이르듯 말했으나 그는 막무가내였다. 더 이상 이야기가 통할 것 같지 않았다. 그러나 그대로 돌아설 수 없었다. 나중에 수사지휘에 관한 책임문제도 있고 해서, 무언가 분명히 해 둘 필요가 있었다. "그럼, 헌병이 폭력을 써서 못 들어가게 했기 때문에 현장검증을 못했다고 상부에 보고하겠소." 이렇게 말하고, 그의 가슴에 붙어 있는 명찰을 살펴 그가 보는 앞에서 이름을 적어 가지고 되돌아섰다.

검사장으로서의 체면도 체면이지만, 수사상 도저히 있을 수 없는 야만적 행위이다. 민간인[=김구 선생] 피살사건인데 헌병이 총검을 휘두르고 검사장이 현장검증을 요구하자 폭력까지 사용할 것처럼 굴다니! 지구 상에서는 도저히 찾아볼 수 없는 헌병의 만용. 태평양전쟁을 일으킨 일본 군국주의 국가에서도 경험하지 못한 쓰디쓴 일을, 나는 이승만 정권 아래서 겪었다.

헌병과 검찰이 수사권을 둘러싸고 다툰다는 것은 어불성설이다. 그런 문제가 발생한 원인은 지극히 단순하였다. 이승만 정권의 권력남용이 그 씨앗이었다. 그들은 법의 정의를 함부로 짓밟았다. 모든 사안을 자신들의 편의를 도모하는 방식으로 해결하는 잘못된 관행을 만들었다. "권력을 담당한 사람들이 국민들이 모르는 이면에서 권력을 제대로 쓰지 않고 남용하여 이권에 몰두한다면, 법의 정의와 민주사회는 이루어지기 어렵다." 훗날 김준수 변호사는 최대교의 이름 석 자를 들으면 절로 떠오르는 말이 이것이라고 밝혔다. '김구 선생 암살사건'에 대한 최대교의 증언은 다음과 같이 계속된다.

검찰청에 돌아와 청사 앞에서 5분가량 이 부장검사와 이야기를 나누고 있었다. 몸집이 적은 그 헌병대위가 따라왔다. 그는 정중히 사과하면서 "안내하겠으니 검증하시도록 하십시오."라고 말했다. 나는 화가 풀리지 않았다. 하지만 직무를 생각하여 그를 따라나섰다.

김구 선생의 유해는 흰 광목으로 덮여 있었다. "김구 선생과 같은 애국자를 암살한 놈이 누구냐?" 땅을 치는 측근의 오열들을 귓전에 들으며 나는 30분간 현장을 검증했다.

이어서 곧바로 김익진 검찰총장에게 전화를 걸었으나 부재중이었다. 그래서 권승렬 법무부장관 관사로 달려갔다. 초여름 오후 2시경의 햇살이 유난히도 따갑게 느껴졌다. 가슴속에서 화가 들끓기 때문이었을 것이다. 권승렬 법무부장관의 관사는 서대문구 서소문동(현재의 명지빌딩 자리)에 있었다. 다급한 마음과 발걸음에 서둘러 갔지만 헛수고였다. 장관은 마침 외출중이었다.

검사장 관사로 다시 돌아왔을 때 전화벨이 급히 울렸다. 권 장관의 전화였다. "무슨 일이 있었소?" "예, 김구 선생께서 암살당하셨습니다." "뭐요?" 권

장관은 깜짝 놀라며, 급히 자기 관사로 오라고 했다. 찾아가서 사건 전후관계를 설명하자, 권 장관은 나와 함께 신당동이었는지 장충동이었는지 지명은 불분명하지만 이범석 국무총리 관사로 가자고 했다.

그러나 총리관사의 대문에는 '수렵 출장 중'이라고 커다랗게 쓴 두꺼운 종이가 붙어 있었다. 정문을 지키고 있는 군인에게, "어디 가셨느냐?"고 물었다. "아침에 사냥 가셨습니다." 사건현장의 헌병들과는 달리 그들은 고분고분 대답해 줬다. "사냥철도 아닌 6월에 무슨 사냥일까?" 나는 하릴없이 중얼거렸다.

우리는 발을 돌렸다. 그 길로 마포 공덕동에 있는 대원군의 별장자리 아소정我笑亭을 집 삼아 기거하던 대한민국의 실세 제3인자 신성모 국방부장관을 찾아갔다(당시 제2인자는 임영신任永信 장관이었다). 막 그 집 대문을 들어서는데, 공군참모총장 최용덕 장군이 이미 거기에 있었다. 최 장군은 우리 일행을 보고 놀라며, "무슨 일로 이렇게 오셨습니까?" 하고 물었다.

법무부장관이 말했다. "김구 선생께서 돌아가셔서 신 장관을 만나려고 왔습니다. 장관 계십니까?" 최 장군은 대답하기를, "예, 계시긴 한데 몸이 불편하셔서 누워 계십니다. 잠깐만 기다리세요. 제가 들어가 보고 나오겠습니다"라고 했다. 최 장군은 잠시 후 방에서 나와 우리를 안으로 안내했다. 우리가 안방에 들어서자 신 장관은 잠옷차림으로 침대에 누워 있다가 일어나 앉았다.

권 장관은 "김구 선생이 돌아가셔서 할 말이 있어 왔습니다"라고 운을 뗐다. 그러자 신 장관은 묘한 표정을 짓더니, 대뜸 "이제 민주주의가 되겠군" 하고 말을 받았다. 이 말은 마치 공산주의자가 암살되었으니 민주주의가 잘 될 것이라는 말처럼 들렸다.

신성모의 발언과는 달리 김구는 결코 공산주의자가 아니었다. 『백범일지』에도 여실히 기록되어 있지만, 그의 사상은 중도 우파로 분류되어야 옳다. "나의 정치이념은 자유다. 나는 우리나라가 독재의 나라로 되는 것을 원치 않는다. 나는 우리나라가 세계에서 가장 아름다운 나라가 되기를 원한다. 가장 부강한 나라가 되기를 원치도 않는다." 그가 이런 신념을 가졌다는 사실을 알 만한 사람은 다 안다. 그러나 이승만 정권은 김구마저도 공산주의자로 낙인찍었다. 정적을 제거하는 데는 아마 그보다 좋은 핑계가 없었을 것이다. 신성모 장관은 암살이 성공했다는 소식에 쾌재를 불렀다. 최대교의 회고담을 계속 들어보자.

신성모 장관은 유쾌한 표정을 지으며 옷을 갈아입고 나섰다. 부리나케 경무대(대통령 관저)로 달려갔다. 대기실에 들어서니 김효석 내무부 장관이 와 있었다. 밝은 빛깔의 중절모자를 쓰고 무척 반가워했다. 김구 선생 사건을 대통령에게 보고하기 위해 왔다고 말했다. 당시 분위기로 미루어 볼 때 서울시경의 간부들은 사건을 미리 짐작하고 있었을 것이다. 그날이 일요일인데도 아침 9시에 간부들은 비상소집 중이었다. 뒷날 밝혀진 대로 암살사건의 행동대원 김지웅은 서울시 경찰국 간부와 자주 만난 사실이 있었다. 또한 홍종만의 진술에 따르면, 경찰이 암살을 주도한 행동대 주위에 맴돌았다. 그들의 상관인 내무부장관은 이 사건을 알고 있었을 텐데도 마치 전혀 몰랐다는 듯 돌발사건으로 취급했다.

다들 이승만 대통령을 기다렸지만 그 역시 부재중이었다. 아침 일찍 낚시하러 나갔다고 했다. '우연의 일치'치고는 너무도 이상했다. 국무총리는 때 아닌 초여름의 '수렵'이었고 국방장관은 병중이었다. 그들은 자신들이 암살사건과 전혀 무관한 한가로운 사람인 것처럼 가장하면서 외부로부터 의심을 받지 않으려고 꾸며 댄 것은 아니었을까.

암살범 안두희 소위를 시켜 김구 선생의 암살사건을 진두지휘한 이는 포병사령관 장은산 중령이었다. 그 역시 사건발생 하루 전에 서울대학병원에 입원했다. 암살에 관한 모든 행동을 군대가 맡았고, 이 사건에 관한 수사까지도 일체를 헌병대가 주관했다는 점은 무엇을 말하는가.

김구 선생 암살사건이 일어난 지 1주일가량이 지나갔다. 당시 서울지방법원장이었던 한격만 씨로부터 나는 어처구니없는 이야기를 들었다. 1949년 7월 초순쯤의 일이었다. 서울지방검찰청 검사장 관사인 내 집과 서울지방법원장 관사인 그의 집은 중구 서소문동에 있었다. 판자로 된 담을 사이로 서로 이웃해 있었다. 마침 그 판자 담장이 바람으로 쓰러져 버린 지가 며칠 전의 일이었다. 그날 이른 아침부터 한격만 법원장이 울타리 손질을 하고 있었다. 나는 그 일을 거들었다.

"원 이런 일도 다 있소?" "무슨 일인데요?" 나는 무슨 일인가 싶어 다시 물었다. "한독당(한국독립당의 약칭, 김구 선생이 그 위원장이었다) 간부들에 대한 구속영장을 날더러 직접 떼라고 합디다. 그래서 영장을 떼기는 했지만 다시는 그런 짓 안 하렵니다." 나는 깜짝 놀랐다. 검사장인 나도 모르는 영장, 그것도 사건에 관련된 민간인 7명(한독당 간부)에 대한 구속영장이 청구되었던 것이다. 나는 그 사실에 깜짝 놀랐다. 영장발부는 그 당의 조직부장 김학규金學奎 외 6명이 간부들이 비밀당원인 안두희를 시켜 당위원장 김구를 암살했다는 식으로 사건을 꾸미기 위한 것이었다. 당의 내분을 가장하여 암살사건에 공범자를 생산하기 위한 구속영장이었다.

너무도 충격적인 일이었다. 누가 영장을 청구했는지를 나는 다급하게 물었다. 검찰총장 김익진이 직접 청구했다고 했다. 처음에는 검사장인 나의 현장접근을 저지하더니, 나중에는 민간인 피의자에 대한 영장청구조차 나를 따돌리고 검찰총장을 거쳐 법원에 직접 청구했다는 것이다. 법원에서도 판사들을 제쳐 놓고 법원장이 손수 영장을 발부했다! 과연 이런 일이 동서고금 어디에 있을 수 있는 일인가. 명령계통을 완전히 무시한 처사에 대해 나는 분격하지 않을 수 없었다.

한격만 법원장으로부터 무리한 영장발부 사실을 전해들은 나는 김익진 검찰총장을 찾아가서 따졌다. 김 총장은 난처한 표정을 지으며 경무대를 핑계 삼았다. "저 영감이(이승만) 노망이 들었는지. 최 검사장에게는 일체 비밀로 하라고 해서 그렇게 된 게요. 양해하시오." 실로 어이없는 일이었다. "저를 그렇게 못 믿으시면 물러가겠습니다." 이렇게 말하고 나서 나는 총장실을 나왔다. 그 길로 나는 "형편에 의해 사임합니다"라는 짤막한 사직서를 사무국장을 통해 총장에게 제출했다. 결과를 기다릴 필요도 없이 나는 고향(전북 익산)으로 내려갔다. 그곳에서 1주일가량 머물렀다. 울적한 심정도 어느 정도 정리되었기 때문에 나는 다시 서울로 올라왔다.

나의 상경소식을 들은 권승렬 법무부장관은 직접 집으로 찾아왔다. 그는 사직서를 돌려주고 갔다. 그때 나는 마침 집에 없었다. 그간 수사가 어떻게 진행되었는지는 전혀 듣지 못했다.

김구 선생의 암살에 관련된 민간인 7명의 수사만큼은 적어도 검찰이 담당해야 할 일이었다. 그러나 상부에서는 "최대교가 있는 서울지방검찰청에 사건을 맡기지 말라"고 하면서 헌병대에 수사를 배당했다. 재판도 군법으로 진행하였다. 그들은 물론 무죄처분을 받았다.

검사장인 나는 이 사건이 돌아가는 사정을 신문을 통해서 겨우 짐작할 수 있었다. 당시 군수사 당국은 김구 선생의 암살책임을 정당 내부의 문제로 굳히기 위해 김학규 등 7명의 간부를 구속할 요량이었다. 다만 그들이 민간인 신분이었기 때문에 법원의 영장청구가 필요했다. 그들은 나를 피하기 위해 검찰총장을 통해 법원장에게 직접 구속영장을 청구하는 무리를 저질렀다.

계통을 무시한 수사, 계통을 무시한 영장발부. 1949년 대한민국은 사법질서가 문란하였다. 수사과정에서 불법고문이 자행되는 일도 부지기수였다. 민간인을 상대로 한 헌병의 무리한 수사는 인권보호에 또 다른 사각지대를 만들었다. 수사권이 일원화되어야 한다는 의견이 전문가들 사이에서는 물론, 국회와 신문 등 여론매체를 통해서도 여러 차례 제기되었다. 국회프락치 사건도 그러했지만, '김구 선생 암살사건' 역시 예외가 아니었다. 아직은 대한민국이라는 신생국가의 기본틀이 제대로 형성되지 않은 상태였다.

그때 최대교 검사장은 헌병 또는 경찰의 독단적인 수사권 행사를 저지하려고 많은 노력을 기울였다. 그는 민간인이 관련된 사건에 대해서 검찰이 지휘책임을 져야 옳다고 확신하였다. 그러나 뜻대로 되지 않았다. 집권세력은 검찰의 정치중립과 엄정한 수사지휘를 원치 않았다. 저들의 정치력 압력이 워낙 강했던 데 비해 입법부와 사법부의 목소리는 작은 데다, 그나마도 분열되어 있었다. 상황이 그랬기 때문에 검사장 최대교를 우회하여 법원에서 곧바로 구속영장이 발부되는 촌극이 벌어졌다. 그것도 이승만 대통령의 명령에 따른 것이라고 하였다. 대통령은 행여 최대교가 '김구 선생 암살사건'의 진상을 파헤칠까 봐 전전긍긍하였던 모양이다. 이런 판국이었으니, 최대교 검사장은 과연 얼마나 오랫동안 그 자리에 앉아서 버틸 수 있었을까.

(4) 김익진 검찰총장

'김구 선생 암살사건' 당시 이 대통령의 명령에 따라 무리하게 영장청구 소동을 벌인 이는 검찰총장 김익진이었다. 그는 1949년 6월부터 1년간 검찰총장으로 재임하였다. 1952년 6월 서울고검장에서 면직될 때까지 3년가량 검사로 재직하였다. 그 역시 호락호락한 검사가 아니었다. 1950년 '대한정치공작대사건'이 일어났을 때 보인 김익진의 남다른 행적이 세상의 이목을 집중시켰다.

1950년 4월, 경무대와 밀접한 관련이 있었던 정치브로커 김태수와 김낙영 등은 이승만 대통령을 현혹하였다. 공산 게릴라가 봉기해 장차 경무대를 습격하고 정부요인을 암살하려고 한다는 허위정보를 그들은 대통령에게 보고하였다. 그러자 이 대통령은 그들이 사설 수사기관을 창설하도록 허락하였다. 실로 무소불위의 독재권력이 저지른 위험한 실수요 범죄행위였다. 김태수 등은 무고한 사람을 고문하여 공산당으로 둔갑시켰다. 이것이 '대한정치공작대 사건'이었다.

사건을 축소할 의도에서 이승만은 김익진 검찰총장에게 특명을 내려 "검찰은 이 사건에 일체 관여하지 말라"고 지시하였다. 하지만 검찰은 그런 명령에 불복하여 서울지검 소속의 검사를 투입해 정치공작대원 108명을 검거하였다. 죄가 무거운 정치공작대장 김기수 등 11명을 기소하였다. 이승만은 그로부터 2달 뒤 김익진 검찰총장을 서울고등검찰청 검사장으로 좌천시켰다. 보복조치였다. 그럼에도 불구하고 김익진은 마지막까지 검사직을 지키는 것이 전체 검찰을 위하는 길이라는 신념으로 그 수모를 감내하였다. 그는 무언으로 정권에 항의를 표시함으로써 후배 검사들에게 정치중립의 뚜렷한 메시지를 전하였다.

김익진 검사는 1960년 이승만 정권이 붕괴하고 민주당의 장면 정권이 들어서자 검찰로 돌아왔다. 그는 3·15부정선거 사범과 4·19혁명 당시 발포 책임자들을 기소할 때 정치권의 회유와 압력이 있었지만 굴복하지 않았다. 김익진은 최대교와 더불어 건국 초기의 강직하고 공명정대한 검사임에 틀림없다.

김익진도 친일인명사전편찬위원회에서 선정한 친일파 명단에 포함되어 있다. 일제강점기의 판사 경력 때문이다. 그런데 그는 판사 재직 7년 만에 더 이상 일제의 판사노릇을 할 수 없다는 심정에서 사표를 던졌다고 한다. 이후 평양지역에서 민족운동과 청년운동을 지원하였고 황민화 정책에 대하여도 반대하는 태도를 견지하였다고 알려져 있다.

(5) 법조프락치 사건

반공의 파도는 국회만 겨냥한 것이 아니었다. 사법부도 무풍지대가 아니었다. 법원과 검찰에서도 남로당의 프락치를 색출하여 제거하자는 바람이 일었다. 아직 최대교가 서울지검장으로 재임하던 1949년 7월 23일, 서울지검의 차장검사 김영재金寧在가 남로당의 프락치라는 혐의로 서울시 경찰국에 의해 체포되었다. 서울지검은 이 기회에 법조계로부터 좌익세력을 완전히 추방하겠다며 수사의지를 불태웠다. 그 정점에 반공주의자 최대교가 있었다. 담당검사는 오제도 검사, 선우종원鮮宇宗源 검사, 정희택鄭喜澤 검사 등이었다.

그 수사에는 오랜 시일이 필요하지도 않았다. 이미 그해 7월 중에 여러 명의 변호사가 체포되었다. 그동안 좌익사건의 변호에서 이름을 떨친 조평재趙平載, 백석황白錫晃, 오규석吳圭錫, 김승필金承弼, 이경용李璟鏞, 윤학기尹學起, 강중인姜仲仁 변호사 등이 체포되었다. 이를 '제1차 법조프락치 사건'이라 부른다(「동아일보」, 1950. 3. 15.).

검거행렬은 계속 이어졌다. 그해 7월 말에는 서울지법판사 김진홍金振弘, 김두식金斗植, 강일구姜日求가 붙들렸다. 서울지검의 검사 이사묵李仕默과 이정남李正男 역시 검거되었다. 부산지법판사 김영하金永夏도 예외가 아니었다. 그 밖에 백상덕白相德도 같은 죄로 검거되었다. 이것이 '제2차 법조프락치 사건'이다.

1949년 8월 31일, 서울지검은 '제1차 법조프락치 사건'의 피의자들을 기소하였다. '제2차 법조프락치 사건'의 관련자들은 그 이듬해인 1950년 1월 16일에 기소되었다. 피고인들은 모두 남로당 또는 법학자동맹 등에 가입했던 사실을 인정하였다. 하지만 그것은 국가보안법이 시행되기 전의 일이고, 그 법률이 시행되자 문제의 단체에서 탈퇴했다고 변명하였다.

제1차 법조프락치 사건의 선고공판은 1950년 3월 25일에 열렸다. 피고인 김영재(전 검사) 등 11명 가운데 4명은 실형을 받았고, 7명은 무죄 또는 집행유예를 판결하였다. 그 내역은 아래와 같다.

▶ 백석황 징역 3년(구형 12년), 윤학기 징역 2년(구형 8년), 강중인 징역 3년(구형 8년)

▶ 김영재 징역 2년 집행유예 3년(구형 3년), 이경용 징역 2년 집행유예 4년(구형 8 년), 오규석 징역 2년 집행유예 4년(구형 8년), 김승필 징역 2년 집행유예 3년(구형 3년), 조노현 징역 2년 집행유예 3년(구형 3년), 장진호

징역 2년 집행유예 3년(구형 5년), 강혁선 무죄(구형 4년)

제2차 법조프락치 사건은 그보다 나흘 앞선 1950년 3월 21일 선고공판이 있었다. 본건에서는 김진홍(전 판사)과 백상덕은 유죄, 그 밖의 5명에게는 무죄가 선고되었다.

▶ 김진홍 징역 5년(구형 8년), 백상덕 징역 2년(구형 3년)
▶ 이정남 무죄(구형 5년), 김두식 무죄(구형 3년), 이사묵 무죄(징역 3년), 김영하 무죄(징역 2년), 강일구 무죄(구형 3년)

검찰은 법조계의 좌익인사들에게 중형을 구형하였으나 법원의 판결은 그보다 가벼웠다. 하지만 그러한 결과에 관계없이 좌익에 대한 탄압은 이미 한국사회에서 당연한 것으로 자리 잡았다. 미국과 소련이 주도한 '냉전Cold war'에 남북한은 자동 편입되었고, 좌익은 곧 '공공의 적'이었다. 일제강점기부터 법률에 따라 저들과 이념적 대결을 당연시해 온 최대교로서는 말없이 수긍하고 찬동할 뿐 하등의 이의를 제기한 흔적이 발견되지 않는다.

반공주의자 최대교는 도도한 한국현대사의 흐름을 과연 어떠하다고 여겼을까. 만일 그가 크리츨리Critchely의 다음과 같은 문장을 읽었더라면 무릎을 쳤을 것이다. 최대교로서는 아래 글귀 가운데서 '극좌파의 능동적 니힐리즘'만 '공산주의자'로 고쳐서 읽는 것으로 충분하였을 것이다.

물론 역사는 언제나 총과 몽둥이를 가진 사람들에 의해 쓰여 왔고, 우리는 그런 그들을 풍자와 깃털 총채로 쳐부수기를 기대할 수 없다. 하지만 극좌파의 능동적 니힐리즘의 역사는 총과 몽둥이를 집어 든 자는 바로 그 순간 궤멸한다는 것을 감동적으로 보여 준다(슬라보예 지젝, 2010: 519에서 재인용).

(6) 임영신 상공부장관 독직사건

1949년 5월, 검사 최대교의 이름을 세상에 널리 알린 사건이 일어났다. 이승만 대통령의 총애가 두터웠던 초대 상공부장관 임영신의 독직瀆職사건이었다. 임 장관은 결국 그 일로 말미암아 사직하였다. 당시 법무부장관 이인도 자리에서 물러났다. 정치적 파장이 대단하였다. 최초에 임 장관의 독직문제를 제기한 것은 위당爲堂 정인보鄭寅普(1893~1950, 당시 감찰위원장)이었다. 그 역시 최대교 검사장 및 권승렬 검찰총장과 마찬가지로 결국 사퇴하였다.

이 사건은 대한민국에서 사법부가 과연 얼마나 독립적인지를 시험하는 하나의 시금석의 구실을 하였다. 최대교는 그때의 역할 때문에 후배 검사들에게 '강직한 검사'의 사표로 기억된다. 임영신의 독직사건은 검찰 후배들이 선정한 이른바 역대 '20대 사건'에 포함되기도 하였다. 훗날 최대교는 이 사건의 시말을 간추려 「초대 상공장관 독직사건」(최대교, 1984a: 71~75)이란 글을 남겼다.

최대교의 회고문은 해당 사건의 의미와 진상을 파악하는 데 필수적이다. 그는 이 사건을 선두에서 지휘한 서울지검 검사장으로서 자신의 입장만 일방적으로 주장하였다고 볼 수 없다. 그는 사건의 본질을 이해하는 데 필수적인 주변자료들도 빠짐없이 인용하며 회고문을 작성하였다. 아래에서 나는 최대교의 글을 씨줄로 삼고 기타 관련문건 및 최근의 연구결과를 날줄로 삼아 신생 대한민국의 고뇌를 엿볼 작정이다. 이 사건에 관해 국회에서 작성한 「임영신 상공장관사건 조사보고서」(1949년 6월 3일 제3회 국회 11차 국회본회의 제출)도 남아 있고, 그 밖에 판결문 원본도 모두 전하고 있다. 사건의 또 다른 핵심 관련자인 법무부장관 이인의 증언도 있다. 최대교와 이인은 임영신의 독직사건을 바라보는 관점이 서로 상반되었다는 점에서 더욱 흥미롭다.

사건의 발단

이제 사건 속으로 들어가 보자. 그 출발점에는 감찰위원회가 검찰에 제출한 한 통의 고발장이 있었다. 최대교는 그때의 일을 다음과 같이 담담하게 기술하였다.

> 백범 김구 선생 암살사건(1949. 6. 26.)이 일어나기 전인 1949년 4월 초, 감찰위원회는 당시 상공장관 임영신 씨에 대해 직무상 횡령, 사기, 수뢰 등의 혐의점을 확인하고 파면결의를 내리는 동시에 검찰에 고발해 왔다. 그때 감찰위원장은 대쪽처럼 곧고 깐깐하기로 이름난 정인보 선생이었다. 감찰위원회는 공무원의 부정사실이 드러나면 징계나 감봉은 물론 해당 공무원의 파면결의까지 할 수 있는 강력한 공무원 감사기능을 갖추고 있었다(독자의 이해를 돕기 위해 '최대교 1984'를 다소 윤문하였다—필자).

정확히 말해, 1949년 3월 31일 감찰위원회(위원장 정인보)는 임영신 상공부장관의 비위사실을 확인하고 파면결정을 내렸다. 동 위원회는 이 사실을 국회의장 신익희에게 서면으로 보고하였다. 그 비위사실이란, ① 임영신이 보궐선거에 필요한 선거비용에 충당하기 위해 상공부 감독하의 귀속재산歸屬財産 및 사업체의 공금을 유용했고, ② 뇌물을 받았으며, ③ 민간 기업체에서 모금한 돈을 선거자금으로 유용하였다. 또한 ④ 민간 사업체의 자동차와 직원을 선거운동에 동원했고, ⑤ 입후보 전에는 공무원으로서 사전 선거운동을 금지하는 규정이 있음에도 이를 무시하고 향응을 제공하고 불법 기부행위를 하였다. ⑥ 생필품을 특혜로 부정하게 배정했고, ⑦ 이승만 대통령의 탄신을 기념하기 위해 예물 명목으로 산하기관과 기업으로부터 거액의 돈을 모금하였다. ⑧ 게다가 상공부산하에 있는 광산의 정실인사情實人事에도 개입하였다는 것이었다.

임영신 장관은 격렬하게 저항하였다. 1949년 4월 5일, 그는 '석명서釋明書'를 발표하였다. 자신은 법을 위반한 사실이 전혀 없고, 따라서 감찰위원회의 파면결의에 대항하여 고등법원에 행정소송을 제기한다고 말하였다. 현재 '국가기록원'에는 임영신 장관의 석명서가 보존되어 있다 (임영신, 1949).

이틀 지난 1949년 4월 7일, 이승만 대통령은 담화를 발표해 자신의 입장을 표명하였다. 본건의 사실 여부가 아직 확인되기 전이라며, 대통령 자신은 감찰위원회가 임 장관의 파면결의를 한 것은 월권으로 간주하므로, 판결이 내리기 전까지는 파면을 보류할 방침이라는 것이었다. 이 대통령은 각료인 임 장관을 적극 감싸고 두둔하는 인상을 주었다. 이승만의 의사가 이처럼 명확히 표현되었음에도 불구하고 최대교 검사장은 사건의 수사를 지시하였다.

> 나는 고발장을 수령한 즉시 강석복姜錫福 검사를 이 사건의 담당으로 정하고, 수사에 착수하도록 지시했다. 첫 수사에서 상공부장관이 1948년 12월 경북 안동시에서 국회의원에 출마했을 때 대구 모 메리야스 공장 관리인 이 모 씨로부터 270만 원의 뇌물을 받았다는 혐의사실을 밝혀냈다. 그러나 당사자는 자기가 모르는 사이에 선거사무장이었던 여동생 임영선 씨가 이 돈을 받아 선거비용에 쓴 것이라면서 자신은 관련이 없다고 했다. 임영선 씨도 이와 비슷한 진술을 했다. 나는 증거인멸의 우려가 있으므로 4월 4일 임영선 씨를 구속했다(최대교, 1984a).

임영신 장관과 이승만 대통령

임영신任永信(1899~1977)은 누구인가? 당대의 거물정치가였다. 그는 1945년 8월 17일, 민주국가 건설과 여권신장확립을 목표로 내걸고 '조선여자국민당'을 창당하여 당수로 취임하였다. 1946년 2월, 임영신은 이승만을 의장, 김구와 김규식을 부의장으로 하는 '남조선대한국민대표민주의원南朝鮮大韓國民代表民主議院'의 대표로서 미국으로 건너갔다. 그는 한국문제를 국제연합에 회부하여, 미소 양군의 철수와 한국의 즉각 독립을 요구하는 등 활발한 외교활동을 전개하였다. 1947년에는 한국문제의 해결방안으로, 남한만의 총선실시와 남한 단독정부 수립을 제안하였다. 이승만의 정치노선에 충실한 외교활동이었다.

그 공로를 인정받아 1948년 여름 임영신은 대한민국의 초대 상공부장관으로 취임하였다. 이승만의 비서출신으로 내무부장관까지 발탁되었던 윤치영尹致永의 회고에 따르면, 이승만은 "임영신이 미국에서 외교활동을 잘했다며 그 공로에 대한 보답으로 장관직을 주었다"고 한다. 그런데 상공부장관직은 그저 하나의 각료직에 그치는 것이 아니었다. 그 당시 국가의 운영은 미국의 원조에 달려 있었는데, 상공부는 원조물자와 자금이 들어오는 창구였다. 상공부장관의 직위는 국무위원들 가운데서도 가장 비중 있는 자리였다.

임영신은 이미 일제강점기부터 교육운동과 여성운동을 벌인 것으로 알려져 있다. 일찍이 전주기전여고 재학시절이던 1919년 3월에는 '3·1 운동'에 주도적으로 참가하여 징역 6개월에 집행유예 3년을 선고받았다. 1921년에는 일본의 히로시마고등여학교를 졸업하고 충남 공주의 영명학교 교사로 부임하였다. 1923년에는 미국으로 유학을 떠나, 1930년에는 미국 남가주대학교를 졸업(문학사)했고, 그 이듬해에는 같은 대학에서 신학 석사학위를 취득하였다. 1933년 1월 귀국하여 중앙보육학교를 인수한 다음 교장이 되었다. 이후 YMCA와 교육 사업에 종사하였다. 1945년 10월에는 중앙여자전문학교를 설립하여 교장에 취임하고,

1946년 9월 중앙여자대학교를 설립하여 학장이 되었다.

해방 직후 김구 진영에서는 임영신을 친일파로 규정하고 숙청대상에 포함시켰다. 일제강점기 말기에 저들을 위한 대중연설에 그가 응하였기 때문이다. 참고로 김구 측에서는 최대교와 김익진 등 일제 때 법원에서 근무한 일반 판사와 검사들에 대해서는 경력을 문제 삼지 않았다.

친일문제는 어떻든 간에 임영신은 이승만과 미국 체류 당시부터 관계가 돈독하였다. 유학시절 임영신은 이승만에게 국내 독립단체에서 보내는 서한을 전달하였다. 관동대지진(1923년) 당시에는 조선인학살에 관한 자료도 전해 주었다. 석사학위를 취득한 후에는 이승만에게서 청혼을 받을 정도로 가까웠다. 임영신은 그의 청혼은 거절했으나 그의 인격을 매우 존경하였기 때문에, 이승만의 이름에서 '승承' 자를 따서 자신의 호를 '승당承堂'이라 하였다. 그 뒤로도 임영신은 이승만의 미국 내 활동을 돕기 위해 많은 물적 지원을 하였다(이현희, 1994).

해방 직후 이승만이 귀국하자, 임영신은 가장 적극적인 지지자로 자처하며 그의 정치적 성공을 돕기 위해 발 벗고 나섰다. 이승만은 그 점을 누구보다 잘 알고 있었다. 그는 임영신을 초대 내각의 장관으로 임명하였고, 자신을 적극 지지하는 다수의 추종자들을 모두 장관으로 삼았다(김수자, 2005: 195~196).

정치적 야심이 컸던 임영신은 장관직으로 만족하지 못하였다. 그는 1949년 1월 13일, 경상북도 안동 을구의 국회의원 보궐선거에 출마하였다. 거기서 그는 전 외무장관 장택상과 안동지역 인사인 권중순을 누르고 국회에 입성하였다. 이 과정에서 독직사건이 불거졌다.

나중에 상공부장관을 그만둔 뒤에도 그는 국회에서 야당인 '한국민주당'(민주국민당의 전신)과 대립하여, '일민구락부一民俱樂部' 또는 '국민당'

소속의원으로서 야당의 내각제 개헌안을 저지하는 데 앞장섰다. 그는 늘 이승만 대통령을 지지하는 활동의 최전선에 있었다. 한마디로, 임영신은 이승만의 정치적 추종세력을 대표하는 거물급 여류인사였다.

이승만과 임영신은 내연관계라는 소문도 있었다(『주부생활』 1983년 12월호에 실린 「이승만의 삼각관계」). 이승만은 대통령 재임 중에 프란체스카 여사와 임영신 여사와 삼각관계였다는 것이다. 그것이 사실인지는 확인할 수 없으나, 임영신 장관이 이 대통령으로부터 가장 신뢰받는 각료였다는 점은 명백한 사실이다.

최대교는 당시의 그러한 정치적 역학관계에 아랑곳하지 않았다. 그는 1949년 4월 4일 임영신 장관의 여동생이자 선거사무장이었던 임영선任永善을 구속하였다. 같은 해 4월 25일부터는 관련자들이 줄줄이 구속되었다. 임 장관에게 뇌물을 제공했거나 업무상 횡령, 배임죄를 범하였다는 혐의로 상공부장관의 비서실장도 구속되었고, 상공부를 비롯해 경상북도청과 관련 사업체의 임직원이 모두 체포되었다. 최대교의 회고문은 다음과 같이 계속된다.

> 상공부장관은 임영선 씨의 3세 된 어린애를 안고 경무대(대통령 관저)로 찾아갔다. 그는 우는 어린애를 달래며 "어린애가 다 죽게 됐습니다. 아이 엄마를 구속하는 것은 인도에 벗어난 일입니다"라면서 동생의 석방을 하소연했다고 한다.
>
> 그러자 이승만 대통령은 법무부장관 이인 씨를 불러 석방하도록 지시했고, 이인 씨는 검찰총장 권승렬 씨(동년 6월에 법무부장관이 됨)에게 석방을 명령했다. 권 총장은 난처한 표정이 되어 나를 불렀다. 그러나 석방하라는 말은 하지 못하고 나의 눈치만 살피고 있었다. 명령이나 지시라기보다는 석방하는 것이 어떻겠느냐는 일종의 '의사타진'을 해왔던 것이다(최대교, 1984a).

자신의 동생인 임영선이 구속되자 임 장관은 중대한 도전으로 간주하였다는 설명이다. 그는 어린아이까지 데리고 대통령을 직접 찾아가서 수사중단을 요구할 정도였다. 그러나 최대교는 움직이지 않았다. 도리어 임영선을 불러 다음과 같이 구속의 정당성을 재차 확인하였다.

> 나는 임영선 씨를 불러 물어보았다. "선거 때 안동에 얼마 동안 가 있었소?" "20일 동안 가 있었습니다." "그동안 집에는 몇 번 다녀갔습니까?" "한 번 정도입니다." "애를 안동에서 데리고 있었습니까?" "아닙니다. 집에 두고 다녔습니다." "그러면 감옥살이 하는데도 별 지장이 없겠군요."(최대교, 1984a)

최대교는 기지를 발휘하여 자신의 구속조치를 이렇게 합리화하였다. 그러고는 검찰총장의 석방 압력에 항거하였다. 그는 검찰총장 권승렬이 검사로서 믿을 만한 인물이라 신뢰하였기 때문일 것이다.

> 나는 권 총장에게 갔다. 선거사무로 20일간 안동에 가 있을 때에도 애를 데리고 다니지 않았다는 점과 사건의 중요성으로 보아 증거 수집을 위해 구속이 필요하다고 강조했다. 또 어제 구속해 놓고 오늘 석방한다면 검찰이 자신의 불법을 자인하는 것이 되니 석방 명령을 재고하도록 경무대에 건의해 달라고 말했다. 중간에서 입장이 난처해진 권 총장은 그다음 날부터 아프다는 핑계로 출근을 안 했다. 그때는 아무리 총장이라 해도 사건수사에 관해서 검사장에게 '이래라 저래라' 함부로 지시하지 못했다(최대교, 1984a).

그러나 상관인 권승렬 총장의 난처한 입장을 그 역시 완전히 무시할 수는 없었다. 최대교는 당당검사 강석복과 그 일을 상의하였다. 그들은 임영선의 구속기간을 최대한 줄이기로 합의하였다.

그러나 나로서도 걱정이 없을 수 없었다. "총장이 저렇게 누워 계시니……." 나는 강 검사와 의논했다. "이것은 위에서 압력을 받아서 그렇다기보다도 총장의 입장을 생각해서요. 석방할 수밖에 없지 않겠소? 그러니 증거수집을 부지런히 해서 풀어줍시다." 강 검사도 찬동했다. 구속한 지 9일째가 되던 1949년 4월 12일 증거수집이 끝났다는 보고를 받았다(최대교, 1984a).

이 대통령까지 문제 삼은 임영선의 구속 건은 9일 만에 끝났다. 상공부장관 임영신 측에서는 이것으로 사태가 진정되는 것이 아닐까 전망하였을는지도 모르겠다. 임영선의 석방은 일사천리로 진행되었다.

권 총장 집에 갔다. "석방하겠습니다." 누워 있던 총장은 벌떡 일어나며, "고맙소. 장관에게 말씀드려야겠소"라 하고, 기뻐하며 옷을 갈아입고 이인 법무부장관에게 달려갔다. 총장으로부터 보고를 받은 이 장관은 백한성 차관을 서울교도소로 보냈다(최대교, 1984a).

그래도 좀 너무했다. 아무리 임영신 상공부장관이 실세 중의 실세였다 하더라도, 법무부차관을 교도소까지 보내다니 지나쳤다. 석방소식을 차관이 당사자에게 알리는 것은 아부로 여겨질 가능성이 농후했다. 백 차관은 교도소장실로 임영선 씨를 모셔오도록 했다. 백 차관은 "나가시게 됐습니다"며 출소 축하의 인사를 임 씨에게 전했다. 그러나 임 씨는 "그래. 잘됐군……"이라며 반말로 가볍게 받아넘겼다고 한다. 아마 백 씨가 법무차관인줄 모르고 함부로 한 대꾸였으리라. 그런데도 백 씨는 한마디도 못했다는 후문이다(최대교, 1984a).

실세 장관의 동생의 태도가 여간 오만불손하지 않았다. 그런데도 고분고분한 차관은 어떤 사람인가. 요즘 세상에도 이런 비루한 사람이 없다고 단정하기는 어려울 것이다. 관료사회의 분위기는 항상 그런 것일까? 당사자인 상공부장관은 근신하기는커녕 도리어 큰소리를 쳤다. 노련한 정치가답게 그는 입체적인 생존전략을 구사하였다. 그 점을 최대교는 다음과 같이 요령 있게 기술하였다.

> 감찰위원회에서 상공장관에 대한 파면을 결의하자, 상공부장관은 1949년 4월 8일 그에 불복하여 행정소송을 제기하였다. 같은 날짜로 대통령은 "판결 전에는 파면을 보류하겠다"는 내용의 담화문까지 발표했다. 또 같은 해 4월 10일에는 상공부장관이 중앙방송국에 출연해, 자신의 독직사건이 부당하다며 입장을 해명하는 방송까지 했다. 같은 날 「동아일보」 2면 광고란에는 '여성단체총연맹'의 이름으로 이 사건에 관한 성명서까지 발표되었다. "우리나라 여성계를 살펴볼 때 인물이 귀한 정도가 아니라 전혀 없었다고 단정하여도 가할 것이다. 정부의 중요인물이요 여성의 대표적 존재의 희생은 국내적으로 또는 국제적으로 미치는 영향이 크다고 아니할 수 없다. 법은 인간이 만든 것이니 법을 세우기 위해 보다 더 큰 희생을 내어서는 아니 되겠다는 것을 재삼 말해 두는 바이요." 전국여성단체총연맹이 상공부장관을 엄호하기 위해 「동아일보」에 낸 광고성명의 내용이 그러하였다(최대교, 1984a).

당사자인 상공부장관이 스스로 나서 북을 치자 대통령이 나팔을 분 격이었다. 정체도 불분명한 '여성단체총연맹'까지 끼어들었다. 이 단체는 상당한 광고자금을 부담해 가며 장관 구명운동에 앞장섰다. 이쯤 되면 정권 차원에서 상공부장관을 비호하겠다는 의지가 한국사회 전반에 알려졌을 것이다.

> 1949년 4월 18일 오전에는 법무부장관 이인 씨가 권승렬 검찰총장을 대동하여 김병로 대법원장을 방문하고 독직사건의 경위를 설명하는 동시에 차후 대책을 논의하였다(최대교, 1984a).

이인 법무부장관은 행정부를 대표하여 대법원장에게 만일의 경우를 부탁한 것으로 보인다. 이 장관은 일개 최대교 검사장을 상대로 기소중지를 강요하기가 부담스러웠던 모양이다. 그래서 사법부의 수장인 김병로의 도움을 요청한 것 같다. 하지만 그 결과는 긍정적이지 않았을 것이다. 김병로는 누구보다도 사법부의 정치적 중립과 독립을 중시하는 인물이었다.

이인 장관과 최대교 검사장의 한판 승부

> 나는 이런 소용돌이 속에서도 상공부장관에 대한 수사를 계속했다. 4월 26일 오전 9시 문제의 장관을 서울지검에 출석시켜 10시간 정도 신문을 했다. 장관은 혐의내용을 완강히 부인했다. 국회의원인 관계로 국회에 상공부장관의 구속동의를 요청했으나 부결되었다. 그래도 수사는 대강 마무리됐다. 나는 피의자들의 진술과 수집된 여러 가지 증거를 바탕으로 기소준비를 했다(최대교, 1984a).

주변 상황이 어떻게 돌아가든 최대교는 수사를 포기할 뜻이 없었다. 그에게는 법의 준수야말로 하늘의 지상명령이었다. 그것이 검찰의 양심이기도 하였다. 1949년 4월 26일, 최대교 검사장은 임영신 상공부장관을 소환해 10시간의 강도 높은 신문을 강행하였다. 이로써 기소준비가 대강 마무리되었다. 이인 법무부장관의 인내심은 거의 바닥이 났다. 그럼에도 불구하고, 이후 약 1달 동안 법무부장관과 최대교의 지루한 줄다리기가 계속되었다. 그 점을 최대교는 이렇게 요약하였다.

> 기소할 기미가 보이자 이인 법무부장관은 기소를 하지 말라고 종용했다. 표면상의 이유는 "미국의 원조를 받고 있는 우리나라에서 장관이 부정을 했다고 기소를 하게 되면 우리 정부를 불신하여 원조를 끊을 우려가 있다"는 것이었다. 그러나 나는 반론을 폈다. "그의 독직사건은 이미 세상에 널리 알려진 사실이다. 범법한 장관을 처벌하지 않으면 오히려 미국에서는 '장관이 부정을 했는데도 장관이라는 이유 때문에 처벌하지 않는 나라'라는 이유로

우리 정부를 불신하게 될 것이다." 두 사람이 설전을 편 그날은 1949년 5월 23일이었다(최대교, 1984a).

대통령의 의지를 확인한 법무부장관은 최대교에게 불기소를 지시하였다. 압력은 계속되었다. 그러나 강직한 최대교는 휘하 검사에게 관련자들을 전원 기소하라고 명령하였다. 최대교 검사장의 이와 같이 결연한 의지는 부패한 고위 공직자들을 벌벌 떨게 하였다. 그들도 이제 까딱하면 형사법정에 서야 될 판이었다.

최대교라고 해서 출세의 욕망이 왜 없었겠는가? 임 장관 사건의 기소중지는 하나의 달콤한 유혹이었을 것이다. 윗사람들의 뜻을 존중하여 적당한 선에서 면죄부를 준다면 자신의 명예도 높이고 장래의 출세도 보장받을 수 있었다. 세상에 그 정도 계산도 할 줄 모르는 바보가 어디 있을까마는 최대교는 좀체 유혹에 넘어가지 않았다. 엄정한 검찰권과 사법정의를 세우는 것이 '대의大義'였다.

그는 어려서부터 배운 성리학적 도덕을 외면할 수 없었다. 비록 남의 나라 법정에서 보낸 세월이었지만 일제강점기에 검사로서 지켜 온 양심을 저버릴 수가 없었다. 직접적으로 압력을 가해도 별 소용이 없자, 이인 장관은 비상대책을 강구하려고 잠시 휴전을 요청하였다. 이런 식이었다.

이인 장관은 "상공부장관이 사임토록 내가 건의해 볼 터이니 금요일(1949년 5월 27일)까지만 기소를 하지 말고 기다려 보시오"라고 제의했다. "그날까지 상공부장관이 사임하면 기소를 유예하겠습니다." 나는 이인 장관의 제의를 쾌히 받아들였다(최대교, 1984a).

장관의 제안은 일종의 속임수였다. 그는 최대교를 꼼짝없이 옭아맬 계책을 꾸미고 있었다. 그 조짐을 최대교는 미리 눈치챘을까?

그로부터 사흘 뒤였다. 법무부장관으로부터 갑자기 공문 한 장이 날아왔다. "장관, 도지사, 판사, 검사 등을 범죄혐의로 기소할 경우에는 법무부장관의 사전승인을 받아야 한다"는 통첩이었다. 이 통첩과 함께 "독직사건을 기소 유예하라"는 지시도 함께 내려왔다(최대교, 1984a).

이 장관은 최대교의 허를 찔렀다. 그것은 신사적인 처리방법과는 거리가 멀었다. 최대교로서도 대책이 필요하였다.

나는 어이가 없었다. 그 날짜로 나는 장관에게 회신을 했다. "기소하고 불기소하고는 검사의 전속적 권한입니다. 이는 형사소송법에 규정되어 있습니다. 현직 검사가 아닌 법무부장관이 검사가 책임을 맡은 구체적 사건에 대해 기소 또는 불기소를 말하는 것은 법의 위반으로 생각됩니다. 재고하시기 바랍니다." 나의 회신은 서울지방검찰청 검사장 명의로 발송되어 검찰총장을 경유하여 정식으로 법무부장관을 향했다(최대교, 1984a).

최대교는 검사로서 자신의 분노를 과감히 드러냈다. 이런 식으로라도 부하가 상관에게 대들 수 있었다는 것은 무엇을 의미하는가? 1949년 한국 정부 고관들의 행동에는 잘못도 있었지만, 아직은 지조 있는 선비의 결연함이 죽지 않고 살아 있었다는 뜻이다. 그들은 직권남용을 할 때가 많았다. 하지만 최소한의 양심과 염치마저 잃어버린 것은 아니었다.

이인 법무부장관과 약속한 날짜(1949년 5월 27일)가 그냥 지나갔다. 그다음 날인 5월 28일 토요일 아침 서울지검의 차장검사가 내 방에 왔다. "검사장님, 오늘이 약속한 날입니다. 어떻게 할까요?" "아직 기소는 하지 마시오. 조금 있으면 누군가가 올 거요. 그때 내가 그 사람들 앞에서 기소 여부를 물으면, 이미 기소했다고 대답하시오." 아침 9시가 조금 지나자 백한성 차관과 김갑수 법무국장이 과연 나를 찾아왔다. "어떻게 하기로 했습니까?" 그들은 불안한 눈빛으로 조심스럽게 물었다. 나는 옆에 있던 차장검사에게 미리 짜놓

> 은 각본대로 물었다. "어떻게 했소?" "약속일자가 지났기 때문에 검사장님 지시대로 기소했습니다." 두 사람은 "어이구 큰일 났군!" 하며 깜짝 놀랐다. 그들은 한동안 멍하니 서로의 얼굴만 쳐다보다가 나가 버렸다(최대교, 1984a).

위기의 순간에 최대교는 기지를 발휘하였다. 그에게는 믿을 만한 부하 검사도 있었다. 그들은 권력의 부당한 압박에 굴하지 않고 정면돌파를 결행하기로 하였다. 그들의 계획대로 기소장이 접수되려면 법원의 동의 역시 필요하였다. 최대교 등은 그런 점을 염려한 흔적이 조금도 없다. 법원에도 사법부의 독립을 위해 함께 싸울 '우군'이 있었다는 증거가 된다.

> 나는 내심 미소를 지었다. 곧바로 차장검사에게 기소를 부탁했다. 공소사실만도 10여 가지가 넘는 방대한 기소장이 제출되었다. 한편으로 흘가분했고, 다른 한편으로 착잡한 심정이었다. 양심에 비추어 나는 한 점도 부끄럼 없는 기소라서 흘가분했다. 그러나 앞으로 불어닥칠 회오리바람에 맞서야 한다는 생각 때문에 착잡했던 것이다. 그날은 마침 소년원생들의 운동회 날이었다. 나는 거기에 가서 종일 지내며 마음을 풀고 석양이 되어서야 돌아왔다(최대교, 1984a).

최대교 검사장은 철석간담의 소유자였다. 대담하고 곧은 인물이다. 그런 그로서도 소장을 제출하고 나니 마음이 편할 수만은 없었다. 누군들 무소불위無所不爲의 권력과 싸우기를 즐겨 하겠는가.

이 사건의 기소를 끝까지 반대한 이인 법무부장관은 훗날 자신의 입장을 글로 정리하였다(이인, 1974: 209~212). 이인의 회고는 최대교의 증언과 상당한 차이가 있는데, 요약하면 다음과 같다(문준영, 2006: 50~51).

1949년 4월 말 최대교 검사장이 임영신 장관을 기소하려는 단계에 이르자, 이인 장관은 수사기록을 가져오라고 하여 자신이 직접 정독하였다고 한다. 그 결과 범죄를 구성하기에는 증거가 불충분한 것으로 판단하였다. 그는 권승렬 총장에게 재수사를 지시했다고 회고하였다. 그 며칠 후 권 총장은 기소가 불가피한 시점이라고 보고하였다. 이 장관은 신중을 기하라며 끝까지 반대의사를 표하였다. 장관으로서 그는 이 사건이 국무위원 임영신에 직접 관련된 데다, 임 장관의 상공부가 미국으로부터 경제원조를 받는 우리 정부의 창구였으므로 미국과의 신용관계를 심각하게 고려해야 한다는 의견이었다. 이인은 이 사건의 정치적 해결을 바라고 있었다.

그러나 기소사태를 도저히 막을 수 없게 되자, 이인은 이승만 대통령에게 그 시말을 보고하였다. 이 대통령은 이 사건에 대한 정치적인 해결방안을 지시하였다. 그에 따라 이인은 1949년 5월 27일 임영신 장관을 만나 사퇴를 권고하였다. 하지만 임 장관은 완강히 거절하였다. 그날 오후 6시경 권 총장이 이 장관을 찾아와 곧 기소하겠다고 말하자, 이인은 대통령의 재가가 있을 때까지 기다리라고 말한 뒤 대통령을 찾아갔다.

이 대통령은 "그 사건은 내가 해결하겠으니 2, 3일간 말미를 달라"고 하였다. 이인은 법무부로 돌아가 법무차관 백한성을 통해 그다음 날 오전 중으로 대통령의 지시를 권 총장에게 전달하게 하였다. 5월 28일 오전 8시 백 차관이 권 총장을 만났다. 권 총장은 본건을 아직 기소하지 않았다고 하며, 최대교 검사장을 불러 확인하려 하였다. 최대교는 아무 말 없이 방을 나갔다가 1시간 후에 돌아왔다. 그러고는 이미 기소가 된 상태라고 대답하였다.

이인이 나중에 알아보니, 백 차관이 검찰총장실에 머무는 동안 최대교 검사장은 담당검사 강석복을 시켜 관련기록을 전혀 첨부하지 않은 채

기소장만 서울지법에 접수하였다. 그러고는 이미 기소하였다고 보고한 것이다.

실망한 이 장관이 권 총장을 불러 대통령과 장관의 지시를 어겨 검찰의 지휘계통을 문란하게 한 일을 어떻게 할 것이냐고 묻자, 권 총장은 장관이 검찰총장에게 사건지시를 할 수 있겠느냐고 반문하였다. 이에 이 장관이 검찰청법을 보여 주며 따지자 권 총장은 아무 말 없이 방을 나갔다고 한다.

최대교와 이인 두 사람의 회고를 비교해 보면, 1949년 5월 27일과 28일에 일어난 일들에 대한 진술이 서로 어긋난다. 이를 자세히 검토할 필요가 있다. 첫째, 이인은 대통령의 지시사항에 대해서 언급하고 있는데, 이것은 과연 무엇일까? 내 생각에는 5월 27일 최 검사장이 수령하였다는 통첩, 즉 현직공무원을 고발하기 전에 승인을 받아야 한다는 내용을 말하는 것으로 추측된다. 둘째, 이인은 최대교가 장관에게 발송하였다는 회신공문에 대해서는 조금도 언급하지 않았다. 이 문제는 그 공문의 존재를 인정하는 것 자체가 자신의 체면을 손상하는 것이 되었기 때문일 것이다. 권력에 맹목적으로 아부한 사실을 자인하고 싶은 사람은 어디에도 없을 것이다. 셋째, 이인은 이 대통령이 나섬으로써 정치적인 해결이 가능해진 시점인데도 권 총장과 최 검사장이 무리하게 임 장관 사건을 법정으로 몰아간 것처럼 말하고 있다. 하지만 이것은 이인 장관을 비롯한 고위층의 잘못에서 비롯된 것이었다. 임 장관이 마지못해 사퇴의사를 밝힌 것은 기소 이후의 일이었다. 넷째, 문제의 5월 28일 오전 검찰청에서 일어난 일에 관하여는 이인의 회고를 더욱 믿을 수 없다. 그는 장관으로서 백한성 차관의 보고를 받았을 뿐이다. 현장에 없었던 이 장관의 회상은 신뢰하기 어렵다.

최대교와 이인의 진술이 서로 엇갈리는 지점에 대해 신중한 학자들은 두 사람 모두 자신의 관점에서 정당하게 직무를 집행하고 있다고 인식할지도 모르겠다. 그러나 그런 생각은 잘못이다. 이인 장관은 이 대통령의 의사에 복종하여 진상을 조사하는 데는 큰 관심이 없어 보였다. 그는 법무부장관의 권력을 이용하여 이 사건을 불기소 처분하는 데 마음을 쏟고 있었었다. 부적절한 처사였다.

기소장

상공부장관의 혐의사실은 배임, 수뢰, 사기, 업무상 횡령에 관한 것이었다. 공소사실은 총 11가지나 되었다. 굵직한 내용만 적어 보면 다음과 같았다(최대교, 1984a).

1. 장관의 특명이라 하여 경상북도 학무국장 이 모 씨에게 콩기름을 부정 배급한 사실이다. 상공부장관은 배급받을 자격도 없는 이 씨로부터 청탁을 받고 비서실장 황 모에게 지시하여 미국의 ECA 원조물자로 수입되어 상공부가 보관 중이던 콩기름 40드럼(4백만 원)을 부정 배급하였다.
2. 역시 장관 특명이라 하여 연합신문 사장 양우정 씨에게 국산 신문용지 6백 톤(1천5백만 원)을 불법으로 배급하였다.
3. 강원도 영월광산에 대한 정부 보조예산금 60만 원과 상공부 자동차 수리공장 경비 91만 8백 원을 상공부 직원의 후생비, 장관사택의 연료비, 선거용 인쇄비 및 국회의원 당선 축하비로 부정 소비하여 횡령죄를 저질렀다.
4. 조선은행 부총재 구용서 씨에게 장차 미국은행에 예금하겠다고 속여, 미국에 파견되어 체류 중인 조선은행원을 시켜 수차에 걸쳐 2백50만 원을 지급하게 하였다. 상공부장관은 자기가 경영하는 대학의 장학금으로 지급한다는 구실로 사취한 것이다.
5. 1948년 11월, 상공부의 직할 사업체인 대구방적 관리인 C에게 동 회사가 소유한 면사 5고리(1백50만 원)를 자기 비서 R 씨에게 26만 원의 헐가에

매각케 하여, 정부재산에 손실을 입힌 배임행위를 하였다.

6. 상공부의 직할로 적산(일제의 재산)인 메리야스 공장의 관리인 R씨로부터 상공부장관의 선거비용으로 빌린 부채의 청산금 조로 2백70만 원을 받았으니 수뢰죄가 있다.
7. 아남상사 대표 T씨로부터 금 1백5만 원을 뇌물로 받고, 그 대가로 수입금지 물품인 양복지 1천5백8십 마의 수입을 허가하여 준 사실.
8. 이승만 대통령의 생신 축하금을 명목으로 내세워 상공부의 산하업체로부터 1백50만 원을 거두어 횡령하는 등의 범죄사실이 있었다.

기소를 둘러싼 엄청난 외압에도 불구하고, 2개월가량의 수사를 끝낸 최대교 검사장과 강석복 검사는 임영신 장관을 비롯한 18명을 기소하였다. 구속자만도 10명이었다. 임 장관의 혐의점은 배임과 동 범죄의 교사, 뇌물수수, 사기, 업무상 횡령, 법령 제33호 위반 등이었다. 최대교가 회고문에서 익명으로 처리한 사건 관련자들은 다음과 같았다.

위의 1항에서 문제가 되었던 경북 학무국장은 이규원李圭元으로, 그는 임영신이 당수로 있던 여자국민당 대구지부장 김선인金善仁의 남편이었다. 또 5항에서 언급된 C씨는 대구방적 관리인 최사열이었고, R씨는 장관의 비서였던 이효창이었다. 6항의 메리야스 공장 관리인은 이순희李淳熙였다. 그리고 7항의 T씨는 전기홍이었고, 문제가 된 수입금지품 고급 양복지는 16,800마였다. 끝으로, 이 대통령의 '생신 축의금' 명목으로 상공부 산하의 귀속사업체에서 거둔 금액은 1,050만 원이었다. 기소장에 나타난 피의자들의 죄명과 이름은 아래와 같다(임 장관의 경우는 위에서 언급하였으므로 생략한다).

업무상 횡령죄(3명)

▶ 임영선任永善, 36세. 무직. 임 장관의 동생. 선거사무장

▶ 황용우黃龍雨, 42세. 상공부 비서실장

▶ 박성래朴星來, 38세. 전 상공부 비서실 경리과장. 조선광업주식회사 상무 이사

증뢰 및 사기, 법령 제19호 제4호 가항 위반(2명)

▶ 정주성鄭周成, 27세. 전 상공부장관 비서(업무상횡령)

▶ 박한서朴漢瑞, 34세. 상공부 비서실 경리과장

증회, 법령 제149호 위반 및 동 제19호 제4조 가항 위반(2명)

▶ 오혁원吳爀元, 28세. 상공부장관 비서

▶ 전기홍田基鴻, 31세. 대구 아남상사 사장. 무역상

업무상 횡령 및 사기, 법령3 제3호 위반(1명)

▶ 편희자片喜子, 39세. 전 조선피혁주식회사 서울사무소장

증뢰 및 배임, 법령 제19호 위반(3명)

▶ 편동현片東鉉, 65세. 조선피혁주식회사 관리인

▶ 신학균申鶴均, 53세. 조선제마주식회사 이사장

▶ 윤상구尹相九, 37세. 조선방적주식회사 서울지점장

증뢰 및 업무상횡령, 법령 제33호 위반(3명)

▶ 이순희李淳熙, 42세. 대구메리야스공장 관리인

▶ 최사열崔士烈, 54세. 대구방적공사 관리인

▶ 정기남鄭基男, 37세. 대구방적공사 경리 겸 사무부장

수뢰(2명)

▶ 이일래李一來, 47세. 경상북도 상공국장

▶ 김춘식金春植, 25세. 경상북도 상공국 상공과 기술관

공문서위조(2명)

▶ 이재관李在觀, 30세. 조선선용품주식회사

▶ 이중희李重熙, 32세. 전 대구방적공사 관리인, 금성방직공사 이사장

이인 장관의 사퇴

상공부장관을 이와 같은 사실로 기소하자, 일요일이었는데도 불구하고 1949년 5월 30일 오전 피고인 상공부장관은 경무대로 이승만 대통령을 찾아가서 장시간 만났다. 그다음 날인 5월 31일에 이인 법무장관이 장관직을 그만두었다. 이인 법무부장관의 사표는 그날 열린 국무회의에서 전격 수리되었다(최대교, 1984a).

임영신 장관은 대통령의 심중을 움직여 우선 이인 장관에게 복수부터 한 셈이었다. 이 장관은 퇴임을 기정사실로 인정하고 자신의 억울한 사정을 공개적으로 하소연하였다.

이인 씨는 사임하면서 입장표명을 하였다. 자신은 검찰이 현직 국무위원인 상공부장관을 기소하는 것을 적극적으로 중지하고자 했다. 하지만 끝까지 장관이 물러날 기미를 보이지 않아 검찰이 부득이 기소하게 된 것으로 추측한다는 것이었다. 그는 또 "이 사건에 관하여 최선을 다했다"고 말하고, 사표를 제출한 것은 자신이 이미 국회의원으로 입후보할 당시부터 "국무위원인 장관으로서보다는 국회의원으로서 입법에 전념코자 생각했으나 그 기회를 얻지 못했던 것인데 이 기회에 사의를 표명한 것"이라고 했다(최대교, 1984a).

이인은 한참 세월이 흐른 다음 회고문을 통해 마치 이 사건의 정치적 해결 가능성이 높았던 것처럼 말하였다. 하지만 그것은 다소 과장된 주장이었다. 위에 인용한 그의 담화에서 보듯, 이인이 장관직을 물러날 때

까지도 임영신 장관은 사직을 고려한 흔적이 전혀 없었다.

상공부장관의 기소 후에 일어난 정치적 파문은 걷잡을 수 없이 컸다. 법무부는 초상집처럼 분위기가 을씨년스러웠다. 사건을 담당한 법원도 초긴장에 싸였다. 기소한 지 이틀 지난 1949년 5월 30일, 권승렬 총장은 본건에 대한 자신의 소신을 피력하였다. "검찰당국이 모략에 말려들었다고 운운하는 피고인 임영신 장관을 도무지 이해할 수 없다. 더욱이 그 자신만이 상공부장관으로 적임자인 것처럼 말하고 있는 것은 이해 못할 말이다. 검찰은 법이 명하는 그대로 법에 충실히 따랐을 뿐이다. 장관의 휴직 여부는 내가 언급할 필요를 느끼지 않는다. 다만 휴직은 대통령령 30호로 발표된 '인사사무 처리규정' 15조에 의해 기소된 날로부터 대통령이 휴직을 명하게 되어 있다는 사실은 언급할 수 있다." 권 총장의 이러한 말은 "법대로 처리한다면" 상공부장관은 장관직을 사임해야 옳다는 의중을 비친 것으로 해석된다(최대교, 1984a).

이인은 정치가였다. 그는 이 독직사건의 배후에 어떤 정치적 맥락이 있지 않을까 의심하였다. 그는 과거에도 권승렬 총장이 교통부의 거액 비리 사건이 있다고 말해서 수사를 지시한 적이 있었으나, 흐지부지된 적이 있었음을 기억하였다. 그는 휘하의 법무부 차관과 국장들 앞에서 임영신 사건을 계기로 이상한 분위기가 감지된다며 무엇인지 자신에게 닥쳐오는 듯한 느낌이 든다고 말한 적이 있었다(이인, 1974). 임 장관 역시 자신이 정치적 책략의 희생자라고 강변하곤 했다지만, 과연 이 사건의 이면에는 모종의 정치적 흑막이 존재하였을까? 그 당시 야당인 한국민주당과 군소 정당들이 대통령의 정국운영에 반대하거나 또는 임영신 장관에 대한 불만 때문에 검찰을 앞세워 정치공세를 하였을까?

이인의 추측은 빗나갔다고 나는 생각한다. 최대교 검사장과 강석복 검사는 현실정치에 무관심한 법조인들이었다. 권승렬 검찰총장 역시 야당과 연합하여 정치적 게임을 벌일 사람이 아니었다. 권승렬은 일제강점기에는 변호사로 활동하였고 해방 후에는 김병로와 함께 반민족행위자 처벌을 위해 특별검사부장으로 노력한 양심적인 인사였다. 그는 어떠한 독재정권과도 함부로 야합하지 않았다. 이인은 자신의 정치적 과오를 희석하기 위해 마치 독직사건이 외부세력과 무슨 관계라도 있는 것처럼 의심의 눈초리를 가장하였다.

물론 이의가 제기될 수도 있다. 그 생애 전반을 살펴본다면 이인은 대단한 인물이었다. 일제강점기 동안 그는 강력한 항일변호사였고, 그 일로 인해 변호사자격정지를 당했고 옥살이까지 감수하였다. 제1공화국 후기에는 또 이승만 대통령의 독재에 반대하여 민주화투쟁을 벌였다. 한국사회에 대한 이인의 헌신과 기여도는 높았다. 그를 높이 평가하는 후학들은 이인이야말로 평생 굽히거나 옹졸하게 군 적이 없었다고 말한다. 이인은 이승만의 의지에 반대하여 김병로의 대법원장 임명을 관철시킨 인물이기도 하였다는 평가도 있다. 그러나 임영신 장관의 독직사건에 있어서는 그의 판단이 그릇되었다. 그런데 만일 그때 그가 법무부장관이 아니라 검찰총장이었거나 서울지검장이었다면 그는 어떤 역할을 하였을까? 쉽게 단정하기 어려운 문제다.

국회 특별조사위원회

국회는 국회대로 이 사건에 대한 조사위원회를 구성했다. 그 당시 상공부장관 임영신이 대통령의 최측근자로서 정계의 제2인자였으므로 상공부장관의 진퇴는 정치에 미칠 영향이 컸기 때문이다. 국회조사위원회는 다음과 같이 결론을 내렸다. "감찰위원회의 통고사실만으로는 법적으로 국회에서 파

면을 결의할 근거가 없다. 다만 행정상의 책임을 추궁한다면 그것은 별문제다."(최대교, 1984a)

1949년 4월 정인보 위원장이 발송한 감찰위원회의 통고문이 국회에 도달하였다. 충격에 빠진 국회는 자체 조사단을 구성하였다. 그들의 활동사항은 1949년 6월 3일 제3회 국회 11차 국회 본회의에 제출한 「임영신 상공장관사건 조사보고서」로 요약되었다. 그런데 그 보고서는 믿을 만한 것이 못되었다. 내부적으로도 보고서의 충실성에 관한 논란이 상당하였다. 8명의 조사위원 가운데 5명은 보고서의 적합성을 확신했으나, 2명은 추후논의가 필요하다고 판단했고, 1명은 반대하였다.

이 보고서의 내용은 감찰위원회와 검찰의 조사사실과 상반되었다. 국회 보고서는 14개 항목에 걸쳐 임영신 장관을 두둔하고 무죄를 주장하였다. 문제가 된 사실을 인정하는 경우에도 임 장관이 그 사실을 몰랐다고 발뺌하였다. 또는 관련자들이 장관 몰래 자발적으로 한 행동이라고 강변하였다. 금전상의 문제에 대해서도 이미 피해를 변제하였으므로, 문제될 것이 없다는 식으로 피해 나갔다. 게다가 문제가 된 비리의 상당부분도 그 시절의 관행이라고 우겼다. 절차상 문제가 있는 부분에 대해서도 최종적인 의도가 좋기 때문에 처벌할 필요가 없다는 식의 변명으로 일관하였다.

보고서 제출에 큰 역할을 담당한 박윤원 의원의 결론은 명백하였다. "감찰위원회가 국회에 통고한 사실만으로는 파면을 결의할 만한 법적 근거가 없다. 다만 행정상의 책임을 추궁한다면 그것은 별문제다." 국회 차원의 진상보고서는 실상을 호도하고 임영신 장관을 일방적으로 옹호한 나머지 면죄부를 준 것에 불과하였다.

국회의 보고서를 직접 읽어 보고 싶은 독자도 있을 것이다. 그 일부를 발췌 소개하면 아래와 같다.

▶ 감찰위원회(이하 감위) 결정서 제1호(대구메리야스공장 사건)

- 선거비용을 청산하기 위해 상공부 산하 귀속 사업체인 대구메리야스공장 관리인 이순희李淳熙를 사주하여 면사를 담보로 대구저축은행 지점에서 200만 원을 차용했고, 공장저금 49만 원을 합해 도합 249만 원을 차용하였다는 혐의사실. 그러나 이것은 이순희가 임영선에게 금전을 대부해 준 것이고 임영선은 원리금과 이자를 송금하여 변제하였다. 임 장관은 그 내용을 일체 알지 못하였다.
- 선거운동을 위해 같은 공장에 샤쓰, 화물차, 운전수, 조수를 동원하고 출장비 등 합계 3만9,500원의 피해를 입혔다는 것. 그러나 임 장관은 이런 사정을 몰랐고, 내용을 알게 되자 1949년 2월 초에 비서실장을 통해 변제하였다.

▶ 감위 결정서 제2호(대구방적회사 사건)

- 선거원조를 위하여 귀속사업체인 대구방적회사에 쓰리쿼터 1대를 동원하는 등 합계 26만여 원의 피해를 입히고 뇌물 1만여 원을 받았다는 것. 그러나 쓰리쿼터는 남대구서장이 장관을 위해 자발적으로 요청한 것이고, 나머지도 동 회사의 자발적인 행동이었다. 임 장관은 귀경 후 이 사실을 알게 되자 비용을 강구하라는 통고문까지 발송한 사실이 있다. 이에 비추어 귀속사업체에 피해를 끼치려는 의도가 없었다.

▶ 감위 결정서 제3호(경북상공국장 사건)

- 경북상공국장 산하 각 사업체에서 70만 원을 할당 징수하여 선고비용으로 썼고, 합계 약 12만 원의 뇌물을 받았으며, 임 장관과 수행원의 숙박료, 접대비로 약 24만 원의 향응을 받았다는 것. 그러나 징수금은 63만 원 정도였고, 그중 선거원조금으로 사용한 것은 현수막대 5만 원과 승용차 1대뿐이다. 나머지는 경북상공국장 승용차 수리비와 임 장관의 연회비 및 기타 잡비로 사용되었다. 현수막과 승용차 건은 경북상공국에서 자의적으로

한 것이고, 장관과 수행원에 대한 접대와 향응은 문제는 있지만 각부 장관의 지방순시 시의 전례에 비해 다액은 아니었다.

▶ 감위 결정서 제4호(안동 을구의 선거법 위반사건)

- 안동 소재 일직국민학교에 15만 원을 기부하기로 하고 장학회 인사에게 학부모에 대한 선거운동을 요청하였다는 것. 기부사실은 있지만 이는 임 장관의 의사에 의한 것이 아니라 선거운동원 김선인의 개인적 의사표시였다.
- 안동경찰서에 30만 원을 기부한 것은 사실이나, 투표 2, 3일 전에 임 장관이 그간의 경비에 위로 조로 준 것이고, 경찰서나 경찰이 선거운동을 하였다는 증거는 포착하기 곤란하다.
- 월곡면에 도로개통을 해주겠다면서 유지를 동원하여 선거운동을 하였다는데, 월곡면의 이장, 구장 등의 유지회합을 주최하거나 별도로 인원을 동원하여 선거운동을 한 사실이 없다.

▶ 감위 결정서 제6호(대구방적 및 부산방적 회사 사건)

- 상공부 비서 이효창李孝昌을 노르웨이 빙상선수권대회에 파견할 여비 조달책. 임 장관의 소개로 대구방적과 부산방적 회사 등에 면사를 특배하고 염가 처분하고, 낙면·낙사를 염가 처분하게 하여 여비를 조달함으로써, 귀속 사업체에 피해를 입혔다는 것. 그러나 낙면·낙사는 비통제 물자이며 회사에서 자유 처분할 수 있다. 종래에도 정부·국회의원 요로의 소개로 상당한 수량이 처분되었다. 이것은 문제가 되지 않으며, 오히려 유용한 곳에 이용했다는 것은 찬양할 일이다.

▶ 감위 결정서 제7호(아남상사亞南商社 사건)

- 국회의원 당선 후 선거비용으로 차용한 금전을 변제하고자, 임영선을 통해 무역상인 아남상사의 전기홍에게 자금융통을 요구하였다. 전기홍은 상공부와의 관계개선 및 장래의 이익을 기대하고 무이자로 금 100만 원을 대여하여 주었다. 그 후 아남상사에서 상공부로부터 수입을 허가 맡은 것이 2개월 내에 13건에 달하고 수수료로 수입된 금액이 100여 만 원에 달한

다. 수입 금지품목인 양복지를 수입하여 무역국에서 허가가 보류되어 있었는데, 임 상공부장관이 특명으로 허가하여 각별한 편의를 보아 주었다는 혐의사실.

임 장관이 상공부 감사과장 박한서朴漢瑞에게 금金 100만 원을 차용하여 선거비용의 청산대금으로 대구에 송금한 것은 사실이다. 하지만 그 이면에는 박한서의 책동이 있었다. 박한서는 전기홍에게 300만 원을 차용하여 그중 200만 원은 자기가 사용하였다. 따라서 금전차용관계는 박한서와 전기홍 사이에만 있었다. 아남상사의 수입허가 건수가 현저하게 많은 것을 금전차용에서 비롯된 것으로 볼 수 없으며, 양복지 수입허가 역시 사실이지만 국방 및 기타 중요한 방면으로 사용되었으니 문제될 것 없다.

▶ 감위 결정서 제10호(대통령 탄신 봉축금 징수 사건)

– 1949년 2월 상공부장관은 임시국장회의를 개최하고, 대통령 각하의 75회 탄신을 봉축하는 의미에서 현금 5,000만 원을 헌납하기로 결의하였다. 각 국에서는 산하 각 단체로부터 총 3,500만 원을 수집하기로 하고 할당액을 정했다. 그 후 조선전업, 남선전업, 경성전기회사, 서선전기회사, 전기전선회사, 조선광업진흥주식회사, 무역회사 등에서 합계 595만 원을 수금하였다. 동월 24일 대통령이 임 장관을 불러 엄중한 책망하고 중지시킨 사실이 있다는 혐의사실.

이것은 감찰위원회의 조사와 사실이 일치되나 수금된 것은 1949년 3월 24일 전부 반환했으며 하등 소비된 금액이 없다. 대통령에게 충성을 다하는 임 장관의 아름다운 심정은 가상하다. 그러나 국정에 비추어 부당하고 대통령의 질책으로 도중에 중지된 것이 다행이다.

임영신 장관의 추락

1949년 6월 6일, 결국은 상공부장관이 경질되었다. 끝까지 장관자리를 지키겠다고 버티던 상공부장관도 무너지고 말았다. 기소 후 채 10일도 지나지 않은 시점이었다. 임영신 씨는 장관직에서 물러났고, 윤보선 씨가 2대 상공부장관으로 임명되었다(최대교, 1984a).

결국 임영신 장관은 사직을 강요당하였다. 그러나 그는 탁월한 정치적 감각의 소유자였고, 정치적 재기를 위해 마지막 한 수를 두었다. 임 장관의 퇴임 기자회견은 자신의 과오를 진솔하게 인정하는 고백의 장이 아니라, 자신의 입장과 처지를 합리화하는 일종의 선전장이었다.

상공부장관이 경질된 이틀 후 신문에 기소된 상공부장관 임영신 씨의 퇴임 기자회견이 실렸다. 읽어 보았더니, 다음과 같은 내용이 있었다. 당시 동아일보에 실린 것을 아래에 옮겨 본다.

> "나라 문제로 인해 대통령 각하의 심려를 더하게 만들고, 정부 각 기관에 염려를 끼치게 한 것, 이 점은 모든 동포 앞에 참으로 황공한 일이다. 나의 기소 건으로 인해 이인 법무부장관이 사의를 표하여 퇴임한 것은 실로 숭고한 희생이었고, 국가 장래에 대단한 손실이 될 것이다. 따라서 나로서는 이에 대한 정치적 책임을 지고 깨끗이 사의를 표명하여 퇴임하게 된 것이다."
>
> 이 퇴임 기자회견 내용에는 피고인이 마치 이인 법무부장관이 피고의 기소 건으로 인해 책임하게 된 데 대해 자신도 정치적 책임을 지고 사직했다는 식으로 말했다. 그러나 피고인의 사임은 '인사사무 처리규정'에 의해 당연히 휴직하게 된 것이었다. 그의 사직은 부득이하여 된 것이었다. 자기가 자유롭게 진퇴를 결정할 입장에 있지 않았다(최대교, 1984a).

임 장관은 법률에 따라 사직하는 것이 마땅하였으나, 차일피일 미루다 더는 어쩔 수 없는 지경이 되었다. 그럼에도 마치 '정치적 책임'을 지고 당당하게 물러서는 것처럼 위장하였다. 또 한 가지, 전일에는 자신의 기소사태를 이인 법무부장관의 책임이라도 되는 것처럼 몰아붙였으나, 물러서는 마당에 그는 이 장관의 노력과 능력을 높이 평가하였다. 이로써 이 장관과의 정치적 화해를 꾀하였다. 노련한 정치가의 행보는 이러한 것이다.

그 당시 내가 들은 이야기지만, 정계에서 퇴임 상공부장관 임영신 씨가 제2인자였고 국방부장관 신 모 씨가 제3인자였다. 퇴임 상공부장관의 형사사건이 검찰에서 문제되자 퇴임 상공부장관은 종전부터 친교가 있는 이인 법무부장관에게 선처를 요구했다. 이인 장관도 자신 있게 약속을 했다. 그는 끝까지 기소방지에 전력을 다했으나, 독직사건은 기소로 종착되고 말았다. 피고인 임영신 씨는 이인 씨가 장관의 힘으로 능히 기소를 막을 수 있었음에도 불구하고, 약속을 지키지 않고 기소시켰다 하여 대통령에게 말하여 그를 사임시켰다. 그러나 나중에 이인 법무부장관이 기소방지에 전력을 다했다는 사정을 알게 되어, 퇴임 기자회견에서는 이인 법무부장관의 사임을 국가 장래에 대단한 손실이라고 말했다고 한다(최대교, 1984a).

정국을 소란하게 만들었던 상공부장관의 독직사건도 이제 마지막 정리 수순을 밟고 있었다. 소관부서인 법무부에도 후속 인사가 뒤따랐다.

그와 더불어 2대 법무부장관에는 검찰총장 권승렬 씨가 승진 발탁되었다. 그때까지 대법관이던 김익진 씨도 공석인 검찰총장으로 임명되었다(최대교, 1984a).

권승렬 총장의 발탁은 의외였다. 이것이 이승만 대통령의 용인술이었다. 때로는 자신의 마음에 들지 않는 사람에게도 중임을 맡김으로써, 자신에게 불리한 여론의 확산을 적절히 차단하는 수법이었다. 거기에는 또 일정부분은 권력 내부의 역학관계가 작용하였다.

권 총장이 후임 법무부장관이 된 것은 제3인자인 국방부장관 신 씨가 제2인자인 피고인의 힘을 억제하기 위한 술책이었다는 말도 있으니, 그 진실 여부는 나는 전혀 모른다(최대교, 1984a).

상공부장관 독직 문제는 차츰 시민들의 관심에서 멀어져 갔다. 그러자 이승만 대통령은 사건발단에 원인을 제공한 감찰위원회에 철퇴를 가할 준비를 하였다. 정인보 위원장이 해직될 차례였다.

그보다 한 달 후인 1949년 7월에는 감찰위원장 정인보 선생도 물러났다. 그때 나는 정 선생을 만났다. "어떻게 된 것입니까?" "대통령이 몇 달 쉬는 것이 어떻겠느냐고 하길래, 그만두었소"라고 정 선생은 담담하게 말했다. 나는 그때 "이순신 장군과 같이 위대한 애국자를 고발했다고 일부에서 야단들입니다"고 정 선생에게 말하였다. "그럼 나는 원균이가 되어버렸군." 정 선생은 이렇게 말하면서 웃었다(최대교, 1984a).

이승만 대통령은 장차 시차를 두고, 임 장관과 대통령 자신에게 반기를 들었던 인사들을 차례로 모두 내쫓은 것이었다.

중대판결

6월 28일 오전 10시 50분 첫 공판이 열렸다. 법원은 특별재판부를 구성했다. 재판장에는 한격만 서울지방법원장이, 배석에는 사광욱史光郁, 민동식閔瞳植 두 부장판사가 선정되었다. 법정은 대법정이고 피고인은 모두 18명이었는데 구속이 10명, 불구속이 8명이었다. 8월 19일 오전 11시 결심공판이 열렸다. 3시간에 걸친 변론 끝에 장관에게 징역 3년 벌금 30만 원을, 그의 동생 임영선에게는 징역 1년에 벌금 5만 원을 구형했다. 선고공판은 거의 1개월 후인 9월 17일 오전 10시 30분에 열렸다. "범죄구성에 이르지 못하는 정도의 것으로 인정되므로 형사소송법 제362조에 의해 무죄를 선고한다"는 것이다. 장관 등 9명에 대해 무죄가 선고되었다. 그러나 비서실장 등 10명은 유죄가 인정되었다(최대교, 1984a).

1949년 5월 28일 임영신 장관이 기소가 되자, 김병로 대법원장은 특명을 내려 특별재판부를 구성하게 하였다. 현직 서울지방법원장 한격만을 재판장으로 하고 두 명의 부장판사를 배석하였다. 사건의 담당검사 강석복 검사의 회고에 따르면, 원래는 서울지법의 홍 아무개 부장판사에게 본 사건이 배당되어 있었다고 한다(김이조, 1997: 136).

공판정에서 피고인들은 검찰에서 한 진술을 뒤집기 일쑤였다. 검찰은 권력 핵심부의 의지에 반해 이 사건을 수사해 왔기 때문에 고문과 강압에 의한 억지진술 따위는 아예 성립될 수가 없는 상황이었다. 그런데도 피의자들은 임 장관을 구명하기 위해 법정에서 과거의 진술을 멋대로 번복하였다. 판사로서는 각별히 유의해야 될 부분이었을 텐데, 별로 주목한 흔적이 없다.

가령 박한서, 임영선, 전기홍, 편희자 등은 범죄사실의 일부를 시인하면서도 그것이 예산 지출상 과목의 유용에 불과하다고 주장하였다. 또 선거자금으로 차용한 금액은 그 후 전부 변제하였고, 임영신 장관은 모르는 일이라고 말하였다. 임 장관 역시 물자를 부정하게 특혜 배급한 적이 없고, 설사 그러한 배급조치가 있었더라도 장관인 자신과는 무관한 일이라고 반박하였다.

피고인들의 진술이 어떻게 변하였는지 몇 가지만 살펴보기로 한다. 억지스럽고 뒤엉킨 부분이 적지 않았음을 누구라도 알 수 있을 것이다. 특히 임영신과 비서실장 황용우의 진술은 앞뒤가 전혀 일치하지 않았다. 이규원이 검찰에서 진술한 내용은 사태를 파악하는 데 중요함에도 이것이 판결에는 아무 영향을 미치지 않은 것도 의심스런 부분이다. 또 이민종 상무국장의 검찰 및 법정 진술도 임 장관의 혐의사실을 입증하는 것이었지만 재판과정에서 무시되었다. 이처럼 제1심법원의 판단에는 상식적으로 납득할 수 없는 부분이 대부분이었다.

▶ 피고인 임영신의 진술

- 검찰조사: 이규원은 안동에서 피고인의 선거운동에 진력한 여자국민당 대구지부장 김선인의 남편으로서 당시 경북도 학무국장이었다. 그는 업자는 아니지만 어떤 공장 명의의 배급신청을 가지고 찾아왔다. 그래서 비서실장 황용우를 장관실로 호출하여 이규원에게 대두유를 가능한 범위 내에서 특배하여 주도록 하라고 지시한 일이 있었다.
- 공판정 진술: 이규원은 나와 일면식도 없는 자이다. 그가 동화산업주식회사 명의로 배급을 신청하여서 처음에 거절했으나, 상무국장에게 문의하여 보니 그 회사가 배급을 받은 실적이 있다고 하였다. 대두유는 중요물자이므로 배급물량을 100드럼에서 40드럼으로 삭감하여 지급하도록 하였을 뿐, 정실 때문에 배급한 사실이 없다.

▶ 피고인 황용우(상공부 비서실장)의 진술

- 검찰조사: 이규원 부부는 임 장관도 잘 알아, 1949년 1월 하순경 임 장관이 이규원을 상무국에 데리고 가서 상무국장(이종민)에게 인사를 시키고 대두유를 특배하도록 말하여 달라고 하였다. 그래서 이규원을 동 국장에게 소개하고 부탁하였다. 임 장관에 그 대두유를 배급하여 준 것은 틀림없고, 이규원 부부가 상경 시에는 반드시 임 장관을 방문하는 극히 친밀한 사이였다.
- 공판정 진술: 위 임영신의 공판정 진술과 같은 취지로 번복함.

▶ 증인 이규원(경상북도 학무국장)의 진술

- 검찰조사: 임 장관은 1948년 10월경 처 김선인의 소개로 상공부장관실에서 인사하였다. 1949년 1월 말경 황용우 비서실장의 안내로 상공부장관실에서 임 장관에게 대두유를 배급하여 달라고 하였다. 그러나 내가 업자는 아니므로 대두유 수배 자격이 없고, 만일 대두유 수배실적이 있는 회사의 신청서를 가지고 오면 배급할 수 있다고 하기에 나는 그렇게 하였다. 내

가 여자국민당 경북지부의 운영경비와 임 장관이 안동 을구에 입후보했을 때 여자국민당원이 안동에 내려가서 선거운동을 할 때 많은 비용을 썼으므로, 그 비용을 임 장관께서 원용하여 달라고 하여 배급하여 준 것이다. 그 이득금으로 선거운동 경비 등에 충당할 것은 임 장관도 알고 있었을 것이다. 배급할 당표를 김은석에게 교부하고 2회에 걸쳐 금 34만 원을 받아, 일부는 경비에, 일부는 황 비서실장과의 교제비, 기타 자기용도에 소비하였다. 1949년 5월 중순경 처 김선인이 상경하여 임 장관 집에 갔더니, 임 장관은 처에게 이규원을 검찰청에서 찾고 있으니 피신하는 것이 좋겠다고 말한 일이 있었다고 처에게서 들었다.

▶ 증인 이민종(상공부 상무국장)의 진술

- 검찰조사: 장관의 특명이 아니고는 실태조사도 없이 1매의 신청서에 의해 이규원에게 특배할 수는 도저히 없다.
- 공판정 진술: 1949년 1월20일경 황 비서실장이 경북 학무국장 이규원을 대동하고 와서 인사소개를 한 후 비서실장 말이 임 장관의 특명이니 이 사람에게 대두유 100드럼을 특배하라고 하였다. 학무국장은 업자도 아닌 관리이므로 대두유 100드럼을 특배할 수 없다고 거절하였다. 그 후 6~7차 황 비서실장이 와서 이것은 임 장관의 특명이요, 경북 학무국장의 처가 여자국민당 대구지부장이니, 대두유배급신청서를 동화산업주식회사의 명의로 하여 가지고 왔지만 꼭 특배하도록 하라고 하였다.

  이에 임 장관이 안동에서 국회의원에 당선한 직후라, 그 공로로 여자국민당 대구지부장 남편에게 특배하는 것이라고 생각하고 부하 직원에게 장관의 특명이라서 부득이 100드럼은 할 수 없으나 40드럼으로 하라 하였다. 임 장관이 대두유 특배 결재서류에 40드럼으로 정정하여 특배하게 되었다. 또 대두유 배급 할당원을 임 장관실에 가지고 가니 임 장관이 여자국민당 때문에 머리가 아플 지경이라고 말한 사실이 있었다.

제1심은 전후 10여 차례의 공판을 거쳐 1949년 9월 17일 선고공판에 이르렀다. 특별재판부는 19명의 피고인 중 임영신을 포함한 9명에게 무죄를, 10명에게 유죄를 선고하였다. 유죄판결을 받은 사람들 중에는 이재룡만 실형을 선고받았고 나머지는 전원 집행유예였다. 제1심의 선고 내용은 다음과 같다.

▶ 무죄: 임영신, 임영선, 박성래, 정주성, 전기홍, 신학균, 윤상구, 이일래,
김춘식

▶ 유죄: 이재룡 징역 1년 6월 벌금 50만 원
황용우 징역 8월 집유 1년, 편동현 징역 1년 6월 집유 3년,
오혁원 징역 1년 집유 3년, 박한서 징역 1년 집유 2년,
편희자 징역 2년 집유 3년, 최사열 징역 6월 집유 1년,
이순희 징역 6월 집유 1년, 정기남 징역 6월 집유 1년,
이중희 징역 1년 집유 2년
(제1심 판결문을 비롯해 이 사건 판결문은 모두 국가기록원에 보존되어 있다.)

사건의 장본인 임영신 전 장관의 무죄 이유는 다음과 같았다.

▶ 배임

1. 대두유 배급문제는 비서실장에 책임이 있다. 임영신은 모르는 사실이다,
2. 「연합신문」에 편파적으로 신문용지를 배급했다는 것은 임영신의 고의에서 나온 것이 아니라, 국산용지를 애용시키기 위해 취한 행동이므로 범죄가 구성 안 된다.

▶ 업무상 횡령

- 임영신이 박성래와 공모하여 자동차 모터플회사 운영금 등을 유용하였다는 범죄사실. 문제의 금액은 임영신이 대통령에게 서한을 보내, 여수·순천반란지구의 관리공장 종업원 계몽에 사용하겠다고 했고, 실제로도 거기에 사용하였으므로 범죄를 구성하지 않는다.

▶ 사기

– 임영신이 조선은행으로부터 장학금을 빙자해 250만 원을 사기하였다는 사실. 피고의 재산이 미국에 3,000만 달러나 있다는 것으로 미루어 볼 때, 일시적 금전의 유용에 불과하다.

▶ 법령 33호(위법한 적산취득 관련)

– 임영신이 보광인保鑛人을 결정할 때 위원들에게 이취성은 애국지사이니 고려하여 달라고 부탁한 것뿐이다.

▶ 수뢰

– 조선방적 윤상구에게 130만 원을 받아서 이효창에게 준 것이다. 이는 국제무대에 우리나라를 소개하고자 파견한 일이니 범죄가 구성 안 된다.

▶ 고주파 문제

– 고주파 사장 김승식으로부터 400만 원의 공금을 대출한 것. 하지 중장의 승인을 얻어서 유용한 것이므로 이것은 범죄구성이 안 된다.

▶ 양복지 밀수입 문제

– 이 사건은 아남상사 사장 전기홍과 상공부 비서실 경리과장 박한서와의 문제이지, 피고에게 관계되는 범죄가 아니다.

▶ 증뢰

– 안동 을구 선거 당시 동 경찰서장에 30만 원을 기부금 형식으로 준 것. 피고와는 관계가 없다.

▶ 대통령 탄신 기념금 수집 문제

– 금액을 수집하다가 중지되었으며 현품을 납부한 것도 아니다.

제1심 법원은 모든 혐의사실을 임영신 장관에게 유리하게 판단하였다. 그에게 불리한 증거와 진술은 특별한 이유 없이 모두 배척하였다. 이런 점으로 미루어 이 재판은 외압에 의해 정치적으로 판단한 것이란 혐의로부터 벗어나기 어렵다. 재판부는 임 장관의 행위가 모두 "범죄구성에 이르지 못한다"고 판결하였다. 하지만 그에 동의할 사람은 별로 없었을 것이다.

요컨대 재판부는 정인보와 최대교 등이 하찮은 사건을 가지고 정치적으로 큰 문제를 만들고야 말았다는 식으로 결론을 내렸다. 그러고도 세상의 이목을 완전히 가릴 수만은 없어서, 임 장관의 비서실장 등 몇 사람에게 유죄판결을 하였다. 이른바 몸통은 건드리지 못하고 꼬리만 자른 셈이었다.

> 선고가 된 바로 후 재판장인 한격만 씨가 한복을 입고 대님도 매지 않은 채 슬리퍼를 신고 나의 관사에 왔다. 법원장 관사와는 바로 이웃이었다. "장관에 대하여는 무죄가 났습니다. 실은 나는 유죄로 인정했으나 우 배석이 자꾸만 무죄라고 우겨 대는 바람에 그렇게 된 거요." 이 말을 들은 나는 괘씸하기도 했으나 한 원장을 원망하지는 않았다. 배석판사의 자기주장과 다른 의견을 받아들여 무죄를 선고했다. 그러나 저러나 선고된 판결을 이 자리에서 이렇다 저렇다 할 수도 없는 일이다(최대교, 1984a).

제1심 재판장 한격만은 서울지방법원장이었다. 그는 임 장관의 유죄를 확신했다고 말하였다. 그러나 판결은 정반대 방향으로 치달았다. 정치적 입김이 이 중대한 사건의 판결에 작용하고 있었다는 증거로 읽힐 수 있다.

> 나는 1심에서 무죄판결이 내려진 1주일 만에 미리 낸 사표가 수리돼 임관된 지 10개월 만에 검찰청을 떠났다. 또 권승렬 장관은 9개월 만에 장관직에

서 물러났다. 하지만 지금도 당시의 판결에 대해 장관에게 죄가 있었다는 나의 소신에는 변함이 없다. 그러나 확정판결에서 무죄가 된 것이니, 나의 소신이 무슨 필요가 있겠는가(최대교, 1984a: 71~75).

임영신의 무죄가 법원에서 선고되자 최대교는 사실상 파면되었다. 잠시 장관으로 승진되었던 권승렬 역시 얼마 후 문책성 퇴진을 강요당하였다. 그래도 최대교는 임 장관이 유죄라는 자신의 소신을 끝내 버리지 않았다.

검사는 즉각 항소했다. 당시 김익진 검찰총장은 이 사건 항소 후 기자들과 만나 "검사동일체라는 말이 있는 것같이 상부의 지시에 따라 항소했다"고 말한 것이 생각난다. 다음 해인 1950년 1월 6일 서울고등법원에서의 항소심에서도 무죄판결이 내려졌다. 재판장은 김준원이다. 이 사건은 일부 피고인들이 항소했으나 항소기각 판결이 내리자 결국 그대로 확정되었다(최대교, 1984a).

검찰은 항소했고, 사건의 심리는 서울고등법원 형사 제1부가 담당하였다(재판장 김준원金埈源 판사). 선고공판은 해를 넘겨 1950년 1월 6일에 열렸는데, 임영신 등에게는 원심과 마찬가지로 무죄를 선고했고, 일부 피고인들에게는 실형을 선고하였다. 재판 결과는 아래와 같았다.

▶ 무죄: 임영신, 임영선, 박성래, 정주성, 이순희(이상 5명)
▶ 유죄: 황용우 징역 1년 집유 3년, 박한서 징역 1년 6월,
오혁원 징역 1년 6월, 전기홍 징역 10월,
편희자 징역 1년 6월, 편동현 징역 1년 6월 집유 3년,
신학균 징역 10월 집유 2년, 윤상구 벌금 5만 원,
최사열 징역 1년 6월 집유 3년 벌금 3만 원,

정기남 징역 10월 집유 2년,
이일래 징역 6월 추징금 63만 원, 김춘식 징역 6월 집유 2년,
이중희 징역 1년(이상 13명).

실형을 받은 피고인들은 판결에 불복하여 대법원에 상고하였다. 검찰 역시 상고하였다. 대법원은 상고로부터 1년 8개월이 지난 1951년 9월 18일 판결을 선고하였다. 본 사건을 담당한 대법원 형사부는 김병로(재판장), 김찬영, 백한성, 김두일, 한환진 판사였다. 그들은 임영신, 박성래, 정주성, 이순희 등에 대한 검사의 상고를 기각하였다. 박한서, 오혁원, 편희자 등의 상고도 기각하였다. 그에 더해 전기홍, 윤상구, 정기남, 이일래에 대한 원심의 유죄판결을 파기하고 무죄를 선고하였다. 대법원에서 유죄가 확정된 이는 황용우, 박한서, 오혁원, 편희자, 편동현, 신학균, 최사열, 김춘식, 이중희 등 9명이었다.

제2심과 제3심의 판결을 종합해, 유죄로 판단된 부분만 요약하면 다음과 같다.

▶ 상공부 비서실장 황용우(배임): 1949년 1월 물자의 할당배급을 하면서 임무에 위배하여, 경북 학무국장 이규원에게서 대두유배급 요청을 받고, 동인의 이익을 도모할 목적으로 상공부장관의 특명이라며 동화산업주식회사 명의로 수배할 자격도 없는 이규원에게 대두유 40드럼을 할당하였다.
▶ 상공부 비서실 감사과장 박한서(사기): ① 1949년 1월 임영신 장관이 선거비 청산에 충당할 100만 원을 융통해 달라고 부탁하자, 이를 승낙하고 전기홍(전 상공부 무역국, 아남상사란 무역상 경영)에게 선거비의 청산이 곤란한 사정을 말하고, 1월 말 상공부 감사과장실에서 전기홍으로부터 액면 100만 원과 액면 200만 원이 기재된 수표 2매를 받은 후, 임영신에게 100만 원의 수표를 빌려 주고 200만 원 수표는 제시도 하지 않고 편취하였다. ② 동년 2월 서울 소재 모 음식점에서 전기홍과 만나 중고차를 불하받

게 해준다고 약속하고 전기홍에게 액면 180만 원의 보증수표를 교부받아 편취하였다.

▶ 상공부장관 비서 오혁원(사기): ① 1949년 2월초 부산 소재 조선경질도기(주) 이사 선발 때 강달중에게서 자신과 자신의 4촌(이시목)이 임명되도록 상공부장관에게 알선해 달라는 청탁을 피고인 편희자를 통해 받았다. 오혁원은 같은 달 중순 상공부 지하 소재 수도크릴에서 강달중과 만나 자신이 임 장관과 친밀하므로 장관에게 말하여 도와주겠다고 약속하고 강달중으로부터 금 30만 원을 받아 편취하였다. ② 이사회 결과 이시목은 내무부장관의 추천으로 전기회사의 이사장에 임명되었으나 강달중이 이사에 임명되지 않았다. 다시 강달중이 편희자를 통해 인사청탁을 해오자, 운동비 조로 강달중에게서 50만 원을 받아 편취하였다.

▶ 편희자(업무상 횡령, 사기): ① 1949년 2월 조선피혁주식회사 관리인인 자신의 아버지 편동현과 공모하여, 동 회사 소유금 중 50만 원을 가불금 명목으로 지출하여 이를 횡령하였다. ② 편희자는 1948년 10월부터 임영신과 친교가 있었다. 1949년 2월 강달중의 인사청탁 건으로 수도크릴에서 강달중을 만나 운동비 명목으로 금 20만 원을 교부받아 편취하였다. ③ 1949년 2월 부산 소재 조선선용품주식회사 취체역 이재룡으로부터 상공부에 범포帆布의 배급신청을 했는데 소식이 없다는 말을 듣고, 자신이 상공부 장관 및 비서실장, 물자과장 등과 매우 친하므로 교제비를 제공하여 주면 범포배급을 받도록 알선해 주겠다고 약속하고, 이재룡으로부터 교제비 명목으로 금 30만 원을 2회에 걸쳐 교부받아 편취하였다. ④ 1947년 9월 여성실업가 박원보를 만나, 박원보가 자신의 장남과 2녀를 미국에 유학시키고자 하는데 학자금 송금 방도가 없어 곤란을 겪고 있다는 말을 듣고, 유학자금을 송부해 줄 것이라고 약속하고 22만 7천 원을 받았으나 송금하지 않고 있다가 들통이 나자, 유학자금을 송금하였다는 허위 내용의 각서를 써주고 채무이행을 면하였다.

▶ 편동현(업무상 횡령): ① 1949년 3월 자신이 관리 중인 조선피혁주식회사 소유금 중 51만 원 가불금 명의로 지출하여, 국무총리실 의자 제작용 갑피甲皮 대금으로 지불하여 횡령하였다. ② 1949년 4월 피고인 신학균과 공

모하여 조선피혁주식회사 소유금 중에서 100만 원을 가불금 명의로 지출하여, 인천 소재 조선제마주식회사 관리인이 된 신학균에게 지불하여 횡령하였다.

- ▶ 최사열(배임): 대구방적공사 관리인으로서 1948년 1월부터 12월까지 16회에 걸쳐 대구방적공사 소유의 면사를 김중현 외 15명 등에게 시가보다 염가로 판매하였다.
- ▶ 김춘식(수뢰): 1948년 11월 경상북도 상공국장 부속실장에 임명되어 근무하던 중, 1949년 1월 중순 관내의 산하기업체들인 어업조업, 자동차조합, 양복상조합 등으로부터 감독상의 편의와 사무진행 또는 배급에 관한 편리 도모를 청탁하는 취지임을 알면서 직무에 관해 합계 63만 원을 받아 수뢰하였다.
- ▶ 이중희(공문서위조): 이재룡과 공모하여 1949년 2월 행사의 목적으로 성명 미상자에게 부탁하여 상공부장관의 인장 및 상공부 마크 등을 위조한 후, 상공부장관 명의의 물자할당표를 위조하였다.

임영신 장관을 비롯해 18명의 피고인이 기소되었지만, 법원이 최종 확정한 것은 지극히 사소하고 잡다한 범죄행위뿐이었다. 상공부의 일부 부하직원과 경상북도의 관리의 배임과 수뢰, 인사청탁의 와중에서 벌어진 금품수수와 사기, 귀속재산 사업체 관리자들의 횡령과 배임 등 사건의 본질과는 무관한 것뿐이었다.

이러한 법원의 판결은 여러 측면에서 승복하기 어려운 점이 있었다. 증거를 취사선택하는 것이 법원의 재량이라고는 하지만, 임 장관에 대한 공소사실을 성실하게 검토한 흔적이 없었다. 가령 임 장관이 선거자금 충당을 위해 선거운동원의 남편 이규원에게 대두유를 배급해 주고 그 과정에서 동화산업주식회사의 명의를 대용한 문제에 관해서도 법원은 납득할 만한 판단 근거를 제시하지 못하였다. 대법원은 그 배급의 이익이 이규원에게 돌아갔는지를 알 수 없다고도 하였다. 그러나 한 사람의 역사가로서 나는, 임영신 장관의 독직사건에 대한 법원의 판결을 신뢰할 수 없다.

혹자는 대법원의 재판장이 다름 아닌 김병로였다는 점을 언급하며 이 판결의 정당성을 주장하려들지도 모르겠다. 그러나 판결의 잘잘못은 판결문을 가지고 따질 일이다. 관련된 판사의 명성은 판단의 기준이 될 수 없다.

(7) 조봉암 농림부장관 비리사건

임영신의 독직사건과 유사한 한 가지 사건이 또 있었다. 초대 농림부장관 조봉암曺奉岩(1898~1959)의 비리사건이었다. 1949년 1월 31일, 정인보가 이끈 감찰위원회는 조봉암 장관이 공금을 부당하게 유용한 사실을 지적하였다. 이어서 1949년 2월 12일에는 공금유용과 양곡매입정책의 실패를 이유로 농림부장관의 파면을 결의하였다.

그러나 조봉암은 정부예산이 확정되지 않은 상태에서 업무를 추진하기 위해 부득이한 조처를 취했다고 소명하였다. 국회에서는 특별조사위원회를 구성해 진상조사를 하였다. 그 결과 조봉암의 비리를 부분적으로 인정하였으나, 장관이 개인적으로 유용한 금액은 전무하고, 제도의 미비로 빚어진 문제라고 결론지었다.

검찰 역시 감찰위원회의 고발에 의해 수사를 진행했고, 법원에 기소장을 제출하였다. 그러나 법원은 제1심과 제2심 모두 무죄를 선고하였다(박태균, 1995: 158~172).

표면상으로는 조봉암 장관의 비리사건과 임영신 장관의 독직사건이 유사하였다. 그러나 섣불리 두 사건을 같은 성격의 것으로 묶을 일은 아니다. 임 장관의 독직사건은 사건의 성격과 관련자의 범죄양상이 매우 복잡하였다. 여기서 그 점을 일일이 따질 여건은 안 된다. 그러나 한마디로 말해, 임 장관 사건은 건국 초기 권력형 비리의 다양한 측면을 동시에 보여 준다고 나는 생각한다.

(8) 임영신 사건의 후유증

현직 국무위원, 대통령의 총애를 받는 실세 정치가, 그리고 명망 있는 여성운동가. 임영신은 그런 사람이었다. 정권 차원에서 그에 대한 기소를 막고자 했으나, 최대교 서울지검장은 기소를 강행하였다. 사건 자체는 임 장관의 무죄를 확정하는 판결로 매듭되었지만, 임 장관도 정치적으로 큰 상처를 입었다. 이승만 정권은 이 사태를 좌시하지 않았다. 재판은 끝났지만 사건의 후유증은 쉬 가시지 않았다.

정부의 수습책은 두 가지 방면으로 전개되었다. 첫째, 검찰 내부 관련자들의 처벌 및 검찰의 정치중립에 대한 제도적 제한이었다. 둘째, 이 사건의 발화점을 마련한 감찰위원회의 무력화였다. 이승만 정권은 임영신 장관의 독직사건을 계기로, 그 독재적인 성향을 한층 노골화하였다.

(9) 검찰의 중립성 파괴

1949년 5월 31일, 이인 법무부장관은 국무회의에서 본 사건의 기소사태를 막지 못한 자신의 책임을 인정하였다. "검찰 당국을 대통령 각하 및 법무부장관의 의사대로 절제節制치 못한 책임"을 진다고 하였다(제54회 국무회의록, 1949. 5. 31.=단기 4282년(1949년) 5월분 국무회의록, 국가기록원, 관리번호: BA0182402). 이인의 발언에서 보듯, 이승만 정권은 그들의 의사대로 검찰을 통제할 의지가 뚜렷하였다.

법정에서 본 사건이 어느 정도 마무리되자 이승만 정권은 검찰에 대한 노골적인 간섭을 시작했다. 그것은 곧 검사들의 대량 해직이었다. 1949년 8월 20일, 임영신 사건의 결심공판이 있고서 하루가 지난 시점이었다. 최대교 검사장은 상부로부터 "사표를 내라"는 종용을 받았다. 그는 엿새 뒤인 8월 26일 사직서를 제출하였다. 그의 사표는 선고공판 다음인 1949년 9월 23일에 예정대로 수리되었다.

최대교의 사직에 즈음하여 법무부, 대검찰청, 서울고검 및 서울지검에 소속된 간부급 검사 10여 명이 집단적으로 사표를 제출하였다. 법무부의 김병화 검찰국장, 차영조 정보과장, 대검찰청의 옥석진, 엄상섭, 김윤수 검사, 서울고검의 김윤수 차석검사, 서울지검의 강석복, 박경재, 유태영 검사가 장본인들이었다(「국도신문」, 1949. 8. 30.). 그러나 알고 보면, 그 대부분은 상부의 압력을 받아 권고 사직한 것이었다.

임 장관의 독직사건이 검찰과 법정에서 논란거리였던 몇 달 동안, 본 사건의 주임검사 강석복 부장검사는 회유와 협박에 몹시 시달렸다. 강 검사의 회고에 따르면, 사태는 매우 심각하였다(김이조, 1997: 135~136).

임영신 장관의 여동생 임영선과 신성모 국방장관은 강 검사를 직접 찾아갔다. 만일 사건을 선처할 경우에는 장차 법무부장관 자리를 맡게 될 것이라며 그들은 강 검사를 유혹하였다. 장관 자리가 아니더라도 귀속재산을 강 검사에게 넉넉히 불하해 주겠다고도 하였다.

강 검사가 그런 유혹을 거절하자, 그들은 강 검사를 '적색분자'라며 협박하였다. 그들은 검찰청 감찰부 소속의 검사에게 상공부가 관리하는 광목 1만여 필을 배급하는 특전을 베풀어 주고 강 검사의 비행을 조사하라고 부탁하였다. 경무대에서도 강 검사를 지목하여, "반정부적 이적행위를 하는 불온사상을 가진 적색분자"라고 비판하며 사표를 강요하였다. 강 검사는 어쩔 수 없이 사직서를 제출하였다.

법원이 무죄를 선고하였기 때문에 임 장관에게는 정말로 아무 잘못이 없었다고 믿는 순진한 독자가 혹시 있을는지도 모르겠다. 그렇다면 한 번쯤 다시 생각해 볼 일이다. 무죄한 임 장관 측에서 과연 강 검사가 증언한 것과 같이 각종 수단을 동원하여 협박을 일삼고 금품과 자리로 기소중지를 유도하였겠는가? 본 사건을 담당한 재판관들도 당연히 여러 가지 압력을 받았을 것이다. 이 사건의 '태풍의 눈'에 해당하였던 최대교 검사장이 받았을 불이익과 협박의 강도는 상상조차 하기 어렵다. 최대교는 언젠가 그 문제에 관해 매우 간명하고 솔직하게 술회하였다.

> 나[=최대교]의 검찰 재직 중에도 압력이 많았다. 특히 잊을 수 없는 일은 1948~49년에 걸쳐 서울지검 재직 중 김구 선생 사건이 일어나자 구속영장 문제, 검증문제 등으로 행정부와 충돌했다. 이 때문에 사표를 냈으나, 그때의 법무장관이 중간에서 사표를 돌려 보내왔다. 그 뒤 모 장관[=임영신 상공부 장관] 등 3, 4인의 공소제기 문제로 또 충돌했다. 하지만 모두 내 소신대로 공소 제기한 뒤에 사임한 일이다(「조선일보」, 1966. 4. 5.).

이승만 정권은 검찰의 수족을 단단히 묶으려 하였다. 이른바 현직 공무원 기소에 관해서는 법무부장관의 사전 승인이 필요하다는 통첩이 그것이었다. 최대교가 임영신 장관을 기소하기 직전 법무부장관이 보낸 문건에 담긴 내용이 그러하였다. 이러한 발상이 처음 노출된 것은 1948년 12월 23일이었다. 법무부장관은 각급 검찰에 아래와 같이 명령하였다.

"국무위원, 국회의원, 차관, 차장, 기타 지방장관급 이상의 공무원, 판사, 검사를 구속 또는 수색하는 데 있어서는 사전에 검찰총장을 경유하여 법무부장관의 지시를 받도록 할 것." 1949년 5월 27일 최대교가 수령한 통첩 역시 그와 동일한 내용이 포함되어 있었다.

그때 최대교는 검찰총장을 경유하여 재고를 요한다는 회신을 보냈다. 1949년 5월 28일 자 검찰총장의 '품신'에서 그 사실을 확인할 수 있다. 그에 의하면, 법무부장관의 이러한 제한조치는 "검사의 직능에 일대 개혁을 초래하는 것으로, 법률을 요하지 않고는 이와 같은 제약을 할 수 없을 것으로 사료하오며, 검찰관의 신분을 보장한 입법정신에도 배치되는 것"이라는 반박이었다. 이 품신에 대해 장관이 어떠한 후속조치를 하였는지는 알 수 없다. 다만 한 가지 분명한 사실은 이후로도 법무부장관이 검찰을 장악하려는 경향이 더욱 노골화되었고, 이승만 정권 후기가 되면 최대교와 권승렬처럼 검찰의 중립을 강조하는 양심적 인사들이 희소해졌다는 사실이다.

검찰의 기소권에 대한 정권의 통제가 지나치게 강화되면 법이 적용되지 않는 무법지대가 형성된다. 그러면 부패가 만연하는 것은 시간문제다. 최대교는 그 문제를 다음과 같이 통렬하게 지적하였다.

> 나라의 법에 사문이 많으면, 후진국으로서 부정부패가 많다는 것이다. 법조문이 권력자에게는 적용이 안 되고 무권력자에게만 적용되는 등, 다시 말하면 동일한 법조문이 권력자에게는 '사문'이 되고 약자에게만 적용된다는 것은, 후진국으로서 부정부패가 많은 나라라고 볼 수밖에 없다(「조선일보」, 1966. 4. 5.).

(10) 감찰위원회의 폐지

본래 감찰위원회의 조직과 활동은 「정부조직법」(1948. 7. 17.)에 따른 것이었다. 감찰위원회의 목적은 국회의원과 법관을 제외한 공무원을 감찰하는 것이었다(제40조). 공무원의 위법행위 또는 비행이 있을 경우, 그 사실을 심사하고 위원 과반수로 징계를 의결하며, 의결사항을 소관 행정장관에게 이송하여 시행한다. 다만 헌법 제46조에 열거된 공무원의 징계는 국회에 통고한다(제43조).

이러한 법 규정에 따라 감찰위원회는 1949년 1월 4일부터 본격적인 활동을 개시하였다. 조봉암 장관과 임영신 장관의 비행을 적발하는 등, 1949년 6월 14일까지의 불과 5개월 정도밖에 안 되는 기간 동안 70여 건의 사건을 취급하였다. 그 가운데 파면결의가 13건, 징계결의 보류 30건, 권고파직 약 10건, 사건이첩(검찰) 약 10건 등이었다.

그런데 문제는 국무위원의 징계에 관한 의결이었다. 그 권한이 어디에 귀속되는 것이 옳은지를 둘러싸고 감찰위원회와 국무회의는 논란을 거듭하였다. 1949년 3월 14일, 이범석 국무총리는 정인보 감찰위원장에게 국무위원 등은 감찰위원회가 직접적으로 징계를 의결할 권한이 없다고 주장하였다(「관보」 제71호, 1949. 4. 11.). 행정부와 달리 감찰위원회의 해석은 달랐다.

그리하여 갈등은 더욱 증폭되었다. 1949년 3월 31일, 감찰위원회는 임영신 장관의 파면을 결정해 이를 국회의장에게 통고하였다. 대통령은 감찰위원회의 직권 범위의 밖이라며, 재판을 통해 결정될 일이라고 하는 내용의 담화를 발표하였다. 감찰위원회가 이 결정을 관련법에 따라 적법하다고 판단한 것과는 상반되었다. 그해 4월 6일 임영신 장관은 감찰위원회의 결정이 위법하다며 서울고등법원에 행정소송을 제기하였다. 그러나 상공부장관직에서 물러난 후, 그는 동년 6월 14일 행정소송을 취하하였다.

정부와 감찰위원회가 서로 격하게 대립하자, 국회에서는 정부조직법을 개정하려는 논의가 일어났다. 정부 측 입김이 크게 작용한 것이었다. "감찰위원회는 징계가 아니라 징계의견을 결정하는 데 그치고, 해당 징계의견을 국무위원 이상, 지방장관급 이상에 대하여는 대통령에게 상신하고, 기타 공무원에 대하여는 소관 행정장관에게 송부하도록" 법을 개정하자는 것이었다. 그러나 개정안은 감찰위원회의 강한 반대에 부딪혀 통과되지 못하였다.

여당과 달리 야당 측은 감찰위원회의 입장을 중시하였다. 그들은 감찰위원회의 권한을 축소하지 못하게 관련법 조항을 개정하려 하였다. "감찰위원회의 징계의결을 수리하였을 때에는 반드시 그 의결대로 시행하여야 한다"는 단서조항을 신설하자는 안건을 국회에 제출하여 가결시켰다(「경향신문」, 1949. 7. 27.). 그에 따라 「국가공무원법」(1949. 8. 12.)의 제45조에는, "감찰위원회의 징계의결을 수리하였을 때에는 그 의결에 의한 처분을 하여야 한다"는 단서가 붙었다.

정부 여당에서는 계속해서 감찰위원회의 권한을 축소하고자 노력하였지만 뜻대로 쉽게 관철되지 않았다. 그래도 그들의 의지는 꺾이지 않았다. 결국 1954년 헌법 개정의 후속조치인 「정부조직법」(1955. 2. 7. 전문개정)에 따라 감찰위원회는 완전히 폐지되었다. 새 「정부조직법」에서는 공무원의 비위를 감찰하기 위해 대통령 소속하에 감찰원을 두고 법률로써 직무와 직제를 정하도록 하였다(제32조). 그러나 감찰원에 대한 별도의 법률은 정권 말기까지 끝끝내 제정되지 않았다. 정부 여당의 뜻대로 감찰위원회는 존재 자체가 사라지고 만 것이다. 이승만 정권은 앓던 이를 뽑은 셈이라서 시원하였을 것이다. 그러나 그로 인해 권력형 비리에 대한 수사와 처벌은 사실상 불가능하게 되었다.

* * *

혹자는 말한다. "최대교 선생의 가장 큰 업적은 임영신 장관 독직사건에서 많은 정치적 압력을 뿌리치고 자신이 옳다고 생각한 검사의 길을 지킨 것이었다."(오영근 교수, 한양대) 그런데 오늘날 법조인을 위협하는 것은 정치권력이라기보다는 오히려 법조인들 자신의 출세욕일는지도 모른다. 특히 법조인을 상대로 집요하게 로비를 벌이는 경제권력이 경계의 대상이다. 그들은 언론, 학연, 지연을 동원하여 법조인들에게 끊임없이 압력을 가한다. 회유를 시도하기도 한다. 재벌회장을 선처해 달라고 청탁을 하는 친구, 선배, 후배, 친척들, 고향사람들을 뿌리치기란 여간 어려운 일이 아닐 것이다. 게다가 기업가의 처벌은 곧 경제적 퇴보라고 강변하는 언론들의 감언이설도 난무하므로 감당하기가 어렵다.

오늘날의 법조인들에게 진정으로 요구되는 것은 무엇일까? 최대교가 임영신 장관의 독직사건에서 증명한 검사의 양심과 기개다. 맹자의 '호연지기浩然之氣'가 바로 그에 해당한다. 그 무엇으로도 거스르지 못할 도도한 강물의 흐름이 가슴에서 솟구쳐야 한다. 어려운 일이다. 이것은 과욕寡慾의 청렴한 생활을 전제로 할 때만 비로소 가능한 일이다. 물욕에 젖어 있는 우리에게는 너무 무리한 과제일는지도 모르겠다.

3. 파란의 감찰위원회 위원 시절(1952~1954)

현직에서 물러난 최대교는 1949년 9월부터 서울에서 변호사로 일하였다. 그러나 그 이듬해 6월 25일 한반도에 전쟁이 일어났다. 그는 가족을 이끌고 경상북도 김천으로 피난하였다. 김천 생활은 1년 반가량 계속되었다. 피난시절부터 최대교의 맏아들 최종백의 친구였던 김용수(전 한국노인병재단이사장, 변호사)는 다음과 같이 그 시절을 회상하였다.

> 나[=김용수]는 화강[=최대교] 선생님 일가가 1·4후퇴 때 김천으로 피난 오셔서 그분의 맏아들[=최종백]과 초등학교와 중학교 동급생으로 깊은 인연을 맺게 됐다. 피난시절 그분의 집은 김천 시내에서 10㎞쯤 떨어진 농촌이었다. 그분은 시내에 있는 사무실이나 법원 검찰청에, 외진 산길로 걸어서 출퇴근 하셨다.
>
> 무뚝뚝해 보이는 첫인상과 달리 그분[=최대교]은 사적인 자리에서는 유머와 농담도 풍부했다. 변호사시절 화강 선생님은 명절 때면 우편배달부에게 몇 푼이라도 떡값을 꼭 쥐어 줬다.
>
> 아들 종백이 고시 공부할 때는 날마다 신문 등의 참고자료를 공부방에 챙겨 넣어 주시는 자상한 부정도 보이셨다.(독자의 편의를 위해 문장의 순서를 바꾸고 단락도 나눴다.―필자)

최대교 일가는 김천 시내에서 10킬로미터나 떨어진 외진 시골로 피난을 갔다. 시내까지 그 먼 길을 최대교는 도보로 왕래하며 변호사의 일을 보았다. 아들의 친구가 가까이 다가가서 본 최대교는 호랑이 검사가 아니었다. 그는 유머가 풍부하고 농담도 잘하는 유쾌하고 재미있는 아저씨였다. 아버지로서도 더할 수 없이 자상한 어른이었다.

김천 시절이 한동안 계속되다가 1952년에 최대교 일가는 피난 수도 부산으로 옮기게 되었다. 그리고 그해 11월, 그는 감찰위원에 임명되었다. 이승만 정권이 못마땅해 하던 바로 그 문제의 감찰위원회였다. 최대교의 깐깐한 성품에 어울리는 직책이었다. 1952년 7월, 감찰위원회 이광李光(1879~966) 위원장이 최대교에게 함께 일하고 싶으니 어떤가 하고 의향을 타진해 왔다. 그 소식은 새 감찰위원으로 내정된 최병석崔秉錫(변호사)을 통해서 전해졌다. 최대교는 이승만 정권의 미움을 받고 있는 자기로서는 불가능한 일이라 여겨 일단 거절하였다. 그러나 이광 위원장이 이승만 대통령과 유달리 친분이 두텁기 때문에 임명에 별문제가 없을 것이라며 주위에서는 극력 권고하였다.

그 당시 법무부장관은 서상환으로, 임영신 사건 당시 서울고검장이었다. 그때부터 최대교를 못마땅하게 여긴 이였다. 그는 최대교 같은 '반정부주의자'를 감찰위원으로 앉히는 것은 절대 불가하다고 완강히 반대하였다. 그런데 최대교의 일본 유학시절 친구인 백두진이 마침 국무총리서리 겸 재무장관이었다. 백두진은 최대교의 사심 없고 곧은 성품을 누구보다 잘 알고 있었다. 그래서 그의 감찰위원 임명 건을 끝내 밀어붙였다. 현존하는 인사기록에 따르면, 이광 감찰위원장은 1952년 10월 27일 대통령에게 최대교를 감찰위원으로 임명하기를 제청하였다. 그 임명안은 그해 11월 9일 국무회의를 통과하였다.

그러나 최대교의 곧은 성격은 다시 그를 시련에 빠뜨렸다. 위원으로 임명된 지 1달가량 지난 1952년 12월 중순, 서상환 법무부장관이 뇌물을 받았다는 정보가 입수되었다. 감찰위원회에서 그에 관해 철저한 조사를 하기로 결정하였다. 서 법무부장관은 검찰을 움직여 빠르게 대응하였다. 그는 조사활동의 주역인 감찰위원회의 감찰국장인 주 모 씨(전 서울지검 검사)를 구속하였다. 주 씨에게는 과거 검사로 재직할 당시 사건 당사자로부터 뇌물을 받은 혐의를 씌웠다. 그러나 제2심에서 무죄가 확정된 것으로 보아 무고임이 여실하였다. 검찰 측은 장관의 지시에 따라 최대교도 수사선상에 올렸다. 이승만 대통령 역시 최대교의 사표를 받으라고 지시하였다. 별수 없이 최대교는 사직서를 제출하였다. 감찰위원의 일을 제대로 시작도 못하고 그만둘 판이었다. 최대교의 전기기록 가운데는 그가 반정부주의자라는 모함을 받아 1년여 만에 감찰위원을 물러났다고 서술된 경우가 있다. 그것은 바로 사직서를 제출한 이 사건을 잘못 서술한 것이다.

실제는 최대교의 사표수리가 이뤄지지 않았다. 감찰위원장은 최대교에게 지속적으로 복귀를 권유하였다. 그 때문에 그는 1954년 2월 감찰위원회가 해체될 때까지 자리를 지켰다. 그러나 그때는 정인보 위원장 시절과는 달리 위원회가 본래의 기능을 대부분 상실한 상태였다. 전시라고 하는 비상상황 역시 그들의 감찰활동을 근본적으로 제약하였다.

감찰위원회 해산은 그 시기 한국사회를 수렁에 빠뜨린 불행을 상징하였다. 정상적인 근대국가의 권력은 분립되어야 옳다. 권력분립의 논리는 국가권력의 비대칭성을 요구한다. 위르겐 하버마스가 명쾌하게 지적하였듯, "입법과 사법의 규범적 근거들을 통제할 수 없는 행정부의 활동은 의회와 사법부의 통제를 받지만, 역의 관계, 즉 행정부가 다른 두 권력을 감시하는 것은 배제"되어야 권력 간의 균형이 가능하다(위르겐 하버마스, 2010: 328~329). 만일 이러한 관계가 역전된다면, 그것은 가공할 독재체제의 출현을 의미한다. 제1공화국은 바로 그렇게 되고만 실례였다.

50대 초반의 최대교는 부두에 나가 힘든 노동을 한 적도 있었다. 6·25 전쟁 중 부산으로 피난 갔을 때의 일이었다. 1952년 7월 초순부터 9월 중순까지였다. 그 시절의 짤막한 일화가 전한다.

> 어느 날 부산 광복동에서 최대교는 옛 친구를 만나 점심을 함께 먹었다. 식사를 마치고 식당을 나올 때, 그 친구가 참다못해 최대교에게 한마디 충고를 했다. "최 선생, 신발을 바꾸어 신었소!" 최대교는 곧장 이렇게 대답했다. "나는 걸음걸이가 나빠서 신발 바닥이 한쪽만 닳기 때문에 일부러 짝을 바꾸어

신었네. 오래 신기 위해서라네."

최대교는 누구보다 근검하였다. 이미 젊은 시절부터 오랫동안 검사로 재직하였고, 사회적으로도 이름이 꽤 알려진 명사였다. 하지만 그런 외적인 상황에 그는 별로 구애를 받지 않았다. 그는 늘 소탈하였다. 피난지에서 직장을 잃게 된 그가, 가장의 책임을 다하기 위해 평범한 한 사람의 실직자로서 부두에 나가 막노동에 종사하였다는 사실. 그가 고무신 한 짝도 애지중지하였다는 일화를 우리는 그저 웃으며 듣고 넘길 수가 없다. 앞서 서술한 서울지검장 시절에도 최대교 일가의 살림은 보잘것없었다. 부인 최기효 여사가 봉투를 붙여 7남매(2남 5녀)의 학비를 보탤 정도로 가난하였다. 장남 최종백 씨는 그 시절의 일을 이렇게 회상하였다.

> 우리도 학교에 갔다 오면 방 안에 들어앉아 어머니가 봉투 붙이는 일을 도왔어요. 봉투를 잘못 붙이면 속에까지 풀이 들어가 봉투가 안 열려요. 그래서 어머니는 저희에게 봉투 속에 마분지를 붙이라고 했어요. 아버지가 월급을 제때 가져오지 못하는 바람에 수업료를 못내 학교에서 쫓겨나기도 했던 기억이 지금도 또렷합니다(구두점 및 일부 문장은 약간 윤문하였다. ―필자).

아들의 학교 수업료도 제때 내지 못할 만큼 가정형편이 곤란하였다. 점심시간에 도시락 대신 '누룽지'를 먹다가 기자들의 눈에 띄기도 하였다. 고무신을 신고 출퇴근을 하여 그 청렴함에 다들 눈이 휘둥그레졌다고 한다. 그럼에도 최대교는 가난한 살림을 핑계로 뒷거래를 하거나 부정을 저지르지 않았다. 그는 권력자들의 회유와 압박에도 불구하고 법과 자신의 양심을 끝끝내 지켰다. 보통사람은 믿기조차 어려운 이야기지만, 그것은 명백한 사실이었다.

4. 개결介潔한 서울고등검찰청(1960~1962)

감찰위원을 끝으로 최대교는 재야 법조인으로 되돌아왔다. 그렇게 제1공화국의 혹독한 겨울이 지나갔다. 독재정권에 대한 시민들의 반발심과 저항은 나날이 커졌고, 드디어 1960년 봄 '4·19혁명'이 일어나 늙은 독재자는 권좌에서 영원히 축출되었다.

정치적 과도기가 찾아오자 사람들은 그동안 잊고 지내던 최대교의 청고淸高함을 다시 기억에 떠올렸다. 1960년 5월 17일, 최대교는 명예롭게 재기하였다. 무려 10년 만의 검찰 복귀였다. 이번에는 서울고등검찰청장의 직책이 그에게 맡겨졌다. 그에 앞서 혁명 직후인 4월 25일, 권승렬이 법무부장관에 취임하였다. 검찰총장은 지난날 최대교의 뒤를 이어 서울지검장을 역임한 이태희였다.

곧이어 민주당 정권이 출범하였다. 최대교는 잠시 검찰총장의 물망에 오르기도 하였다. 그러나 그를 후원하는 정치세력은 미약하였고 그 자신도 자리에 연연해하는 성격이 아니라서 인사가 적극 추진되지는 않았다. 관직에 관한 한 최대교는 서울고검장으로도 충분히 만족하였다.

고검장 시절에도 최대교는 청빈한 관리로서 몇 가지 일화를 남겼다. 당시 학생들은 기름 한 방울 나오지 않는 우리나라에 관용차가 너무 많다고 항의하였다. 시위소식에 접한 최대교는 학생들의 주장이 '백번 옳다'며 적극 찬동하였다. 그는 즉시 서울고검장의 관용차를 없애 버렸다. 그리고는 아현동의 자택에서 서소문에 있는 검찰청까지 날마다 걸어서 출퇴근을 하였다. 일이 이렇게 되자 서울고검은 수사용 지프차 1대만 본청에 남겨 두고 일체의 관용차를 반납하였다. 고검장 최대교의 영향으로, 차장

검사와 서기과장 등 고검의 간부들도 모두 전차를 타거나 도보로 통근하는 진풍경이 벌어졌다. 이런 사실은 김용수의 증언에 역력하다.

> 4·19 때 우리는 대학생[김용수는 당시 서울대 법대생]으로서, 기름절약을 위해 자가용차 타지 않기 시위를 벌였다. 당시 서울고검장으로 복권된 화강[=최대교] 선생님은 가장 먼저 솔선수범하셔서 걸어서 출퇴근하셨다. 당시 민주당 정권의 검찰총장 물망에 오르기도 했는데, 만약 그때 그분이 법치 실현의 주역을 맡았더라면, 장면 내각은 보다 더 안정된 기반을 잡을 수 있지 않았을까 하는 아쉬움이 있다.

제1공화국의 종말과 더불어 '3·15부정선거'의 주역들에 대한 처벌요구가 사회적으로 비등하였다. 1960년 5월 2일 권승렬 법무부장관은 우선 검찰의 내부숙청부터 하겠다고 다짐하였다. 이승만 독재정권 아래서 검찰은 권력의 시녀로 전락하였다. 그리하여 온갖 부정부패의 소굴이 되고 말았다. 여론은 검찰의 부정부패를 질타했고 권 장관은 이를 겸허히 수용하였다.

권 장관은 그동안 매사를 법대로 처리하지 못했기 때문에 부패문제가 생겼다고 인정하였다. 앞으로는 모든 개별사건이 검찰총장의 권한에 속하는 것으로 알고 장관이 수사에 간섭하지 않겠다고 천명하였다. 그리고 만일 검찰총장이 직무를 제대로 수행하지 못하면 법무부장관이 책임지고 물러나겠다고 약속하였다(「조선일보」, 1960. 5. 3.). 여론은 권승렬 장관의 이러한 개혁의지를 적극 환영하였다.

검찰의 기강을 세우기 위한 노력은 구체화되었다. 1960년 9월 16일, 검찰은 '3·15부정선거'에 가담한 검사를 처벌하기 위해 특별수사반을 조직하였다. 그 지휘봉은 염결廉潔하기로 정평이 있는 최대교 고검장이 손에 쥐었다. 숙정대상은 우선 간부급 검사들 가운데서 적발하였다. 해당자가 무려 20여 명이었다. 그 가운데는 검사장급만 해도 4~5명이었다. 1960년 9월의 언론보도에 따르면, 문제의 간부검사들 가운데 15명이 이미 사표를 제출한 상황이었다. 곧이어 평검사급으로도 숙정이 확대될 추세였다. 그러나 독재시절의 해묵은 해독을 청산하기가 쉬운 일은 아니었다.

그 사이에도 한국사회는 또 다른 정치적 격변의 소용돌이 속으로 휘말려 들었다. 민주당 정권이 아직 뿌리를 내리기도 전이었다. 1961년 5월 16일, 박정희 소장을 중심으로 한 일단의 군인들이 이른바 '5·16군사정변'을 일으켜 권력을 완전히 장악하였다. 그들의 방침에 따라 최대교도 일단 사표를 제출하였다.

군사정권도 최대교의 청렴과 대쪽 같은 성품을 알고 있었기 때문에 그의 사표는 반려되었다. 군사정권은 그에게 혁명검찰부장을 맡기려고 교섭해 왔다. 최대교는 그 제안을 일언지하에 거절하였다. 그것은 정치적 역할이라고 여겼기 때문이다. 그는 사태의 추이를 조용히 관망하며 검찰 고유의 역할을 다할 뿐이었다. 그로서는 서울고검장이라는 직책 외에 다른 일을 생각할 여가가 없었다.

5. 짧았던 대검찰청 감찰부장 시절(1962~1963)

1962년 2월 9일 군사정권은 대검찰청에 감찰부를 신설하였다. 그들 역시 검찰 내부의 기강을 확립하는 문제가 중요하다는 인식을 갖게 되었기 때문이다. 최대교는 검찰 내 양심과 강직의 상징이었기 때문에 초대 감찰부장의 직무를 맡게 되었다(「조선일보」, 1962. 2. 10.).

그러나 그 시절이 오래가지는 않았다. 박정희 소장이 군복을 벗고 대통령 선거를 통해 제3공화국이 출범하게 되면서의 일이었다. 젊은 퇴직 군인들은 최대교의 자리까지도 차지하려 들었다. 당시 최대교의 나이는 63세였다. 퇴직군인들은 그가 연로하다는 이유를 내세워 재야로 물러나게 하였다.

> 1963년 12월 31일 법무장관(민복기)이 나(=최대교)를 부르더니 대위인가 소령인가 하던 30대 사람이 검찰총장이 되었는데, 60이 넘은 사람이 고등검사장으로 있는 건 좀 뭣하지 않느냐, 해서 그만두었지요. 하지만 검찰총장을 하려면 일정한 자격요건이 있어야 하도록 되어 있어요. 이런 규정을 무시하고 그 사람을 검찰총장 시킨 것은 서로 짜고 한 거요(김진배 외, 1999: 214).

자리를 내놓는 것은 그에게 무방한 일이었다. 그러나 자격요건도 갖추지 못한 사람을 갑자기 검찰총장으로 임명한 처사는 잘못이었다. 그런 점만 보아도 제3공화국의 장래가 결코 밝지만은 못할 것이 빤하였다. 최대교는 나라의 불길한 장래를 예감하였다.

감찰부장 시절에도 최대교는 그다움을 여실히 증명하는 일화를 남겼다. 1962년 군사정부는 그를 고등고시위원으로 내정하였다. 그러나 최대교는 이를 단호히 물리쳤다. 아들 최종백이 이미 응시원서를 낸 상태라서 불가능하다는 주장이었다. 그 시험에 최종백은 합격하였다. 부자가 법조인의 길을 함께 갈 수 있게 되었다.

일평생 검사라는 직책을 천직으로 믿고 살아온 최대교. 그에게 검사란 어떠한 존재일까? 그는 후배들에게 아래와 같이 말하였다.

설혹 부당한 명령을 내리더라도 그저 복종해 가지고는 안 되지요. 윗사람의 부당한 명령을 거부하는 기개가 있어야 하고, 윗사람 눈치를 보지 않는 소신이 있어야 돼요. 그러한 사람 몇 사람만 있으면, 비록 상사라 하더라도 아랫사람을 함부로 못하게 돼요. 일제 때도 이렇지는 않았고 건국 초기에도 이렇게 검사들이 뼈다귀가 없지 않았어요. 사법관은 물 한 모금 마시는 데도 조심해야 합니다. …… 법을 다루는 사람은 다른 많은 것을 버려야 하는 거요(김진배 외, 1999: 211~212 및 217).

군사정변 직후만 해도 최대교는 내심 상당한 기대를 걸고 있었다. 그러나 시간이 흘러 갈수록 정권에 대한 기대는 사라지고 걱정만 커졌다.

5·16혁명 직후에는 정부에서 기강확립을 강력히 추진, 국민들도 기대를 걸고 호응했다. 그러나 지금은 일반 국민들이나 공무원들이나 기강이 풀려 무감각하게 되어 버린 느낌이지요. 부정부패를 가차 없이 뿌리 뽑을 용단이 아쉽군요(「동아일보」, 1969. 1. 11., 새해 인터뷰).

최대교는 공무원들의 기강이 흐트러졌다며 자신의 소감을 분명한 어조로 말하였다. 그때 그는 정치와 법에 대한 자신의 신념을 천명하기도 하였다.

국회에서 선거부정을 막는다고 선거법 개정 논의가 무성했지만, 사실 법이 나빠서 선거가 제대로 안 된 건 아니지 않소. 법을 아무리 완미完美하게 만들어도 강자에게 짓밟히면 도리가 없는 거죠. 법은 국민의 도의심을 정신적 바탕으로 해서, 운용의 묘를 살려갈 생각을 해야 해요(「동아일보」, 1969. 1. 11., 새해 인터뷰).

권력자들이 법을 제대로 지키지 않는 현실이 문제의 핵심이라는 뼈아픈 지적이었다. 이른바 사회지도층의 기강이 무너진 사실을 그는 못내 안타까워하였다.

> 자가용차, 몸치장 …… 한마디로 사치풍조가 심해요. 우리는 건설도상의 나라니까, 모두가 성심성의 피땀 흘려 일해야 할 터인데 ……. 일부 고관들은 몸은 후진국 사람인데, 마음만 선진국으로 들떠, 건설이 완성된 나라 고관들을 본뜨고 있으니 ……, 멸사봉공의 자세가 아쉬워요(「동아일보」, 1969. 1. 11., 새해 인터뷰).

제3공화국 역시 최대교에게는 만족스럽지 못한 정권이었다. 안타까운 일이었다. 그 얼마 뒤인 1971년 7월, 이른바 제1차 사법파동이 일어났다. 당시 서울지검 공안부는 이범열 부장판사를 포함한 3명을 수뢰죄로 수사해 구속영장을 청구하였다. 그 배경은 이 판사 등이 신민당사 농성사건, '월간 「다리」지 사건' 등 일련의 시국사건에서 잇따라 무죄를 선고한 점이었다. 당시 검찰에서는 문제의 판사들 가운데 한 사람이 그해 1월 21일부터 7월까지 19건이나 되는 공안사건에 무죄선고를 했다고 문제 삼기도 하였다.

최대교는 '제1차 사법파동'을 지켜본 후, 판사와 검사의 대립이 너무 지나치면 곤란하다고 주장하였다. "판사가 자신의 양심에 따라 무죄선고를 한 것은 죄가 아니다. 오히려 무죄 선고될 사건을 기소한 검사가 책임을 느낄 일이고 판사를 비난할 바 못 되며, 무죄로 한 사건이 상급법원에서 반대의 결과가 났다면 판사를 비난할 수도 있으나 그렇지 않으면 검사는 겸허하게 그것을 반성자료로 삼아야 한다." 이것이 그의 평소 소신이었음은 물론이었다.

혹자는 이러한 최대교의 언행을 비판할지도 모르겠다. 1948년 전주지방법원 검사장 시절에 그는 이우식 당시 법원장을 좌익혐의로 고발하였다. 또한 임영신 독직사건에 대해서도 임 장관에 대한 무죄판결에도 불구하고 "장관에게 죄가 있었다는 나의 소신에는 변함이 없다"(최대교, 1984a)고 말하였기 때문이다.

일리 있는 지적이다. 그러나 제1차 사법파동에 대한 최대교의 견해는 그 자체로서도 충분히 존중할 만한 가치가 있을뿐더러 표면상의 결과만 가지고 이우식 법원장 사건이나 임영신 장관 독직사건을 함부로 거론하는 것은 곤란하다. 중요한 것은 사건의 외형이 아니라 그 내밀한 속내이다.

6. 청한清閑한 최대교 변호사(1964~1992)

1964년부터 생의 마지막 순간까지 최대교는 30년 가까이 변호사 생활을 계속하였다. 이따금 매체의 요청에 따라 파란 많았던 과거 검사시절을 회고하기도 하였다. 하지만 대개는 한가하고 조용한 나날의 연속이었다. 그는 아현동 자택에서 영등포 사거리에 있는 자신의 변호사 사무실까지 버스로 출퇴근했다. 6.6㎡(2평) 남짓한 그의 사무실은 비좁기 짝이 없었다. 한여름의 찜통더위에도 사무실에는 에어컨은커녕 흔한 선풍기도 없었다. 믿기 어려울 정도의 청빈이었다. 1988년 여름, 그의 변호사 사무실 풍경이 그러하였다. 그의 아현동 자택 역시 40년 넘게 살았다지만 92.5㎡(28평)의 낡고 초라한 한옥이었다.

살아오면서 자신의 신조에 후회해 본 적은 없느냐는 기자의 질문에 최대교는 태연하게 대답하였다.

내게 후회는 없어요. 하늘을 우러러봐도 법대로 했기 때문이죠. 곡학아세曲學阿世했더라면 나도 출세했을지 모르죠(「한국경제신문」, 1988. 7. 17.).

다시 몇 해가 지난 1991년 2월 10일 자 「동아일보」 기사를 보아도, 그의 사무실 정경은 달라지지 않았다. 기자가 목격한 최대교의 변호사 사무실에는 집기라고는 칠이 벗겨진 철제책상 1개, 낡은 캐비닛 1개, 다이얼식 구식전화 1대와 의자 몇 개가 전부였다. 사무장을 둘 형편도 못 되어서 드문드문 걸려오는 전화 역시 91세의 노老변호사가 직접 받았다.

사무실 전기난로에 언 손을 녹이면서도 검버섯이 가득한 그[=최대교]의 얼굴에선 잔잔한 미소가 가시는 법이 없다(「동아일보」, 1991. 2. 10.).

욕심이 적은 사람이라서 오래오래 건강하게 살 수 있었던 것일까. 90세가 넘게 한 길을 걸어온 최대교는 변호사라는 직업에 관하여도 남다른 윤리관을 가지고 있었다.

법관은 고독한 직업이야. 사정에 흘러도 안 되고, 청탁이나 상관의 부당한 명령에 복종해 판결해서는 더욱 안 되고 ……. 이러한 원칙은 아무리 시대가 변해도 바뀌지 않는 법이지(어느 인터뷰 기사).

그는 또 이런 말도 하였다.

욕심을 부리지 않으면 매사가 순조롭게 풀리지. 마음을 비우라는 얘기야. 법을 다루는 사람이 뇌물을 먹어서야 공정한 법 집행이 가능할 수 있겠어? 법조인이 특히 청렴결백해야 하는 것은 당연한 이치지. 그래야 소신도 굽히지 않을 수 있고 ……(어느 인터뷰 기사).

판사, 검사, 또는 변호사가 되는 것을 출세와 돈벌이로만 생각하는 것이 요즘의 세태다. 최대교가 걸어간 길은 세상 풍조와는 너무 큰 거리감이 느껴질 정도로 달랐다. 그도 세상이 급변하였다는 점을 모른 것은 아니었다. 아니, 정확히 말하면 그와 같은 세대의 법조인들이라고 해서 현세대와 본질적으로 다르지도 않았다. 하지만 법조인이 "돈벌이에 급급해서는 법을 올바로 따를 수 없다"는 최대교의 비판은 시공을 초월해서 옳은 지적이 아닌가(『월간 중앙』, 1992년 12월호, 중앙인터뷰－최대교 변호사).

현대 한국사회의 기득권층은 지연, 혈연, 학연을 중심으로 굳게 뭉쳐 자신들의 이익만을 추구한다. 그들은 이미 초법적인 존재로서 법 위에 군림한다. 이런 풍토야말로 시민사회의 발전에 큰 장애요인이다. 노년의 최대교는 다음과 같이 통탄하였다.

우리 사회는 너무 준법의식이 미약해. 지연, 혈연, 학연 등이 법보다 앞서는 고질적인 사회풍토가 원인이지. 정치권과 법원, 검찰 등 법 집행기관들이 스스로 법의 존엄성을 무너뜨리는 데도 큰 책임이 있다(어느 매체와의 인터뷰에서).

누구나 평생을 최대교처럼 곧게만 살 수 없다. 그렇다 해도 가끔은 그가 걸어간 멀고 긴 아득한 인생길을 염두에 두고, 자신의 삶을 돌이켜 볼 필요가 있을 것이다. 사람은 자주 눈을 두는 곳, 그쪽을 향해 나아가기 마련이다.

7. 후손

최대교는 1992년 10월 21일, 서울의 청량리에 있는 성바오로병원에서 눈을 감았다. 우리 나이로 92세의 고령이었다. 그의 유해는 경기도 안성시 일죽면 고은리 선영에 안장되었다.

정부에서는 공적을 기려 청조근정훈장과 국민훈장 무궁화장을 서훈하였다. 1999년에 설립된 '한국법조3성기념사업회韓國法曹三聖記念事業會'에서는 그를 김병로金炳魯 및 김홍섭金洪燮과 함께 '법조삼성'으로 지명하고, 전북 전주시 덕진공원에 '한국법조3성 기념물'을 조성하였다.

최대교는 최기효와의 사이에 2남 5녀를 두었다. 장남 최종백은 법조인으로 서울민사지법 부장판사를 역임하였고, 국민고충처리위원회 위원장(1995)도 지냈다. 차남 최종인은 사업에 종사하였다. 차녀 최양혜와 3녀 최종혜는 미국에서 살고 있다. 4녀 최경혜와 5녀 최영혜는 서울에 거주한다. 자녀들에게 최대교는 과연 어떤 사람으로 기억될까. 장남 최종백 변호사는 이렇게 회상하였다.

> "제가 감히 어떻게 아버님을 평가하겠습니까만, 아버님은 현실에 부응하지 않으시고 자신이 옳다고 생각하는 바른 길만을 걸으신 분입니다. 욕심이 없으셨고 진퇴가 분명한 분이기 때문에, 저희 아버님이 아니시더라도 법조계의 선배로서, 저는, 저의 아버님을 분명히 존경했을 겁니다."

소신대로 자신이 옳다고 여긴 길만을 걸어간 아버지. 욕심 없이 바른 길을 좇아 진퇴를 분명히 하신 어른. 아버지 최대교에 대한 장남의 존경심에 나로서는 머리를 끄덕이지 않을 수 없다.

8. 닫는 말: '검찰의 양심'

일제강점기 최대교는 전라북도 익산의 한 명문 선비집안에서 출생하여, 일찍이 학업에 두각을 나타냈다. 그는 일본 유학을 거쳐 일제의 고등문관시험 사법과에 합격하여 30대 초반의 젊은 나이에 검사의 길로 접어들었다. 이후 그는 법의 준수와 청빈清貧이라는 자신의 소신을 굳히고 묵묵히 검사로서의 전문적인 업무능력을 길렀다. 식민지의 아들이라는 태생적 한계 때문에 크게 중용되지 못한 채 한직을 전전하며, 그는 식민지 역사의 굴곡을 온몸으로 감싸 안았다.

1945년 8월 해방이 찾아오자 최대교 검사는 이전과는 비교할 수 없이 무겁고 큰 책임이 요구되는 자리에 임용되었다. 그는 잠시 전주지방법원의 검사장을 거쳐, 일약에 서울지방검찰청 검사장에 기용되었다. 검사장 시절 그의 진면목이 온 세상에 드러났다. 그는 검찰의 기소권을 확립하기 위해 안간힘을 썼다. 설사 법무부장관이라 해도 개별사건에 절대 개입해서는 안 된다는 확고한 신념으로, 외압에도 불구하고 권력의 핵심이었던 임영신 상공부장관을 기소하여 정국에 엄청난 파장을 불러일으켰다. 그의 나이 49세 때의 일이었다.

사법부와 마찬가지로 검찰은 독립성과 정치적 중립성을 확보해야 한다. 이러한 신념을 지키기 위해서 그는 퇴직도 불사하였다. 그러면서도 검찰 간부의 역할을 중시하였다. 권력의 눈치를 보는 "일선 검사들의 행위는 검사를 비난할 바 아니고, '검사동일체'의 원칙, 또는 이를 악용하는 그 상부의 비난받을 행위가 원인이 된 것이다"(최대교, 1984d: 95)라고 그는 강조한 적이 있다. 독립적인 검찰은 결코 정부의 눈치를 살피거나 지시에 따라서 움직이는 존재가 아니다. 검사의 기소권의 행사는 언제나 시민과 정치권으로부터 의심받지 않도록 신중하게 행사되어야 하며, 그러려면 정치적 중립이 필수적이라는 주장이었다(최대교, 1984d: 95). 바로 이러한 신념이 있었기 때문에 그는 상공부장관을 기소하였다. 이렇듯 그는 자신의 신념과 양심을 말로만 내세운 것이 아니라 몸소 실천하였다.

최대교가 검사로 재직한 시절은, 국가체제가 제대로 정비된 시절도 아니었고 검사로서의 직무여건도 대단히 불리하였다. 그러나 그가 검사로서 개성을 발휘될 수 있는 여건은 오히려 오늘날보다 나았다. 건국 초기에는 법조경력이 상이한 다양한 집단이 존재하였기 때문에 개성이 존중되는 분위기였다. 또한 당시의 법조인들은 최대교의 경우도 그러하였지만 대체로 성리철학의 중추인 청렴과 강직을 내면화하고 있었다. 그들 가운데는 최대교처럼 명분과 의리를 목숨보다 중시하는 경우가 종종 있었다. 그들은 오늘날의 우리 세대와는 달리 관직과 이익만을 노골적으로 추구하는 짓을 추태로 알아, 스스로 부끄러운 짓을 삼가는 경향을 보이기도 하였다. 대국적인 차원에서 보면, 김병로는 물론이고 권승렬과 이인도 이런 범주에 속한다.

1901년에 출생하여 1992년에 사망하였으니, 최대교는 격동의 한 세기를 목격한 역사의 증인이었다. 낡은 왕조체제가 무너지고, 새로운 사상과 이념 및 제도가 수용되고, 나라의 운명도 몇 번이나 바뀌었다. 국권이 상실되어 남의 식민지가 되기도 하였다가, 해방의 기쁨을 맞았고, 얼마 뒤에는 다시 세계적인 '냉전' 조류에 휩쓸려 남북이 분단되고 이념적 갈등이 치열해졌다. 국내정치 역시 혼미를 거듭해, 독재와 학생혁명, 그리고 군사쿠데타가 연달아 일어났다. 그러는 사이 농업 중심의 한국사회는 도시 중심의 산업국가로 빠르게 전환되었다. 가치관에도 엄청난 변화가 초래되어, 조상 전래의 미풍은 사라지고 인심은 명리名利를 좇아 날로 각박해졌다.

한국사회의 이러한 급변 속에서 최대교는 '법'을 통한 '정의'의 구현을 자신의 사명으로 삼았다. "법의 정신에 어긋나거나 부당한 것이라면 언제나 분연히 떨쳐 일어나 떳떳하게 밝혀야 하고, 그래도 소신이 받아들여지지 않으면 모든 것을 걸고 자신의 책임을 다해야 한다는 것"(김진배 외, 1999: 215), 이것이야말로 최대교의 평생을 지배한 소신이었다.

최대교는 자신을 특별한 철학적 조류와 관련지은 적이 없다. 그러나 그가 걸어간 길은 정의를 위협하는 '폭력'에 대한 저항이었다. 그는 정당한 '권력'의 지배를 바랐다. 폭력의 반대로서의 권력이란 다수의 지지에 의해 성립된다. 그에 비해 폭력은 소수에 의존한다. "흐르는 부드러운 물은 시간이 지나면 힘 있는 돌을 이긴다오. 그대는 단단한 것이 굴복한다는 뜻을 아시겠소?"(한나 아렌트, 2010: 245; 홍원표, 2011: 227~228)

혹자는 최대교의 구십 평생을 한마디로 요약하여 "합법성과 직업정신에 투철한 검사의 삶"이라고 정의할 것이다. 맞는 말이 아니겠는가. 일제강점기에는 평범한 검사로서 자신에게 주어진 역할에만 충실하였다. 그때 그로서는 그것만이 사법정의를 세우는 길이었다. 해방 후 건국 초기에는 부정부패와 행정부의 독주에 맞서 검찰의 수사권 확립에 혼신의 힘을 쏟았다. 최대교는 굵직한 사건마다 검사의 입장에서 '합법성合法性'을 실천에 옮기고자 노력하였다. 소신을 다하기 위해 그는 "부귀와 권세를 멀리하고 법의 수행자로서 소명의식에 따라 살았다."(「중앙일보」, 1990. 8. 17. 인터뷰 기사) 그는 뇌물, 부동산투기, 호화사치라는 낱말과는 담을 쌓고 지냈기 때문에 평생 그 흔한 자가용 승용차 한 번 소유한 적이 없었다.

그도 한 사람의 인간인지라 과오도 없지는 않았을 것이다. 행적이 다소 부풀려 전해진 대목도 전혀 없다고 볼 수는 없다. 철저한 반공주의자라서 사상적 관용이 부족한 점도 있었다. 하지만 전체적으로 보아 어느 누구보다도 검사로서 본연의 직무에 충실하였던 인물이었다. 그의 삶은 거친 세파 속에서도 한결같이 살아 있는 검찰의 양심을 상징하였다.

> "공직자라는 것, 특히 법을 다루는 직업은 처신하기 힘들다. 그 자신이 바로 서 있지 않으면 남을 다루지 못하는 법이다."(어느 회고담에서)

Ⅲ

고뇌의 인간, 바오로 김홍섭 판사

백승종
(한국기술교육대학교 대우교수, 전 서강대 사학과 교수)

명상에 잠긴 김홍섭

교황 사절과 함께한 김홍섭(오른쪽 첫 번째)

명동성당에서 세례를 받은 김홍섭 부부(앞줄 오른쪽 두 사람)

조선변호사시험 합격한 김홍섭(가운뎃줄 왼쪽 첫 번째)

제헌국회 사법위원회 위원들과 함께한 김홍섭(뒷줄 왼쪽 다섯 번째)

전주지방법원장 시절의 김홍섭(앞줄 가운데)

광주고등법원장 시절의 김홍섭(앞줄 가운데)

한 사람의 역사가로서 나는 여러 달 동안 김홍섭의 삶을 들여다보려 하였다. 거기서 발견되는 가장 큰 특징은 무엇일까. 나는 그의 정신적 편력에서 남다른 매력을 느꼈다. 언젠가 그 자신도 괴테의 명저 『파우스트』의 주인공인 파우스트 박사의 음성을 빌려 이렇게 말한 적이 있다. "나는 철학에다가 법률학, 의학에, 애매모호한 신학꺼정 궁리하여 속속들이 캐어 보았다."(김홍섭, 1981: 92) 그의 본업은 법률가였다. 특히 형사사건을 담당한 판사였던 것이다. 하지만 그는 철학, 의학, 신학, 문학, 역사학의 경계를 넘나든 일종의 딜레탕트였다. 요샛말로 하면 김홍섭이야말로 통섭의 지식인, 인문정신의 총화였다고 할 것이다.

김홍섭이 여러 학문 분야에 많은 시간을 바친 이유는 무엇일까. 그것은 그가 추구한 구도求道의 가능성과 관계가 있어 보인다. 그의 지적 편력은 인생과 우주의 이치를 깨치는 종교적 성찰에 목적을 두었다고 여겨진다. 내가 보기에 그의 일생은 마치 한 종교인의 구도과정을 방불케 하였다. 이러한 김홍섭의 내면세계를 가장 절실하게 기록한 것이 있다면, 그것은 수필집 『무상을 넘어서』였다. 최종고 역시 이 책을 가리켜 "수필집이라 하기엔 너무나 성서 같은 책!"(최종고, 1985b: 35)이라고 말하였다는 사실이 흥미롭지 않은가.

어린 시절부터 김홍섭을 온통 사로잡은 것은 종교요 철학이었다. 그는 고모의 인도로 집 가까이 있던 교회('예배당')를 열심히 다녔다. 그는 날마다 새벽기도에 나가 하나님께 장래의 소원을 기도하는 일이 좋았다고 회상하였다. 동녘 하늘이 밝아올 때 예배당 종각 아래서 종지기 아저씨의 신앙말씀을 듣는 것 역시 즐거운 추억이었다고 말하였다(최종고, 1985b: 39). 하찮아 보이는 역할일지 몰라도 종지기야말로 얼마나 대단한 일인가. 훗날 김홍섭은 윤형중尹亨重 신부를 비롯한 몇몇 지인에게 자신의 평생소원을 종지기라고 말하였다. "내가 8남매의 자식만 다 키우면 성프란시스코 수도원의 종지기가 되겠다."(윤형중, 1965; 최종고, 1985b: 218) 김홍섭의 아내 김자선金子善 여사는 남편의 수도사적 기질을 너무도 잘 알고 있었다. 그래서 다음과 같이 말하였다. "그분이 결혼 전에 가톨릭을 알았더라면 틀림없이 수도원에 들어갔을 거"다(윤형중, 1965; 최종고, 1985b: 218). 하지만 김홍섭은 향년 51세로 세상을 뜨고 말았다. 그는 끝내 수도원의 종지기가 되지 못하였다. 그러나 양심과 진리의 편에서 늘 고민하던 그는 이미 세상의 종지기가 아니었던가.

김홍섭은 특이한 사람이었다. 이미 소년시절부터 그는 죽음의 문제를 깊이 헤아렸다. "아직 내 나이 6~7세였을 적, 나를 업어도 주고 그 밖에 무척 귀여워해 주던 외삼촌이 무슨 병에 걸려서인지는 알 수 없었어도, 장기간 앓다가 끝내 죽어 버리고만 그때부터 [나는 죽음의 문제를 생각하]였다."(김홍섭, 1981: 321) 철모르던 어린 시절의 일이었지만, 외삼촌의 죽음은 김홍섭에게 큰 충격을 주었다. 그 얼마 뒤 자신이 어여삐 여기던 한 어린아이가 또 죽었다. 잇따른 죽음 앞에서 그는 무척 당황했고, 정성을 다해 죽은 그이들의 소생을 간절히 기원하였다고 한다(김홍섭, 1981: 321). 그러나 살아 있는 모든 것은 언젠가 반드시 죽어야 하며, 그것도 반드시 혼자 죽을 수밖에 없다. 이런 깨침이 차츰 그의 마음속에 윤곽을 드러냈다. 이 깨침은 그를 종교적 명상과 성찰의 인간으로 자라나게 하였다.

김홍섭의 종교적 자아탐구, 이것은 시와 시조의 형식을 빌려서도 기록되었다. 「나, 형形과 영影」이란 시를 보라. "내가 무엇인지는 나도 모를 일 / 그것도 모르고서 사는 내로라 / 가다가 돌아보니 그림자 하나 / 그림자가 내인가 내가 그림자?"(김홍섭, 1954: 71) 참된 자아와 그 그림자.

이 두 가지 사이의 간격을 명확히 인식하려는 김홍섭의 진지한 노력이 엿보이는 시조다.

인간으로서 자신의 진정한 모습을 그는 애써 탐구하였다. 그리하여 한때는 중국의 고전시인 도연명陶淵明의 자전적인 시 「오류선생전五柳先生傳」에서 자신의 본모습을 발견한 적도 있었다.

오류선생五柳先의 / 지낸 역사며 / 그의 명호名號는 / 알 배 아니라
가다 오다가 / 거居를 정하고 / 버들을 심어 / '오류五柳'라 하다
마음은 정한靜閑 / 말씀이 없다 / 하물며 영리榮利 / 뜻해 봄이랴
서書를 즐기되 / 생각대로요 / 문자 구절에 / 거침이 없다
본시 선생은 / 호주가이라 / 일야日夜 장음長飮이 / 원願이언마는
가세 탓으로 / 그릴 못하니 / 남은 주량은 / 친구 덕이라
이렇고 보니 / 형편이 없다 / 바람 이슬이 / 제멋대로요
짧은 두렝이 / 헤어진 구멍 / 양식 차 두기 / 간 데 있으랴
그렇건마는 / 함이 없으니 / 무골이랄까 / 초탈이랄까
세상 풍문야 / 어떠하거니 / 이재利財 성망盛望야 / 오고 가거니
때로 글 지어 / 뜻을 부치고 / 혼자 헤아려 / 즐길 뿐이라
이러구러에 / 생을 마치다 / 마친 연후에 / 한갓 이름뿐

원작자는 앞서 말한 대로 중국 당나라의 시인 도연명이다. 그러나 이 시조가 묘사한 것은 영락없는 김홍섭의 자전적自傳的 모습이다. 가난하지만 명예와 이익을 탐하지 않는 초연한 선비, 세상 사람들은 무어라 평하거나 말거나 구애받지 않는 사람. 항상 평정하고 한가한 마음을 지키며 글을 사랑하는 김홍섭 자신의 모습이 그 안에 담겨 있었다.

조촐하면서도 고매하고 깊은 인격과 정신세계를 가졌다고 평한다면 너무 미화한 것일까. 그렇지만은 않을 것이다. 김홍섭은 두고두고 법조계의 귀감이 되지 않았나. 그와 절친하던 이병린 변호사의 말대로 김홍

섭은 독자적인 사상을 가졌던 법관이다. 그런 만큼 김홍섭의 삶에 관한 진지한 논의는 그의 사법부 후배들에게는 물론, 일반 학생이나 시민들에게도 상당한 격려와 자극을 줄 수 있다고 믿어도 좋을 것이다.

또한 그의 삶은 신앙의 사표로서 등불의 역할을 할 수도 있겠다는 생각이 든다. 천주교 측에서는 김홍섭의 수필집 『무상을 넘어서』를 한 권의 전교서적이라고 평가하기도 한다(노기남, 1975; 최종고, 1985b: 16). 개신교에서 출발하여 불교를 거쳐 천주교로 귀의한 그의 신앙 역정은 타의 귀감이 되기에 족하다는 것이다. 그러나 내 생각은 조금 다르다. 김홍섭의 삶을 일개 천주교 신자의 인생으로만 국한할 일이 아니다. 말년의 그가 천주교 신자였던 점은 한 치의 의문도 용납하지 않는 사실이었다. 그럼에도, 그의 종교적 관심은 종파를 초월한 보편적 정신세계의 탐구에 있었다고 보는 것이 더욱 타당할 것이다. 말년에 이르도록 불교와 유교 및 도교에 대한 그의 관심은 끝내 고갈되지 않았던 사실에 주목할 필요가 있다.

나의 이 글은 일종의 평전이다. 엄밀한 학문적 연구 성과라고 보기는 어려울지도 모르겠다. 이 글은 일반시민을 위한 것이고, 그런 만큼 평이한 서술을 추구한다. 자연히 이 글에는 사실과 해석, 주관과 객관이 꼬리를 물어 뒤섞인다. 혹자는 이것을 가리켜 일종의 한계라고 지목할지도 모르겠다.

그러나 이 글 전체를 일관하여 나는 김홍섭을 신화화하지 않고자 주의를 기울였다. 일반적으로 한국사회에서 평전이라면 자칫 대상의 미화를 넘어 신화 또는 신성화로 치닫는 경향이 있다. 김홍섭에 관한 기왕의 저술도 그러한 위험이 있다는 경고의 음성이 있다(김동현, 1985: 79). 그러한 경고의 심각성을 나는 십분 주의하였다. 이 글을 통해 내가 바라는 것은 소위 김홍섭 띄우기가 아니다. 나는 독자들이 '순박'하고 '진실'하며 '친근한 선비' 김홍섭을 만나게 되기를 소망할 따름이다. 아울러 천주교도가 아닌 타 종교의 신봉자들도 이 책을 읽기가 지나치게 부담스럽지 않기를 바란다. 김홍섭은 천주교도이기 전에 보편적 의미의 종교적 구원을 추구한 진솔한 인간이었다고 생각한다.

1. 식민지 조선의 가난한 변호사

김홍섭이 태어났을 때 이 나라는 이미 남의 식민지가 되어 있었다. 1915년 8월 28일, 그는 아버지 김재운金在雲(1888~1979)과 어머니 강재순姜在順(1893~1974) 사이에서 외아들로 태어났다. 그들 가족은 본래 전북 임실군 운암면에 살았다. 그러나 가정에 액운이 있어, 김홍섭의 조부 김광언金光彦(1867~1944, 원릉元陵 참봉) 대에 전라북도 '김제군 수류면 금산리 5통 7호'로 이주해 농업에 종사하였다. 김홍섭은 평생 단 한 번도 조상의 이름과 벼슬을 내세우며 양반의 후예임을 떠벌린 적이 없었다. 김홍섭과 비슷한 연령의 한국 사람들은 없는 이야기라도 꾸며 대며 집안 자랑을 하는 것이 보통이었다. 실제로도 그와 함께 활동한 식민지 시대의 상당수 유명인사들은 유명한 양반가문의 후예였고, 그들은 그런 사실을 늘 강조하였다. 하지만 김홍섭은 완전히 달랐다. 그는 망국의 백성으로서 과거 자기 집안의 신분 따위에 연연해하는 일이 전혀 없었다. 김홍섭에게 중요한 것은 근대시민으로서의 정체성이었다. 이것은 독서와 성찰을 통해 스스로 깨친 것이었으리라.

취학연령이 되자 김홍섭은 고향에 있는 원평보통학교에 입학하였다. 그 당시의 학제에 따라 보통학교는 4년만 다니면 그만이었다. 그는 재학 중 학업성적이 가장 우수하였다. 관례대로 도지사상을 받고 졸업하였다. 원평보통학교 졸업장은 그가 평생 동안 손에 쥔 유일한 졸업장이다.

확실히 그는 뛰어난 수재였다. 그렇지만 김홍섭은 가정형편이 나빠서 상급학교 진학을 포기할 수밖에 없었다. 꿈 많은 그로서는 당장 학업을 완전히 그만두기가 싫었을 것이다. 할 수 없이 그는 자신의 할아버지가 훈장으로 있는 서당에 나갔다(최종고, 1985b: 39). 사실 그는 어린 시절부터 조부로부터 유교경전과 한문을 두루 배웠다. 이때 습득한 유교적 소양은 김홍섭의 인품과 교양을 더욱 빛나게 하였다. 유교적 교양 덕분에 그는 반듯한 선비의 기상을 평생 잃지 않았다고 생각한다. 엄밀한 의미에서 그는 죽을 때까지 유교를 버리지 않았다. 유교에 대한 그의 깊은 관심은 일생 동안 유지되었다. 1959년 3월 8일 자 「일기초」를 보더라도, 말년의 그는 『공자의 생애』(저자 미상)와 그 『사상연보』(저자 미상)를 구해서 읽고 있었다(김홍섭, 1981: 477).

어려서부터 착실히 한문 실력을 쌓았기 때문에 그는 늘 한시를 사랑하였다. 한문 지식을 바탕으로 그는 불경에도 쉽게 접근하였다. 수년 뒤 그는 불교경전에 관해서도 해박한 지식을 가지게 되었다. 그의 서당공부는 두고두고 지식의 중요한 원천 구실을 하였던 것이다. 종교적으로는 이미 어린 시절부터 개신교회의 신자였지만, 그에게는 반反유교적 정서 같은 것이 조금도 발견되지 않는다. 그에게 유교란 종교도 아니요, 구시대의 이데올로기도 아니었다. 그것은 신사의 필수적인 교양이었다.

김홍섭이 16세 되던 1931년, 그의 가족은 전북 임실군 오수獒樹로 이주하였다. 그곳에서 아버지는 가게를 열었다. 외아들 김홍섭은 가게 일을 도왔다(최종고, 1985b: 41). 그 당시 김홍섭이 어느 약방에서 일을 도왔다는 증언도 있다. 그러나 어찌 되었든 간에 그가 무엇보다 즐긴 것은 독서였다. 틈이 생길 때마다 그는 종교와 문학 서적을 구해서 읽었다. 위인들의 전기 역시 그의 큰 관심거리였다.

특히 에이브러햄 링컨의 전기는 청년 김홍섭에게 많은 위로와 격려를 주었다. 통나무로 지은 오두막집에서 장작을 쪼개면서 독학을 계속한 링컨. 그리하여 미국의 제16대 대통령까지 당선된 링컨의 생애는 김홍섭에게 밝은 미래를 약속하는 조짐으로 여겨졌을지도 모른다(최종고, 1985b: 41). 김홍섭은 링컨처럼 자신도 독학으로 변호사가 될 작정이었다. 그 꿈을 위해 그는 1935년 5월 도청 소재지가 있는 전주로 달려갔다. '법률을 아는 사람'을 만나려고 여러 일본인 변호사 사무실 주위를 서성거렸다.

그가 일본인 변호사 히사나가久永를 만나게 된 것은 행운이었다. 히사나가는 김홍섭의 능력과 성품을 높이 평가하였다. 김홍섭의 포부를 알게 된 그는 일본 유학을 권유하였다(최종고, 1985b: 42). 이미 검정고시를 통해 대학입학에 필요한 자격을 획득한 김홍섭이었다(이치백, 1999: 262). 1939년 4월, 그는 히사나가의 도움을 받아 니혼日本대학 전문부 법률과 별과別科에 입학하였다. 당시의 '전문부'란 초급대학 과정에 해당한다. 그런 한편으로 조선변호사시험 공부에도 박차를 가하였다. 몸이 약한 그가 감당하기에는 벅찬 일이었다. 그는 자주 빈혈증세로 괴로움을 겪었다(최종고, 1985b: 43).

1940년 8월, 일본에 도착한 지 불과 1년 4개월 만에 김홍섭은 조선변호사시험에 합격하였다. 기적과도 같은 일이었다. 그해 변호사 시험에는 한국인 16명과 일본인 2명 등 총 18명이 합격하였다(「동아일보」, 1940년 8월 6일 자). 이때 같이 합격한 한국인은 평생 김홍섭과 교분이 깊었던 이병린李丙璘을 비롯하여, 김병완金炳玩, 김용金容, 김섭金燮 변호사 등이었다. 6·25전쟁 때 사망하였거나 행방불명이 되고만 오평기吳平基, 위청룡韋靑龍, 김순일金舜一, 조재천曺在千, 최태원崔台源 등도 이 시험의 동기생들이었다.

변호사가 되고 싶다는 꿈의 시발점에는 링컨이 자리하고 있었다. 그러나 김홍섭은 식민지 조선의 변호사란 직업을 이상화할 정도로 우둔한 사람이 결코 아니었다. 그는 이미 식민지 법조계의 비참한 현실을 잘 알고 있었다. 악법과 비합리적인 법조계의 관행 때문에 율사라는 직업에 대한 그의 열정은 식은 지 오래였다. 다만 그 자신의 표현에 따르면, 개인적 현실을 타개하기 위해 "애정 없이 법을 공부하였고, 법률가가 되었다."(김홍섭, 1981: 93)

변호사란 직책은 아무래도 매력적이었다. 그것은 혼란한 시기를 무사히 넘기는 일종의 '보신책'이었다(김홍섭, 1981: 94). 정리해서 말해 보자. 변호사 시험에 합격한 김홍섭은 인간사회의 문제를 해결하는 데 법이 최선의 수단이라고 확신하지는 못하였다. 그러나 여러 가지 현실적인 이유를 무시할 수 없어 법조계에 입문하였다는 말이다.

이미 변호사 시험에 합격한 마당이라 그는 더 이상 법학 강의실을 기웃거릴 이유가 없다고 판단하였다. 1940년 10월, 김홍섭은 홀가분한 마음으로 와세다早稻田대학교 문과에 청강생으로 등록하였다. 그 기간은 몇 달에 불과하였다. 그래도 자신이 가장 좋아하는 인문학 과목을 마음껏 수강할 수 있어 행복한 시절이었다.

1941년 봄, 그는 귀국선에 올랐다. 고난의 유학생활은 이것으로 막을 내렸다. 통산해서 2년이 될까 말까 하는 짧은 유학기간이었다. 보통학교 4년의 학교생활을 제외하면 이 기간이야말로 그가 누린 정규교육의 전부였다. 요즘 말로 하면, 가방끈이 무척 짧은 김홍섭이었다. 그럼에도 불구하고, 그는 부단히 자신을 채찍질하여 수불석권手不釋卷, 즉 손에서 책을 내려놓지 않는 성실한 자세를 견지하였다. 결과적으로 김홍섭은 동시대의 어느 유명인사와 견주어 보더라도 결코 손색이 없는 풍부한 학식의 소유자로 재탄생하였다. 독서광의 인간 승리였다.

귀국길은 금의환향錦衣還鄕이었다. 서울로 돌아온 26세의 청년 김홍섭은 전국적인 명사로 손꼽히던 선배 변호사 가인街人 김병로金炳魯(초대 대법원장)의 부름을 받았다. 그는 김병로의 요청을 받아들여 서울의 안국동 로타리에 있는 법률사무실에 나가게 되었다. 김병로의 사무실에서 그는 양회경梁會卿(대법관 역임) 변호사와 합류하였다. 양회경의 회고에 따르면, 그 당시 그들에게는 사실상 아무런 수임료도 없는 형편이었다. 그들이 할 수 있는 일이라고는 동포들의 억눌린 사정을 법정에서 무료 변론하는 것뿐이었다(이치백, 1999: 264).

양회경은 김홍섭의 지적 관심이 광범위했다는 사실을 짧지만 명확한 어조로 증언하였다. "그때도 [김]홍섭은 사무실에서 문학서적, 종교서적을 탐독하면서 나더러도 종교서적을 빌려 주어서 읽던 기억이 나요. …… 홍섭은 법률가이면서도 일반적인 사고의 차원을 넘어선 초인 같은 면이 있었어요."(이치백, 1999: 265)

때는 식민지 말기였다. 1940년대 초반의 한국사회에는 자잘한 일로 법의 도움을 호소하는 사람도 많았다. 생활고에 시달리던 빈민들도 많았던 것이다(허일태, 2007: 68). 김홍섭의 선배 변호사인 김병로는 '광주학생항일운동'(1929)이 일어났을 때 무료변론을 맡은 것으로 유명하였다.

또 김병로는 신간회(1927~1931)의 간부로서 좌익과 우익으로 갈라진 민족진영을 통합하기 위해서도 많은 노력을 기울였다. 김홍섭은 이러한 김병로를 가장 가까이에서 보필하게 되었으니 고난의 길은 이미 예정된 것이나 다름없었다. 가난한 김병로의 길은 곧 김홍섭이 나아갈 길이기도 하였다.

김병로만큼 김홍섭의 인생에 직·간접으로 큰 영향을 끼친 사람도 드물었다. 결혼만 해도 김병로의 작품이었다. 1944년 7월, 김홍섭은 29세의 나이로 법조계의 선배 낭산朗山 김준연金俊淵(1895~1971)의 3녀 김자선과 결혼하였다. 김준연은 전남 영암군 출신으로, 해방 뒤 법무부장관을 역임한 법조계의 중진이다. 그 집안과 김홍섭의 결혼을 중매한 이 역시 김병로였다. 해방되기 한 해 전 서울의 조선호텔에서 열린 결혼식의 주례는 동아일보 주필 김삼규金三奎(재일 정치평론가로 활동) 씨가 맡았다. 그날의 하객 가운데는 저명인사들이 다수였다. 인촌 김성수, 고하 송진우, 근촌 백관수 선생 등 당대의 명사들이 모두 결혼식장에 와서 신혼부부의 미래를 축복해 주었다(이치백, 1999: 265). 김병로와의 인연은 해방 뒤에도 계속 이어졌다. 김병로는 세상을 떠날 때까지도 김홍섭의 후견인 역할을 맡았다고 볼 수 있다.

갓 결혼한 김홍섭 내외는 서로 떨어져 살게 되었다. 김자선의 증언을 들어보자. "그때 아버님[김준연]은 손기정 선수의 일장기 말소사건으로 동아일보를 그만두고 전곡에서 인촌仁村(김성수) 선생의 농장을 대신 경영해 주고 계실 때였지요. 결혼을 하고 나서도 저는 전곡 친정에 그대로 있고, 그분[김홍섭]께서는 서울서 혼자 하숙을 하면서 변호사 생활을 하셨지요."(최종고, 1985b: 45) 신랑 김홍섭의 처지도 딱하였다. 그는 토요일이 되어야 겨우 전곡으로 내려갔다. 말하자면 주말부부였던 셈이다.

장인 김준연은 김홍섭을 가리켜 '스님 같은 사위'라고 불렀다. 그다지 살가운 새 신랑은 아니었던 모양이다. 그래도 김홍섭과 김자선 부부의 가정생활은 원만하였다. 노년에 김자선은 '평생 아내로서 수동적인 삶'을 살았다고 회고하였다(이치백, 1999: 270). 그렇다면 김홍섭은 엄격한 가부장 또는 그런 질서를 강요하는 인물이었다는 말일까.

김홍섭은 이성에 대해 관심이 별로 없는 편이었다. 청소년시절 그에게도 남몰래 사모하는 소녀 한 사람이 있기는 하였다. 그러나 그들의 관계는 싱거웠다. "그녀는 한때 나의 베아트리체로서, 내 15~25세 사이의 고백 없는 사모의 대상이었을 뿐, 그 뒤 그녀는 나를 천상에로까지 이끌어 줄 단테의 그것에 비길 것이 되지 못하고, 중도에서 그만 흩날려 버리게 되고 만 것이었다."(김홍섭, 1981: 15) 이러한 김홍섭의 고백이 사실이라면, 그의 첫사랑은 무려 10년간이나 지속된 짝사랑에 지나지 않았다는 말이다.

만일 그것이 사실이라면, 일생 동안 그가 사랑한 이는 오직 단 한 사람, 부인 김자선뿐이었다. 그들 두 사람 사이에는 8남매(3남 5녀)가 태어났다. 장남 김정훈은 아버지의 뜻에 따라 신부가 되기를 결심했고, 오스트리아 인스브루크대학교에 유학하였다. 하지만 불행히도 1977년 불의의 등반사고로 요절하였다(향년 30세). 이것은 물론 김홍섭이 사망한 다음의 일이다. 김정훈의 유고집 『산, 바람, 하느님, 그리고 나』(성바오로 출판사, 1978)는 독서 대중의 관심을 끌기에 족하였다. 이 책에는 아버지 김홍섭의 정신세계에 대한 흠모의 정이 절절히 표현되어 있어 읽는 이의 마음을 더욱 슬프게 하였다. 차남 김계훈은 학자의 길을 걸어 현재 서울시립대학교 교수로 있다. 장녀 김철효는 미술평론가로 미술관에 근무하다가 지금은 은퇴하였다. 이 밖에도 그의 유족으로는 3남 김승훈, 2녀 김금효, 3녀 김난효, 4녀 김경효, 5녀 김정효 등이 있다. 김홍섭의 자녀들 가운데는 책과 그림을 좋아하고 종교심이 깊은 아버지의 성품과 기질을 고스란히 물려받은 이들이 많은 모양이다. 김홍섭의 가정생활은 가난했지만 순탄하고 단란하였다고 하겠다.

변호사라는 직책은 특별한 사회 경제적 배경이 없던 김홍섭에게 명예를 가져다주었다. 식민지 조선의 변호사는 수입도 거의 없는 명예직에 지나지 않았지만, 그럼에도 불구하고 의미심장한 일이었다. 김병로와 함께 걷는 그 길은 김홍섭에게 수난을 겪는 동포를 돕는다는 확고한 대의명분과 삶의 의미로 충만하였다. 그는 일본 군국주의로 말미암아 철저히 왜곡된 당시의 법질서에 속으로 저항하였으나, 변호사의 길을 그만둘 생각은 조금도 하지 않았다. 그런 가운데 1945년 8월 15일, 조국의 '해방'이 찾아왔다.

2. 해방공간의 혼란 속에서

동료 양회경은 해방을 맞은 김홍섭의 목소리를 이렇게 전한다. "해방이 되자, 그는 법률서적을 다 팔고 이젠 법률을 안 하겠다고 말하기도 했어요."(최종고, 1985b: 44) 그 이유가 궁금해진다. "왜냐하면, 일제시대에 민족을 위해 법을 하겠다던 사람들이[라서] 내면적으로 자기 아이덴티티에 대한 상실감 같은 것을 느꼈기 때문이지요."(이치백, 1999: 265)

이게 무슨 뜻일까. 식민지 시기의 법률은 자신의 마음에 들지 않는 점이 많았지만, 그래도 김홍섭과 같은 변호사들은 억울함을 겪고 있는 동포들을 위해서 묵묵히 법조계의 일꾼으로 봉사했다는 말이 아닐까. 그런데 이제 해방이 되어 나라의 주권을 찾게 되었으니, 굳이 악법이 수두룩한 법률에 관한 일로 머리를 어지럽힐 이유가 사라졌다. 이것이 김홍섭의 판단이었고, 그래서 그는 새 나라에서 새 일을 찾아보겠다고 결심하였다는 말이다.

그러나 김홍섭은 법조계를 떠나지 못하고 그냥 눌러 앉았다. 1945년 10월, 그는 서울지방검찰청의 검사로 발령이 났다. 거듭된 김병로의 설득에 그는 할 말을 잊은 것이었다. "이제는 국권이 우리 책임하에 움직이게 되었으니, 도리어 너[법률]와의 긴밀한 협조 아래 응분의 노고를 하여야 한다는 것이다."(김홍섭, 1981: 94) 김병로는 그런 말로 김홍섭을 설득하였다. 김홍섭이 만년에 쓴 글을 보면 법조계를 떠나고자 한 의지 역시 강고하였다. "그때 나는 완강히 너[법률]와의 이연離緣을 각오한 바 있었던 것을, 객관 사정은 상반되는 태도를 나에게 요구하였다."(김홍섭, 1981: 94) 김홍섭은 김병로의 설득 외에도 제반 사정에 밀려 법조계에 잔류했노라 고백하였다.

검사가 된다는 것. 이것이 과연 김홍섭의 성품에 맞는 일이었을까. 그 자신도 판단하기 어려운 일이었을 테지만, 그는 일단 검사직을 수락하였다. 그러면서 마음속으로 한 가지 결심을 하였다. 만일 납득하기 어려운 문제가 생기면 언제든 검사의 자리를 박차고 떠나갈 심산이었다(허일태, 2007: 69).

검사 김홍섭에게 배당된 사건은 이른바 '김계조사건金桂祚事件'이었다. 1946년 1월 5일 자 「조선일보」는 그 당시의 정황을 상세히 보도하였다. 요약하면, 전 조선광업회사朝鮮鑛業會社 사장 김계조金桂祚(당시 39세) 등이 횡령한 장물수수에 관한 사건이었다. 김계조란 사람은 본래 총독부를 비롯한 일본 정계의 요인들과 가까웠다. 특히 모치즈키 케이스케望月圭介와 밀접한 관계였다. 해방 뒤 김계조는 그들 일본 정객들의 후원 아래 국내에 친일정객을 양성하고자 하였다. 그리하여 친일정부를 수립하는 것이 그의 목적이었다. 그러나 내놓고 그런 목표를 추구할 수는 없는 노릇이었다. 그는 비밀단체를 조직하여 자신의 정치적 음모를 실천에 옮기고자 하였다. 일본 정계의 거물들은 이러한 김계조에게 기밀자금을 지원하였다. 현금 250만 원과 물자설비 500만 원을 비롯하여 총 1,000만 원이나 되는 막대한 정치자금이 김계조의 수중으로 흘러 들어왔다.

김계조는 이 자금으로 국제문화사國際文化社를 조직하였다. 표면상으로는 극장, 댄스홀, 요릿집, 여관 등을 경영하는 것처럼 위장하였다. 실제로는 비밀정치공작을 전개할 요량이었다. ① 우선, 그는 친일파를 몰래 미군정 당국에 포진시켜 친일적 정책을 펴도록 할 계획이었다. ② 국내에 광범위하게 존재하는 배일排日 친미파에 대하여는 암살도 마다하지 않을 것이었다. ③ 그는 미군정 당국의 대한정책을 염탐하여 비밀을 캐내는 동시에, ④ 한국과 미국 사이를 이간질하고, ⑤ 치안교란까지 시킬 목적을 가졌다. 그리하여 다량의 무기를 확보하고 악질적 폭력단까지 양성하고 있었다.

김홍섭은 이 사건의 담당검사로서 김계조의 각종 혐의사실을 빈틈없이 조사하였다. 이 사건에 대한 일반의 관심은 높았다. 수사가 착수될 때부터 공소제기 및 공판과정까지 지속적으로 많은 시민이 주목하였다. 공판이 열릴 때마다 법정은 일반 방청객으로 초만원을 이루었다(허일태, 2007: 69).

김홍섭은 주범 김계조에게 징역 2년을 구형하였다. 선고공판에서는 김계조에게 간첩예비죄까지 적용되어 징역 5년과 추징금 310만 원이 선고되었다(「서울신문」, 1946년 3월 20일 자). 김홍섭의 사건처리는 완벽하였다는 평가를 받았다. 그는 명백한 증거를 입증함으로써, 유죄가 확실시되는 김계조의 범죄행위에 대해 공소를 제기하였다. 김홍섭은 피의자의 행위가 범죄구성의 제반요건을 충족했다는 확신을 얻은 다음, 신중하게 구형하였다. 허일태는 이러한 사실을 토대로, 검사 김홍섭은 개인의 인격을 중시하는 객관주의자였음이 분명하다고 주장하였다(허일태, 2007: 70).

검사 김홍섭의 활약이 계속되었다. 그는 이른바 '학병동맹사건'도 취급했는데, 그 역시 성공적으로 마무리하였다. 1946년 1월 18일에 발생한 이 사건도 그 당시의 특수한 정치적 배경 아래 일어난 것이다. 신탁통치를 둘러싸고 좌우익 간에 상당한 알력이 존재하였다는 것은 누구나 아는 사실이다. 신탁통치를 찬성하는 학병동맹 측과 이를 반대하는 이른바 반탁진영 간에 빚어진 충돌이 이 사건으로 비화되었다. 좌익과 우익 간의 유혈충돌이 일어난 것이다. 정치적 사건인 관계로 수사에 난항이 많았다. 그러나 세평에 따르면 김홍섭을 비롯한 3명의 담당검사는 이 사건의 진상조사에 중립을 유지하였다고 한다(허일태, 2007: 70).

해방공간에서는 나날이 좌우익 간의 충돌이 빈번해졌고 정치적 간섭도 도를 더해 갔다. 검사 역할을 공정하게 수행하기가 어려울 정도였다. 그리하여 김홍섭은 '정판사위폐 사건'을 끝으로 검사직을 그만두었다.

이른바 '조선정판사 사건'은 1946년 5월에 기소된 대형 사건이다. 이 사건에 관해서는 엇갈린 주장이 있지만, 사실 위주로 사건의 전개과정을 정리해 보면 이러하다. 조선정판사라는 출판사에는 조선공산당의 간부가 존재하였다. 그들 2명의 간부 및 일부 공산당원들이 출판사의 시설을 이용하여 위조지폐를 발행하려 하였다. 위조된 지폐는 공산당 측에 제공될 것이었다. 물론 남한의 경제를 교란시킬 목적이었다(허일태, 2007: 70). 김홍섭은 이 사건의 담당검사였다. 이 사건의 처리에 탁월한 솜씨를 보임으로써 검사 김홍섭의 명성은 높아졌다는 주장이 있다(최종고, 1983: 72).

그러나 이 사건을 계기로 현실정치에 대한 김홍섭의 실망은 더욱 커졌다. 그는 법의 운영에 관해 정치권력이 직접 개입하는 현실을 체험하고 좌절감을 느꼈다. 부인 김자선은 그 당시의 사정을 이렇게 증언하였다. "당시 저희는 검찰청 옆 관사에 살고 있었는데, 검찰청에서 고함치는 소리가 집에까지 들릴 정도였어요. [조선]정판사 사건을 맡을 땐 집에 돌멩이도 날아들고 해서, 경찰들이 항상 지켜야 했어요. 그분[김홍섭]은 피신까지 한 일도 있어요. 어쨌든 그분으로서는 성격상 검사직이 맞지 않는 것같이 생각되었고, 그분 스스로도 그런 말씀을 하셨어요."(이치백, 1999: 269~270) 이 사건을 끝으로, 1946년 10월 김홍섭은 검사직을 떠났다. 공정한 법 집행이 불가능하다면, 더 이상 검사직을 수행할 이유가 없다고 보았기 때문이다.

조선정판사 사건을 담당한 검사는 모두 2명이었다. 김홍섭과 그의 변호사 시험 동기생인 조재천(1912~1970)이 그들이었다. 재판이 진행과정을 자세히 살펴보면 한 가지 흥미로운 점이 발견된다. 피고 측 변호인단은 법정에서 김홍섭 검사를 지목해 몇 차례나 질문을 던졌지만, 그는 답변을 회피하였다. 거의 모든 답변은 그의 동료인 조재천 검사가 혼자서 처리하다시피 하였다(김기협, 2011). 김홍섭은 정치적 개입으로 인해 자신의 사법활동에 큰 제한이 초래되었다고 보았다. 이런 현실 앞에서 그는 실망과 좌절을 금치 못하였다.

그리하여 이 사건에 관한 재판이 한창 진행 중이던 1946년 9월 19일,

그는 사직서를 제출하였다. 그러자 김홍섭의 동료 검사들은 법의 위신을 훼손하는 배후인물을 찾아내어 엄중 처벌할 것을 촉구하였다. 그들은 만일 이러한 요구가 관철되지 못하면 자신들도 총사직하고 말 것이라는 단호한 입장을 표명하였다. 그들의 견해는 미군정 당국의 사법부장 코넬 소령에게도 전해졌다(허일태, 2007: 72).

조선정판사 사건에 관한 재판이 제대로 진행되기 어려웠다는 점은 명백한 사실이다. 그 당시 정음사 대표이던 최철해崔哲海의 증언을 통해서도 충분히 짐작되는 일이다. "나[최철해]는 그전부터도 저분[김홍섭] 같으면 돈 한 푼 없어도 인품으로 살아갈 분이라고 생각했댔어요. 그런데 '재판에까지 간섭하려 하다니! 재판에까지!' 하면서 [그분이] 안절부절못하는 것이었어요."(최종고, 1985b: 48)

오래전에 지나간 사건이라 정치적 간여의 실체를 이제 와서 속속들이 알아내기란 불가능하다. 그러나 한 가지 점만은 여실히 확인할 수 있다. 1946년 9월 10일경 김홍섭은 남한의 유력한 경제단체의 간부 두 사람을 소환하여 심문하였다. 그런 일이 있자 미국인 장교가 즉각적으로 개입해 왔다. 미군 장교는 김홍섭에게 그들 간부에게 사과하라고 하였다. 자신의 말을 따르지 않을 경우 김홍섭에게 어떤 보복조치라도 강구하고야 말겠다고 으름장을 놓기도 하였다(허일태, 2007: 71). 좌우익 간의 치열한 대립이 계속되는 가운데, 미군정 당국은 수사와 재판에 노골적으로 간여하고 있었다. 이런 상황하에서 삼권분립의 원칙이 지켜질 수 없었다. 조금이라도 정치적 이해관계가 달린 재판이라면 그 어느 것이든 정상적인 절차를 밟아 진행되기를 바랄 수 없는 노릇이었다.

1946년 10월 21일, 구형공판이 있었다. 그 자리에서 김홍섭은 이 사건을 담당하는 검사로서, 그리고 양심적인 한 사람의 시민으로서 자신의 고뇌를 다음과 같이 표현하였다.

> 소감을 간단히 말하면, 유감스럽다고 하겠다. 내가 취조한 [사람들] 중 특히 박낙종은, 50 평생 중 30년의 투쟁사를 가진 혁명투사였으므로, 만강의 감사를 드리는 한편, 많은 감회를 느꼈[다고 고백하고 싶은 심정이](으)며, 사회 여론은 이번 사건으로 말미암아 좌우익이 한층 소원하여지는 [것도 같은] 감상을 주는데, 이는 시민의 한 사람으로 민족 구성의 일인으로 매우 유감히[스럽게] 생각한다. 법률가 입장으로 [보면]는 형사사건이나, 돌이켜 시민의 한 사람으로 볼 때에는 조선의 기근饑饉이요 민족적 비극으로 본다. 나는 김창선이 공판정에서 '죽고 싶다' 말할 적에 2000년 전에 일어난 [사건, 즉] 예수를 은 30량에 잡아 [로마 병사들에게 넘겨] 준 가롯 유다의 비극을 상기했다(「자유신문」, 1946. 10. 23.).

이런 진술에서 보듯, 김홍섭은 일제강점기 박낙종(1899~1950)의 독립투쟁 경력을 높이 평가하였다. 사건의 경위를 고발한 김창선에 대해서도 인간적인 연민을 느끼고 있었다. 김홍섭은 담당검사이기에 앞서 한 사람의 시민으로서 그들에 대한 처벌의 어려움을 토로하였다. 그가 좌우익 간의 대립이 격화되는 가운데 벌어진 조선정판사 사건을 '조선의 기근' 또는 '민족적 비극'이라고 정의하였다는 사실에 유념할 필요가 있다.

구형 논고에서 김홍섭은, "공산당 자체가 이[사건]에 가담하였다는 것이 아니라, 어린애 장난을 잘못 감독한 것이라고 본다"라고 판단하였다. 공산당이 사건을 직접 교사한 것은 아니고, 일부 당원들의 그릇된 행위를 공산당 조직이 제대로 통제하지 못하였다고 분석한 것이다. 그럼에도 불구하고 그들에게 부과된 형량은 매우 무거웠다. 사건의 주범인 조선정판사 사장 박낙종에게는 무기징역이 선고되었다. 김홍섭은 박낙종 등 공산당 지도부가 아랫사람들을 제대로 감독하지 못했다고 판단하였을 뿐인데, 이러한 중형이 선고되었다. 납득하기 어려운 처사였다. 김홍섭과 같은 일개 검사로서는 감당하기 어려운 정치적 판단이 재판결과를 결정한 것으로 보아야 한다. 자신의 양심대로 사건을 온건하게 처리하고 싶었던 김홍섭, 그는 과연 이러한 재판결과를 납득할 수 있었을까.

1950년 여름 6·25전쟁이 터지자 박낙종은 총살되고 말았다. 역사가 김기협은, 김홍섭이 조선정판사 사건 직후 검사를 그만두고 변호사마저 포기한 사실로 미루어, 내심 그 재판결과를 받아들이지 못한 것이 아니냐고 해석한다(김기협, 2011). 김기협의 주장에는 일리가 있지만, 약간의 오류가 있다. 조선정판사 사건 때문에 김홍섭이 검사직을 그만둔 것은 맞지만, 그 때문에 변호사 자격까지 포기한 것은 아니었다.

그런데 김기협의 해석과는 전혀 다른 주장도 있다. 학계 일각에서는 조선정판사 사건을 통해 드러난 바와 같이, 김홍섭은 동료 조재천 검사와 더불어 국가공안 일선에서 투쟁하였다고 보았다(최종고, 1985b: 47). 내가 보기에 공안검사 김홍섭이라는 기왕의 평가는 상당한 문제가 있어 보인다.

결국 김홍섭은 검사직에 취임한 지 1년여 만에 초야로 물러나기를 원하였다. 그러나 김병로는 그를 불러 야단을 쳤다. 이처럼 나라가 어려운 시기에 있을 때 개인적인 생각에만 집착하는 것이 옳으냐는 것이었다. 김홍섭은 결국 김병로의 충고를 받아들였다. 1946년 12월, 그는 서울지방법원의 소년부판사에 임명되었다. 후일담이지만 그는 모든 것을 정리하고 차라리 고아원을 경영하고 싶다고 말한 적이 있을 정도로 고아들의 처지를 걱정하였다. "부모 없는 그 애들을 내 무릎 위에 앉혀서 키워 보고 싶소."(최종고, 1985b: 52) 그만큼 고아들의 처지를 동정하는 김홍섭이 소년부판사를 맡게 된 것이다.

그때 서울지방법원에서 1년 동안 수리한 청소년범죄 건수는 600건 정도였다(허일태, 2007: 72). 김홍섭은 그들 사건을 분석한 적이 있었다. "절도범이 단연 많고 다음이 횡령, 사기 등이다"라고 했던 것인데, 그는 이른바 소년범죄를 단순히 범죄로만 취급하는 데 반대하였다. "불량소년은 역시 치료할 수 있는 환자인 것이다." 요컨대 청소년범죄는 일종의 사회적 질환이란 것이 김홍섭의 생각이었다. 따라서 청소년범죄에 관하여는 엄벌을 택하기보다 정책적 배려가 우선시되어야 한다고 확신하였다. 그의 주장은 다음과 같은 그의 글귀에 명확히 나타나 있다. "소년을 검사檢事와 대항하게 하는 것은 우리 사법의 특히 고려할 문제이며, 소년의 의무교육, 징병제 실시와 더불어 소년에 대한 형사정책은 3대 소년정책이라 할 수 있으니, 좀 더 사회에서는 이들에 대해 따뜻한 온정을 베풀어 주기 바란다."(허일태, 2007: 73)

청소년범죄가 사회문제의 일환이라는 김홍섭의 생각은 1946년 소설의 형식을 빌려 쓴 그의 글 「검사정 제4호」에 여실히 드러나 있다. 자신의 판사 경험을 토대로 쓴 것이 분명한 이 소설의 얼개는 다음과 같다.

이 작품에는 2명의 피고인이 주인공으로 등장한다. 16~17세 된 소년과 30세 전후의 청년이 그들이다. 소년은 국유림에서 불법으로 나무 두 그루를 베었다는 이유로 기소되었다. 그런데 소년의 가정형편은 극히 어려웠다. 그의 아버지는 북해도北海道로 징용을 갔다가 해방을 맞아 돌아왔으나 몸져누워 있는 딱한 형편이었다. 한편 이 사건에 연루되어 기소된 청년은, 문제의 소년이 놓인 가엾은 처지를 동정한 나머지 산감독을 만나 사건 자체를 무마시키려고 하였다. 그러나 말이 통하지 않자 화가 나서 그를 폭행한 혐의로 붙잡혀 왔다. 사건을 조사한 작중의 H 검사는 그들 두 사람의 처지를 십분 이해하여 경미한 사건으로 취급하기를 원한다. 그러나 그의 동료인 차석검사만 해도 전혀 다른 입장이었다. 차석검사는 동정심 많은 H 검사를 비판한다. "우리 검사국에서 H 검사의 구형이 제일 헐하단 말이오. 글쎄 형을 통일해야 하지 않소." 검찰국의 위신을 생각해서라도 중벌에 처하라고 주문하는 것이다. 차석의 주장은 동료 검사들의 공통된 의견을 대변하는 것으로 봐야 옳을 것이다.

그러나 이것은 H 검사의 소신에 위배되는 일이다. "같은 정도의 범죄라도 그 동기라든지 정상은 천태만상인데, 그런 것을 참작 않고 일률로 처단하는 것도 법의 위신에 관계되지 않나 해서" 감형을 결정하였다. 이것이 H 검사의 변명이다.

그의 자기변호는 또 있다. "인간의 조직이 근본[적으로] 완전한 것이 못 되고, 게다가 사회의 제도는 또한 어떠한가." H 검사는 차석에게 이렇게 항변하고 싶지만, 그는 이미 동료들의 눈 밖에 난 처지라서 할 말을 제대로 잇지 못한다.

내가 보기에, 김홍섭은 작중의 H 검사와 동일인물이다. 그 검사의 입을 빌려, 법과 자신의 관계를 정리한 셈이다. "법률은 소년 때부터 나의 성미에는 맞지 않는 것이었다. 지금도 나는 학문으로서의 법률에 여전히 불만을 가진다. 역사와 특히 철학은 내가 가장 사랑하는 학과였다. 대학생활 4년을 나는 이, 내가 사랑하고 내 욕구를 채워 주는 학과에 바쳤던 것이다. …… '6법전서'를 가리켜서 악마의 성전이라고 혹평한 것은, 법학사 변호사 하이네 씨의 술회이었다."

김홍섭은 자신이 법조계에 어울리지 않는다고 믿었음이 분명하다. 그 자신의 판단에 따르면, 그는 인문학도래야 좋았을 사람이다. 그는 법학이라는 것이 도무지 자신에게 어울리지 않는다고 확신하였다.

그러한 생각은 다음의 독백에서 더욱 뚜렷이 드러난다. "그[H 검사]의 책상 위에는 '6법전서'가 놓이는 일이 거의 없었다. 동료 중에서도 유난하게 냄새를 피우는 법률가를 H는 습관적으로 경원한다. …… 법학에 대해서는 큰 기대는 말아야 하오. …… 소위 '해석법학'이란 일종의 처세기술이어서, 이상에 타는 청년학도에게는 건조하고 천박한 감이 없지 않을 거요."(김홍섭, 1946: 146~151)

건조하고 천박한 것이, 당시 유행하던 '해석법학'이었다. 그는 아마도 그렇게 주장하고 싶었을지도 모르겠다. 이런 생각을 가지고 재판정에 설 수밖에 없었으니, 그때마다 김홍섭의 심정은 더욱 무거워졌을 것이다. 망설이던 끝에 그는 드디어 판사직을 사퇴하고 말았다. 1947년 10월의 일이다.

법원에서 도망치듯 빠져나온 그는, 서울의 뚝섬 부근으로 아예 거처를 옮겼다(최종고, 1985b: 49). 그는 당분간 농사에 전념하고자 하였다. 사법부에 대한 정치적 간섭을 계기로 큰 좌절을 맛보았고, 청소년 사건을 전담하면서 범죄의 사회적 원인을 더욱 고민할 수밖에 없었던 김홍섭이었다. 그래서 법조계를 떠나 농업으로 전업을 꾀하였건마는, 오래전부터 그가 품고 있던 법의 기능에 관한 근본적인 의문은 그를 놓아 주지 않았다. 그는 결국 어쩔 수 없는 법조인이었다.

"사람이 사람을 재판할 수 있을 것인가?" 김홍섭은 1948년경 자신의 사정을 담담하게 말한 적이 있었다. "톨스토이의 소설 『부활』을 재독하면서 몇 차례나 이 문제에 부닥쳐 …… 나는 '작자'와 더불어 부정적인 결론에 도달하게 되어, 같은 작자의 다른 소설 속의 한 주인공을 모방하여, '땅'을 벗 삼아 살 수 있는 지대에로 물러날 것을 결심하였던 것"이다. 톨스토이의 말 그대로, "흙으로 된 인간은 흙과 더불어 흙에서 나는 것을 먹으며 살다가 다시 흙으로 돌아갈지니라"는 생각이 판사 김홍섭을 농부로 만들어 놓았다. 그의 뚝섬시절은 그렇게 시작되었다.

그 무렵에 쓴 그의 수필「전원田園」에서 우리는, 자연으로 돌아간 김홍섭의 삶을 보다 자세히 들여다볼 수 있다. 그는 농사일에 매달렸다. 하지만 그는 제대로 된 농부가 아니었다. 그가 계획한 농사일은 어느 것 하나 만족스럽게 진행되지 않았다. 돼지를 치려고 벼르고 별렀지만, 그는 밭에서 퇴비를 주다가 거름독이 올랐다. 걸음도 제대로 걷지 못하게 된 김홍섭. 그런 몸으로는 도저히 약속된 날 약속된 장소에 가서 돼지를 데려올 수조차 없었다. 농업은 김홍섭의 천직이 아니었다.

그는 밭 1,000여 평을 빌려 채소를 가꾸고, 닭을 치고, 나중에는 돼지도 길러 보았다. 그러나 그것으로는 가족의 생계를 감당하지 못하였다. 오류의 하나는 농사일에 부적합한 자신의 건강을 제대로 고려하지 못한 점이요, 다른 하나는 농사에도 얼마만큼의 자본이 필요하다는 생각을 미처 하지 못한 점이었다(김홍섭, 1981: 184). 전원생활에 대한 미련은 여전히 남았지만 그는 이태 동안의 농사일을 접었다. 김홍섭은 다시 법조계로 되돌아왔다.

김홍섭이 언제 뚝섬으로 들어갔는지를 두고 연구자들 사이에 약간의 의견 차이가 있다. 혹자는 1946년 가을 그가 검사직을 포기한 다음 바로 뚝섬에 들어갔다고 주장하는 경우가 있다. 그러나 이것은 명백한 잘못이다. 1946년 12월, 그는 서울지방법원 판사에 임명되었고 한동안 그 일에 전념하였다.

그가 뚝섬으로 옮긴 것은 아무래도 그러한 판사 직책을 버린 다음의 일로 봐야 사리에 맞다. 그때부터 농부 김홍섭은 변호사로서 중앙대학교에 출강하여 법리학을 가르쳤다.

연구자들은 뚝섬시절의 김홍섭이 농업에만 진력한 것으로 보는 경향이 있다. 하지만 사실은 다르지 않았을까. 그 당시 김홍섭은 변호사 등록을 마친 상태였다(1947년 10월). 비록 변호사 사무실을 열어 개업을 선언하지는 않았지만 그 자격을 유지하고 있었다. 또 농업만으로는 호구지책이 어려웠기 때문에 생계유지에 다소 도움이 될 거라는 기대를 가지고 대학에도 출강하였던 것이다.

중앙대학교에서 그가 담당하였던 과목은 '법리학'이었다. 평소 법이론에 대해서 상당한 학식을 지니고 있었기 때문이었다(장영수, 2007: 181). 법리학이란 과목은 그 본질에 있어 법철학(Rechtsphilosophie)과 동일하였다. 법의 존재근거, 법의 효력원인, 법의 이념구조 등을 다루는 학문이란 말이다(허일태, 2007: 73). 요컨대 법에 관한 김홍섭의 관심은 일차적으로 철학적인 것이었다.

그로부터 10년쯤 지난 뒤, 그는 「형刑의 양정量定에 관한 소고小考」란 논문을 쓰기도 하였다. 법사회학적 관심 역시 상당히 컸다는 증거일 것이다. 이 밖에 그는 「자연의 법칙과 인간의 법률」이란 논문 하나를 더 남겼다.

이러한 글들을 종합해 보면 김홍섭의 법철학적 사고의 윤곽을 대강이나마 이해할 수 있을 것이다. 그러나 해방공간의 혼란 속에서 고민을 거듭하던 김홍섭이었다. 아직은 그가 법에 관해 하나의 체계적인 이해에 도달하기는 어려운 시점이었다. 일제 식민지 시기와 해방공간의 분열과 혼란을 거치면서, 그의 내면에는 지적 좌절과 그것을 넘어서려는 강한 의지작용이 일어나고 있었다. 김홍섭이 체험한 인지적 확산과 숙성은 해방 뒤에 쓴 그의 수필과 시, 소설 등에서 단편적으로나마 확인된다. 그 당시 그는 극도의 자괴감과 당혹이 점철되는 가운데 범인으로서는 상상도 못할 결단을 내리기도 하였다.

김홍섭은 검사직도 사직하였고, 서울지방법원 판사라는 직책도 내려놓았다. 그는 자신의 이상을 따라 톨스토이마냥 전원으로 되돌아가기도 하였다. 그러나 한번 맺어진 법과의 깊은 인연은 쉽사리 끝날 조짐을 보이지 않았다. 혼란 끝에 그는 해방된 조국의 재판정에 한 사람의 법관으로 다시 출정하였다. 유감스럽게도 그의 법관 임용시기를 정확히 알 수가 없다. 다만 뚝섬생활이 이태 동안 이어졌다는 그 자신의 진술로 보아, 그의 복직은 대략 1948년 12월 17일에 이뤄졌다.

3. 6·25전쟁과 제1공화국의 정치적 격랑 속에서

김홍섭은 다시 판사가 되었다. 그러나 그 생활은 불과 1년여 만에 다시 중단되었다. 불의에 6·25전쟁이 일어났기 때문이다. 북한 공산군의 남침소식이 들려온 지 사흘 만에 서울은 적의 수중에 들어가고 말았다. 그는 사태가 이처럼 급박하게 될 줄 예상하지 못하였다.

피난할 겨를이 없었던 김홍섭은 비참한 현실과 마주하였다. 본래 시골에 사시던 양친은 외아들인 그에게 의탁하여 서울로 올라오신 지 제법 오래되었다. 김홍섭은 슬하에 여러 자녀를 거느린 대가족의 가장이었다. 당장 생계를 어떻게 이어 나갈지 아무 방도도 없었다. 판사를 지낸 몸이라 공산군에게 발각되기라도 하면 그 자신은 물론 가족의 안전도 보장받기 어려웠다. 그래서 그는 가족을 이끌고 뚝섬의 옛집으로 들어갔다.

그들은 닭장 아래 토굴을 파고 공산군 치하에서 석 달 동안이나 숨어 지냈다. 김홍섭 일가가 겪은 고생은 말로 표현하기 어려울 정도였다. 1950년 초가을 맥아더 장군의 인천상륙작전이 성공하였고, 이어서 그 해 9월 28일 서울이 수복되었다. 이와 더불어 김홍섭 일가의 고생도 줄어들었다.

그러나 전방의 전황은 곧 불리해졌다. 중공군이 이 전쟁에 개입하였기 때문이다. 인해人海 전술을 앞세운 중공군에 밀려 수도 서울의 방어가 어렵게 되었다. 이른바 '1·4후퇴'가 일어난 것이다. 전쟁 초기 남쪽으로 피난을 떠나지 못해 김홍섭 일가가 많은 고초를 겪었다는 점은 이미 말한 대로다. 그런 경험이 있었기 때문에 그들은 서둘러 부산으로 피난하였다. 당시 김홍섭의 장인 김준연은 법무부장관이었다. 부산에서 김홍섭은 서울고등법원 판사에 임명되었다(1950년 11월). 그렇다고 해서 그들의 피난생활이 넉넉하였던 것은 결코 아니다. 늘 그랬듯, 부산에서도 궁핍은 그들의 운명이었다.

1953년 3월, 김홍섭 일가는 정부를 따라 서울로 되돌아왔다. 이제 김홍섭은 서울지방법원의 부장판사로 승진하였다. 법정에서 그는 크고 작은 많은 사건을 다루게 되었는데, 대다수 피고인들에게는 공통점이 있었다. 그들은 전란의 극심한 고통을 견디지 못하여 생계형 범죄를 저지른 사람들이었다. 그런 사정을 십분 이해하고 있던 김홍섭에게는 재판 행위 자체가 견디기 어려운 고문이었다.

그는 전란으로 갑절이나 어려운 처지에 놓이게 된 시민들의 생활고를 깊이 공감하였다. 그 자신도 전쟁 중에는 당연히 나타나기 마련인 물자 부족으로 극심한 생계곤란을 겪고 있었다. 당시 그에게는 부모님을 비롯해 총 12명이나 되는 대가족이 딸려 있었다. 기껏해야 쌀 한 가마니를 살까 말까 한 소액의 판사월급과 정부가 제공하는 배급만으로는 식구들이 먹을 양식도 충당하지 못하였다. 하는 수 없이 그는 시골에 남아 있는 친척들까지 부양하는 것처럼 서류를 꾸며 배급을 약간 더 타낸 적이 있었다(하종대, 1997: 256). 말하자면 그 자신도 배고픔을 이기지 못해 범법행위를 저지른 터였다. 자신의 처지를 바탕으로, 그는 피난민들의 비참한 처지를 누구보다 동정하고 이해하였다. 그런데 그들이 약간의 생필품을 훔쳤다든가, 서류를 변조하였다는 이유로 법정에 끌려 나오는 경우가 적지 않았다. "나도 배가 고파 죽을 지경이라 [서류를 조작해] 배급을 좀 더 타 먹었는데, 똑같은 죄인끼리 어찌하란 말이요?"(최종고, 1985b: 57) 대답이 없는 자문自問이었다. 김홍섭은 자신의 양심을 속이지 못하고 죄인이 죄인을 처벌할 수밖에 없는 비참한 현실에 괴로워하였다.

그 당시 대법원 도서실장에 재임 중이던 서정원은 법사학자 최종고 교수에게 다음과 같이 증언하였다. "하루는 김[홍섭] 판사께[서] 나더러 또 재판을 못하겠다는 말씀을 하지 않겠어요. …… 6·25사변 중에 서울에 남아 있던 어떤 아낙네가 쌀 배급을 속여서 더 탄 사건이라는 거예요."(허일태, 2007: 74) 김홍섭은 불쌍한 그 여인을 차마 재판정에서 만날 수 없다며 괴로워한 것이다. 그는 서정원에게 자기와 함께 생계가 어려운 피고인들의 집을 직접 찾아가 보자고 요청하였다. 그리하여 그들은 몇몇 가정을 직접 방문해 쌀 한 말씩을 전해 주었다고 한다(하종대, 1997: 256). 자기 가족의 식량도 부족한 판에 월급을 가불해서 가난한 피고인들을 남몰래 도왔던 것이다. 이렇게라도 하지 않고서는 재판정에서 피고인들의 낯을 차마 볼 수가 없었기 때문이다.

6·25전쟁은 김홍섭에게 심리적으로도 큰 타격을 주었다. 조선변호사시험의 동기생이자 평소 그가 가장 믿고 의지하던 친구 오평기를 전쟁

통에 잃어버렸기 때문이다. 처음에는 그저 공산군에 납치된 것으로만 알고 있었다. 「실종 이후失踪以後」(김홍섭, 1981: 63 이하)에서 토로하였듯, 김홍섭은 오랫동안 친구를 잃은 상실감으로부터 벗어나지 못하였다. 지인 한 사람은 그 사실을 다음과 같이 증언하였다.

"김[홍섭] 판사는 마음이 얼마나 아픈지, 나만 보면 간밤 꿈에 [오]평기를 만났다고 얘기를 하곤 했어요. 김 판사가 오 변호사 아들의 학자금을 매달 얼마씩 지급해 준다더군요."(최종고, 1985b, 55쪽) 친구를 그리워하다 못해 그 아들의 학자금까지 염려한 김홍섭의 우정이 깊지 않은가. 친구 오평기를 그리워하는 그의 마음은 김홍섭의 시조 「몽한夢恨」에도 여실히 나타나 있다. 우선 이 시조의 서문에 보면, "그와 꿈에 만나서 놀다"(김홍섭, 1954: 47)라고 부기되어 있다. 이어서 시조는 다음과 같이 펼쳐진다.

> 사지死地라도 같이 가고 살지[=살 곳]라도 같이 살지
> 내 신액 풀고 지고 / 가나 오나 심려[=걱정]라가
> 정녕히 못 오실 길을 날과[=나를] 대신[하여] 가시다니
>
> (김홍섭, 1954: 48~49)

꿈에도 잊을 수 없던 오평기와의 절절한 우정. 김홍섭의 뜨거운 마음이 읽는 이의 마음에 진하게 와 닿는다.

6·25전쟁은 또 다른 점에서도 김홍섭의 인생에 큰 영향을 끼쳤다. 참혹한 전쟁을 겪고 나서 그는 인생무상을 더욱 심하게 느꼈다. 본래 어린 시절부터 유달리 인생과 종교적 구원의 문제에 관심이 많았던 그였다. 그런 김홍섭이었기에 전쟁의 고난은 종교를 통한 구도의 필요성을 더욱 절실하게 만들었다. 그의 구도적 자세는 한층 원숙해졌다.

부산 피난시절, 그는 일생 처음으로 천주교 신앙과 조우하였다. 그의 가족에게 거처할 공간을 빌려 준 집주인 하종오河宗吾(가수 하춘화의 선친)를 통해서였다. 하종오는 그에게 천주교회에 나가기를 권하였다(최종고, 1985b: 55). 그리하여 김홍섭은 점차 천주교회에 깊은 관심을 가지게 되었다. 피난생활을 마치고 서울로 되돌아온 1953년 9월 26일, 김홍섭은 천주교회에 정식으로 입교하였다. 그를 비롯한 가족 전원이 명동성당에서 장금구莊金龜 신부로부터 영세를 받은 것이었다. 그날은 마침 '복자축일'이었고, 김홍섭의 대부는 이홍규 변호사였다(허일태, 2007: 75).

김홍섭의 영세명은 바오로였다. 바오로는 신약시대의 탁월한 유대인 법률가이다. 예수를 따르기로 결심한 다음에는 오직 그리스도만을 위해 살았던 사도이다. 일체의 세속적인 명리를 단숨에 버리고 신앙의 길에 매진한 천주교회의 큰 기둥이 바오로였던 것이다. 김홍섭의 전 생애를 염두에 둘 때 바오로라는 영세명은 그의 구도적 삶에 잘 어울리는 이름이 아니었던가 하는 생각이 든다.

김홍섭은 영세에 즈음하여 자신의 심경을 이와 같이 밝혔다. "인생관에 있어서는 기독교가 옳다. 도덕을 닦는 방법론에 있어서는 불교가 옳다. 두 가지를 어떻게 융합시킬 수 없을까 하고 생각해 왔었는데, 이제 천주교에 이 두 가지가 잘 융합되어 있음을 발견하였다."(윤형중, 1965; 최종고, 1985b: 218) 그에게 천주교란 그저 하나의 교파가 아니라 불교와 기독교를 아우르는 '종교 보편'이었다. 그가 독실한 천주교 신자였다는 점에는 한 점의 의구심도 가질 필요가 없다. 다만 내가 보기에 그의 신앙에는 '회통론會通論'과 상통하는 점이 있었다. 그가 불교나 유교의 가르침을 비판한 적이 한 번도 없었다는 뜻이 아니다. 한 종교의 신도로서 여타 종교에 대해 약간의 비판은 불가피하였을 것이다. 그럼에도 불구하고 김홍섭의 심중에는 각 종교마다 그 나름의 장점이 있기 마련이고, 그것은 자신의 종교인 천주교 신앙과 얼마든지 융합될 수 있다는 것이었다.

천주교 신자가 되기로 결심하기 직전, 김홍섭은 당대의 지성으로 통하던 육당六堂 최남선崔南善(1890~1957)을 만나 종교문제를 상의하였다. 최남선을 친일파라고 지목하며 비판하는 여론도 있었지만, 대부분의 사람은 최남선을 우뚝한 역사가요 문필가라 여기고 있었다. 그 점은 김홍섭 역시 마찬가지였다. 말년의 최남선은 연로한 데다 거동도 불편하였다.

"내가 육당[=최남선] 선생에게 소개해 드렸는데, 육당은 김[홍섭] 판사의 손을 덥석 잡으시며, 그때부터 어디서 힘이 그렇게 솟아 나오는지 두 분은 시간 가는 줄 모르고 대화의 삼매경三昧境으로 들어가는 거예요. 육당께서 김 판사에게 가톨릭으로 개종할 것을 권유하셨던 모양이예요." 김홍섭과 최남선의 만남을 주선한 어느 법조계 인사의 증언이다.

과연 두 사람의 만남은 뜻깊은 것이었다. 1957년 김홍섭은 최남선을 위해 추모 시 「만종晩種」을 썼다. 그 서문에서 그 사정을 담담한 어조로 자세히 기술하였다. "고 C[=최남선] 씨는 그 재세 시在世時에 나에게 가톨릭에 입교할 것을 간권한 일이 있었다. 당시 그는 아직 교인이 아니었다. 나는 그 후에 고인의 권유도 한 기연機緣이 되어서 거년去年(1953) 추秋월에 수세受洗하였고, 우연히도 그가 기세棄世한 날에 전후하여 견진堅振까지 받았다. 여러 가지 의미에서 그가 임종의 처소로서 성모병원을 택하였음과 아울러서 나는 이 글을 골라 그와의 영결에 대한 나 스스로의 위안을 삼으려 한다 — '사람아, 너는 흙에서 생겨났으니 다시 흙으로 돌아갈 것을 기억하라!'"(김홍섭, 1981: 460)

입교에 앞서 김홍섭이 최남선을 만난 까닭은 무엇일까. 최남선 같은 당대 최고의 학자라면 종교의 근본문제에 관해 가르침을 청할 만하다고 믿었기 때문이 아니겠는가. 나중에는 최남선까지도 천주교로 개종하여 세상을 놀라게 하였다. 특히 평소 최남선과 가까웠던 불교계 일각에는 충격이 아닐 수 없었다. 그러한 사정은 수덕사에 머물고 있던 여승 김일엽金一葉의 글에 자세히 나타나 있다. 일엽스님은 최남선을 나무라는 격렬한 비판의 글을 신문지상에 발표하여 세상의 이목을 집중시켰다. 여기서 그 글의 골자를 소개할 겨를은 없지만, 최남선과 김홍섭 같은 지도층의 개종이 사회적 이슈였다는 점은 분명한 사실이다(최종고, 1985b: 58).

김홍섭의 천주교 귀의. 이것은 그의 일생에 실로 큰 변화를 뜻하였다. 어린 시절부터 그는 여러 종교의 문을 두드리며 구도의 길을 모색하였는데, 이제 드디어 영구히 마음 둘 곳을 얻은 셈이었다. 매일같이 그는 천주교회의 미사에 참례하여 영성체를 하였다. 또 저녁에는 온 가족들과 함께 모여 기도를 드렸다. 자택 부근에 위치한 서울 세종로성당의 신자로서, 그는 성당의 신축사업에도 정성을 다하였다(1958년 3월).

지적 탐구열이 강한 그는 천주교의 역사에도 관심을 쏟았다. 그 결과, 서양 중세의 천주교회가 서구문화에서 차지하는 위치와 공적이 서양 근대의 역사가들에 의해 심하게 왜곡되었다고 믿게 되었다. 그는 천주교회가 이끌었던 서양의 중세를 어둠의 시기가 아니라 빛의 시기였다고 확신하였다(김홍섭, 1981: 337~338).

한 사람의 구도자로서 그는 일상생활에서 절제와 금욕을 추구하였다. 이런 사실은 그의 일기장에 여실히 드러나 있다. 그는 일주일에도 몇 번씩이나 엄한 규율을 스스로에게 요구하였다. 예를 들어 보자. “남의 기림이나 동정을 자아내게 하는 말이나 동작을 피할 것”(김홍섭, 「일기초」, 1958년 1월 3일 금; 김홍섭, 1981: 466), “남의 기림을 위한 말이나 행위, 동정을 자아내게 하는 말이나 행위를 피함”(김홍섭, 「일기초」, 1958년 3월 10

일 월; 김홍섭, 1981: 468), 또는 "범사에 (특히 신심사에) 드러남을 피하고 범속으로서 대본을 삼을 것"(김홍섭, 「일기초」, 1958년 4월 8일 화; 김홍섭, 1981: 470쪽)이라며 자신을 다잡기도 하였다.

김홍섭이 특히 관심을 기울인 부분은 절제된 언어생활이었다. "혀를 완전히 다스리는 사람은 완덕完德에 가까운 사람"(김홍섭, 「일기초」, 1958년 4월 16일 수; 김홍섭, 1981: 470)이라며 스스로를 타일렀다. 그의 일기에는 이 문제가 여러 차례 거론되었다. 가령 "음구陰口, 양설兩舌, 허언虛言, 과장 등"(김홍섭, 「일기초」, 1958년 4월 17일 목; 김홍섭, 1981: 470)이 자신의 문제로 부각되기도 하였다. 그는 '성인'을 정의할 때조차 "입(구설口舌)을 온전히 다스리는 사람, 의무를 다하는 사람"이라고 주장할 정도였다(김홍섭, 「일기초」, 1958년 6월 10일 화; 김홍섭, 1981: 472). 그는 "말의 수다함을 조심할 것, 내 행동에 위선이 없나 살필 것"을 자문하기도 하였다(김홍섭, 「일기초」, 1958년 6월 16일 월; 김홍섭, 1981: 472).

가난에 시달리는 그였기 때문에 우리가 보기에는 다소 엉뚱한 맹세도 있었다. 혹시라도 자신의 "어려운 사정을 사람에게 말하지 않도록 할 것"(김홍섭, 「일기초」, 1960년 6월 24일 금; 김홍섭, 1981: 489)을 다짐하였던 것이다. 그에 더해 자신의 "사사私事를 들어 사람에게 말하지 말 것"(김홍섭, 「일기초」, 1960년 8월 16일 화; 김홍섭, 1981;489)을 자기 자신에게 약속하였다. 심지어는 "타(인에)게 슬픔과 불안, 실망 — 그런 것을 불러일으키게 하는 말을 삼가기로"(김홍섭, 「일기초」, 1964년 1월 24일 금; 김홍섭, 1981: 496) 맹세하기도 하였다.

자신의 언행에 관한 김홍섭의 금욕적 통제는 물론 그의 종교심에 바탕을 둔 것이었다. 그것은 천주교의 교리에 부합되는 것이었다. 동시에 그가 어린 시절 배운 유교적 교양과 일치하는 것이었다. 또한 그가 젊은 시절부터 깊은 관심을 가졌던 불교적 수양관에도 일치하는 범종교적인 색채를 띠었다. 이것은 물론 그가 어린 시절부터 다니던 개신교회의 가르침이기도 하였다.

김홍섭의 사생관死生觀 역시 천주교에 뿌리를 둔 것이었지만, 결코 천주교에만 한정되는 것은 아니었다. "살아 있는 날에 내 허물과 싸우고 하나라도 더 극복하도록 애쓰고 힘쓰는 것"(김홍섭, 「일기초」, 1958년 8월 15일 금; 김홍섭, 1981:474). 이것은 사실상 모든 종교와 도덕적 강령에 일치되는 것이었다. 그리하여, "내일 죽을 사람일 것같이 생각하고 행동할 것"(김홍섭, 「일기초」, 1958년 8월 24일 일; 김홍섭, 1981:474)을 그 자신에게 맹세하였을 때, 김홍섭은 한 사람의 충실한 천주교 신자인 동시에 유교나 불교 또는 개신교의 신자로서도 손색이 없었다.

매사에 지극히 섬세하고 예민하였던 김홍섭이었다. 그래서 그는 크고 작은 일에서 우울과 번민을 느낄 때가 잦았다. 하지만 그런 심정을 그는 단순히 감상적인 수준에서 처리하지 않으려고 애를 썼다. "우울한 심정. 원망이 아니다. 수용을 위한 진통이다. 처자에 대한 딱하다는 심정조차도 극복되어야"(김홍섭, 「일기초」, 1958년 9월 6일 토; 김홍섭, 1981:474) 한다는 것이었다. "나무가 커지면 쉬어 가는 새들이 많아진다."(김홍섭, 「일기초」, 1960년 3월 6일 일; 김홍섭, 1981: 487) 그는 부디 큰 나무가 되어 현실에서 고통을 받는 많은 사람을 따뜻하게 품어 줄 수 있기를 소망하였던 것이다. 내면의 밭갈이에 부단히 고심하던 그의 일상이 일기장에 고스란히 기록되어 있으니 다행한 일이다.

물론 나는 다른 무엇보다도 '판사 김홍섭의 삶'에 주목한다. 그러나 그의 일생을 들여다보면 종교가 무척 큰 역할을 하였다는 점을 부정하기 어렵다. 법조인 김홍섭의 삶은 그의 종교생활과 불가분의 관계일 때가 많았다.

김홍섭은 본래 개신교, 그의 말을 빌리면 '예배당'의 신자였다. 그러나 그는 그 '예배당'에서 내적 충족감을 얻지 못하였다. 그 이유는 무엇일까. 그는 세 가지로 이를 설명한 적이 있었다. 첫째, 그는 개신교회의 목사들이 성서를 너무 자의적으로 해석한다고 느꼈다. 둘째, 개신교회에서는 누구나 자기 마음대로 기도하는 것이 그의 마음에 걸렸다. 셋째, 개신교회 목사들의 설교내용이 무책임하다고 생각될 때도 많았다. 그리하여, "나는 끝내 내 입지에 대한 재검토의 필요를 절실하게 느끼지 않으면 아니 되게 되었다"(김홍섭, 1981: 323)라고 말하였다. 개신교회를 떠날 마음의 준비가 되었다는 것이다. 그 밖에도 "인간의 의화[=교화]를 위한 방법의 결여 내지 불철저"도 문제가 되었다. 개신교회의 '계율과 수도방법'이 전반적으로 '안이'하다고 생각되었고, 김홍섭은 그 점도 못마땅하였다(김홍섭, 1981; 323~324).

김홍섭은 성경을 중시하였다. 그러나 성경에 대한 자유로운 해석에는 부담감 또는 거부감을 느끼고 있었다. 유교적 금욕주의의 전통 아래서 자란 그라서 개신교회의 자유가 끝내 익숙하지 않았던 것이다. 그는 내심 금욕주의의 전통에 머물기를 바랐다. 그 때문에 천주교회의 보다 엄격한 종교적 규율과 계율에서 심리적 안도감을 얻었던 것이다. 내가 보기에 문제는 개신교회 자체에 있었던 것이 아니라, 그것이 김홍섭의 종교적 취향에 부합되지 않았다는 점에 있었다.

그의 종교적 탐색은 불교로도 이어졌다. 이미 1940년대부터 김홍섭은 틈이 날 때마다 전국 각지의 사찰을 방문하여 덕망이 높은 불교계 인사들을 두루 만나고 있었다. "김홍섭 동지는 처음에는 불교에 대해서 대단히 관심을 가졌습니다. 그 저서를 보면 불교의 원리를 전부 쭉 설명하고 있습니다. …… 오대산에 들어가서 방한암 스님까지 만나 봤어요."(이병린, 1972: 69) 친구 이병린의 증언이다.

그러나 김홍섭은 불교에 대해서도 마땅하지 못한 점, 또는 부족한 점을 느끼고 있었다. 그는 친구 이병린에게 이런 심정을 토로한 적이 있었다. "이념관이나 또는 절대자를 인정하지 않는 거기에는 도무지 납득이 잘 안 간다."(이병린, 1972: 69) 그런데 김홍섭 자신이 남긴 여러 가지 메모의 내용을 종합해 볼 때, 불교에 대한 그의 관심은 실로 항구적이었고 교리에 관한 이해 또한 깊었다. 그는 지리산 천은사泉隱寺의 주지 오동림吳東林(여승)을 찾아가서 속 깊은 종교적 담화를 나누기도 하였다(김홍섭, 「일기초」, 1959년 6월 26일 금; 김홍섭, 1981: 482).

김홍섭은 시와 시조를 통해서도 자신의 불심을 고백한 적이 여러 번 있었다.

임 앞에 정히 서서 / 이 목숨을 생각하니
창해에 거품이오 / 바람결에 티끌이라
임이여 조관照觀하소서 / 제도濟度받게 하옵소서

(김홍섭, 1954: 6)

이 시조에서 보듯, 그는 부처에게 '제도', 즉 구원받고자 하는 불심을 가진 이였다. 그러하였기에 그는 자신의 무명無明을 깨치기 위해 많은 노력을 기울였다. 그 흔적이 다음의 시조에도 뚜렷하다.

두문 칩거하니 / 시정도 산림이라
안이眼耳를 덮고 보면 / 성색이 빈 것이
내로란 그내야 / 어이 끊을 줄이 없느뇨.

(김홍섭, 1954: 52)

이처럼 불교에 마음이 끌렸지만 김홍섭은 결국 불교에 실망하였다. 그 점을 그는 다음과 같이 기술하였다. "왜 출가 사문沙門의 몸으로 군부君父에게도 절하지 아니하는 기위氣位와 부동의 신지信地에 안주하지를 못하는고?" 그는 일제강점기부터 1950년대에 이르기까지 불가의 여러 스님이 권세에 연연하는 모습을 보였다며 힐난한 것이다. "해방 전에 무슨 일제 고관 또는 무슨 박사가 오고, 해방 후로도 무슨 요인, 장군, 장관들이 연달아 오곤 하였다는 것을 [스님이] 자랑삼아 말하는 데는 실심하지 아니치 못하였다."(김홍섭, 1981: 33) 이런 비판의 말에서 보듯, 김홍섭은 자신이 마음속에 그리는 참된 불교의 모습을 사찰의 현실에서 발견할 수 없다는 점을 괴로워하였다. 그는 시류에 영합하는 스님들이 주석하는 당대의 불교교단에 크게 실망하였던 것이다. 이것은 불교 자체에 대한 비판과는 본질적으로 큰 차이가 있다.

언젠가 김홍섭은 사찰의 어두운 현실을 고발하며, 그에 대한 자신의 실망감을 다음과 같이 요령 있게 정리하였다. "각자 본분과 사명감에 살지 못하고, 한갓 부동浮動하는 시속과 더불어 유랑하는 듯이도 보이는 일대의 풍조가, 꼬리를 물고 연달아 가는 뱀의 행렬처럼 염두를 스쳐 지나갔다. 신념에 사는 사람, 일도一道에 투철한 사람, 타협하지 않는 사람, 막연하게나마 이렇게 바라고 [절간을 찾아]왔던 내 뜻과는 먼 것이기도 하였다."(김홍섭, 1981; 34)

김홍섭은 세속의 어둠에 물든 스님들의 모습에 실망하였던 것이다. "왜 좋은 선생[=방한암 선사] 밑에서 공부를 더 하지 않고 이렇게 시중엘 돌아다니느냐고 물으니까, '어디 도만 닦고 있을 수 있어요' [하고 대답]한다. 더[는] 얘기하고 싶은 흥미가 끊어진다."(김홍섭, 1981; 45)

김홍섭은 애써 찾아간 깊은 산사의 스님들에게 실망한 나머지, 불교에 대한 신앙생활을 포기하기에 이르렀다. 물론 교리상의 이유도 전혀 없지는 않았다. 아무리 해도 어려서부터 개신교회를 출입한 김홍섭이었다. 그런 만큼 절대자인 하나님/하느님의 존재를 의식하지 않을 수가 없는 입장이었다. 그의 종교관에 따르면, "석가는 하나의 행자였다." 일종의 회통론자였던 그에게 있어 석가모니도 절대자의 가르침을 실천하는 한 사람의 구도자였던 것이다. 그의 생각으로는, 이 세상의 모든 위대한 종교들은 여럿이되 하나였다. 그런 점을 확신하였기에, 그는 다음과 같은 결론을 내릴 수가 있었다. "불교가 천주의 존재를 부정하는 것은 아니다. 수행방법은 불교에 좋은 점이 많다."(김홍섭, 1981; 335~336)

천주교로 개종한 뒤로 점차 불교와의 거리가 멀어지기는 하였다. 1958년경 김홍섭은 교리적인 측면에서도 불교과 천주교를 본격적으로 구별하려고 시도하였다. "불교는 법 중심이요, 법본도法本道이요, 비인본非人本. …… 타력본원他力本願(정토종)"이다(김홍섭, 「일기초」, 1958년 9월 28일 일; 김홍섭, 1981: 475). 이 말의 뜻은 무엇인가. 불교는 사람 중심의 종교가 아니라 불법 중심이다. 그것은 자신이 아니라 다른 존재의 도움에 의지하여 진리를 깨닫는 종교다. 이것이 본래의 종교적 바람이라는 것인데, 이것은 불교에 대한 이론적 비판이었다. 말년으로 갈수록 김홍섭은 불교로부터 차츰 멀어져 간 것이 아닐까 짐작하게 만드는 대목이다.

결과적으로 그는 불교적 개념에서 벗어나게 되었다. "무상無常 아니라 상생常生이라."(김홍섭, 1981; 342) 이 짤막한 표현은 깊은 종교적 의미를 내포한 것이다. 어느덧 김홍섭은 불교의 핵심개념인 '무상', 즉 덧없음을 부정하고, 천주교의 입장을 대변하여 지속적이고 영원한 삶을 뜻하는 '상생'으로 나아가기를 꿈꾸게 되었다. 그렇다면 말년의 김홍섭은 자신이 추구하던 회통론의 경향에서 벗어나 천주교 지상주의로 나아갔다고 볼 수 있다. 그러나 그것은 최후 2~년 동안의 일이었다.

김홍섭의 종교적 성찰은 여러 편의 시문을 창작하는 밑거름이 되었다. 그의 시와 시조를 수록한 『무명無明』은 1954년 12월 10일 통문관에서 간행되었다. 시조 23편과 현대시 23편을 수록한 자그만 문집이었다. 그 서문에서 김홍섭은 출간의 이유를 다음과 같이 적었다.

> 시가 인간정서의 순수한 발로인 것이라면, 그 바탕이 되고 밑천이 된 인간으로서의 순수 내지 성실성 — 생활과 성품 — 이런 것들에 대하여는 나도 다소간 관심도 하고 체험한 바도 있어, 결국 내 이 짧은 줄글들도 그러한 바탕과 밑천을 토대로 하여 산출된 것들이라는 것(김홍섭, 1954: 1).

여기서 보듯, 그는 시를 인간정서의 발로로 보았다. 이 점에서 그는 어린 시절에 공부한 유교적 문학관을 기반으로 삼았음을 알 수 있다. 이러한 사고방식은 공자와 제자들의 언행을 기록한 『논어』에서도 쉽게 확인된다.

김홍섭의 『무명』은 책의 제목이나 수록된 글의 내용으로 미루어 볼 때 불교적인 색채가 완연하였다. 그에 더하여, 천주교 신자 김홍섭의 모습도 선명히 드러난다. 앞에서 말했다시피, 그는 1953년 가을부터 천주교회에 입교하였기 때문에 천주교의 색깔도 첨가된 것이다.

확실히 그는 종교적 취향이 명백한 문인이었다. 1954년 12월에는 수필집 『창세기초創世記抄』를 출간하였고, 1960년 12월에는 두 번째 수필집 『무상無常을 넘어서』를 세상에 내놓았다. 이들 책자에는 종교적인 체험을 고백한 글들이 수두룩하였다. 여행기록이 되었든, 계절에 관한 노래든, 일상의 기록이든, 거기에는 그만의 내적 체험이 송송 맺혀 있다.

일부 평론가들은 이런 김홍섭의 문학적 취향을 의식해 그를 '인생의 각자覺者'라고 평하였다(이치백, 1999: 282). 과연 그에게는 각자의 모습이 없지 않았다. 1965년 정월 초하루, 그는「조선일보」에「사람이란 날개가 없었다」는 각자 최후의 고백을 남기기도 하였다.

그런데 '각자'란 무엇인가. 나는 깨친 사람 김홍섭을 무턱대고 미화할 생각은 없다. 내가 보기에, 그에게서는 초월의 경지에 이른 대자유인의 모습을 찾아볼 수 없다. 내 눈에 띈 '각자 김홍섭'은, 무엇보다도 고뇌의 인간이라는 점이 특징적이다.

"나는 한가지로 '나'라는 테두리 속에서 하루에도 몇 번씩이나 그 '나'와 더불어 반목하고, 회의하고, 절망하고, 또다시 모색하고 — 하여간 끊어 버릴 수도 없는, 내라면 허리를 꺾어 무릎 아래 넣어라도 볼 양으로 오늘껏 버티어 왔고, 어느 하루 '나'와의 대립을 의식함이 없이 지낸 날이 없었다."(최종고, 1985b: 61)

김홍섭은 날마다 내면의 고투를 겪으면서도 방향을 잃지 않는 꼿꼿한 사람이기를 바랐다. 그의 이런 모습이야말로 우리가 그를 '각자'라고 느끼게 만든 점이 아니었을까.

인간 김홍섭에게도 삶의 모범은 존재하였다. 그 역시 한 인간의 삶에서 많은 것을 느끼고 배웠다. 그의 스승은 인도의 지도자 간디였다. 간디를 추모하며 쓴 글에서 김홍섭은 간디의 일생에서도 특히 다음과 같은 사실에 크게 공감을 나타냈다.

생전의 간디는 "나는 내 나라와 혼인하였다"라고 말하였다. 김홍섭의 주목을 끈 것은 무엇보다도 다음과 같은 간디 자신의 짤막한 설명이었다. "나는 인간이요, 인간인 때문에 애국자인 것이다." 왜 그런가. 근대적 인간의 삶은 그가 속한 국가의 안위를 떠나서 존재할 수 없기 때문이다. 부정할 수 없는 한 가지 사실이 여기에 있다. 근대는 누구에게나 국민국가의 근대다. 간디에게도 김홍섭에게도 이것은 피할 수 없는 사실이다.

그리하여 애국의 문제가 중요성을 띠게 된다. 간디는 애국에 관해 다음과 같이 날카롭게 표현하였다. 김홍섭은 그 점을 놓치지 않으려 하였다. "나[=간디]는 생활 강요綱要로서 제국주의를 용납하지 않을 뿐만 아니요, 배타주의도 아니다. 미온한 인도주의는 오히려 철저한 애국적일 수는 없는 것이다."(김홍섭, 1948) 간디는 배타주의를 배격했지만, 제국주의에 대한 굴종 역시 철저히 거부하였다. 제국주의와의 어정쩡한 타협은 겉모습만 보면 평화를 사랑하는 인도주의자의 길처럼 보일지 모른다. 하지만 그것이 사실은 국가에 대한 배신이라는 것, 이것이 간디의 날카로운 인식이었다. 반제국주의자 간디!

김홍섭은 간디의 사상에 공명하는 사람이었다. 그러나 일제 식민지 시기를 이렇다 할 저항 없이 그렇게 살아온 그였다. 그 사실을 김홍섭은 언제나 자신의 마음에 새기고 있었다. "나는 일찍이 애국자를 자부하여 본 일이 물론 없다"라는 김홍섭의 고백은 바로 그러한 맥락에서 비롯되었다.

그러나 김홍섭이 일제에 직접 맞서 투쟁하지 않았다 해도, 그 이유를 단순히 그의 나약함에서 발견하는 것은 잘못된 일이다. "조국도, 민족도, 세계도 이 한 개의 운명 속에 있다. 무상이 바로 항상인 것이다."(김홍섭, 1981: 153)

우리는 김홍섭의 그러한 고백에 주목할 필요가 있다. 내가 보기에 김홍섭의 사고에는 특별한 점이 존재한다. 그에게는 젊은 시절부터 국가와 민족을 하나의 배타적인 공동체로 간주하려는 생각이 존재하지 않았다. 동시대인들이 민족 또는 국가 이데올로기에 물들어 있었던 사실을 고려할 때, 이것은 매우 특이한 일이라 생각된다. 일찍이 독일의 사회학자 카를 만하임이 설파하였듯, 이데올로기란 정치가 개개인의 "특유한 현실체험을 정당화"해 주는 것이다. 그것은 인간이 현실을 파악하는 사유의 도구로서는 "별 의미가 없는 실천적 비합리주의를 지칭할 뿐"이다(카를 만하임, 2012: 170). 내가 보기에, 김홍섭은 젊은 시절부터 시대를 풍미하는 이데올로기에 함몰되기를 거부하였다. 그는 일종의 보편주의자요 합리주의자였다.

"내게 있어서 애국심이란 인류애와 동일한 것이다. 나의 애국심은 내 종교심에 종속되고 있다."(김홍섭, 1981: 75) 김홍섭 역시 애국, 애족심을 가지고 있기는 하였다. 그러나 그 점을 아무리 강조한다 하여도 그는 민족주의자 또는 국가주의자가 아니었다. 제국주의를 철저히 부정하면서도 그는 민족공동체 또는 국가공동체의 절대성을 벗어나고자 하였다. 그리하여 가능하면 온 인류가 하나의 영구하고 보편적인 법질서를 따라 살기를 염원하였다. 그런 가운데 평화를 구가하는 세상이 되기를, 그는 소망하였다.

그는 이 점을 다음과 같이 구체적으로 주장하기도 하였다. "진리와 자유에 기基하여 구상된 세계, 의인과 진리만이 숭상을 받고 침략과 불선과 무자비가 비난받는 세계 …… 의 가능을 우리는, 성자의 신信과 지知와 행行, 일치의 정신과 활동에서 보온 듯이 느껴짐"이라고 하였다. 자유와 진리가 보편적 질서의 기축이 되는 인류공동체, 이것이 김홍섭의 이상이었다. 그것은 국가와 민족의 장벽을 뛰어넘어 종교와 정치가 하나 되는 새로운 이상사회에 다름 아니었다. 김홍섭은 동시대의 애국자들과는 확연히 구별되는 새로운 유형의 이상주의자였다.

그가 꿈꾸는 이상사회는 과연 언제 어느 때나 가능할 것인가. "그것의 역사화는 아직도 요원한 장래에 기대할 바라." 아직도 요원하다는 김홍섭 자신의 예측이었다. "사관에 있어서 진보와 법칙성에 그다지 기대지 않는 입장에 서면서도, 따라서 이 창업의 후계에 관하여는 일말의 불안을 느끼면서도, 성자가 보여 준 그것에의 가능성, 현실성의 초석만은 그대로 불변하여 세세토록 후인을 고무함이 클 것인 점이 믿어지고 기대하여진다." 이러한 김홍섭의 주장에서 나는 김홍섭의 새로운 이상이 극명하게 나타났다고 본다. 그는 이미 국가 중심을 부정하고, 근대의 상식으로 통하는 이성과 진보의 힘에 의한 역사운행의 법칙 또한 단호히 거부하고 있었다. 요샛말로, 그는 이미 '탈근대'를 간절히 바라는 시민이었다. "전 인류가 호양과 협조로서 공존 공영하는 세계, 자유와 평화와 진리와의 화일和一, 천국의 지상적 가능의 시현示現."(김홍섭, 1981: 76) 이것이 김홍섭의 꿈이었고, 삶의 궁극적인 목적이었다.

그가 민족/국가주의에 거리를 두었다는 점은 새로운 발견이다. 우리는 여기서 그 점을 아무리 강조해도 부족함이 없을 것이다. 내 식으로 말하자면, 김홍섭은 해방 이후 한국사회를 휩쓴 민족/국가주의와 반공주의를 협소한 일시의 풍조로 간주하고 거기서 과감하게 벗어나기를 바랐던 진정한 자유인이었다고나 할까.

그는 지상천국을 희망하는 평화주의자, 산업화를 통한 경쟁과 대립을 당연시 여기는 제국주의와 패권주의를 부정하는 지식인이었다. 인위적/인공적 조건이 아니라 자연의 조건 속에 만족하는 인간의 길을 추구하며 평화 공존을 희구하는 일종의 생태주의자였다. 그리하여 그는 간디를 자신의 모범으로 여겨 무한히 존경하였고, 밀림의 성자 슈바이처 또한 귀하게 여겼다. 그가 일기장에 "슈바이처 박사에 대하여 연구할 것”(김홍섭, 「일기초」, 1960년 5월 14일 토; 김홍섭, 1981: 489)이라고 적어 둔 것은 일상의 무료함을 견디지 못해 적어 둔 빈 말이 아니었다.

평화롭고 보편적 질서를 꿈꾸었기 때문에 김홍섭은 천문학에도 큰 흥미를 느꼈다. 이미 식민지 시기부터 그는 밤하늘의 별 보기를 좋아하였다. “나는 나의 습관의 하나로서 하늘을 우러러 성좌를 가늠”하였다(김홍섭, 1981: 17). 천문에 대한 자신의 사랑을 그는 이렇게 설명하였다. “일찍이 망국지민亡國之民의 비애 속에서 살 적에 ‘세계시민’이란 말은 나에게 한 희한한 매력을 느끼게 하는 용어였다. 구구한 한낱 지연으로부터 널리 인류의, 무한 성천星天의 세계에 매이는 것으로 자기自期하는 것은, 얼마만큼 위안과 자제를 가질 수 있었기 때문이다.”

앞에서도 강조하였지만, 그는 협소한 국가주의 또는 민족주의의 틀 안에 스스로를 가두려 하지 않았다. 그는 비참한 일본 제국주의라는 현실의 늪에서 빠져나와 인류적·우주적 보편의 세계를 끝없이 갈망하였다. 그것은 일종의 현실도피이기도 하였지만, 새로운 이상을 향한 모색의 발걸음이었다. 그러하였기에 그는 ‘1·4후퇴’로 서울을 떠나 부산으로 피난을 가게 되었을 때조차 “내 피란 보따리 속에다가 망원경 한 자루와 천문서 2~권을 꼬려 넣는 것을 잊지 않았다.” 천체망원경은 육안으로 볼 수 없는 것을 보여 주는 도구가 아닌가. 그것은 자질구레한 일상의 늪에서 탈출하여 광대무변한 보편세계에 도달하기 위해서는 필수적인 수단이었다. 적어도 김홍섭의 내심은 그러하였다.

전쟁의 와중에서도 별을 관찰하는 김홍섭의 행위는, 아무래도 현실도피라는 일반의 비판을 면하기 어려울 것이다. 그 역시 그런 점을 잘 알고 있었다. 자신의 특이한 취미생활에 대한 변명이 필요한 이유가 그 점에 있었다. 그는 별을 바라보는 것이 단순한 외면적 행위만이 아니라 “심안에 비치는 것"을 바라보는 고귀한 행위였다고 주장하였다. "나는 거기서[=심안으로 보는 것] 내 주관을 세울 수 있고 독자의 세계를 구상할 수도 있는 것이다."(김홍섭, 1981: 70~71) 별을 바라보는 사이, 그에게는 우주 문제에 대한 자신의 주관이랄까, 독자적인 세계관이 구축되기 마련이었다는 것이다. 아마도 보통사람들로서는 이해하기 어려운 일인 것 같다.

김홍섭은 자신의 색다른 취미생활 때문에 마음에 큰 부담을 느꼈다. 그렇다고 해서 자신의 취미를 포기하지는 않았다. 그는 개성이 유달리 강한 인물이었다. "피난살이에 시달리면서도, 출세에는 장애가 될망정 나는 소천체경小天體鏡과 더불어서 천문 책을 놓지 않는다. 전문의 사전을 하나 구해 보았으면 — 이렇게 벼르기 수년에 나는 요즈음 우연히 부산 어느 서방書房에서 정말 천문에 관한 사전을 발견하였다. …… 가격도 3만 원이면 비싼 편이 아니다. [돈이 없어 푸념한 다음] 취직 5년이 되는 동안 점심 한 때 접대받은 일이 없었던 것이 문득 생각난다."(김홍섭, 1981: 19)

사람들이 뭐라 하든, 그는 피난지 부산의 어느 책방에서 발견한 천문학 전문사전(일어)을 사기로 결심하였다. "드디어 나는 그 책을 샀다. 봉급 중에서 가불을 받아 가지고." 어찌 보면 정말 어처구니없는 일이 일어난 셈이다. 가난한 김홍섭이 가불을 해서까지 천문학 사전을 구입하였으니 말이다. 그는 별보기라는 자신의 취미생활을 단순한 일개인의 취미가 아니라 자기다운 생의 불가결한 행위라며 합리화하기도 하였다.

"칸트는 …… 성진星辰(별들)의 나열을 또 하나의 경이라고 일렀다고 한다. 그러나 어찌 경이일 따름이리오, 그것은 신앙이요 소망일 수도 있을 일이다. 별의 성음聲音을 듣는 것 — 이래서 나는 질식하지 않을 자신을 갖는다. 희망에 굶주리지 않는 풍성한 원천을 보육한다. …… 그것은 또 나에게 영원을 동경하게 하는 입문이 되고 나로 하여금 영원을 확신하게 하는 표지이기도 한 것이다."(김홍섭, 1981: 20)

변명이라고 매도하기에는 참으로 진지한 설명이다. 다행히 천체망원경으로 하늘의 별을 관찰할 수 있어서 김홍섭 자신은 이 세상의 무게를 견디고 삶을 이어 갈 수가 있다는 말이다. 오죽이나 별이 보고 싶었으면, "내 취미는 내 세계관에 직결되고 있다"라고까지 주장하였겠는가 싶다. "창세기와 천체도를 조화시키는 것—그것은 나의 천문학인 동시에 내 전 인생의 주제이기도 하다."(김홍섭, 1981: 20)

천체에 대한 그의 관심은 말년까지도 그대로 이어졌다. 그의 일기장에는 다음과 같은 메모가 발견된다. "지[구]-월[달] 38만K[킬로미터, 이하 같음], 지[구]-태양 15,000만K, 태[양]-명[왕성] 5광년, 태[양의], 원경圓徑 10광년, 태[양]-켄터루쓰 4.2광년, 은하[의] 원경 10만 광년, 우[주의 원]경 10~20억 광년, 견우 15광년, 직녀 27광년, 북극성 263광년."(김홍섭, 「일기초」, 1958년 8월 4일 월; 김홍섭, 1981: 473) 김홍섭의 일상은 천체관측과 불가분의 관계였음이 뚜렷하지 않은가.

요컨대, 보편적 우주질서에 대한 김홍섭의 관심은 종교, 천문에 대한 호기심으로 나타났다. 그런가 하면, 자연과 생명에 대한 관찰과 탐구로 표현되기도 하였다. 특히 그는 자연과 생명에 대한 자신의 섬세한 관심을 시문을 통해 표현했고 그림으로 그리기도 하였다. "섬세하면서도 정겨운 스케치와 수채화"가 일품이었다(최종고, 1983: 73). 그의 책 『무상을 넘어서』에 실린 삽화는 하나같이 그가 직접 스케치한 것들이었다. 그의 일기장을 펼쳐 보면 그의 발걸음이 미친 곳곳마다 언제 무엇을 스케치하였는지가 낱낱이 기록되어 있다. 가령 "[오]후 5시 내장사 스케치, 촉석[루] 의랑 논개사당 스케치, 장수 장계 출(신) 360년 전"(김홍섭, 「일기초」,

1959년 3월 22일 일; 김홍섭, 1981: 479)이라고 메모하는 식이었다. 이 기록을 좀 풀이해 보면 다음과 같다. 1959년 3월 22일 일 오후 5시경 김홍섭은 전북 정읍에 소재한 내장사를 방문해 스케치하였다. 또한 그는 그날 진주 촉석루에서 왜장을 안고 순국하였다는 전부 장수 출신의 의기義妓 논개의 사당 모습도 그렸다.

김홍섭은 이처럼 다방면에 걸쳐 보편의 세계를 부지런히 탐구하였다. 그런 덕분인지 몰라도, 그는 자신이 하나의 깨침을 얻었다고 믿은 것 같기도 하다. 「불혹」이란 그의 시조가 우리에게 그런 추정을 하도록 유도한다.

1.
길이면 모도 길이 / 남이 간다 따를 것이
대도라고 방심 말고 / 협로라도 가릴 탓을
사람이 제 간다 하야 / 기[그]만 옳다 하더라
2.
길 일시 분명하야 / 고쳐 보면 기[그것] 아닌 듯
그 인상 하옵기로 / 흔적을 알 길 없네
가신 이 대운(??) 심정이 알쏭달쏭 하여라
3.
천만 길 있다 하여 / 취할 길은 오직 하나
그 하나 찾자 하야 / 이렁저렁 금일이라
이제서 돌아보니 / 그도 한낱 길일네
4.
길이 본시 없었거니 / 가고 나면 그게 길을
길 물어 반 세월에 / 깨고 나니 허송이라
이후란 길 아니 묻고 / 앞만 살펴 가리라

(김홍섭, 1954: 1~3)

이 시조에 보이는 "길이 본시 없었"다는 불교적 표현이 흥미롭다. 하지만 그에 못지않게 결국 이제는 자신만의 길을 찾았다는 확신이 명확히 드러나 있다는 점도 주목된다. 그리하여 "이후란 길 아니 묻고 / 앞만 살펴 가리라"고 다짐하게 된 것이 아니겠는가. 여기서 우리는 김홍섭의 보편 지향적 세계관이 확고하게 정립되어 간 역사적 정황을 충분히 짐작할 수 있다.

우리는 앞에서의 논의를 통해 김홍섭이 원만구족圓滿具足한 보편적 우주질서를 정열적으로 추구하였다는 사실을 확신하게 되었다. 그가 보편적 질서를 중시한 까닭은 무엇인가. 그 점도 실은 어느 정도 밝혀졌다고 본다. 김홍섭의 세계주의적, 보편적, 평화주의적인 경향은 일제강점기와 해방 후 한국의 비참한 현실에 대한 혐오에서 비롯되었다고 보아야 하지 않겠는가.

김홍섭이란 인간은 동시대의 어느 누구보다도 매서운 비판정신으로 무장된 지식인이었다. 그는 한낱 현실도피를 꿈꾸는 나약한 인간도 아니었고, 현실에 부화뇌동하여 부귀영화를 꿈꾸는 속된 인간도 아니었다. 1953년 부산의 피난생활을 마감하고 서울로 돌아왔을 때, 그는 자신의 귀환소감을 다음과 같이 기록해 두었다. 그의 현실비판이 어느 정도였는지를 구체적으로 보여 주는 글귀라 여겨 번거로움을 무릅쓰고 적어 둔다.

"빙공憑公 영사營私로 출몰이 무상하며 / 모든 명목의 연락宴樂 또는 야회夜會에 출입하는 / 그런 자도 [이제 수복된 서울에서는] 모조리 목을 베도록 하자." 수복된 서울에는 탐관오리가 발 디딜 틈을 없애자는 과감한 주장이 아닌가.

"무성無誠 무위한 대의원은 소환되고 / 정실과 비밀 거래 인권의 유린이며 / 모든 회물賄物행위는 극형으로 방지되어야 한다." 탐관오리와 마찬가지로 무사안일 속에서 막후 비밀협상만 꾀하는 여우 같은 정치인들과 그들의 부정부패를 근원적으로 차단하자는 날선 주장이다.

"유사有司(관리)이건 시민이건 가릴 것 없이 / 칠팔십으로 (심)지어 누백累百의 미량米糧을 보유하여 지낸 자 / 그런 자는 우선 서울 거리에 들어서지 말도록 하자." 이 구절에 이르러 많은 독자는 깜짝 놀랄 것이다. 김홍섭은 근본에 있어 자본주의자 또는 시장주의자도 아니었다. 왜 그런가. 그는 주장하기를, 누구든 지나치게 많은 재물을 소유한 사람은 서울에 발도 붙이지 못하게 하자고 하였기 때문이다. 그의 눈에 비친 탐욕스런 부자들이란 가난한 이웃을 외면하고 제 잇속만 챙기는 일종의 사회악이었다.

"이후 모든 공의는 진실된 여론 위에 이뤄지고 / 일절 시책은 냉엄한 인민의 비판 아래 있어야 한다 / 백귀百鬼 야행夜行 부란腐爛의 전철을 되풀이 할세라." 여기서 김홍섭은 새로운 사회의 표지를 높이 꺼내 든다. 비민주적이고 탈법적인 일체의 행위를 중단하고 민주주의의 근본정신을 회복하자는 것이었다.

"인민을 위한, 인민에 의한 인민의 기관 / 인민의 나라 — 모두는 인민의 것이어든 / 민의는 그대로 천심이라 하였거든." 역시 위와 같은 맥락에서 김홍섭은 진정한 민주주의 사회의 도래를 희구하였다.

"용지勇智와 신협信協 / 대의와 또 죽음은 / 조상의 거룩된 유훈이어니 / 돌아온 하늘 이제 그 안에 있음이여 / 타오르는 공의와 분노에의 감동이여 / 누구라 이 불길을 가벼이 볼 것이랴." 다시 돌아온 서울에서 참된 정의가 구현되기를 바라는 간절한 김홍섭의 마음. 그는 그 점을 이와 같이 표현하였다.

"다시는 침략이던 독재기만—모든 불선不善 부정의不正義는 / 이 열화熱火 앞에 적은 제물이 되고 / 또 길이길이 돌아온 서울의 호군護軍이어라."(김홍섭, 1954: 122~125) 생각하건대, 아마 김홍섭의 이러한 말보다 더욱 간절하고 비판적으로 수도서울의 환도를 노래한 사람은 없었을 것이다.

그는 평소 정치적 발언을 극히 삼갔다. 그의 시문에는 정치적 입장이 잘 나타나 있지 않은 경우가 대부분이었다. 그래서 그를 서정적 또는 종교적인 문인으로만 간주하기 쉽다. 그러나 사실은 달랐다. 그의 심중에는 불의한 사회현실에 대한 날카로운 비판이 엄연히 존재하였다. 다만 김홍섭은 그런 표현을 되도록 자제하였을 뿐이다.

현실사회에 대한 불만은 그를 여행객 또는 등산가로 만들었다. 그는 시간이 날 때마다 산과 섬으로 여행을 떠나기도 하였고, 수도원, 교회당 또는 순교자들의 유적을 찾아 나섰다. 언젠가 자신의 여행에 관해 그는 솔직한 심정을 토로하기도 하였다.

"내 마음 문을 열어 자연 산수지간에 소요할 제, 불각不覺에 세사 번루煩累에 익몰되지 아니할 지혜의 안 부분을 체득할 수 있다."(김홍섭, 1981: 51) 윗글에서 그는 분명히 '세사 번루'라고 말하였다. 세상사로부터 번뇌가 쌓이는 것을 막기 위해, 구도의 여행을 떠난다는 설명이었다.

산과 들을 좇아 나가면, "나는 거기서 신의 손자국과 호흡을 느끼는 것이다."(김홍섭, 1981: 233) 한라산 백록담에 올라갔을 때도 그는 이런 소감을 가졌다. "실상의 허무함을 화사한 이름으로 분식하는 허다한 사례에 반하여, 이름 없는 속에 간과되어 버리고 마는, 참되고 아름다운 것들의 예는 또 얼마나 많았던가."(김홍섭, 1981: 238) "오래간만에, 흐뭇하도록 [자연의 품에] 안겨서 즐기다가, 이제 또 다시금 '가장假裝의 대열'에 끼어 행진을 계속하여야만 함에 있어 느끼는, 또 하나의 향수—분명 그런 것이 있지 않았던가."(김홍섭, 1981: 239)

김홍섭의 생은 아마 다음과 같이 요약해도 무방하지 않을까. 그는 세상의 부정과 불의에 치를 떨었다. 그리하여 신의 품에 안기는 심정으로 틈만 나면 자연과 교회의 유적지를 찾아 나섰다. 여행이란 그에게 있어 험악한 세상으로 되돌아오기 위한 위로와 안식의 시간이었다.

그러나 한가한 자연으로의 여행은 턱없이 짧았고, 재판정에서 보내는 괴로운 시간은 길었다. 제1공화국시절 그가 다룬 사건을 여기서 일일이 다 언급할 수는 없다. 다만 그 가운데 두어 가지만을 간단히 소개할까 한다.

먼저 '박인수 간음사건'을 말해 보자. 원심법원의 재판장 권순영 판사는 피고의 혼인빙자간음죄에 대해 무죄를 선고하였다. 그러나 1955년 10월 14일, 서울 고등법원 법정에서 항소심을 담당한 김홍섭은 원심판결을 파기하였다. 김홍섭은 박인수 피고인에게 징역 1년의 실형을 선고하였다. 이에 대해, "여성질서의 확립을 위한 사직당국으로서의 조치를 취하였을 뿐이다"(허일태, 2007: 75)라고 판사로서의 소견을 밝히기도 하였다. 만약에 법원이 박인수의 비도덕적 행동을 묵과할 경우, 유사범죄로 말미암아 더욱 많은 여성 피해자가 양산될 수 있다. 이것이 유죄판결의 사회적 배경이었다.

1956년 11월, 김홍섭은 서울고등법원의 부장판사로 승진되었다. 그 당시 이승만 대통령의 정치권력은 독재의 강도를 더욱 높였다. 그의 독재권력은 사실상 절대화되었다고 볼 수 있었다. 사법부 역시 정치적 중립을 지키기가 어려워졌다. 김홍섭의 고뇌는 더욱 깊어졌다. 평소 그는 정치와 종교는 분리되어야 한다는 점을 법관의 신조로 여기고 있었다.

그러한 그로서는 나날이 심해지는 사법부에 대한 정치적 간섭을 견뎌 나가기 어려웠다.

그러던 중 1957년 5월 25일, 이른바 '장충집회 방해사건'이 일어났다. 당시 야당 지도부가 이승만 정권의 독재를 비판하기 위해 서울 남산의 장충단공원에서 집회를 열었다. 야당 국회의원을 대표해 조병옥, 전진한, 김두한, 민관식, 장택상 등 '국민주권옹호투쟁위원회'가 집회를 주도하였다. 그날의 현장에는 30만 서울시민이 운집하였다. 그런데 행사 당일 오후 3시경, 민관식의 사회로 전진한에 뒤이어 조병옥이 연설을 시작하자 갑자기 깡패들이 연단 위로 올라와 마이크와 앰프에 불을 지르는 등 소란을 피웠다. 그들은 자유당 독재정권에 매수된 자들이었다. 강연회장은 아수라장이 되었고 정치집회는 중단되었다. 그날 문제를 일으킨 정치깡패의 두목은 유지광이었다.

악명 높은 유지광 일당이 불법적 만행을 저지르는 동안 현장에는 치안유지를 목적으로 파견된 경찰들이 있었다. 그러나 경찰은 테러행위를 못 본 체 방조하였다. 애초 이 사건의 수사를 맡은 서울지방검찰청은 유지광 등을 불러 조사하는 시늉만 하였다. 검찰은 사건의 배후관계를 조금도 밝히지 못하였다. 그런 상태에서 검찰은 그해 12월 30일 유지광 한 사람만을 재물손괴죄로 구속 기소하고, 일체의 수사를 서둘러 종결하였다.

김홍섭은 바로 이 사건의 재판장이 되었다. 집권층의 의도는 명백하였다. 그들은 유지광을 비호하였다. 그들은 무죄처분을 바랐다. 하지만 김홍섭은 이러한 정치적 분위기와 은연중에 가해진 정치적 압력을 묵살하였다. 그는 유지광에게 유죄를 선고하였다. 청년시절부터 김홍섭을 지도 편달해 온 대법원장 김병로는 재판과정을 지켜본 다음 의미심장한 일성을 고하였다. "앞으로 대법원장이 될 사람은 김홍섭뿐이야!" 김홍섭의 독립적 사법정신을 높이 평가한 것이다. 이 사건으로 말미암아 김홍섭과 독재정권 사이에는 묘한 긴장관계가 형성되었다.

이승만 독재정권과 김홍섭의 불편한 관계는 어쩔 수 없는 일이었다. 독재정권은 종교마저도 정치적으로 이용하였다. 이승만과 그의 측근 세력은 모두 개신교 신자들이었다. 그들은 은연중 '반反천주교' 노선을 추구하였다. 공교롭게도 야당 지도자들 가운데 천주교 인사가 여러 명 포함되어 있었기 때문에 그들의 종교탄압은 더욱 심해졌다. 독재정권은 천주교 인사에 대한 냉대와 차별을 통해 자파의 단결력을 더욱 강고히 하려고 하였다. 1953년 천주교에 입문한 이래 착실하게 신앙생활을 해온 김홍섭으로서는 견디기 어려운 일이었을 것이다.

그런 가운데 또 한 가지 사건이 터졌다. 1956년 1월 30일, 이른바 '김창룡 소장 살해사건'이 일어난 것이다. 이 사건의 주모자는 허태영(대령)이었다. 그는 한국 군부의 장래를 위해 김창룡의 제거가 필수적이라고 확신하였다. 그는 총을 뽑아 들었고 김창룡은 쓰러졌다. 김창룡은 그날 출근길에 서울 용산의 원효로를 지나던 중 괴한 2명으로부터 3발의 총탄을 맞고 피살된 것이었다.

허태영은 김창룡을 살해한 동기가 사적 이익의 추구에 있지 않다고 주장하였다. 일반이 아는 것처럼 김창룡은 상관과 동료를 모략하여 자신의 영달을 꾀하였던 파렴치한이었다. 그는 고위 장성들의 비행을 조사하여, 이를 빌미로 군 장성들 사이를 이간질하였다. 허태영에 따르면, 그로 인해 군부의 단결이 불가능하였다. 이로써 군의 통수계통이 문란해졌다고도 하였다. 뿐만 아니라, 김창룡은 권력의 주구로서 여러 가지 사건을 조작하여 무고한 사람들을 희생시켰다. 이 모든 것은 자신의 출세를 위한 것이었다. 심지어는 육군사관학교의 졸업식장에서 이승만 대통령의 암살 음모사건을 조작함으로써 독재자의 환심을 샀고 자신에 대한 신뢰를 높이려 하였다. 허태영은 김창룡을 제거하지 않으면 군부의 장래가 어둡다고 판단하였다. 그리하여 부하인 송용고, 신초식 등과 함께 김창룡을 저격하였다. 일반 시민들은 김창룡의 사망소식에 환호하였다. 그러나 사고소식에 접한 독재자 이승만은 무척 당황하였다. 이승만은 그의 심복이라 믿었던 김창룡의 애국심을 칭찬하고, 이미 사망한 그를 육군중장으로 특진시켰다. 권력자의 입장에서 볼 때, 이 사건의 장본인인 허태영 등은 엄벌을 받아 마땅한 존재였다.

이후 사건의 처리과정에서 관련자들이 모두 중형을 선고받은 것은 예정된 수순이었다. 1956년 4월 17일, 확정판결에서 허태영 등 직접 가담자 3인 전원에게 사형판결이 내려졌을 때 누구도 놀라지 않았다.

허태영은 함경도 출신으로, 일제 때부터 특무부대에서 잔뼈가 굵은 사람이었다. 이를테면 친일파였다. 하지만 친일파의 경력과는 별도로 허태영에게서는 정의감에 불타는 청년장교의 모습이 발견되었다. 그런데 독재권력의 미움을 사고 있던 바로 이 사형수 허태영과 김홍섭 사이에 특별한 만남이 이뤄지게 되었다.

그 시말이 김홍섭의 수필집 『무상을 넘어서』에 자세히 기록되어 있다. "내가 허 씨를 알게 된 것은 그해[1956년] 10월 하순경이었다. …… 그의 자약自若하고 중형수답지 않은 담담한 태도는, 미구에 그의 생명 위에 닥쳐올 선풍과 아울러서 필연적으로 내 종교적인 의식을 자극하는 바 되어, 나는 다음 날 또 비공식 심방을 하지 않을 수 없었던 것이다." 여러 차례 그들 사이에 만남이 거듭되었다. 그 결과 사형수 허태영은 김홍섭을 대부로 맞아 영세를 받고 천주교에 입교하였다. 1957년 9월 24일 오전 10시 사형이 집행되는 마지막 순간, 허태영은 김홍섭의 은혜에 감사한다는 유언을 남기고 세상을 떠났다.

허태영의 당당한 태도는, 그가 김홍섭에게 보낸 마지막 편지의 정신과도 부합하였다. 허태영은 그 편지 가운데서 김창룡의 살해라는 자신의 행적에 관해 이렇게 말하였다. "첫째로는 천주께서 친히 그 과책過責을 가려 주실 것이요, 민중이 이를 판별하고 해명하여 주실 것이요, 후세에 역사가 그 시비를 밝혀 줄 것이니, 부모처자 친척은 각각 또 다 천주 안배하심에 따라 정한 길을 갈 것이온즉 개의될 바 아니오나, 조국의 비원을 풀 길 없이 흉금 깊이 안은 채 천고千古에 잠긴 선일의 영령을 뵈올 것을 생각하니, 절절한 감개 골수에 사무치는 바 있습니다."(최종고, 1985b: 67)

허태영의 최후소식을 듣고 김홍섭은 자신의 소감을 담담하게 정리하였다. "내 얘기하였던 바에 어긋남이 없이 그의 최후를 깨끗하게 — 또는 당당하게 맺어 주었다. 나는 이 사실을 그와 내가 공통으로 공경하는 천주께 감사한다. 이제 사람은 갔다. 갔지마는 그와의 사이의 정의는 남는다."(김홍섭, 1981: 112)

사후의 일이지만 김홍섭은 글을 통해 허태영의 행동과 인품을 세상에 널리 알렸다. 「동아일보」에는 1957년 10월 1일부터 3일까지 연 3일에 걸쳐 김홍섭이 쓴 「정의情誼」가 연재되었다. 그 글에는 사형수 허태영과 김홍섭의 만남이 상세히 기록되었다. 허태영은 중죄인으로 사형까지 당하고만 사람이었지만, 세상 사람들은 그 글을 통해 허태영의 마음가짐과 인품을 잘 알게 되었다. 많은 사람이 그를 마치 시대적 영웅처럼 떠받드는 풍조도 일어났다.

그들 사이의 이야기는 종교적인 교화에 국한되는 일처럼 보이기는 하였다. 그러면서도 김홍섭과 허태영의 관계가 자세히 알려질수록 집권층의 심기는 불편해질 수밖에 없었다. 당당하고 착한 허태영이야말로 이승만 대통령의 심복 김창룡을 암살한 주범이었기 때문이다. 그런 허태영을 되풀이해서 면회하고, 또 그와 서신을 교환한 끝에 결국 대부가 되었다는 사실. 집권 당국으로서는 김홍섭의 처사에 불만이 많았을 것은 두말할 필요도 없을 것이다. 그런데 김홍섭은 문제의 사형수와 주고받은 서신까지 일반에 공개하여 여론을 불러일으켰다(하종대, 1997: 257). 김홍섭은 자신에게 쏟아진 집권층의 따가운 시선을 조금도 피하지 않았다. 그는 그 정도의 정치적 제약 앞에 머리를 수그릴 나약한 위인이 아니었다. 어느덧 그는 정치적 제약에서 벗어나 기쁜 마음으로 양심의 편에서는 용기 있는 인간이 되어 가고 있었다.

허태영 사건 이후 김홍섭은 '사형수의 아버지'가 되었다. 그는 전국 각지의 중죄인들을 위해 종교서적인 『경향잡지』를 30부씩 구입하였다. 이 책자는 전국의 감옥으로 보내졌다. 성탄절이 되면 그는 전국의 교도소에 산재한 대자들에게 친필로 축하편지를 써 보냈다(윤형중, 1965; 최종고, 1985b: 220). 그가 받은 판사 월급의 상당 부분이 그러한 일에 지출되었다.

김홍섭의 일기장에는 이러한 그의 일상생활이 뚜렷이 기록되어 있다. 예를 들면, 사형수 정덕수(바오로)의 형 집행에 관한 메모가 보인다(김홍섭, 「일기초」, 1960년 12월 7일 수; 김홍섭, 1981: 492). 사형이 집행된 지 이틀 뒤, 김홍섭은 정덕수의 시체를 인수하여 자비로 매장하였다(김홍섭, 「일기초」, 1960년 12월 9일 금; 김홍섭, 1981: 192). 김홍섭의 삶에서 가장 중요한 벗이 있었다면, 그것은 곧 전국 각지에 흩어져 있던 '죄인들', 그것도 사형을 기다리는 수인囚人들이었을 것이다. 그는 그들을 위해 기도하고, 그들의 면회를 다니고, 나중에는 시신까지 수습하여 장례를 치렀던 것이다.

아마 세계사를 통틀어서도 김홍섭과 유사한 법조인은 극히 드물지 않을까. 보통의 경우, 판사와 검사는 자신에게 배당된 사건을 수사하고 사법적으로 처리하는 것으로 자신의 의무를 다하였다고 생각할 것이다. 하지만 김홍섭은 그렇게 생각하지 않았다. 그는 실정법상의 명백한 죄인이라 하더라도, 그것은 그들이 우범적인 생활환경 또는 생활고 때문에 어쩔 수 없이 죄를 저지른 것이라고 확신하였다. 이런 믿음에 도달한 김홍섭이었기 때문에, 그는 죄인들을 가엾이 여겼다. 그는 그들에게 자신이 과연 어떤 도움을 줄 수 있을지를 마지막 순간까지 고민하였다.

김홍섭의 행동은 일종의 전도행위였다. 그러나 그와 죄수들의 관계가 전도에만 목적을 둔 것으로 이해한다면 그것은 잘못이다. 김홍섭은 세계시민을 지향하는 지식인이었다. 그로서는 이 세상에서 가장 억눌리고 나약한 죄수들에 대해 동지적 우애와 연민을 가지는 것이 당연하였다. 그에게 전도행위는 우정과 사랑의 특수한 표현이었다고 생각한다.

김홍섭의 서울고등법원 시절은 1958년 연말까지 계속되었다. 1959년 1월부터는 다시 시골생활이 시작되었다. 고향에서 가까운 전주지방법원장이 되었기 때문이다. 전주에 재임한 1년 동안 그는 평소 사이가 서먹하던 법원 및 검찰청 직원들의 인화를 위해 노력하였다. 결과적으로 상당한 성과가 있었다고 한다(이치백, 1999: 292). 재임기간이 짧아서 그런 점도 있겠지만, 그의 재판업무에 관해서는 특기할 만한 사항이 발견되지 않는다.

종교생활과 관련해서는 몇 가지 기억할 만한 활동이 눈에 띈다. 김홍섭은 시간이 날 때마다 전주 숲정이의 순교사적을 조사하였다. 그는 자비를 들여서 순교기념비를 건립하기도 하였다.

시간을 거슬러 올라가 1782년을 전후한 시기. 그 당시 전주는 한국천주교회의 구심점 가운데 하나였다. 그 무렵에는 서울을 비롯해 충청도 내포 및 전주 지방이 한국천주교회의 주축이었다. 전주의 천주교회를 이끈 것은 유항검柳恒儉 일가였다. 그들은 막강한 재력을 바탕으로 전교 활동에 헌신하였다. 그러나 조정의 탄압으로 인해 유 씨 일가는 결국 풍비박산이 되고 말았다.

그 가족의 대부분은 순교하고 말았는데, 그 가운데 특별한 한 쌍이 있었다. 결혼생활 내내 동정을 지킨 이누갈다(유혜柳惠)와 그의 남편 유요한(종선宗善)이었다. 김홍섭은 형을 당하기 직전 치마폭을 뜯어서 서울의 친정어머니에게 편지를 보낸 이누갈다의 눈물겨운 옥중사연을 「춘향과 이누갈다. 특히 누갈다의 생애와 그 사적」이라는 글로 정리하였다(김홍섭, 1981: 113~120). 누갈다의 여러 말 가운데 김홍섭은 다음 구절을 일기장에 적어 두고 애송하였다. "모든 도덕을 구함이 좋으나, 그중에 으뜸은 신信, 망望, 애愛 삼덕이니, 이 세 덕이 영혼에 참으로 들어가면 다른 모든 도덕이 절로 따르리라."(김홍섭, 「일기초」, 1960년 2월 5일 금; 김홍섭, 1981: 487)

1801년(순조 1년) 이누갈다 부부는 천주교인이라는 이유로 참수되었다. 전주에서 그들의 무덤을 발견한 김홍섭은 그들 순교자의 무덤을 새롭게 단장하였다. 마침 자신의 수필집 『무상을 넘어서』의 인세를 받게 되자, 그 돈을 가지고 「유요한 종선의 묘」라는 비석도 새로 만들어 세웠다. 그가 전주에 '순교비'를 보낸 것은 1960년 4월 6일이었다(김홍섭, 「일기초」, 1960년 4월 6일 수; 김홍섭, 1981: 487). 그때 그는 이미 전주를 떠나 서울로 돌아와 있었다.

김홍섭은 누갈다 부부의 묘비를 직접 도안하기까지 하였다. 비석의 뒷면에는 "먼지는 제가 생겨난 땅으로 돌아가고 영혼은 그를 주신 천주께로 돌아갈지니라. 1950. 3. 1. 동교 후생 나그네 세움"이라는 의미심장한 글귀를 새기게 하였다(김홍섭, 「일기초」, 1960년 2월 5일 금; 김홍섭, 1981: 486~489).

1960년 1월 26일, 그는 다시 대법원 판사로 전임되었다. 그해 9월에는 대법관 직무대리를 맡았다. 1961년 9월 광주고등법원장으로 전출될 때까지 대법관 직무를 수행하였다. 오늘날의 대법원 판사를 당시 용어로는 대법관이라 불렀다. 대법원 판사는 그 아래서 근무하는 판사였다.

대법원 판사 시절, 김홍섭은 업무상 횡령사건을 처리하였다. 그에 관한 기록이 아직 남아 있다. '대법원(1960년 2월 17일) 사건번호 4293 형상 961이 그것이다. 김홍섭은 이 사건에 관해 피고인의 무죄를 확정하였다. "공소사실에 범죄시일 장소의 표시가 없고 소송사실 주체의 인식을 모호하게 한 경우의 공소의 효력이 없음을 인정하였다." 이처럼 대법원 시절에도 그는 여전히 형사사건만을 전담하였다.

특기할 사실은 대법원 판사 시절 김홍섭은 양형量刑 문제에 유달리 큰 관심을 가졌다는 점이다. 그는 동일한 사안에 대해 법조계 인사들의 판단이 사형에서부터 2년 징역까지 그야말로 천차만별이라는 현실에 혼란을 느끼고 있었다. 그는 이 문제를 해결하는 것이 자신의 과제라 여겼다. 일찍이 실학자 정약용丁若鏞(1762~1836)이 주장한 대로, 범죄사실의 진상을 정확히 파악한 다음 재판관은 신중하고 신속하게 판결하는 것이 옳다는 입장이었다. 이런 취지에서 김홍섭은 「형의 양정에 관한 소고小考」란 논문을 『법조』(1960년, 9권 4호, 27쪽 이하)에 발표하였다. "법관들에게 기대되는 것은 야담이나 소설 속에 나오는 기지機智나 직관直觀에 의한 천재적인 명판결이 아니라 부단한 연찬과 숙련, 그리고 양심에 따라 이루어지는 판결"(김홍섭, 1960: 28)이라고 그는 강조하였다. 그러려면 조선시대 성리학자들이 강조한 '신독愼獨', 즉 양심의 소리에 귀를 기울일

줄 알아야 한다고 주장하였다. 이처럼 김홍섭은 전통적인 법사상의 줄기를 철학적으로 파악하고 이를 제대로 계승하는 데 큰 관심을 가졌다.

1960년 9월부터 그는 대법관 직무대리를 지냈다고 말하였다. 그는 1년여의 재임기간 중 약 30여 개의 사건에 관여하였다. 구체적으로 말하면, ① 대법원(1961년 7월 12일) 사건번호 4294 형상186의 '국가보안법위반' 사건, ② 대법원(1961년 6월 30일) 사건번호 4294 형재항30 '검사의 처분에 대한 이의신청 기각 결정에 대한 재항고' 사건, ③ 대법원(1961년 6월 28일) 사건번호 4294 형상179 '특수절도' 사건 등이었다(허일태, 2007: 78). 이 사건들에 관해 허일태는 깊이 있는 연구를 하였다. 그에 따르면, 이 사건들 가운데서 김홍섭이 주심을 맡은 사건이 존재했는지는 아직 확인되지 못하였다. 그런데 흥미롭게도 사형을 확정한 사건은 그 가운데 단 한 가지도 없는 것으로 나타났다. 이들 사건을 차례로 검토한 결과, 허일태는 판례가 대단히 합리적이었다는 평가를 내렸다(허일태, 2007: 79). 이처럼 법관으로서 김홍섭의 능력은 탁월하였다.

김홍섭은 법원의 일상업무에 성실한 동시에 신앙생활에도 열성적이었다고 할까. 세속적인 일과 종교생활은 과연 그의 인생에서 각각 얼마만큼의 비중을 가졌을까. 일기장에는 그와 관련된 구절이 하나 있어 우리의 주목을 끈다.

"세사世事에 정을 붙이지 않으려는 태도에 대하여. 세속은 천주께서 우리에게 주신 단 한 번의 공을 세울 기회. 천주의 안배가 이뤄지는 바탕. 고로 이에 적극적인 의미를 부여(할) 사."(김홍섭, 「일기초」, 1958년 6월 4일 수; 김홍섭, 1981: 472)

세상일, 즉 일상의 세계야말로 인간이 절대자에게 호평을 받을 유일무이한 기회라는 김홍섭의 주장이 흥미롭다. 그의 종교생활 또는 신앙생활을 강조하다 보면, 마치 김홍섭은 세상사에 등한하였을 것 같은 느낌이 드는 것이 사실이다. 그러나 그는 결코 현실도피를 위해 종교 속으로 숨기를 바라는 인간이 아니었다. 그에게 세상일과 신앙은 완전한 표리 관계였다. 어느 것 하나도 소홀해서는 안 된다는 확고한 입장이었다.

김홍섭의 성실은 그의 내면에 깊이 아로새겨진 유교적 교양과도 관계가 깊었다. 그가 어린 시절 배우고 익힌 『중용中庸』의 제23장에도 성실의 중요성을 강조한 구절이 발견된다.

"작은 일도 우습게 여기지 말고 최선을 다해야 한다. 작은 일에 최선을 다하면 정성스럽게 된다. 정성스럽게 되면 [속이 가득 차서] 겉으로 배어 나온다. 겉까지 배어 나오면 표면에 [완전히] 드러난다. 표면에 드러나면 이내 [전체가 환히] 밝아지고, 그리되면 타인을 감동시키고, 타인이 감동되면 곧 [그가] 변하리라. 이처럼 변하면 [만물이] 태어나고 자라게 된다."

일상의 책무에 성실한 사람. 그는 자기 자신을 군자로 만들 뿐만 아니라 타인을 감화시키고, 나아가서 세상만물을 천리天理에 따라 자라나게 할 수 있다는 뜻이다. 이 구절은 은연중에 김홍섭의 생활태도를 좌우하는 지침이 되어 있었다.

여느 가장이나 마찬가지로 그에게도 가정생활은 무거운 짐으로 느껴질 때가 있었다. "학원서 「인구론」을 강하고, 귀가하여 처에게서 태기 운운함을 듣다. – 1남 5녀? ……. 아, 무거운 십자가."(김홍섭, 「일기초」, 1958년 3월 6일 목; 김홍섭, 1981: 468) 자녀를 훈육하는 것 역시 상당한 애로를 동반하는 괴로운 일이었다. "금효(제 2녀)를 혹독히 타책打責하고 회오悔悟함."(김홍섭, 「일기초」, 1958년 4월 4일 금; 김홍섭, 1981: 468) 아이의 잘못을 심하게 나무라고는 금세 후회하는 아버지의 심정을 가감 없이 토로한 것이다. 또한 그는 큰아들의 입학 및 편입 시험을 초조한 마음으로 지켜보기도 하였다. "정아 합격."(김홍섭, 「일기초」, 1959년 3월 9일 월; 김홍섭, 1981: 478) 이보다 4년 뒤인 1963년 3월 30일에는 "정아 경기(고등학교) 편(입)시(험) 합격"(김홍섭, 「일기초」, 1963년 3월 30일 일; 김홍섭, 1981: 493)이라며 기쁜 마음을 조금도 숨기지 않았다. 이처럼 그는 직장 일에 몰두하면서도, 바쁜 시간을 쪼개어 가정 및 종교 생활에도 성의를 다하고자 분주하였던 한 사람의 성실한 시민이었다.

일상의 책무와 씨름하며 김홍섭은 괴로워하고 기뻐하며 하루하루를 보냈다. 그러던 가운데, 언제나 그의 큰 두통거리의 하나였던 제1공화국, 즉 이승만 독재정권이 붕괴하였다. 1960년 그 당시 야당인 민주당 대통령 후보 조병옥趙炳玉(1894~1960)의 급작스런 죽음으로 대통령 선거를 연기하자는 청원이 제기되었다. 그럼에도 불구하고 이승만 정권은 승기를 놓치지 않으려고 서두른 나머지 1960년 3월 15일 정·부통령 선거를 강행하였다. 사상 최악의 부정선거였다. 이에 전국 각지의 학생을 비롯해 많은 시민이 궐기하였다. '4·19혁명'이 일어난 것이다. 이것으로 불법과 무법을 자행하던 이승만의 자유당독재는 막을 내리게 되었다. 독재정권과 상당한 긴장관계에 놓여 있던 김홍섭 역시 감회가 적지 않았을 것은 틀림없다.

4. 제2공화국에 대한 실망

4·19혁명의 기운이 한창 무르익어 가고 있을 때였다. 김홍섭은 사

태의 전개를 예의 주시하였다. 1960년 4월 12일 자 그의 일기장에는, "마산 제2폭동. 제주행 연기"(김홍섭, 「일기초」, 1960년 4월 12일 화; 김홍섭, 1981: 488)라는 글귀가 보인다. 이어서 일주일 뒤에는, "4·19학생의거 발발. 제주법원 감사 행"(김홍섭, 「일기초」, 1960년 4월 19일 화; 김홍섭, 1981: 488)이라고 기록하였다. 드디어 학생들의 '의거'가 일어났고, 이 사태가 집권층에게는 결코 유리할 리 없다는 판단을 하였을지도 모르겠다. 그는 며칠 동안 미뤄 온 제주지방법원에 대한 감사 일정을 시작하였다. 그가 제주에서 서울로 되돌아온 것은 4월 23일 토요일이었다. 그보다 사흘 지난 4월 26일에는 "대통령 하야"(김홍섭, 「일기초」, 1960년 4월 26일 화; 김홍섭, 1981: 488)라는 한국 현대사 초유의 상황이 벌어졌다. 독재권력에 의해 멈춰진 것처럼 보이던 역사의 수레바퀴는 엄청난 폭발음을 내며 앞으로 나아가고 있었다. 그해 4월 28일, "이기붕 일가 자결. 대법원장 [조용순趙容淳, 1898~1976] 퇴의 표명. 가인 [김병로] 선생 방(문)"(김홍섭, 「일기초」, 1960년 4월 28일 목; 김홍섭, 1981: 488) 등 엄청난 사회변화의 파도가 밀어닥치고 있었다. 3·15부정선거의 중심에 있던 이기붕 일가는 자폭하였고, 독재권력에 굴종적이던 조용순 대법원장은 사퇴의사를 밝혔으니, 제1공화국은 공중분해 된 것이나 다름없었다. 이러한 돌발사태를 맞아 김홍섭은 자신의 멘토인 김병로 전 대법원장을 방문해 시국에 관한 의견을 교환한 것이 명백하였다. 그러면서도 일기장에는 자신의 성품 그대로 바깥세상에 불어닥친 태풍을 간단하고 명료한 말씨로 적어 두었다.

김홍섭은 이승만 독재정권의 종말을 기쁘게 받아들였다. 그러나 조용하고 침착한 것이 그의 성품이었다. 그는 함부로 나서지 않았다. "3불어. 비소非所 불어. 비시非時 불어. 비인非人 불어"(김홍섭, 「일기초」, 1960

년 5월 1일 일; 김홍섭, 1981: 488)라고 하였다. 장소와 시간과 사람이 부적절한 경우 시국담을 하지 말겠다고 스스로에게 다짐하였다. 그는 한 걸음 더 나아가 정치에 직접 개입하고 싶어 하는 것 같은 인상을 남에게 주지 않으려고 하였다. "거취나 시국에 관한 솔선발언 자제(할) 사. 감상, 비명, 동정에 떨어지지 말 것."(김홍섭, 「일기초」, 1960년 5월 2일 월; 김홍섭, 1981: 488)

이승만 정권이 무너진 다음, 시민들의 손으로 뽑은 제2공화국이 출범하였다. 시민들의 기대가 컸다. 김홍섭 역시 상당한 관심을 가지고 새 정부의 출범을 지켜보았다. 그러나 민주당은 무능하였다. 그들은 지나친 계파갈등으로 정국운영에 상당한 어려움을 초래하였다. 그 당시에는 시민들도 그랬지만, 정치권 역시 민주주의의 경험이 부족해 정치에 대한 기대만 높았지 민주적인 정국운영 능력은 사실상 부재하였다. 결과적으로 정국은 혼미를 거듭하였다. 정부의 리더십은 누가 보아도 너무 취약하였다.

당시 내각수반은 장면張勉 총리였는데, 그는 김홍섭과도 가까운 사이였다. 그들은 독실한 천주교 신자로서 이미 알고 지내던 관계였다. 김홍섭이 제2공화국에 남다른 기대와 애정을 가졌던 것은 두말할 나위도 없었다. 그러나 제2공화국이 성립되고 나서 채 1년도 지나기 전, 장면 정권에 대한 김홍섭의 불만은 더 이상 참기 어려울 정도가 되었다.

장면 정권에 대한 그의 평가는 최악이었다. "① 능력이 없다. ② 총명하지 못하다. ③ 성실성이 없다. 공약위배, 당헌위본爲本, 정실인사. 전항前項 시국관에 비추어, 장 총리는 능력과 총명과 성실성에 있어서 최악의 비판을 받고 있다."(김홍섭, 「일기초」, 1960년 11월 7일 월; 김홍섭, 1981; 490) 일기장에 이렇게 요약 정리되어 있는 것처럼, 김홍섭은 장면 정권의 능력을 부정 일변도로 평가하였다. 비판과 질책의 언어, 이것이 제2공화국에 대한 김홍섭의 충정이었다.

위와 같이 정국운영에 대한 자신의 생각을 정리한 지 보름쯤 경과한 1960년 11월 21일, 김홍섭은 자신의 의견을 최고위층에 전달하기 위한 통로를 찾았다. 그는 당시 천주교회의 최고위 성직자인 노기남 주교를 방문해 속생각을 남김없이 털어놓았다. 장면 정권에 대한 자신의 비판적 견해는 그 자신의 사견만이 아니라 시민들의 여론이기도 하다고 확신하였기 때문이다.

그날의 회동에서 그는 다음과 같은 사항을 노기남 주교에게 말하였다. 그는 노 주교를 통해 자신의 생각이 장면 총리에게 그대로 전달되기를 바랐다고 짐작된다.

그날 김홍섭의 발언내용은 "① 시국관, ② 비판, ③ 제언"으로 나뉜다. 이제 하나씩 살펴보자. "① 시국관: 일. 한국은 실로 해방 후 최대의 위기 …… 중립론 대두. 미 정책변환 예상." 김홍섭은 제2공화국이 대한민국 역사상 초유의 위기를 초래했다며, 미국과의 관계악화를 염려하였다. 그는 안정된 한미관계 없이는 한국사회의 발전이 불가능하다고 보았다. 김홍섭은 국가주의자도 민족주의자도 아니었고, 제국주의 또는 패권주의 국가에 대하여는 강한 반감을 가지고 있었지만, 당시 한국의 제반상황으로 보아서는 미국과의 동맹관계가 필수적이라는 판단이었다.

"② 국민은 민주당에 대한 기대에서 완전 이탈되고 있다. 이제는 될 대로 되라는 절망감으로 입증. ……" 집권 초반임에도 장면 정권이 시민들의 요구에 부응하지 못해 정권을 유지하는 것조차 어려운 상황이 되고 있는 것은 아닌가 하는 비판이었다.

"③ 대 장 총리 제언: ① 국민의 소리를 직접 들을 수 있는 길을 열어 놓을 것. …… ② …… 거국내각을 제의할 만한 진지성을 보일 것. …… ③ 종교인다운 성실성을 보일 것. ……" 김홍섭은 자기 나름으로 장면 정권이 위기를 벗어날 수 있는 대안마련에 부심하였음이 틀림없다. 그는 시민과 소통하는 정치의 중요성을 역설하였다. 그리하여 당시로서는 거국내각의 구성이 요구된다고 주장하였다. 이런 사실도 흥미롭지만, 그가 같은 천주교 신자로서 장면의 신앙적 반성을 촉구한 점도 주목된다.

결론적으로 김홍섭은 노기남 주교와의 만남에서 아래의 다섯 가지 사항을 집권층에게 주문하였다. "① 자폭의 각오로서 위당爲黨정치를 벗어날 것. ② 거국 자문기관을 가질 것. 직언파 유위有爲 인사에 의한 — 5~10인 정도의 — 의례적인 것을 지나서 진지한 태도로 가두에 나설 것. ③ 국민생활요강 같은 것을 만들어서 총궐기운동을 일으킬 것. ④ 당의黨意보다 민의에 더 치중할 것. ⑤ 언론기관의 협조를 [구할 것]."(김홍섭, 「일기초」, 1960년 11월 21일 월; 김홍섭, 1981: 491~492) 이러한 김홍섭의 뜻이 장면 총리에게 제대로 전해졌을지는 판단하기 어렵다. 설사 그와 같은 취지가 전달되었다 하더라도, 과연 가시적인 효과로 이어질 수 있었는지는 더욱 의문이다. 내가 보기에 장면 정권은 처음부터 김홍섭의 요구를 소화할 만한 정치적 능력이 결여되어 있었다.

정치에 무관심한 듯하였지만, 사실 김홍섭은 누구보다도 깊은 관심과 날카로운 분석능력을 가지고 있었다. 그는 현실 정치문제로 많은 고민을 하였다. 그 흔적이 메모장에도 고스란히 남아 있다. 1960년 한 해는 유독 그의 정치적 관심이 높았다.

> 국민-○○○, 공무원-지지받는 정부 하, 법관-악법도 법. 그러나-희망을 버릴 수 없다. 개인-양심. 국가-정의, 사법-자손만대를 위하여(김홍섭, 1981: 495).

구체적인 설명이 없기 때문에, 그의 본의를 제대로 이해하기는 어렵다. 그러나 자손만대를 위해서 사법부의 활약이 기대된다고 말한 점, 개인은 양심을 지키고 국가는 정의로워야 된다는 등 김홍섭의 평소 신념이 드러나 있음은 명백하다. 그는 제대로 된 정부 아래라야 '악법도 법'이 될 수 있다고 생각한 것으로 짐작되는데, 당시와 같은 악조건 속에서도 결코 "희망을 버릴 수 없다"고 부르짖었다. '자손만대'를 생각하면 한 순간도 포기할 수 없다는 소신을 표현한 것으로 생각된다. 이렇듯 무능한 제2공화국이었지만 끝내 포기하지 않고 거듭 채찍질하는 김홍섭의 모습이 눈에 선하다. 자신이 직접 정치일선에 나가는 것은 극도로 삼갔지만, 김홍섭은 조국의 미래를 걱정한 나머지 현실정치에서 눈을 떼지 못하였다.

한편 그 당시 장면 정권은 추락한 인기를 만회하기 위해 사법부를 이용할 생각이었다. 정권 차원에서 이른바 '반민족행위자 처벌'을 재개할 방침이었다. 이 문제에 대해 김홍섭은 완강히 반대하였다. 반민재판은 타당하지 못하며 자신은 그런 일에 결코 가담하지 않겠다는 의지가 뚜렷하였다.

1960년 11월 13일 자 일기장에 그는 '회피사유'를 다음과 같이 두 가지로 구분하여 기록하였다. "① 법관의 양심상 – 기본인권은 법 위에 있고, 인류의 공동운명은 민족의 그것보다 크다고 보는 것은, 나의 법관으로서의 기본신조이다. 인권에 관한 법상의 제 규칙은 지역에 따라 시기에조차 관계될 수 없다 한 데서 나는, 내 평상의 심정을 굽힐 수가 없다."

김홍섭은 인간의 기본권과 인류공동체의 운명이 민족담론보다 중요하다는 이유로, 반민족행위자 재판을 거부한다는 입장을 밝혔다. 은연중 그는 이른바 친일행위의 대부분이 살기 위해서 어쩔 수 없이 한 일이라는 동정론을 펴고 있었다. 식민지 시기를 체험한 한 양심적인 법조인의 생각이 이와 같았다는 점은, 아직도 친일파 문제로 고심하고 있는 우리에게 매우 시사적이다.

"② 국민감정에서. 4·19 직후 반민행위자에 대한 국민감정은 냉정하고 비교적 온건한 것이었다(이○○). 그것은 독재자의 실각에 대한 만족과 새로운 민주건설을 위한 희망으로 차 있었으며, 이에 비하여 반민자 처벌은 실상 오늘에 보는 것과 같은 그런 거대한 문제가 아니었던 것으로 상상한다. 불행히도 그 후의 국회의 무위와 행정부의 무능에 대한 국민의 원성의 적的을 이 방향으로 돌리려는 듯이기도 보이나 그것은 결과적으로 집권자의 국민에 대한 배임 ……."(김홍섭, 「일기초」, 1960년 11월 13일 일; 김홍섭, 1981: 490~491)

김홍섭이 판단하기에 반민족행위자 처벌이 집권여당인 민주당에 의해 정치적으로 이용되고 있었다. 혁명 당시 이 문제에 대한 시민들의 관심은 별로 높지 않았다는 점을 그는 지적하였다. 제2공화국이 정치적 무능을 은폐하기 위해 반민족 문제를 정치이슈로 부각시키는 것은 일종의 정치적 술수에 불과하다는 입장이었다. 알다시피 제2공화국은 단명하였고, 그런 관계로 반민족행위자 처벌문제는 미처 본격적으로 제기되지도 못한 채 유야무야되었다.

김홍섭에게 현실정치란 이렇듯 실망스런 것이었다. 그는 겉치레나 다름없는 정치를 벗어나, 자연과 인간내면의 향기를 호흡하고자 하였다. 아직 제2공화국이 지리멸렬한 명맥을 가까스로 유지하던 1960년 12월 20일, 김홍섭의 수필집 『무상을 넘어서』가 출판되었다. 그 안에는 여행담과 계절송 등 25편의 수필이 실려 있다. 일상생활부터 종교적 성찰에 이르기까지 그의 내면세계를 투명하게 보여 준다. 특히 「무상無常에서 상생常生으로」라는 수필은 지난날 그가 걸어온 구도求道의 행적이 솔직 담백하게 서술되어 있다. 그의 사후인 1970년, 유족들의 동의로 이 수필집을 토대로 그에 앞서 간행된 『창세기초』(수필집)와 『무명』(시집)까지 한데 묶어 한 권의 책자가 새로 탄생하였다. 그러나 그것은 한참 뒤의 이야기다. "『무상을 넘어서』 발행, 40책 인수."(김홍섭, 1981: 492) 1960년 12월 16일 금요일, 김홍섭은 새 책의 출간이 가져다주는 기쁨을 억누른 채 그렇게 간단히 적어 놓았다.

5. 5·16군사정변과 제3공화국에 대한 침묵의 의미

제2공화국은 김홍섭과 같은 식자들이 보기에 미숙하고 불안정한 정권이었다. 과연 장면 총리를 비롯한 집권세력은 만 1년도 못 되어서 권력을 상실하였다. 1961년 5월 16일 새벽, 박정희 육군 소장을 비롯한 일단의 군인들이 쿠데타를 일으켜 정권을 앗아 갔다. 그 사건이 일어났을 때 김홍섭은 침묵하였다. 그는 쿠데타가 일어난 1961년부터 이태가 지난 1963년까지 담당사건의 판결문을 쓰는 것 외에는 사실상 아무런 글도 쓰지 않았다(허일태, 2007: 87).

김홍섭은 아마도 암중모색 중인 것 같았다. 숨 가쁘게 급변하는 한국의 정치상황을 걱정스런 눈길로 바라보며, 그는 현실정치보다 좀 더 깊고 높은 차원에서 문제의 본질에 다가가고자 마음을 가다듬고 있었던 것이 아닐까. 현실을 고뇌하고 있던 김홍섭의 모습. 그 일단을 보여 주는 메모 하나가 남아 있다. '신년인사'인데, 혹자는 이것이 1965년의 신년인사일 것이라고 짐작한다. 내 생각은 조금 다르다. 이 글귀가 1964년에 기록된 다른 글과 함께 묶여 있다는 점으로 미뤄 볼 때, 아마도 그해 연초 김홍섭이 청취한 '○○○ 원장'(성명 미상)의 인사말일 것으로 추정된다. 인사말에서 화자는 서양 고대의 한 철학자 또는 신학자의 말을 인용하였다. 메모장에 '어피구데다스'라고 하였는데, 이는 혹 그리스 철학자 에피쿠로스가 아니었을까 싶다. 아무튼 그의 말을 인용하며 세 가지 이야기를 하였다.

첫째, "오늘은 이 항구에 — 우리는 가고 있다. 영주永住가 아니고." 인생은 이 세상에 영구한다는 의미의 영주가 아니라는 것이다. 누구의 삶이든 항구에 일시 정박하는 배와 다름없다는 것이다. 김홍섭은 이와 같은 비유에 깊이 공명한 것으로 짐작된다. 그로 말하면, 평소 '상생常生', 즉 영생을 노래하고 있었다. 그는 영생을 추구하는 한 사람의 구도자로서 현세의 삶에 미련을 두지 않으려고 애썼다. 항구의 비유는 그의 평소 인생관과 합치되는 점이 있었기 때문에 적어 둔 것으로 믿어진다.

둘째, "일하러 이 직장에 — 올해도 부지런히. 여기는 우리 후대가 영주할 땅." 조국애가 흠씬 느껴지는 대목이다. 각 세대는 덧없이 흘러가기 마련이지만, 그들의 의지와 업적이 쌓이고 쌓여 영구한 역사를 이룬다. 이 땅은 후세에게 길이 전할 우리의 영원한 조국이다. 한시인들 게으름을 피울쏜가. 매 순간 성실히 노력하여 후손들에게 의미 있는 유산을 물려주자는 다짐. 김홍섭은 이런 주장에 공명하였다.

셋째, "못나도 내 조국. 부지런히 일하자."(김홍섭, 1981: 591) 앞에서도 강조했듯, 김홍섭은 평소 민족 또는 국가 지상주의를 배격하였다. 그러나 애국에 관하여는 다른 입장이었다. 그는 이 대목에서 다시금 애국적

태도를 강조하였다.

김홍섭은 누구보다 민주주의를 신봉하였다. 그런 그가 군인들의 불법 쿠데타 자체를 적극 찬성하였을 리는 없었다. 다만 제2공화국의 무능과 부패를 성토하던 그로서는, 청년 장교들의 비상한 의욕과 패기에 조국 부흥의 희망을 걸었을지도 모르겠다. 당시 이집트와 남미의 여러 신생국가에서는 하루가 멀다 하고 군사쿠데타가 일어나고 있었다. 김홍섭은 세계정세에 어둡지 않았고, 그런 점에서 5·16쿠데타로 연유한 한국의 정치변화를 비교적 객관적인 입장에서 바라보았을 것이다. 이 점은 김홍섭에게만 국한되는 것이 아니다. 어쩌면 법조계 일각의 공통된 분위기였을 수도 있다. '군인들이 과연 잘하는지, 어디 두고 보자'는 생각이 많았기 때문에, 법조계의 중진들은 은인자중하며 사태를 관망하였던 것 같다.

위에서 소개한 인용문, 즉 어느 유명인사의 신년 인사말에 나타난 강한 조국애, 그리고 업무추진에 관한 강한 의지를 통해 나는 그러한 추측이 가능하다고 생각한다.

쿠데타가 일어나고 4개월가량 시간이 흘렀다. 그사이 군사정권은 어느 정도 안정되었는데, 김홍섭은 20개월가량 머물렀던 대법원을 떠나게 되었다. 1961년 9월, 광주고등법원장에 임명되었다. 광주로 내려간 그는 이른바 경주호라는 선박의 납북拉北을 기도한 공안사건의 항소심을 다루게 되었다.

그는 재판장으로서 해당 사건의 주요 피고들에게 사형을 선고하였다. 그때 그가 법정에서 한 발언이 아직도 회자된다. 법정을 숙연하게 만들었던 김홍섭의 한마디는 이런 것이었다. "여러분과 나는 피차 세계관이 달라서 오늘과 같은 판결이 나오게 되었다. 한 사람의 부족한 인간으로서 나는 자신의 판결이 과연 얼마나 완전무결한지에 대해서는 스스로도

회의하고 있다." 법에 따라 극형을 선고하면서도 판사이기 전에 한 사람의 부족한 인간으로서 겸손하지 않을 수 없다는 사실을 밝히고, 아울러 피고들에게 무한한 연민의 정을 느낀다고 고백한 것이었다.

1964년 1월 22일, 김홍섭은 인생에 한 가지 새로운 결단을 내렸다. 5·16군사정변 이후 외부활동을 극도로 자제해 온 김홍섭이었는데, 이때 이르러 '성聖프란치스코 수도회'의 재속 제3회 회원으로 가입하였다. 이 수도회는 회원들이 복음정신을 실천하는 데 가장 큰 관심을 두었다. 특히 회원들이 애주애인愛主愛人하고 청빈, 절제, 겸비, 정결, 근로, 극기, 찬미, 봉사 등의 덕목을 일상생활 속에서 구현하도록 고무 격려하였다(장면, 1999: 311~312).

'성프란치스코 수도회'에 입회한 지 9일이 지난 그해 1월 29일, 김홍섭은 한 가지 특별한 메모를 남겼다. "생명과 자유는 온갖 재책財債(재산과 채무)보다 [우위에 있고], 정의와 책임은 생명보다 우위에 있다."(김홍섭, 「일기초」, 1964년 1월 29일 목; 김홍섭, 1981: 496) 인간의 삶에 있어 경제활동보다는 생명과 자유가 소중하지만, 궁극적으로는 사회정의와 책임이야말로 지상의 가치라고 본다는 말이었다.

혹자는 그가 당시에 '성프란치스코 수도회'에 가입한 사실로 미루어 볼 때, 1964년경 김홍섭은 이미 인간 중심의 자연영성을 극복하고 우주적인 의미의 상생相生을 추구하게 되었을 것이라 추측한다(노용필, 2007: 194). 내가 조사해 본바, '성프란치스코'의 자연영성은 현대의 '생태학'(에콜로기Ökologie)과도 일맥상통한다. 본디 생태학이란 용어는 '집'이라는 뜻을 가진 그리스어 오이코스Oikos에서 파생된 것으로, '창조의 집' 곧 모든 생명체가 한데 모여 사는 자연환경을 무대로 펼쳐지는 공동생활에 관한 학문이다(쿠르트 마르티, 1995: 81). 현대 천주교회의 일각에서는 생태학에 호감을 느낀 나머지 '성프란치스코'를 생태학의 수호성인으로 선포하기도 하였다. 이로써 생태학과 성프란치스코 사이에는 밀접한 관계가 형성된 것 같은 느낌이다(레오나르도 보프, 1996: 59).

김홍섭의 『무상을 넘어서』를 자세히 살펴보면 어떠한가. 과연 곳곳에 그의 생태주의적 자연관이 표현되어 있다. 그가 직접적으로 그 점을 의식했든, 또는 미처 인식하지 못했든 간에 '성프란치스코 수도회'의 생태중심적 사고 경향은 김홍섭의 세계관과 아무 문제없이 조응하였을 것으로 짐작된다. 그는 은연중 '생태적 공공성'을 강조하였다(로이 모리슨, 2005: 45). 개체들 간의 관계성을 중시하며 억압받는 자와 억압하는 자로 이분된 사회구조를 배격한 것이다. 이는 '자유의 실현'과 '공동체 건설'을 소망한 것으로 해석된다.

그런데 앞에서 인용한 김홍섭의 메모에는 이를 뒷받침할 만한 내용이 포함되어 있다. 사회정의와 책임이 유난히 강조되어 있는 것이다. 그렇다면 그가 중시하는 사회정의와 책임은 무엇인가. 김홍섭은 이들 용어를 통해 우주 자연을 지배하는 법칙, 즉 만유의 보편적 법질서를 강조한 것이 아니었던가. 한 사람의 자연인으로서 김홍섭에게 절대자 또는 그의 신이 우주 자연에 부여한 법보다 소중한 것은 없었다. 그에 비하면 세속의 법과 관행, 정치질서는 사소한 것이었다.

갓 출범한 제3공화국(1963~1972)의 혼란과 열기를 체험하면서 김홍섭이 그런 생각을 마음속으로 정리하고 있었다는 사실이 중요하다. 김홍섭은 제2공화국에 대한 내적 실망을 극복하는 과정에서 어느덧 하나의 새로운 접근방식을 발견한 것으로 여겨진다. 그는 이제 현실문제에 대한 표피적·직접적 접근방법을 지양하고, 대신에 사물에 관한 종합적·심층적인 이해를 추구하는 사람이 되어 갔다. 어떤 사람들의 눈에는 이것이 김홍섭의 현실 도피 또는 순응으로 보였을지도 모르겠다.

1964년 3월, 김홍섭은 서울고등법원장으로 영전하였다. 그러나 한 가지 뜻밖의 문제가 발생하였다. 그의 건강이 예전 같지 못하다는 사실이었다. 그로부터 3개월이 지난 그해 6월, 김홍섭은 중병환자임이 확인되었다. 간암환자로 판명된 것이다. 이와 함께 고통스러운 그의 투병생활이 시작되었다. 하지만 그가 누구인가. 수십 년 동안 내적 수련을 쌓은 이였다. 그는 말 못할 육체의 괴로움 속에서도 평정심을 유지하여 보는 이를 깜짝 놀라게 하였다. 하지만 그의 병세는 하루가 다르게 악화되었다. 1965년 3월 16일, 운명의 시간이 그를 찾아왔다. 사직동 자택에서 그는 한 번 감은 눈을 다시는 뜨지 못하였다.

이후 제3공화국의 정치적 파행이 계속되었다. 박정희 정권은 멈춰서야 될 한계를 잊은 채 몰락을 향해 질주하는 기관차와도 같았다. 그리하여 '10월유신'(1972)이라는 사상 초유의 영구집권 시나리오를 국민투표의 형식을 빌려 관철시켰다. 선량한 시민들이 '대통령긴급조치법'의 위반자로 둔갑되어 철창에 갇혔다. 1970~1980년대 이 땅의 정치파동은 법조계에도 씻기 어려운 상흔으로 남았다. 이병린 변호사를 비롯해 김홍섭의 여러 지인도 독재정권의 적이 되어 박해를 면하지 못하였다.

만약 사법정신에 투철하였던 김홍섭이 계속 살아 있었더라면 어찌 되었을까. 여러 차례 거듭된 제3공화국의 정치파동을 어떻게 맞았을까. 그의 대응방식이 여러모로 궁금증을 유발한다. 하지만 그는 이미 고인이 된 지 오래였으니, 어설픈 짐작은 무망한 일이다. 다만 한 가지만은 의심의 여지도 없는 일이었다. 어떤 정치적 압박이 있었다 하더라도, 양심의 인간 김홍섭 판사는 독재정권을 두둔하거나 앞장서 비호하지 않았을 것이다.

6. 김홍섭의 법철학

그의 일평생은 한국 역사상의 일대 혼란기와 중첩되었다. 일제의 군국주의 침략과 해방 후의 분단과 전쟁, 그에 잇따른 이승만 독재정권, 학생혁명과 군사쿠데타의 물결이 곧 김홍섭의 삶이 펼쳐진 역사적 무대였다. 그때마다 소수의 집권층 또는 기득권층이 법체계를 자신들의 이익을 위한 통치도구로 최대한 활용하였다. 김홍섭이 법조계에서 활동한 20세기 한국의 실정법은 적잖은 흠결을 내포하였던 것이다. 그 당시의 법은 사회 정의와 책임을 구현하기에는 너무도 부족하고 무능할 때가 많았다. 판사 김홍섭은 이러한 현실에 끝없이 회의하였고 좌절감을 느낄 때도 많았다.

거칠게 표현하면, 그는 '악법의 시대'를 살았다고 말할 수도 있을 것이다. 당시의 양심적 법조인이라면 누구든 법 허무주의에 빠질 가능성이 적지 않았다. 그러나 김홍섭은 좌절하지 않았다. 악법의 그림자가 짙어질수록 그는 자연법과 영구법을 희구하면서 법의 정의와 책임을 더욱 갈망하였다. 숙고 끝에 그는 온건하지만 단호한 표현으로 악법에 대한 자신의 반대의지를 천명하였다. "'악법도 법'이므로 해서 통용되어야 한다는 권위문제에 이르러서 [나]는 아직도 석연찮은, 남은 무엇을 느끼고 있다."(김홍섭, 1981: 185) 김홍섭은 아무래도 임시방편의 법질서가 지배하는 현실에 굴복하지 않으려 하였다.

혹자는 "김홍섭이 내면의 갈등으로 인해 법관직을 사임한 바 없고, 오히려 법관직을 하느님이 명하신 천직으로 말하고 있는 점, 그리고 '법은, 불가불 필요한 것, 재판은 최소한의 정의의 실천을 위해 없을 수 없는 것'이라고 말한 점을 기초로 하여, 우리는 그가 세상의 법, 인간의 법을 부정하지는 않았던 것으로 추측할 수 있다"(서보학, 2007: 110)고 주장하였다.

그러나 앞에서 서술한 대로 김홍섭은 양심상의 이유로 판사를 사직하고 자연으로 돌아간 적이 있었지 않은가. 그의 뚝섬시절을 우리는 똑똑히 기억하고 있다. 그에 앞서 정치적 압력에 반발하여 검사직에서도 스스로 물러난 사실을 잊지 말아야 한다. 서울 환도 후에 그가 쓴 격렬한 사회비판의 글과 제2공화국의 무능에 대한 냉철한 비판도 김홍섭의 법률관을 이해하는 데 도움이 된다. 이 외유내강의 법조인은 '악법'을 양산하는 한국사회의 구조를 비판적으로 인식하였다.

김홍섭의 '악법'에 관한 논의를 편의적으로 이해하는 경향이 존재하는 것은 유감이다. 김홍섭 자신은 이 문제에 관해 다음과 같이 말한 적이 있다. "조리가 관습을 넘지 못하고 관습이 성법을 범하지 못한다는 사법상의 원칙이, 법의 말초적인 순리를 위해 때로 가혹한 질곡이 되기도 한다는 사실을 솔직히 긍인"(김홍섭, 1981: 91)한다는 것이다. 이러한 주장을 토대로 그가 악법에 투항하기를 권고하거나 숫제 항복한 것으로 볼 수 있겠는가? 아닐 것이다. 그것보다는 악법을 극복하려는 그의 의지가 강렬하였다는 표지로 인식해야 옳을 것이다. 그는 현실을 지배하는 악법의 존재를 누구보다 투철하게 인식하였고, 그런 이유로 긴장과 혐오를 느낄 때가 적지 않았다. 하지만 그는 법조계를 떠나지 않고 그 안에서 최선의 노력을 경주하였다.

법조계의 대부 김병로의 부음을 듣던 날, 김홍섭은 자신의 일기장에 심상치 않은 글을 적어 놓았다. "무한대의 우주 앞에 서서 영원의 침묵을 생각할 때, 내 심혼은 전율을 느낀다고 쓴 철인이 있다. 이 철인의 두

뇌와 지혜에 감탄하기 전에, 나를 무지와 어리석음에 머물러 두신 천주께 감사하자."(이치백, 1999: 296) 그는 자신의 멘토였던 김병로의 부음에 깊은 충격을 받았을 것이 틀림없다. 하지만 감상에 빠져 비탄하기보다 인간의 생사를 무심히 반복하는 우주의 '영원의 침묵'을 납득하지 못하는 자신의 '무지와 어리석음'을 질책하였다. 그는 궁극적인 이유를 알 수 없는 세속의 기쁨과 슬픔 앞에서 감상적인 태도를 보이지 않았다. 대신에 자신의 마음을 가라앉혀 스스로에게 영구한 해결책을 묻고 있다.

"무릇 상대의 세계에 있어서 절대를 찾는다는 것이, 그 역[시] 하나의 우거愚擧(어리석은 짓)일 것임에 틀림이 없겠으나, 가치와 보람을 끝내 추구하도록 마련인 인간의 본성"(김홍섭, 1960: 25)이 아니겠는가. 이러한 그의 평소 주장은 그를 한 가지 철학적 답변으로 이끌어 갔다. 김홍섭은 '영원의 법'을 소망하는 인간이었다.

그러나 그가 현실과 완전히 동떨어진 몽상적 인물이었다는 말은 아니다. 그의 친구 이병린의 증언처럼, 김홍섭은 "법관의 진정한 사명을 다하기 위해 종교적인 의미의 생명을 중시했고, 종교생활을 옳게 하려고 법관으로서 자신의 할 일을 찾아 나섰다."(이병린, 1972: 69) 이병린은 또 이렇게 평가하기도 하였다. "나는 고 김홍섭 동지를 오직 법에만 충실했던 사람, 오지 양심에만 충실했던 사람, 절대자의 절대적 명령에 복종했던 사람, 이런 사람으로서 법관의 본질과 사명을 다한 사람이며, 가히 우리의 귀감으로 삼을 만한 인간이라고 숭앙하고 싶은 바입니다."(이병린, 1972: 70)

이와 같은 이병린의 평가는 지나친 미화일까. 당사자 김홍섭은 자신과 법의 관계를 어떻게 정의하고 있었을까. 그의 목소리를 직접 들어 보자. "법과 양심과 이성, 절대자. 이렇게 순서를 놓아 가지고, 법으로부터 양심으로, 양심으로부터 이성으로, 이성으로부터 절대자로" 올라간다.

김홍섭은 법의 최종적 근원을 절대자에서 찾았다. 그의 생각에 따르면, 절대자의 의지에 따른 영구법이 가장 근본적인 법이었다. 영구법에 관한 그의 정의는 무엇일까. "신의 섭리의 계획이며 완전한 것." 그렇다면 영구법은 절대자에 대한 믿음에서 나온 일종의 도그마가 아닌가. 그것이 진리인가를 따져 볼 필요 없이 무조건 믿어야 된다는 도그마란 점에서 김홍섭이 추구한 영구법은 함정에 빠질 수 있다(허일태, 2007: 88).

그러나 김홍섭이 영구법에 전적으로 매달린 것은 아니었다. 자연법 역시 그에게는 중요한 의미를 지닌 것이었다. 그것은 "인간 이성에 의한 [것으로] 영원법에의 구명이며 불완전하고 유한한 것"이었기 때문이다. 선학들이 말한 대로, 자연법은 중세의 교부신학자 토마스 아퀴나스의 신학적 사고와 일맥상통하는 것이라서 김홍섭의 내면에서 중요한 위치를 차지하였다.

김홍섭은 영구법과 자연법이 자연스레 하나로 이어지는 것으로 파악하였다. 이 점은 철학자 스피노자의 자연권에 관한 생각과 일맥상통한다. 스피노자는 이렇게 말하였다. "신은 만물에 대해서 권리를 가지고 있고, 신의 권리는 절대적으로 자유라고 생각되는 신의 힘이므로, 자연물은 존재와 활동에 대하여 힘을 가지고 있는 만큼의 권리를 자연적으로 가지고 있다고 결론을 내릴 수 있다."(스피노자, 2013: 289)

자연법에 주목한 김홍섭은 그것이 인간사회에 다음의 세 가지 교훈을 준다고 하였다. 첫째, "생명은 선이다. 고로 그 보존을 위한 활동은 선이다." 둘째, "생명의 지속, 연장을 위한 활동은 선이다." 셋째, "생명력의 발현으로서의 진리와 행복 추구를 위한 활동은 선이다."

이러한 "자연법의 기초 위에 세워진 것이며, 그 일부를 이루는", 즉 자연법사상을 현실에 구현한 것이 이른바 '인정법'이다. 곧 '실정법'이란 말이다. 이러한 실정법에 많은 한계가 존재한다는 것은 부정할 수 없는 사실이다. 1959년 전라북도 익산의 원광대학에서 열린 학생들의 모의재판에 참가한 그는 자신의 소감을 다음과 같이 간단히 정리하였다. "참, 재판은 어렵다. 그러나 없을 수 없다. 양심과 ○○[미상]. 법과 종교."(김홍섭, 「일기초」, 1959년 11월 28일 토; 김홍섭, 1981: 483) 실정법의 한계를 인식하면서도 그것을 포기할 수 없는 인간현실에 대한 고뇌가 담긴 발언이다.

여러 면에서 김홍섭은 한국 법조계의 현실을 비판하였다. 예컨대, 해방 후 한국의 법률지식과 재판문서가 여전히 일제의 구태를 벗어나지 못한 것도 그가 보기에는 큰 문제였다. "우리가 일제하에 성장했어야 할 부득이한 결과로서, 현재 구유具有하고 있는 법지식이란 일[제]체제하의 그것이 근간이 되고 있다. …… 도약을 거듭하고 있다는 수소문에도 불구하고 …… 민주적이요, 우리 것다운 말과 글로써 좀 더 평이하고 실[=참]다운 재판문서를 구상하여 보지 못하였음에 대하여 한 법관으로서 나는 적지 않은 불면목을 느끼면서 있다."(김홍섭, 1981: 187~188)

요컨대, 그는 법조계의 낙후된 현실을 비판하였다. 여러 가지 현실적 이유에서 폐기하지 못하는 것이 실정법이란 점을 인정했지만, 그것의 불완전함에 대해서도 뼈저리게 인식하였다. 이러한 자각은 그를 한 차원 높은 자연법의 세계로 이끌어 갔다. 거기서 그는 한 단계를 도약하여 영구법의 세계에 도달하기를 꿈꾸었다.

김홍섭의 원론적인 법철학적 이해는 대강 이상과 같다. 그럼 이제 그의 법철학에 보이는 몇 가지 구체적인 특징을 검토해 볼 차례다. 우선 말하고 싶은 것은 그의 세계 시민적이고 보편주의적인 취향에 관하여서다. 그는 해방 후 한국사회가 부지불식간에 추구하던 민족주의/국가주의를 배격하였다.

이러한 나의 해석과 의견을 달리하는 연구자들도 없지 않을 것이다. 혹자는 김홍섭이 국가법 질서를 우선시하는 일면이 있었다고도 주장한다. 가령 혼인빙자 간음이 사건의 본질이라고 말할 수 있던 '박인수 사건'의 처리결과가 그러하다는 것이다. 김홍섭은 피고에게 무죄를 선고한 원심을 파기하였다. 대신에 윤리적 형법관에 입각하여 피고에게 유죄를 선고하였다. 이 사실을 이유로 허일태는 김홍섭이 "국가주의 사상을 철저히 극복했다고 보기 힘들다"(허일태, 2007: 87)라고 평가한다.

그러나 이 사건의 판결에 드러난 김홍섭의 사상적 편린을 국가주의적인 요소로 볼 것은 아니다. 위의 판례는 한국사회의 윤리성을 제고하기 위한 김홍섭의 노력으로 이해하는 것이 보다 합리적일 것이다.

김홍섭의 법철학에서 보이는 또 하나의 특징이 있다. 그는 한국의 전통적인 법사상을 계승하고자 많은 노력을 기울였다. 이병린은 이이李珥와 김홍섭의 내적 연관성에 주목하였다(이병린, 1972: 68). 알다시피 이이는 당시의 사회적 폐단이었던 적서嫡庶의 타파를 주장하고 노비제도 역시 비판하였다. 김홍섭도 현실사회를 지배하는 악법의 타파를 추구하였다. 과연 그들은 이병린이 지적한 대로 일종의 변법주의자들이었다. 김홍섭은 이런 말을 한 적이 있었다. "파탄된 현실을 미봉할 도리는 딴으로 있지 아니치 못할 것이다. 순리의 법을 법대로 다루어 쓸 때 법관은 그 법관으로서의 보람을 느낀다."(김홍섭, 1981: 90)

여러 연구자가 밝혔듯, 김홍섭에게 큰 영향을 끼친 전통적인 법 사상가는 물론 따로 있었다. 정약용이다. 김홍섭은 항상 책상 위에 『목민심서』를 두고 참고하였다(최종고, 1985a: 409). 그의 논문 「형의 양정에 관한 소고」의 '서序'에서도 김홍섭은 『목민심서』의 일부를 직접 인용하였다.

「단옥장斷獄章 하下」에 나오는 다음과 같은 대목이다. "단옥지요斷獄之要 명신이이明愼而已 인지사생人之死生 계아일찰係我一察 가불명호可不明乎."(김홍섭, 1960: 272) 그 대략을 말하면 이런 뜻이 아닐까 한다. "재판의 요체는 신독에 힘쓰는 것이다. 피고가 죽고 사는 일이 재판관인 나에게 달렸으니 밝게 살피지 않으면 아니 된다"는 뜻이다.

또 김홍섭은 "청송지본聽訟之本 재어성의在於誠意 성의지본誠意之本 재어신독在於愼獨"이란 문구도 즐겨 인용하였다. 이 역시 법과 양심에 따라 모든 재판에 성실한 자세로 임할 것을 다짐하는 말이다.

전통적인 법사상을 충실히 따랐던 김홍섭. 그는 법관의 임무를 다음과 같이 요약하였다. "법관의 임무란, 말하자면 바늘과 가위와 풀을 가지고 찌든 현실, 유린당한 규범을 임시임기미봉臨時臨機彌縫해 나가는 역할이다." 현실문제를 일시에 근본적으로 해결하지는 못할망정 시의적절한 방식으로 정의를 회복하고 사회적 책임을 다하는 데 법관의 사명이 있다고 확신하였던 것이다.

이러한 맥락에서 김홍섭은 그 당시 법조계에 만연해 있던 '조서재판'의 경향을 질타하였다. 당사자의 말은 무시한 채 검사가 작성한 조서를 절대적으로 신뢰하는 폐단을 비판한 것이다. 재판관인 내가 알아서 다 판단할 테니 피고인 당신은 입 다물고 있어도 된다는 식으로 재판이 진행되고 있어 큰 문제라는 비판이었다. 법관이 그 자신도 불완전한 한 사람의 인간에 불과하다는 엄연한 사실을 망각하고, 자기 자신을 과대평가하는 무지와 자만에 빠져 있다는 통렬한 비판이었다(서보학, 2007: 109). 피고인의 진술에 귀를 기울여야 한다는 김홍섭의 공판중심주의적 요구는 당연하다. 이것은 누구도 함부로 거부할 수 없는 형사재판의 대원칙이다(서보학, 2007: 109).

김홍섭의 법철학 가운데는 논란의 소지가 다분히 존재하는 영역도 있다. 사형제도에 대한 그의 태도를 둘러싸고 학자들 간에 의견이 분분하다. 일반적으로 말해, 그는 사형제도에 관해 매우 부정적인 입장을 표명한 것으로 알려져 있다. "대법원서 깨져도 그는 몇 번이고 사형선고만은 하지 않았고 피고인에게 징역형을 선고하여 그 형이 반드시 가볍지만은 아니했는데도 — 죄수들은 김홍섭 부장의 재판을 신뢰하고 승복하였다."(장순룡, 1981: 233) 하지만 그는 자신이 재판장으로 임한 사건에서도 사형판결을 내린 적이 있었다. 1961년 광주고등법원장으로 재임할 당시의 일이었다. 경주호 납북기도 사건의 주범 3인에게 그는 사형을 선고한 것이다. 이것은 일견 모순적인 태도처럼 보인다. 그와 관련하여 법학자 장영수는 주장하기를, 피고들의 행위는 실정법에 따라 사형이 선고되어야 마땅한 경우였다는 것이다. 그의 주장은 다음과 같이 계속된다. "만일 김홍섭이 자신의 양심에 어긋난다는 이유만으로 그들에게 사형이 아닌 다른 형벌을 선고했다면 그것이야말로 잘못된 일이었다."(장영수, 2007: 183) 요컨대 김홍섭은 실정법을 중시하였기 때문에 개인적으로는 사형제도를 반대하면서도 법정에서는 경우에 따라 사형을 선고할 수밖에 다른 도리가 없었다는 설명이다.

서양 중세부터 사형제도에 관한 논의는 활발하였다. 신학자 토마스 아퀴나스를 비롯해, 마르틴 루터와 칼뱅 등의 종교 개혁가들도 사형제도를 긍정하였다. 그러나 천주교/개신 교회 내부에는 그에 대한 반대의견도 엄연히 존재하였다. 반대론의 근저에는 신이 부여한 인간의 생명을 사형이라는 국가제도의 위세를 빌려 박탈하는 것은 명백한 월권이라는 인식이 깔려 있었다(홍근수, 2004). 그와 동일한 관점에서 김홍섭 역시 사형제의 폐지를 주장하였다. 그러나 김홍섭은 실정법을 함부로 무시할 수 없다고 보았다. 그는 법 이론가이기에 앞서 한 사람의 성실한 법관이었다. 언젠가 그가, 나는 "최선을 다해 돌을 중심부에 가깝게 맞히려고 노력할 뿐"이라고 말한 사실을 기억하자.

또 하나 김홍섭의 법철학에서 보이는 현저한 특징이 있다. 그가 사상적 뿌리를 법신학에 두고 있었다는 점이다. 그의 내면을 지배하는 정신적·도덕적 제1명제는 인간에 대한 사랑이었다. 절대자인 신의 의지에 복종하고자 하는 신앙적 의지가 그의 삶을 이끄는 원동력이었다. 일찍이 이러한 특징에 주목한 한 연구자는, "김홍섭은 법 인간학의 측면에서 그의 법사상을 키워 나갔던 것"(최종고, 1985b: 77)이라고 설파하였다. 이쯤에서 피고와 재판관에 관한 김홍섭의 견해를 잠시 들어 보는 것도 유익할 성싶다. 나는 "어찌할 수 없는 힘에 압도되어 유린당한 패배자들 앞에[서] '좋은 법관'이기 전에[=으로 행동하고] 그와 동시에 '친절하고 성실한 인간'이어야겠다."(김홍섭, 1959) 이러한 김홍섭의 다짐은 피고인들을 대하는 그의 기본입장을 잘 나타내고 있다.

"피고인들은 타고난 악인들이 아니다. 그들은 다만 악의 힘에 눌려 수렁에 빠진 일시적인 패배자들일 뿐이다." 이와 같이 말하는 순간, 김홍섭은 이미 성선설의 신봉자임을 천명한 셈이다. 실제로도 그는 "흉악한 범죄자라 하더라도 근본이 나쁜 사람은 이 세상에 아무도 없습니다"라고 말하기도 하였다. "신이 용서한 죄인을 세상의 법으로 꼭 단죄하여야만 하는가? 신이 용서한 죄인을 내가 과연 미워할 수 있는가?"를 스스로 묻기도 하였다. 이처럼 그의 법신학적 토대는 성선설로 집약된다.

그러나 그는 인간 중심주의자는 아니었다. 그는 인간뿐만 아니라 자연계 전반에 영성이 두루 존재한다고 믿었다. 말하자면 자연영성을 믿었던 셈이다. 김홍섭은 자기 고백적 시문을 통해 자연영성이야말로 상생常生이며 불멸不滅임을 힘주어 강조하였다.

> 무상常生 아니라, 상생常生이라 / 그날, 네 정수精水를 받아 품은 때부터 / 내 안에 부푸는 생명의 움직임은
> 천상天上의 묘화妙華 이루기 전에 / 시방 바로 내 불멸不滅의 등명燈明이어라 / 내 불멸의 등명이어라
>
> (김홍섭, 1981: 342)

자연영성의 불멸을 확신한 그는 틈만 나면 자연으로 달려 나갔다. 그는 이루 헤아릴 수 없이 많은 산과 들, 풀과 꽃, 별과 물의 속삭임을 찾고 그들과 대화를 나누었다. 김홍섭의 관점에서 보면 자연은 인간과 더불어 신이 창조하신 '공조물共造物'이었다. 그 앞에 설 때 비로소 인간은 신의 현존과 영원을 느낄 수 있다. 이러한 김홍섭의 자연관은 그에게 생태주의자라는 새로운 칭호를 선사하기에 족한 것이었다(노용필, 2007: 212).

위에서 우리는 김홍섭의 법철학적 특징을 다각도로 살펴보았다. 이를 한마디로 요약하기는 쉽지 않은 일이다. 여러 해 전 허일태는 김홍섭의 역할에 관해 다음과 같이 함축적인 표현을 하였다. 김홍섭은 "주관과 객관이 상호 간주관적으로 작용함"(허일태, 2007: 73)을 어느 누구보다 일찍 깨달은 법관이라는 지적이다. 그런데 그것이 어디 주관과 객관만의 어울림이었겠는가. 내가 보기에, 김홍섭은 신과 인간, 영원과 찰나, 전통과 현대의 이원법적 구별과 그로 인한 갈등을 초극하려고 번민하였던 것 같다. 그러면서도 공허한 이상적 담론에 흐르는 것을 스스로 경계하였다. 그야말로 '지행합일'을 실천하기 위해 노력한 '실사實事'의 법 철학자였던 것이다.

그는 한 사람의 재판관으로서 불완전하기 짝이 없는 실정법의 바다에

서 항해를 거듭하였다. 현실의 파도에 밀려 표류하거나 난파하지 않으려면 재판관에게도 일정한 자질이 요구될 것이다. 김홍섭은 법의 바다에서 안전한 항해를 꿈꾸었다. 그는 재판관인 자기 자신에게 다음과 같은 미덕을 요구하였다.

"① 범죄행위의 외적 경우 및 그 발생결과에 대한 최고의 판단능력과, ② 인물 성행을 통찰하는 최고의 명明과, ③ 실제 법규에의 최고도의 통효通曉와, 그리고 ④ 최고의 자제와, ⑤ 공평과 무사"를 필요로 한다. 그는 자기 자신에게 과연 위에서 열거한 것과 같은 자질이 있는지를 되물었다.

그 자신에 대한 평가결과는 자격미달이었다. 스스로를 평가하는 데 인색했던 김홍섭은 자신의 약점을 이렇게 고백하였다. "10년 전 [해방공간]에서 나는 제1 문제에 걸려 직업의 전환을 결행할 용기가 있었다"라고 말하였다. 판단능력이 부족하다는 자기비판을 근거로 법조계를 떠날 생각을 하였다는 것이다.

또 그는 다른 점에서도 올바른 재판관이 되기에는 문제가 있었다고 자술하였다. "(피고인을) 포용하여 주고 승복하게 하기에는 역부족인 자신 앞에서 [나는] 동요와 불안을 일으키는 것이 도리어 항례恒例가 아니었던가. 어찌할 수 없는 힘에 압도되어 유린당한 패배자들 앞에 '좋은 법관'이기 전에, [또는] 그와 동시에 '친절하고 성실한 인간'이어야겠다고 나는 때때로 생각하여 보았던 것이다."(김홍섭, 1981: 187)

제구실을 다하는 법관은, 자신의 한계에 대해서도 더욱 철저히 파고드는 사람일 것이다. 김홍섭 역시 그 점을 인식하고 있었다. 그는 이렇게 말하였다. "임상의 경험이 깊어져 가는 의사는 차츰 진단과 투약에 겁을 먹게 된다 하거니와, 이것은 청송단죄聽訟斷罪(소송을 심리하여 판결을 내림)에도 그대로 적용될 수 있는 것이 아니겠는가. …… 과녁을 향하여 던져진 팔맷돌에 비겨 본다. 그 최중심부에 얼마나 근접하도록 던져볼 수 있을 것인가?"(김홍섭, 1981: 189) 그 자신은 별로 쓸 만한 판사가 되지 못한다는 자평인 셈이다.

한 사람의 판사로서 그는 직업상의 도리를 다하고자 고뇌하였다. 그 결과 다음의 세 가지 근무수칙을 마련하였다. "① 재직하는 동안 직장이나 동료들에게 폐가 되거나 불명예를 끼치는 일은 한사코 하지 않도록 할 것. ② 내 수고료로서 받는 정당한 보수 이외의 불의의 어떤 자과망대自誇妄大(스스로를 훌륭한 사람으로 간주함)에 빠지거나 또는 특권의식을 부려 국민에게 빈축을 사는 일은 한사코 회피할 것. ③ 수시 적재適材(직무에 적합한 인재)와 체임遞任(교체)될 각오로서, 모쪼록 빠른 시일 내로 내 기질과 역량에 맞는 자리를 골라 옮기도록 할 것."(김홍섭, 1981: 189~190) 세 번째 수칙은 좀 특이한 것 같다. 언제든 자기보다 나은 사람이 후임자로 임명되어 올 수 있다고 전제하고, 자신의 능력과 취향에 맞는 자리로 하루빨리 떠날 생각을 하고 살자는 것이다. 상급자리, 힘 있는 자리만 추구하는 것이 세태인데, 그는 늘 이런 각오를 하고 있었다. 우리는 '김홍섭다움'이 과연 어디 있었는지를 짐작할 수 있다.

7. 김홍섭의 자술

나는 마치 모든 것을 다 아는 전지자全知者라도 되는 것처럼 굴었다.

역사가와 작가란 사람들이 인간과 사물에 관하여 말할 때 흔히 선택하는 서술방식이 그런 것이다. 그렇게 3인칭 전지자의 관점에서 바라본 김홍섭 판사는 복잡한 현실사회의 이해관계를 멀리하는 사람이었다. 그는 결코 손에 닿지 않을 것만 같은 절대와 보편의 세계를 추구하였다. 그리하여 고뇌는 곧 그의 운명이었다.

내가 보기에 김홍섭은 매우 자기 비판적인 인간이었다. 그런 점에서 그는 '반구제신反求諸身', 곧 생각을 돌이켜 자신의 내면에서 원인을 발견하려 애쓰는 유가儒家의 선비였다. 그와 동시에, 자신의 죄악을 깊이 뉘우치는 천주교 또는 개신교의 신자이기도 하였다. 아니, 만물의 일체의 현상이 인과의 사슬에 묶여 있다고 꿰뚫어 보는 불교도이기도 하였다. 그는 진정한 의미의 구도자였다.

요컨대 그는 자기 성찰적 법관이었다. 법정에 선 피고와 판사인 자기 자신이 과연 종류를 달리하는 사람인지를 그는 스스로에게 물었다. 그가 얻은 답은 회의적일 때가 많았다. 자연히 그는 재판관의 직책을 포기하는 것이 옳은지를 번민하지 않을 수가 없었다.

그런 김홍섭이었지만 재임기간 동안 그는 주로 형사사건만 전담하다시피 하였다. 이것은 또 무슨 까닭에서였을까. 궁금증이 일어나는 대목이다.

아래에서는 김홍섭 자신의 글을 통해서 판사 김홍섭의 고뇌를 들여다보고, 그가 형사사건을 선호한 까닭을 알아볼 작정이다. 내가 참고한 것은 두 가지 글이다. 하나는 1953년 12월 26일에 기술한 그의 글, 「너를 싫어하지 않으려 한다. 법관참회」이다(김홍섭, 1981: 92~97). 또 하나는 1947년 『신천지』에 발표된 「모리의 한계에 대하여」라는 것이다(김홍섭, 1947; 최종고, 1985b: 323~331).

아래에 전개될 '자술'은 두 글의 내용을 바탕으로 하되, 김홍섭이 구술하는 형식으로 재구성하였다. 자구상의 표현들도 대개는 그의 글에서 가져왔다. 내 역할은 문맥을 고르고 우리가 이해하기 쉬운 현대어로 옮기는 정도에 그쳤다. 내용과 주장에 대해서 나는 개입을 최대한 자제하였다. 김홍섭의 관점과 견해가 본래의 모습대로 되살아났으면 좋겠다.

독자들이 보기에 지금까지 위에서 내가 김홍섭에 관해 서술한 내용과 그 자신의 목소리에 어떠한 차이가 있을지 궁금하다. 차이가 적다면 적은 만큼 나의 평전은 객관적이었다는 뜻일까.

1) 법률가의 질곡

법률가, 너에 대한 내 첫인상을 말해 보련다. 그것을 말하자면, 내가 열 살쯤 되던 1920년대, 즉 내 어린 시절의 독서목록을 소개해야 할 것이다. 나는 그때 『소공자』라는 동화를 탐독한 적이 있다. 거기에 등장하는 한 법률가야말로 내가 일생에서 만난 최초의 법관이었다. 동화에는 그의 여러 가지 특징을 소개하는 글이 나온다. 그 가운데서도 나는 특히 그의 손을 설명하는 대목에 관심을 가지게 되었다.

'통통하고 짧고 몽실몽실한 손가락'이라는 표현이 나왔다. 당시 내 어린 소견으로도 이러한 표현이 무엇을 말하는지를 어느 정도 짐작할 수 있었다. 법률가는 현실적 욕망이 많은 사람, 법의 위세를 빌려 탐욕을 채우는 속물적 인간형이라는 느낌을 지울 수 없었던 것이다. 바로 이것이 너, 법률가에 대한 첫 번째 감정상의 경험이었다.

물론 그 뒤 나의 견문이 성숙하여 감에 따라 다른 유형의 법률가를 간접적으로나마 만나기도 하였다. 누구나 다 아는 에이브러햄 링컨이나 마하트마 간디 같은 이가 법률가 출신이었다는 점에서 나는 적잖은 위안과 기쁨을 느꼈다. 나는 너, 법률가란 직업에 관해 약간이나마 호의를 회복시킬 수 있었다.

우여곡절 끝에 나는 식민지의 변호사가 되었다. 탄압이 심하던 일제 말기에 청년시절을 보내야만 되었기 때문에 나는 변호사란 직업을 원하였다. 변호사가 될 수만 있으면 군국주의의 침략 앞에서 나 자신의 신변을 잘 지킬 수 있을 것 같았다. 즉, 보신保身을 꾀할 목적으로 나는 법률 공부에 매달렸다. 그러한 사회적 효과를 노리고 나는, 정말 미안한 말이지만 일신상의 하찮은 필요에 따라 너, 법이란 존재를 또 만나게 되었다.

이처럼 법률 또는 법률가인 너와 나는 부자연스럽게 결합된 사이였다. 나의 과거를 적나라하게 폭로하는 이 무례함을 용서하기 바란다. 너를 만난 지 10여 년, 그러니까 '조선변호사시험'에 합격한 지도 어언 10여 년이 지났다. 하지만 그동안 나는 한 번도 알뜰히 너를 포옹하지 못하였다. 너, 법률은 '악법'이 대부분이었고, 너를 통해 돈을 벌 만큼 나는 강심장이 되지를 못하였다. 너는 이런 사실을 아마도 이를 갈며 원통해 하리라.

일제 말기 군국주의자들은 식민지 조선의 모든 청년에게 단발을 강요하였다. 그러나 나는 최고의 자유업인 변호사의 업무에 종사한다는 구실을 내세워 끝끝내 저들의 요구를 물리칠 수 있었다. 네 덕에 단발도 아니하고 배겨 낸 것이다. 하지만 이것이 내가 누린 혜택, 너 법률의 덕택이었다. 그 밖에는 이렇다 할 경제적 특권도 사회적 보상도 누리지 못하였다고 생각한다.

각설하고, 1945년 8·15해방이 되자 내게는 너 따위가 별로 쓸모조차 없어 보였다. 일제하에서는 보신책으로라도 너라는 옷을 걸칠 만하였다. 그러나 이제 일제의 족쇄에서 풀려난 마당이라 거추장스런 너의 옷을 입을 필요가 사라졌다. 그래서 나는 완강히 너와의 이별을 각오하였고, 가지고 있던 너, 법률서적들을 내팽개치기도 하였다.

그러나 따지고 보면 나는 실로 나약한 사람이었다. 객관적인 사정을 내세우며 주변에서는 너라는 존재가 이제 더욱더 필요하게 되었다며 나의 이직을 만류하였다. 즉 이제는 국권이 우리 한국인의 책임하에 움직이게 되었으니, 도리어 너와의 긴밀한 협조 아래 나 같은 전문가들이 응분의 노고를 하여야 한다. 이것이 많은 사람의 요구였다. 반절은 나도 수긍할 수 있는 말이었다. 그래서 나는 또 일시 너와의 관계에 대한 내 본래의 결정, 즉 변호사업의 폐기를 보류하였다. 이러한 외부의 요청을 달게 받아들였다니, 나는 참으로 타협적인 사람이었는지도 모르겠다.

그리하여 너를 동반하여 백주대로를 행보하였다. 기지既知, 미지未知의 사람들에게 너를 아는 체 소개하였다. 어떨 때는 네가 나의 반려자임을 공언하기도 하였다.

그래도 속마음으로는 되도록 내 마음의 순결을 깨지 않으려고 노력하였다. 그 옛날 독일의 문호 하이네를 비롯하여 괴테도 그러했다 하고, 러시아의 문호 톨스토이와 프랑스의 문호 발자크 등도 다 한때는 너에게 접근하였다는 사실을 나는 이미 잘 알고 있었다. 그러나 그들은 너를 금세 배반하고야 말았다고 하지 않더냐. 왜들 그러하였겠는가. 너는 본래 더러운 세상과 타협하기를 좋아하는 속성을 가졌기 때문이다.

그러나 어쩌랴. 내 뒤에는 '밥' 먹는 '열 개의 입'이 줄지어 있었다. 이 많은 식구를 너를 빙자하지 아니고서야 내 어찌 벌어서 먹일 수 있단 말이냐. 나는 아무래도 이러한 나의 비참한 현실을 피할 수가 없었다.

요컨대 나는 네가 꼭 좋아서 네 손을 이렇게 붙들고 있었던 것이 아니다. 그러나 우리가 이미 어쩔 수 없는 동반관계라면, 나는 너를 싫어하지 않기로 하는 것이 도리에 옳지 않겠는가. 그러나 이것은 내가 너를 좋아해서 그러는 것과는 당연히 구별되어야 옳을 것이다. 나는 가정경제라는 현실적 요구 때문에 너를 차마 버리지 못하였노라. 아니, 나는 이제 도리어 네게 희망을 두는 사람이기도 하다.

나의 시 「꽃 있는 법정」을 너도 읽어 보았더냐.

이 꽃을 / 어이 버리랴
타는 불 속, 아니면 / 흐르는 물 위 / 그도 아닌 / 흙을 파고 묻어 보랴
차라리/ 꺾이지 말걸 / 바람이 / 유죄더냐
꺾인 꽃 / 짓밟혔기로서니 / 이 꽃을 차마 버리랴
버릴 바 없어 벽에 / 꽂아 두노라면 / 양춘陽春 삼월 / 혹시 재생도 할까

(김홍섭, 1954: 109~111. 현대어법에 맞춰 약간 표현을 달리하였음)

2) 영원한 형사재판관

나는 왜 평생을 형사문제만을 취급하며 사는가? 해방과 6·25전쟁을 겪으면서 나는 우리 사회에서 이른바 경제사범 또는 모리배들이 날뛰는 갖은 모양을 다 보았다. 나는 그들의 문제를 다각적으로 분석하고 싶어 한 적이 있었다. 그들의 행태를 분석하다가 나는 어지럼증을 느꼈다. 이익을 추구하는 데 혈안이 된 모리배의 문제, 이것은 곧 개인의 탐욕과 사회구조의 불안정, 불의의 문제들과 맞닿아 있었다.

기왕에 법률가로 나섰다면, 나는 사회정의와 책임을 다하는 데 온 힘을 쏟아야 할 것이다. 이런 생각이 나를 형사문제의 전문가로 만들었다.

이 세상은 예나 지금이나 모리배들이 날뛰는 곳, 그들만의 잔치판이다. 내가 살던 해방 직후의 한국사회라고 무엇이 달랐겠는가. 물자는 늘 부족하고 수요는 날로 늘어 갔다. 물가가 하루하루 로켓탄처럼 치솟았다. 이를 어떤 사람은 자연적 조건이라고 할지도 모르겠다. 북에서 내려온 사람들, 해외에서 돌아온 사람들로 남한 땅은 더욱 북적거리는데, 식민지시대의 수요공급 체제는 갑자기 사라지고 말았으니 오죽하랴. 더욱 심각한 것은 인위적 영향이었다. 즉, 모리배들의 개입이 심각한 수준이었다. 이것이 해방 직후의 엄연한 현실이었다.

저들 모리배는 건실한 영리적 한계를 넘어서 투기성을 마음껏 발휘하였다. 그들의 탐욕은 물가 일반에 큰 영향을 미치고 있었다. 혹자는 '적정시가 표준설'을 주장한다. 그들은 일정한 표준가격을 초과하여 상품을 사고파는 행위를 가리켜 '폭리' 또는 '악질 모리'라고 말한다. 그 외에는 문제 될 것이 없다는 입장이다. 이와 관련하여 이른바 '적정이윤 표준설'이란 것이 있기는 하다. 적정 수준의 이윤을 설정하고 그것을 기준 삼아서 모리인지 아닌지를 분별할 수 있다는 것이다.

학자들의 주장이야 어떻든지, 내가 경험한 한국사회는 모리배들이 준동하는 공포의 공간이었다. 판사로서 나는 이러한 사회문제를 해결하는 데 무슨 역할을 담당할 수 있는 것일까. 나는 숙고 끝에 적정시가 또는 적정이윤이란 말도 좋지만, 그보다 더 중요한 개념이 있다고 믿게 되었다.

나는 '사회정의'란 개념을 최우선으로 도입하고 싶었다. '정의'란 무엇인가. 정상 시에는 정상 시의 정의가 있고, 비상사태하에서는 또 그 사태하에 용납되는 정의가 있기 마련 아니겠는가. 가령 비누를 거래하는 행상이 있다고 하자. 그는 가난한 전쟁 피해민의 자녀이다. 만일 그가 때때로 원가의 몇 배나 되는 모리행위를 하였다고 할 때, 그의 모리는 때로

눈감아 주어야 하지 않을까. 그는 생계 자체가 위협에 처한 경우이기 때문이다.

그러나 이와는 전혀 다른 경우가 있다. 여기 돈 많은 거상巨商이 있다. 이렇게 넉넉한 사람이 단 몇 할이나마 폭리를 취할 목적으로 상품을 대량으로 거래하였다면 어떠한가. 이것은 엄한 응징의 대상이 되어 마땅하다. 이것은 나의 굳은 신조지만, 사회적 약자에게는 최대한 관대하게 강자에게는 최대한 엄격하게 법을 집행하는 것이 사회정의다. 나는 그렇게 믿었다.

나는 왜 기득권층에 대해 시퍼런 비판의 날을 세우는가? 잘들 생각해 보시라. 8·15해방과 더불어 침략자인 일본 제국주의자들은 일단 현해탄을 건너 제 나라로 물러갔다. 그때 과거의 친일파들 중에는 일시나마 양심의 가책을 느끼는 자들도 있었다. 그들은 잠시 생업 전선에서 물러나 자중하는 기색을 보이기도 하였다. 그러나 그것이 얼마나 오래 갔던가. 오래지 않아 그들은 다시 과거의 그 외세 의존적인 촉수를 되살려, 이 땅에 새로 들어온 외세에 부화뇌동하며 눈부신 활동을 전개하기 시작하였다.

이런 일도 있었다. 해방 후 한국에는 일본 군대가 두고 간 상당 분량의 비축물자가 있었다. 전쟁을 수행하자면 비축물자가 필요한 것은 당연한 일이었다. 잇속에 밝은 저들 과거의 친일 모리배들은 그 물건들의 주위로 몰려들었다. 이런 일이 벌어지리라는 점은 누구라도 추측하기 어렵지 않은 문제였을 것이다.

그들 친일파가 호언장담하는 말을 들어 보았는가. "역대 총독치고 나하고 친하지 않은 사람이 없소이다. 나와 친하지 않은 군사령관도 없었소이다. 앞으로 미군 치하가 되면 미국의 장군과 영관급 장교들에게 나는 얼마든지 접근할 자신이 있고, 만약 소련군 천하가 되면 또 그 두목들과도 친근하게 지낼 자신이 있소이다."

이런 파렴치한 말을 태연하게 동포들 앞에서 공언하는 놈들이 있었다. 그렇다면 나는 이런 놈들을 어찌해야 할 것인가? 이런 자들에게 일정한 정견이 있다고 해서 그들에게도 조국이 있다고 볼 수가 있는가? 이런 악질 모리배들의 눈에는 국가라는 것이 마치 초대형 회사같이 보일 것이다. 그들은 사업하는 재미로 국가를 동반자처럼 상대한다. 과연 국가란 소수의 이익을 위한 것인가. 이런 몰상식한 소견을 가진 인간들이 만일 한 나라의 상업계와 실업계 또는 관계를 지배하게 된다면, 장차 얼마나 큰 재앙이 초래될 것인가? 그들은 이른바 악질의 모리배가 되거나 그들의 방조자가 되고 말 것이다. 한국사회를 어지럽히는 모리배 또는 그 협조자들은 대개가 이처럼 썩어 빠진 놈들뿐이었다. 나는 이런 현실이 너무도 싫었다.

그리하여 나는 우주보편의 질서를, 항구적인 윤리의 세계를 갈망하였다. 일찍이 나는 이런 내 심정을 「향수」라는 시에서 다음과 같이 토로하였다.

> 우직한 윤리의 산정이 멀리 흰 눈을 / 이고 있는 하늘가엔 / 또 하나 다른 내 그리움이 자꾸만 꿀벌처럼 날라 넘는다.
> 왜 이렇게 외로운 걸까 …… 고향이란 본래 그리움이라 한다.

8. 평가

김홍섭은 향년 51세로 그리 길지 않은 생을 마감하였다. 그는 식민지 시기 가난한 농민의 아들로 태어나 정규교육의 혜택도 제대로 받지 못하였다. 향리에서 보통학교(초등학교)를 다녔을 뿐이다. 그러나 그의 향학열은 식지 않아 주경야독으로 중등교육과정을 마쳤다. 빈곤 속에서도 그는 일본 유학을 단행하여 1년 만에 조선변호사시험에 당당히 합격하였다. 그때부터 최후의 순간까지 김홍섭은 한국 법조계의 일각을 담당하는 한 사람의 성실한 법조인이었다.

그의 일생은 출세를 지향하는 인물의 것과는 유를 달리하였다. 금전과 명예를 탐하였다고 볼 수도 없었다. 세속의 눈으로 보면, 그는 마치 무취미한 사람이거나 세상일에 어두운 책상물림 정도로 오인될 가능성이 얼마든지 있었다. 그러나 사실은 그렇지 않았다고 생각한다. 김홍섭의 내면세계는 대단히 풍요롭고 평화로웠다. 그는 많은 독서경험을 통해 여러 학문 분야를 두루 섭렵하였다.

보다 깊은 의미에서 보면, 그는 한 사람의 진정한 순례자가 아니었을까. 김홍섭은 일상의 지리멸렬함을 박차고 일어나 상생常生의 세계를 추구하였다. 즉, 영원한 법에 도달하기 위한 구도求道여행을 포기하는 일이 없었다.

김홍섭이 거둔 내적 결실을 강조하다 보면 이렇게 말하고 싶은 유혹에 빠진다. 김홍섭, 그는 마치 몸만 속세에 있었을 뿐 실은 수도승과 다름없는 사람이었다! 이렇게 말한다 해서 무리는 아닐 것이다.

하지만 그렇게만 주장할 수는 없는 노릇이다. 일견 수도승처럼 보이는 김홍섭이었지만, 그는 사실 세상사에 두루 마음을 썼고 한계상황 속에서도 정의와 책임을 다하기 위해 끝까지 노력하였다. 김홍섭은 세상적인 것, 또는 표피적인 일상세계의 소소한 일에도 성심성의를 다하려고 하였다. 여기에 그의 미덕이 있었다.

물론 그것이 그 인생의 전부는 아니었다. 자연계로 대변되는 생태적 질서 역시 김홍섭에게는 삶의 필수적인 요소였다. 그는 인간 중심에서 벗어나, 공존공생의 평화로운 삶을 구현하고자 노력하였다.

종국적으로는 언제나 영원한 진리의 세계, 절대적인 영구법의 세계에 머물 수 있기를 꿈꾸었다. 이러한 김홍섭의 삶은 법조계의 후배들에게는 물론, 교양시민들에게도 인생의 길잡이로서 상당한 역할을 하리라고 믿어진다. 아래에는 김홍섭의 일생에 관한 법조계 인사들의 평가 및 사회여론을 간단히 소개할 생각이다. 그를 이해하는 데 도움이 되기를 바라는 심정에서다.

1) 동료와 후배들이 본 김홍섭 판사

법조계 인사들은 김홍섭의 일생을 실로 다양한 관점에서 평가하였다. "한국 법조인의 기둥"(조진만 전 대법원장)이란 평가를 비롯해 많은 칭찬의 말이 잇따랐다. 어떤 이는 "위대한 종교가요, 인생의 각자"(이병린 전 대한변호사협회 회장)라고도 하였고, "절망의 생명을 어루만지던 대부"(한승헌 감사원장)라는 평가도 있다. 혹자는 "법의 속에 성의를 입은 법관"(『법조시보』)이라고 말했으며, "비범한 가톨릭적 행자"(장순룡 변호사)라고도 하였다. 이러한 평가들은 대체로 김홍섭의 신앙생활을 염두에 둔 것이 많다.

물론 그의 행적을 좀 더 구체적으로 파고 든 평가도 적지 않았다. "사랑과 청빈을 문자 그대로 몸소 실천한 분"(박찬일, 1965; 최종고, 1985b: 221)이라는 인식이 돋보인다. 조진만 전 대법원장은 그 점을 다음과 같이 부연 설명하였다. "원장[=김홍섭]께서는 그동안 청빈한 살림 속에서도 오직 [청]렴 결[백하시고] 강직하시어, 언제나 대의와 명분을 생명으로 삼고 훌륭한 법관으로서 법과 양심을 끝내 지켜 주셨을 뿐만 아니라, 깊은 신앙심과 넓은 식견은 만 사람을 교화하고 그 인격을 더욱 빛나게 하"(조진만, 1965; 최종고, 1985b: 213)였다고 말이다.

사실 그의 청렴은 세상이 공인하는 바가 아니었나 싶다. "공[김홍섭]이 정당한 보수 이외엔 한 푼도 받은 일이 없는 청렴한 인사라는 것을, 천하 사람이 다 같이 증명하고 있습니다."(이병린, 1965; 최종고, 1985b: 214) 이러한 증언에서 보듯, 김홍섭은 법률가로서의 업적 못지않게 그 인간 됨됨이나 청빈한 생활자세로서도 후세에 길이 남을 인물이란 법조계의 인식이 보편적이다.

그 점을 염두에 두고 이병린은 다음과 같이 주장하였다. "공[김홍섭]의 부하로 있는 분들은, 공을 정신적 아버지로 여기고 평화하고 행복하게 살 수 있었습니다."(이병린, 1965; 최종고, 1985b: 215)

이병린의 평가는 다음과 같이 이어진다. "광야를 헤매던 현자, 조용하고도 다정다감한 공[김홍섭]이었습니다." 아닌 게 아니라, 김홍섭은 다정다감하였고 고뇌 속에 평생 인생의 광야를 헤맨 사람이었다고 볼 수 있다. "공은 세상일을 걱정하시며, 떠드는 사람은 많아도 일하는 사람은 적다는 것을 개탄하시고, 굶는 사람들을 위해 조용히 돌아다니며 천하 사람의 희사를 받아서 구해 주는 사람이 나왔으면, 하고 말씀하셨습니다." 김홍섭의 평생 바람은 눈에 띄지 않는 작은 선행을 통해 세상을 구제하는 데 있었다는 것이다.

또한 그는 "사형폐지론에 지대한 관심을 가지고 우선 생명의 심오성과 존엄성을 깊이 깨달아야 한다고 역설하셨습니다."(이병린, 1965; 최종고, 1985b: 215) 현직 판사로서 실정법을 무시할 수 없어 그 역시 사형을 선고한 적이 있었다. 하지만 김홍섭의 본의는 생명의 존엄성을 더욱 높이는 것이었다. 하늘이 내신 생명을 사람이 함부로 훼손한다는 것은 잘못이라는 깨침에서 비롯된 소신이었다.

동료들과 후배들이 수긍한 한 가지 사실이 더 있다. 김홍섭에 대한 그들의 존경심은 화려한 법관 경력에서 비롯된 것이 아니었다. 그의 진실하고 양심적인 말과 행동에서 비롯된 존경심이라서 더욱 귀중한 것이 아닐까. 어떤 기자는 그것이 "법조인으로서의 투철한 사명감에서 비롯된다"(사법행정, 1985: 90)고도 표현한 적이 있다.

2) 세상의 평가

장면 총리는 한때 김홍섭의 호된 비판을 받기도 하였지만, 신앙상의 귀한 동지였다. 장 총리는 김홍섭의 주검 앞에서 그의 일생을 이렇게 요약하였다. "메마른 이 세상의 온갖 냉대와 조소에 시달려 실망과 저주 속에 거칠 대로 거칠어진 사형수들을 회심시키기란 거의 불가능한 일이건만, 김바오로[=김홍섭] 판사는 주보主保(천주교리 상의 수호자) 바오로 종도宗徒의 사랑과 인내와 초인적 노력을 그대로 본받아, 꾸준히 사랑으로 그들을 안아 주어 마침내 영생의 길을 열어 준 그들의 자부慈父"(장면, 1965; 최종고, 1985b: 217)였다.

「한국일보」 1965년 3월 18일 자 기사를 보아도 장면이 증언한 내용은 어김없는 사실이었다. 기자는 김홍섭이 바쁜 일과의 틈을 쪼개어 사형수들을 옥중으로 찾아다니며 그들의 정신적인 아버지가 되어 왔던 일을 낱낱이 보도하였다. 그러하였기에 김홍섭의 영정 앞에 이미 숨져 간 10여 명의 아들[사형수 출신 대자들]의 사진이 나란히 놓인 사실이 특별한 의미를 가지게 되었다. 여기에 더하여 "여러 교도소에서 날아온 이름 없는 죄수들의 수많은 조의의 편지가 사람들의 눈시울을 적시게 했다."(최종고, 1983: 75)

미망인 김자선은 말년까지도 부군 김홍섭의 유지를 살렸다. 그는 교도소 사목을 계속하였던 것이다(최종고, 1985b: 409). 여사는 그동안 고이 간직해 오던 부군의 법복을 비롯해, 사형수들로부터 받은 편지 등의 유품을 대법원에 기증하기도 하였다(이치백, 1999: 347). 김홍섭을 가리켜 최종고는 "한국 법조계의 태양"이라고 평가한 적이 있었다(이치백, 1999: 347). 또 장면은 그를 "한국의 사도법관"이라 불러 하나의 유행어를 만들었다.

김홍섭의 선행은 그의 종교심과 직결된 것이었다. 그의 깊은 신앙심은 많은 사람에게 칭송의 대상이 되었다. 그는 간암 말기의 극심한 고통이 엄습하였을 때조차, 속으로는 깊이 "신음하면서도 [겉으로 단] 한 마디 원망이나 불안감을 나타낸 적이 없었고, 항시 『준주성범』을 애독하면서 모든 고통을 오직 예수의 그 고통과 일치시켜 감수하고 묵상과 기구 중에 알뜰히 선종"(장면, 1965; 최종고, 1985b: 217)하였다. 장면의 이러한 증언은 듣는 이로 하여금 옷깃을 여미게 할 정도다.

김홍섭의 탁월한 인격 역시 많은 사람을 감동시켰다. 허규는 이렇게 말하였다. "선생은 비록 모든 것을 바치는 한이 있더라도, 세상의 풍조를 따르거나 불의한 방법을 쓰지 않았습니다"(김홍섭, 1981: 1)라는 평가가 이를 웅변한다. 그는 도리에 부합되는 행동을 하기 위해 남다른 노력을 기울였던 것이다.

특히 그에게는 겸손의 미덕이 뚜렷하였다. 서보학이 평가하였듯, 김홍섭의 내면에는 "인간으로서의 불완전한 인식에 기초해 남의 죄를 확정하고 벌해야 한다는 것에 대해 두려움이 자리 잡고 있었다."(서보학, 2007: 108) 평자의 말은 다음과 같이 계속 이어진다. "어린 나이에 재판관직을 수행하고 있는 요즘의 판사들도 김홍섭 선생과 같은 고민을 하고 있는지 의문스럽다."(서보학, 2007: 109) 굳이 이러한 쓴소리가 아니라도, 요즘처럼 험난한 세상에서 법관의 길을 옳게 헤쳐 나아가기란 결코 쉬운 일이 아닐 것이다.

김홍섭은 후배 법관들의 영원한 스승이라는 호평도 적지 않다. 사실 법관이란 법에 따라 최종판단을 내리는 특수 전문가 집단이다. 자칫하면 자신들의 무오류를 믿고 무책임한 판단을 내릴 수 있다. 김홍섭은 이러한 한계를 이미 스스로 깨달았다. 그는 인간의 본질적인 한계를 겸허히 인정하고 인간에 대한 사랑의 토대 위에서 끊임없이 자신의 한계를 점검함으로써 함정을 피해 나갔다(홍기태, 2007: 217). 법학자 홍기태는 김홍섭의 예를 토대로, 바람직한 법관의 길을 다음과 같이 제시하기도 하였다. "법을 아는 이상으로 인간을 알아야 하고, 법에 대하여 관심을 가지고 공부하는 이상으로 인간을 알기 위한 노력을 게을리 하지 말아야 할 뿐만 아니라, 아무리 노력하여도 완전무결함에 이를 수 없다는 사실을 자각하고 있어야 한다."(홍기태, 2007: 217)

과연 허다한 사람들이 김홍섭의 일생에 관해 다양한 평가를 하였다. 그 가운데 어느 것 하나도 잘못되었다거나 미흡한 평가라고 보기는 어렵지 싶다. 이제 우리에게 남은 과제는 하나다. 김홍섭의 삶은 과연 나에게 어떤 의미가 있는가? 이 물음에 우리는 언젠가 행동으로 대답해야 할 것이다.

부록

I
한국의 근대 사법제도의 전개과정: 갑오개혁부터 현재까지

도면회
(대전대 교수, 역사문화학)

1. 근대 사법제도의 출발

오늘날과 같은 사법제도는 1894년의 갑오개혁으로 처음 도입되었다. 정치, 경제, 사회 각 분야에 걸쳐 근대적 개혁을 주도한 개화파 관료들은 인민의 체포와 구금, 재판의 업무는 사법관만이 담당한다는 등의 법령을 공포함으로써 사법권을 행정권으로부터 독립시키는 첫 발을 내디뎠다. 1895년 3월 25일(양력 4월 19일) 법률 제1호 「재판소구성법」이 공포되고 그해 4월 1일(양력 4월 25일)부터 최초의 재판기관으로 지방재판소, 한성재판소, 개항장재판소, 순회재판소, 고등재판소, 특별법원을 설치하였다. 그러나 이들 재판소 중에 전임 판사, 검사와 독립된 건물을 가진 재판소는 한성재판소와 고등재판소 정도에 불과하였고, 나머지 재판소는 관찰사, 부윤, 군수 등 지방관이 판사, 검사를 겸하는 등 개혁 이전과 다를 바 없는 구조였다.

독립협회는 이 근대적 사법제도를 활용하여 국정개혁과 민권옹호 운동에 나섰고, 이를 진압한 대한제국 정부는 1899년 5월 30일 새로 법률 제3호 「재판소구성법」을 공포하였다. 이에 의해 고등재판소가 평리원으로 개칭되고 법부가 평리원의 판결에 대해 재심할 수 있는 구조가 만들어졌다. 그러나 한국인들은 근대적 사법제도의 혜택을 제대로 누리지 못하였다. 지방관들은 자신이 가지고 있던 재판권을 활용하여 인민들로부터 재물을 수탈했고, 이에 견디다 못한 이들이 서울의 평리원이나 법부에 고소하였으나 법적 구제를 받는 경우는 거의 드물었다.

일제는 1905년 11월 을사조약으로 한국을 보호국으로 삼았다가 궁극적으로는 식민지로 병탄하고자 하였다. 이 과정에서 예상되는 열강의 간섭을 피하기 위해서는 열강이 한국에서 누리고 있던 치외법권이 철폐되어야 했고, 이를 위해서는 한국의 사법제도가 일본 본토와 같은 수준으로 개혁되어야 하였다. 일제는 사법제도를 개혁할 경우 중앙 관료와 지방관의 수탈에 시달려 온 한국인들에게도 환영받을 수 있으리라고 전망하였다. 일제는 법부, 평리원, 한성재판소 등 한국의 각급 사법기관에 일본인 판검사를 법무 보좌관으로 배치하여 재판사무를 감독, 간섭하였다. 한국 정부로 하여금 모든 재판에서 고문을 폐지한다는 법령을 반포하도록 하였다.

1907년 7월에는 헤이그특사 사건을 빌미로 고종을 퇴위시키고 정미7조약을 강제함으로써 사법권 침탈의 발판을 마련하였고, 1907년 12월 23일 「재판소구성법」을 공포하여 한일 양국인으로 구성된 재판소를 신설하였다. 재판소의 종류와 명칭을 일본과 동일하게 구 재판소, 지방재판소, 공소원, 대심원으로 하여 4급 3심제를 채택하였다. 이에 따라 일본인 법무 보좌관들이 판사 또는 검사로 임용되어 1908년 8월경 한국인 판사, 검사가 각각 42명과 13명인 데 비해 일본인 판사, 검사는 각각 81명, 35명이나 되었다.

일제는 1909년 초 한국을 병탄한다는 방침을 확정하였다. 열강의 간섭을 피하기 위해서 한국의 사법제도를 일본에 완전히 통합하는 것이 필요하다고 판단하였다. 7월 10일 한국 정부에 강요하여 「한국의 사법 및 감옥 사무를 일본 정부에 위탁하는 건에 관한 각서」를 교환하였다. 이를 근거로 10월 31일 대한제국의 재판소를 모두 폐지하고 11월 1일 자로 한국 내각 고시 형태로 일본 칙령 「통감부재판소령」, 「사법사무취급령」, 「한국인에 관계된 사법에 관한 건」, 「한국에 있어서의 범죄즉결령」 등의 사법 관련 법규를 반포하고 당일부터 실시한다고 하였다. 한국 법부의 업무는 모두 통감부 사법청에 이관되고 한국의 각급 재판소 사무 역시 통감부 재판소에 인계되었다. 이로써 일제는 한국에 일본 사법기관의 구조를 그대로 이식하되 일본에는 없는 식민지적 특례를 두었다.

일제는 1910년 8월 22일 「한국병합에 관한 조약」으로 한국을 병탄하고 동년 10월 1일 「조선총독부재판소령」을 선포하였는데, 이는 위의 '통감부 재판소'를 '총독부 재판소'로 단어만 바꾸었을 뿐, 사법기관의 구조와 사법제도는 그대로 유지한 것이었다.

2. 일제 식민지 치하의 사법제도

1) 일제 치하의 법령체계

일제는 한국을 병탄하면서 국호를 '조선'이라고 개칭하였으나, 이후에는 자국의 영토이므로 '조선'이라는 명칭을 일본의 일개 지역명칭으로 불렀다. 일제가 조선을 자국영토로 병탄하였다면 이 지역에 일본 본토와 동일한 법체계와 사법제도 등을 실시해야 할 것인데, 일제는 그렇게 하지 않았다.

일제는 조선의 문명 수준이 일본 본토에 비해 낙후할 뿐 아니라 민정, 풍속, 관습 등도 다르기 때문에 당분간 일본 본토와는 달리 차별적으로 통치하겠다는 정책을 수립하였다. 이에 따라 조선에는 본국의 제국 헌법이나 칙령, 법률들을 그대로 실시하지 않고, 일본과 체계를 달리하는 제령과 기타의 법령을 통해 실시하였다. 이로 인해 조선에는 계통을 달리하는 여러 가지 종류의 법령이 실시되었다.

예컨대 조선에서 일본 제국의회가 제정하는 '법률'과 같은 것을 제정할 필요가 생기면 조선총독은 이를 천황의 재가를 얻어 자신의 명령으로 제정했는데, 이를 '제령'이라고 하였다. 일제 치하에서 시행된 중요한 법령은 대부분 제령으로서, 조선에만 시행할 내용을 중심으로 제정되었지만, 일본 법률을 조선에 시행할 때도 제령의 형식을 취하였다. 1912년의 「조선민사령」, 「조선형사령」 등은 조선의 사법제도에 적용된 기본법령인데, 이들 제령은 일본의 민법, 민사소송법 등 민사법률, 형법, 형사소송법 등 형사법률들을 조선에 적용한다고 하였다. 이들 일본 법률이 그 이후에 개정되면 이를 적용한다고 하였던 제령 역시 개정된 내용을 따르게 되었다. 이를 '(일본 법률의) 의용'이라고 한다.

제령 외에 일본 제국의회에서 제정되었지만 천황의 칙령에 의해 조선에 시행된 일본 법률, 특별히 조선에만 시행할 목적으로 제정된 법률과 칙령 등이 있었다. 전자의 사례로 「특허법」, 「의장법」, 「실용신안법」, 「상표법」, 「저작권법」 등을 들 수 있으며, 후자의 사례로는 「조선은행법」, 「조선총독부관제」, 「조선총독부중추원관제」, 「조선총독부지방관관제」, 「조선주차헌병조례」, 「조선교육령」, 「보통학교령」 등을 들 수 있다. 이외에도 1910년 병탄 이후에도 그 효력의 존속을 인정받은 대한제국 법령과 일본국 법령, 조선총독이 발하는 조선총독부령, 경무총장이 발하는 경무총감부령 등 각종 법령들이 계통을 달리하며 적용되었다.

일본 헌법이 조선에는 실질적으로 적용되지 않음으로써 일본국 국민에게 부여된 언론, 집회, 결사, 출판의 자유나 참정권 등 기본권이 조선인에게는 보장되지 않았다. 특히 주목할 것은, 「병합 당시 그 효력의 존속을 인정한 대한제국 법령 및 일본국 법령」과 「조선태형령」 등 몇몇 제령을 제외하고 나머지 법령 대부분이 조선인은 물론 재조일본인(조선에 거주하고 있는 일본인)에게도 동일하게 적용되었다는 점이다. 이로 인해 재조일본인들은 조선총독부의 통치에 대해 많은 불만을 토해 냈고 이러한 불만으로 인해 일본 기자들은 1910년대 총독통치를 '무단통치'라고 칭하였다.

2) 식민지 사법조직의 구성과 경찰 사법제도

1910년 병탄 직후부터 1912년까지 사법제도는 통감부재판소제도를 그대로 유지하여 4급 3심제를 유지하였고, 재판소 조직은 구 재판소, 지방재판소, 공소원, 고등법원의 4종류로 구성하였다. 구 재판소는 군 단위에 설치되어 1년 이하의 징역, 금고 또는 벌금 등 경미한 사건의 제1심을 맡았으며, 병탄 직후에는 전국에 103개소가 설치되어 있었다.

지방재판소는 경성, 공주, 함흥, 평양, 해주, 대구, 부산, 광주 등 8개 지역에 설치되었으며 3인의 합의부를 구성, 구 재판소 관할 이외의 사건을 제1심으로 재판함과 동시에 구 재판소 사건의 제2심을 맡았다.

공소원은 경성, 대구, 평양 등 3개 지역에 설치되고 3인의 합의부로 지방재판소가 내린 제1심 판결에 대한 공소, 지방재판소가 제1심으로 내린 결정, 명령에 대한 항고를 담당하였다.

고등법원은 경성에 설치되고 5인의 판사로 합의부를 구성하여 지방재판소나 공소원의 제2심 판결에 대한 상고, 지방재판소가 제2심으로 내린 결정, 명령 및 공소원의 결정, 명령에 대한 항고를 담당함으로써 최종심을 관장하였다.

1919년까지는 사법관의 민족별 관할사건도 달랐다. 조선인 판사, 검사는 원고, 피고 모두 조선인인 민사사건, 피고인이 조선인인 형사사건만 취급하도록 하였다. 조선인 판사, 검사가 일본인 사이 또는 조선인, 일본인 사이의 민사사건, 일본인이 피고인인 형사사건은 취급하지 못하도록 하였다. 이러한 차별조항은 3·1운동 이후인 1920년 3월 24일 제령 제3호로 삭제되지만 실무에서는 계속 존속하였다. 물론 조선인 판사도 합의재판부 구성원이 되고 능력을 인정받으면서 점차 그 경계가 흐려지기는 하였지만, 조선인 판사가 합의부장 또는 주요 치안사건을 취급하는 예심판사가 되는 일은 없었다.

초대 조선총독 데라우치 마사타케寺內正毅는 식민지 조선의 통치권을 일본 군벌세력하에 두고자 하였다. 이를 위해서는 재정적 독립이 필요했기 때문에 병탄 직후부터 식민지 통치를 간편하고 신속하게 하고 비용절감이 가능하도록 기구와 제도 정리작업을 시작하였다. 사법제도에서는 1912년 3월 18일 제령 제4호로 조선총독부재판소령을 대폭 개정하여 구 재판소, 지방재판소, 공소원, 고등법원의 4급 3심제 구조를 3급 3심제로 개편하고 '재판소'를 '법원'으로 개칭하였다.

즉, 구 재판소를 폐지하고 재판기관을 지방법원, 복심법원, 고등법원의 3계급으로 구분하고, 필요한 경우 지방법원 사무의 일부를 취급하는 지방법원지청을 설치하였다. 제1심은 지방법원, 제2심은 복심법원, 최종심 및 특별한 사건 재판은 고등법원이 관장하게끔 하였다. 지방법원은 단독판사 재판을 원칙으로 하되 특별히 규정한 몇몇 범죄사건에 대해서만 3인 합의부를 구성하여 재판을 맡게 하였다. 이처럼 사법기구 축소와 경비절감을 꾀한 결과 고등법원 1개, 복심법원 3개, 지방법원 8개,

표 1-1 일제하 복심법원, 지방법원, 지방법원지청 설치 현황

복심법원	지방법원	지방법원지청
경성	경성	개성, 여주, 수원, 인천, 춘천, 철원, 원주
	공주 → 대전 (1939년)	대전 → 공주(1939년 격하), 강경, 홍성, 서산, 청주, 충주(1924년 천안 폐지)
	함흥	북청, 혜산(1938년), 원산, 강릉(1924년 영흥, 울진 폐지)
	청진(1923년 승격)	성진, 회령, 웅기
평양	평양	안주, 덕천, 진남포
	신의주 (1922년 승격)	정주, 영변, 강계, 초산
	해주	서흥, 사리원, 송화
대구	대구	김천, 상주, 안동, 의성, 경주, 영덕(1924년 울산 폐지)
	부산	마산, 밀양, 통영, 진주, 거창
	광주	순천, 목포, 장흥, 제주
	전주(1922년 승격)	남원, 정읍, 군산(1924년 금산 폐지)

※ 출전: 문준영, 『법원과 검찰의 탄생』(역사비평사, 2010: 450)

지방법원지청 60개소로 감축되었다. 1912년 이후 지방법원과 지방법원 지청이 몇 차례 승격, 격하, 폐지되었고, 그 결과 표 1-1과 같이 1945년까지 고등법원 1개(경성), 복심법원 3개(경성·평양·대구), 지방법원 11개, 지방법원지청 48개로 조정되었다.

일제는 이처럼 법원을 비롯한 근대적 사법기관을 설치했지만, 이것만으로는 조선의 민·형사 재판을 다 감당할 수 없었기 때문에 식민지 대만에서 먼저 실시했듯이 경찰기관에 사법권의 일부를 위임하였다. 그것이 바로 범죄즉결제도와 민사쟁송조정제도였다.

즉결심판은 이미 통감부 시기에 도입되어 있었는데, 일제는 1910년 12월 15일 제령 제10호「범죄즉결례」를 공포하여 처벌 대상을 확대하였다. 즉결 대상 범죄는 ① 구류 또는 과료 형에 해당하는 죄, ② 3개월 이하 징역 또는 100엔 이하 벌금 또는 과료에 처해야 할 도박죄, 구류 또는 과료 형에 처해야 할 경미한 상해죄, ③ 구 재판소 관할사건으로 3개월 이하 징역, 금고, 금옥 또는 구류, 태형 또는 100엔 이하 벌금 또는 과료에 처해야 할 행정법규 위반죄 등이었다.

즉결심판 주체는 법규상으로 "경찰서장 또는 그 직무를 취급하는 자"로 되어 있는데, 1910년대에는 그것이 일반경찰이 아니라 헌병경찰이라는 점에 주목해야 한다. 헌병경찰제도는 경찰관서로 중앙에 경무총감부, 도에 경무부, 군에 경찰서를 설치하고 경무총감부의 장인 경무총장은 한국주차헌병대장인 육군장관으로 임명하였다. 경무부장은 각도 헌병대장인 헌병좌관佐官으로 임명하며, 그 산하의 경시 또는 경부는 헌병장교 또는 헌병 준사관, 하사관으로 특별 임용할 수 있다고 하여 헌병대장이 모든 경찰업무를 지휘 총괄하는 체제로 구성하였다.

즉결심판은 군 단위 이하의 경찰서장 또는 경찰분서장을 맡은 일본헌병 분대장 또는 분견대장이 피고인의 진술을 듣고 증빙을 조사한 후 즉시판결을 언도하는 방식으로 이루어졌다. 피고인을 호출할 필요가 없거나 호출해도 출두하지 않을 때는 즉시 그 언도서등본을 본인 또는 그 주소로 송달하도록 하였다. 즉결언도를 받은 자가 이에 불복할 때는 즉결언도일로부터 3일(출석즉결의 경우) 또는 5일(궐석즉결의 경우) 내에 언도한 관서에 의견서를 제출하여 관할재판소에 정식재판을 청구할 수 있었다. 구류언도를 하고 필요한 경우에는 위 정식재판 청구기한 안에 피고인을 구류할 수 있었다.

민사사건의 경우는 1910년 12월 15일 제령 제11호 「민사쟁송조정에 관한 건」을 공포하여 구 재판소가 설치되지 않은 지역의 경찰서장 또는 그에 상당하는 자가 당사자의 신청에 의해 관할구역 내의 민사사건으로 구 재판소 관할에 속하는 분쟁의 조정을 할 수 있도록 하였다. 1912년 3월 18일 제령 제10호로 동 제령을 개정하여 관할사건을 더 확대하였다. 즉 지방법원 및 그 지청 소재지를 제외한 지역에서 경찰서장 또는 그에 상당하는 자가 조정할 수 있는 사건으로 200엔 이하의 소액사건, 가옥임대차 분쟁, 부동산의 경계 또는 점유에 관한 분쟁, 1년 이하의 고용계약에 관한 분쟁, 숙식비, 화물운송료, 여행객의 위탁금 등의 분쟁을 규정하였다.

범죄즉결제도는 감옥경비 절감, 형사사건의 적체 해소를 위해 장려되었기 때문에 전체 범법자의 3분의 2가량이 이 제도로 처리되었다. 이처럼 많은 수의 인원이 정식재판 없이 즉결심판에 의해 전과자가 되고, 추후 다시 범죄를 저지르는 경우 재범 또는 누범이 되어 더욱 가중한 처벌을 받게 되는 상황은 늘 문제가 되었다.

또 경찰기관이 민사분쟁을 해결하는 것은 당시 경찰행정법상의 "인민의 사생활에 대한 불관여" 원칙에 위배되는 것이었다. 총독부는 "조선에서는 인민의 법률사상이 아직 유치하여" 재판할 거리가 되지 않는 '무익한 분쟁'이 많고 그중에는 "판사의 말 한 마디로 화해로 끝나는 사건이 적지 않고, 구 재판소의 수가 크게 감소되었으니 해당 민사사건은 경찰관헌으로 하여금 조정하게 하는 것이 가장 시의적절하다"고 하여 이를 정당화하였다.

3) 판사, 검사, 변호사 임용제도

일제하 판검사 임용제도는 크게 나누어 일본의 「판검사등용시험규칙」에 의해 이루어지던 시기와 1923년 3월 이후 「고등시험령」에 의해 이루어지던 시기로 나뉜다.

일본 「재판소구성법」에 의하면 판검사는 판검사등용시험규칙에서 정한 수험자격을 가진 자로서 동 규칙이 정한 제1차시험에 합격한 후 시보로 재판소 및 검사국에서 1년 6개월 이상 실무 수습을 마치고 제2차시험에 급제한 자를 등용하도록 되었다. 다만 3년 이상 일본제국대학 법과교수 혹은 변호사로 재직한 자에게는 시험을 거치지 않고 직접 판검사에 임용될 자격을 부여하였다.

판검사등용시험의 응시자격은 성년 이상 남자로서 ① 관립학교 및 전문학교령에 의한 공립 또는 사립 학교에서 3학년 이상의 법률학과를 졸업한 자, ② 사법대신이 상당하다고 인정한 외국의 대학교 또는 이와 동등한 학교의 졸업자에 한하였다.

제1차시험은 예비시험(논문과 외국어 영어, 불어, 독어 중 택일)과 본시험(민법, 상법, 형법, 민소법, 형소법의 필기시험과 위 필기과목 중 3과목에 대한 구술시험) 및 신체검사였고, 제2차시험은 수험자인 시보가 실무에 능숙한가 여부를 시험하는 것으로 이 또한 필기(2건의 소송기록을 수험생들에게 주어 사실 및 이유를 상세히 제시한 판결안을 답안으로 작성 제출하게 함)와 구술(위원장이 정함)로 구성되었다.

식민지 지배 초기에는 이러한 제도만으로는 부족한 판검사를 충당할 수 없었기 때문에 1910년 10월 1일 제령 제7호로 조선인을 판검사로 특별 임용하는 별도 규정을 마련하였다. 일본의 제국대학이나 관립 전문학교 또는 조선총독이 지정한 학교에서 3년 이상 법률학을 배워 졸업한 조선인을 문관고등시험위원의 전형을 거쳐 특별히 조선총독부 판검사에 임용할 수 있게 하였다. 그리고 동 제령 시행 당시 통감부 판사 또는 검사인 조선인도 특별히 조선총독부 판검사로 임용할 수 있도록 하였다.

3·1운동 이후에도 총독부는 판사 특별 임용제도를 마련하였다. 1920년 7월 29일 제령 제11호로, 당분간 5년 이상 판임관(재판소 서기) 이상에 재직하면서 사법사무에 종사하고 판임관 5급봉 이상 봉급을 받는 자를 총독이 정하는 고시를 거쳐 지방법원지청 판사로 특별 임용할 수 있게 하였다. 시험은 고사考査와 시문試問의 2종인데, 고사는 총독부 법무국에서 수집한 자료에 의해 행하고, 시문은 필기와 구술 시문으로 하였으며 필기시문에 합격해야 구술시문에 응할 수 있었다. 필기시문은 민법, 상법, 형법, 민사소송법, 형사소송법 중에서 행하고 민사, 형사 소송기록을 주고 판결안을 작성하게 하였으며, 구술시문 방법은 위원장이 정하도록 하였다.

1923년부터 실시된 「고등시험령」은 몇 차례 개정되면서 일제 말기까지 이르렀는데, 일제 말기의 고등시험은 예비시험과 본시험으로 구분되었다. 예비시험 수험자격은 ① 중학교 졸업자, ② 문부대신이 동등 이상

학력자로 인정한 자, ③ 고등시험위원이 중학교와 동등 이상으로 인정한 외국학교 졸업자, ④ 문부대신이 정한 바에 따라 국어, 한문, 역사, 지리, 수학, 물리, 화학에 관해 중졸 정도로 행하는 시험에 합격한 자에 한하였다. 다만 고등학교 고등과 졸업자와 대학 예과 수료자 및 동등 이상의 학력이 있다고 인정받은 자는 예비시험이 면제되었다.

예비시험은 논문과 외국어(영어, 불어, 독어 중 택일), 본시험은 필기와 구술로 하되 필기는 필수 4과목(헌법, 국사, 민법, 형법)과 선택 3과목(상법, 민소법, 형소법 중 2과목, 철학, 상법, 민소법, 형소법, 파산법, 행정법, 국제사법, 경제학, 형사정책 중 1과목)으로 하며, 구술시험 과목은 국사, 민법, 형법이었다.

변호사제도는 통감부 시기의 「변호사규칙」을 그대로 따르다가 1910년 12월 15일 제령 제12호로 「변호사규칙」을 새로 제정하였는데, 크게 달라진 점은 없었다. 이에 의하면 변호사는 ① 일본의 변호사법에 의해 변호사 자격을 가진 자, ② 조선인변호사시험에 합격한 자, ③ 조선인으로서 구 한국재판소, 통감부재판소 또는 조선총독부재판소의 판사, 검사나 구한국의 변호사였던 자로 하였으며, 조선총독의 인가를 받고 변호사 명부에 등록해야 하였다. 변호사 명부는 각 지방재판소에 비치하고 변호사는 그 성명을 등록한 지방재판소의 소속으로 했는데, 변호사 관계 업무는 지방재판소 검사국에서 담당하도록 규정하였다.

1911년 5월 29일 「조선인변호사시험규칙」이 공포, 시행되었으나, 실제 시험이 실시되지는 않았다. 1921년 12월 2일 조선총독부는 위의 조선인변호사시험규칙을 폐지하고 「조선변호사시험규칙」(조선총독부령 제153호)을 공포하고 1922년부터 매년 1회씩 변호사 시험을 시행하였다. 아울러 위의 변호사규칙의 자격 ②를 '조선변호사시험에 합격한 20세

이상의 일본인 남자'로 개정하여 조선인뿐만 아니라 일본인도 조선 변호사가 되는 길을 확대하였다.

1936년 4월 17일에는 변호사규칙을 대폭 개정하여 「조선변호사령」(제령 제4호)으로 공포하였는데, 이때부터 변호사가 되려면 판사, 검사와 한가지로 1년 6개월 이상 변호사 시보로 수습을 하게 하였다. 변호사의 직무 범위가 재판소 내에서의 행위에만 한정되어 있던 것을 다른 일반 법률사무도 할 수 있도록 하였다. 변호사 인가를 받으면 반드시 변호사회에 가입하도록 하여 변호사에 대한 통제를 강화하였다.

이렇게 임용된 일제하 판사, 검사, 변호사 및 사법관 시보의 인원을 보면 표 1-2와 같다.

표 1-2 일제하 판사, 검사, 사법관 시보, 변호사 인원

* 단위: 명/( ) 안은 조선인

연도	전체 인구	판사	검사	사법관 시보	변호사
1910	13,313,017	254(71)	60(6)		81(51)
1911	14,055,869	249(62)	60(4)		96(59)
1912	14,827,101	199(38)	57(3)		123(73)
1913	15,458,863	190(25)	58(5)		151(91)
1914	15,929,962	191(32)	58(5)	10	168(97)
1915	16,278,389	194(32)	61(7)	11	162(94)
1916	16,648,129	193(33)	62(9)	8	166(94)
1917	16,968,997	194(34)	62(9)	13	168(94)
1918	17,057,032	195(35)	69(10)	15	169(95)
1919	17,149,909	186(34)	70(10)	13	187(97)
1920	17,288,989	191(40)	71(11)	7	202(105)
1921	17,452,918	193(37)	76(10)	9(1)	203(102)
1922	17,626,761	191(38)	79(10)	13	230(120)
1923	17,884,963	203(37)	83(10)	10(1)	270(149)

1924	18,068,116	183(33)	75(9)	4(1)	289(154)
1925	19,015,526	183(33)	75(9)	5(1)	309(166)
1926	19,103,900	183(33)	77(9)	13(2)	325(175)
1927	19,137,698	186(31)	82(9)	15(4)	340(187)
1928	19,189,699	186(33)	87(9)	26(5)	340(189)
1929	19,331,061	190(33)	87(9)	24(1)	350(196)
1930	20,256,563	196(38)	86(7)	19(1)	363(209)
1931	20,262,958	198(39)	87(7)	24(2)	366(210)
1932	20,599,876	192(40)	85(7)	22(3)	371(208)
1933	20,791,321	190(40)	84(7)	33(5)	372(207)
1934	21,125,827	193(41)	86(7)	25(5)	378(209)
1935	21,891,180	192(38)	88(7)	18(4)	389(217)
1936	22,047,836	204(39)	93(7)	29(6)	351(206)
1937	22,355,485	224(45)	107(11)	33(3)	345(200)
1938	22,633,751	225	109	44(12)	343(196)
1939	22,800,647	228	111	37(11)	352(205)
1940	23,709,057	232	127	62(25)	354(201)
1941		242	130	57	
1942		246	135	89	
1943		268	145	57	
1944		254	139	29	

※ 출전: 문준영, 앞의 책

위 표 1-2에서 보듯이 1910년 254명이던 판사는 1913년 190명 수준으로 감소하였다. 71명에 달하였던 조선인 판사도 절반 이하로 줄어들었다. 1920년대에 판사 수는 경비절감으로 더 줄어들었다가 1940년대 들어서야 1910년 수준으로 겨우 회복하였다. 검사는 전체적으로 꾸준히 증가하여 1944년에는 1910년의 2배를 넘었다. 괄호 안의 숫자를 보아도 알 수 있듯이 판사, 검사 중에서 조선인이 차지하는 비율은 극히 미미하여 1940년 시점에 조선인 법조인 수는 판사, 검사, 변호사, 사법관 시보를 다 합쳐도 300명이 채 되지 않았다.

이러한 판검사 숫자로는 늘어나는 사건을 감당하기 어려웠다. 1910년과 1925년 판검사 1인당 담당 사건수를 비교하면 검사는 185건에서 1,249건으로, 판사는 219건에서 872건으로 비약적으로 증가하였다. 일본 본토와 조선의 판사, 검사, 서기의 1년간 담당 건수를 비교하면 조선이 일본의 2~3배에 달하였다. 이러한 판검사의 부족 상황은 예심과 공판의 지연, 장기 미결 구금, 오판 등 인권유린의 일차적 원인으로 인식되었다. 이 때문에 1928년 개최된 전조선 변호사대회에서는 인권유린 문제를 해결하는 방안으로 "조선 각지의 재판소에 직원을 증원할 것"을 요구하였다.

조선총독부는 판검사에 대해 정년에 달할 때까지 판사는 법령에 의해 철저하게, 검사는 관례적으로 일정한 신분보장을 해주어 사법권의 독립성을 존중해 주었다. 그 결과 검사는 상사의 감독을 받지만 내부적으로 거의 독립에 가까운 권한을 가지게 되었으며, 판사는 행정사항을 제외한 재판사무에 관한 한 절대적으로 독립하여 누구의 간섭도 허용하지 않는 분위기가 만들어졌다. 그래서 다른 행정관청처럼 상관에게 아부, 영합하여 일신의 영달과 안전을 도모하는 풍조가 없었다고 한다.

그러나 사법관들은 조선총독의 통치방침으로부터 완전히 벗어날 수는 없었다. 역대 조선총독들은 항상 사법관들에게 통치방침의 실현에 협력해 달라고 강조했으며, 사법부의 고위 판검사들도 사법관이 조선통치의 중대 사명을 가진 기관이라는 의식을 가져야 한다고 늘 강조하였다. 그 결과 사실상 "조선에서의 사법권은 완전히 독립을 잃고 전제정치를 하는 통치자의 감정에 좌우된다"는 비판을 받을 만큼 조선총독부의 인권유린이나 전제권력 남용을 견제하지 못하였다.

예를 들어 1927년 조선공산당사건 공판에서 방청금지에도 불구하고 사복형사가 법정에 잠입해 재판장석 뒤에서 공판내용을 필기한 사실이 드러나 논란이 되기도 하였다. 이에 대해 변호인 측이 사법권침해 문제를 제기하자 재판장은 "변호사의 문제제기가 당연한 일이지만, 장소가 조선이기 때문에 모든 일을 묵인하기 바란다"고 할 정도였다.

또 변호사의 인원과 활동도 언제나 조선총독부의 통제하에 있었다. 특히 1차적 감독기관으로서 지방법원 검사정(오늘날의 지방검찰청장)이 변호사의 개업, 변호사회 개설, 변호사와 변호사회의 일상적 활동과 변호사 징계에 이르기까지 개입할 수 있었다. 일본 본토의 변호사들은 정당세력과 연계하여 번벌세력, 사법관료와 대립하며 '재판의 민중화'라 불렸던 배심제 도입을 비롯해 인권옹호 투쟁에 적극적으로 나설 수 있었다. 반면 조선의 변호사계에서는 그런 정치적 기회가 주어지지 않았다. 이 책에서 다루는 김병로를 비롯하여 이인, 허헌 등 소수의 조선인 변호사들이 변론투쟁, 법계몽 및 정치활동을 전개했지만, 조선인 변호사 전체로 보았을 때는 활발한 재야성을 보여 주지 못하였다. 조선총독부는 변호사 유사 업무의 단속을 통해 변호사의 이익을 보호해 주는 대신 그들을 반관半官적 지위에 얽매어 두고 통제하였다.

4) 식민지 치하의 재판절차

일제는 우리 민족을 통치하면서 법치주의를 표방하였으나 그 법치의 내용은 우리 민족의 인권과 생명을 극도로 경시하는 것이었다. 조선총독부는 1912년 3월 18일 제령 제11호 「조선형사령」에서 일본의 형사소송법을 의용하면서도 조선에만 시행되는 특별한 형사소송절차를 규정해 두었으니, 예심제도의 왜곡, 수사기관의 권한 강화 및 공판절차의 간소화 등이 그것이다.

일제는 통감부재판소 실시 단계부터 일본 본토에서 실시하던 예심제도를 한국에 도입하였는데, 1912년의 「조선총독부재판소령」 개정과 「조선형사령」 공포 시에도 예심제도를 존속시켰다. 일본 메이지 시기 형사소송법에 의하면 검사는 수사를 종료한 후 중죄라고 판단한 사건과 다소 무겁고 복잡한 경죄사건은 예심판사에게 예심을 청구하도록 하였다. 예심판사는 이에 따라 피고인을 소환하거나 구인하여 신문하되 48시간을 넘지 못하게 되어 있으며, 금고 이상의 형에 해당한다고 판단할 때 피고인을 감옥서에 구류하여 신문할 수 있었다.

예심판사는 범죄사실 발견을 위해 범행 장소의 임검, 수색, 물건차압, 증인신문, 감정의뢰 등을 할 수 있었다. 특히 예심판사는 검사보다 먼저 중죄 또는 경죄 현행범을 발견하여 급속을 요할 때는 검사의 예심청구를 기다리지 않고 즉시 예심업무를 시작할 수 있었다. 예심판사는 이러한 과정을 거친 후 ① 사건이 자기 관할이 아니라고 판단할 때는 그러한 취지를 언도하거나, ② 증거불충분, 범죄불성립, 공소시효만료 등일 경우 면소免訴를 하거나, ③ 사건이 그 재판소 관할이라고 판단할 때는 공판에 회부하는 등 세 가지 조치 중 한 가지를 취할 수 있었다. 이처럼 예심제도의 목적은 사건을 공판에 회부할 것인지 여부를 미리 심리하여 범죄성립의 확신을 얻은 경우에만 공판절차를 개시하게 함으로써 범죄혐의가 불충분함에도 불구하고 검사가 함부로 기소하는 것을 방지하여 피고인을 보호하고자 하는 것이었다. 따라서 검찰이나 사법경찰관은 현행범 등 극히 제한된 경우가 아니면 독자적인 강제수사를 할 수 없었다.

그러나 이같이 인권보호를 위해 마련된 예심제도가 조선에서는 식민지배를 위해 변용되었다. 조선에서는 검사 또는 사법경찰관 등 수사기관도 예심판사에 준하는 강제 분권을 갖게 되었다. 즉 검사가 급속한 처분을 요하는 것으로 판단할 때는 공소제기 전에 한해 검증, 수색, 물건차압을 하고 또는 피고인, 증인을 신문하고 혹은 감정을 명하는 등 예심판사에 속하는 처분을 할 수 있었다.

이러한 규정은 1912년 4월 1일부터 시행된 「조선형사령」에 그대로 유지되었다. 당시 일본의 메이지 형사소송법에 의하면 현행범의 경우 검사가 범죄현장에 임검하여 예심판사에게 속하는 강제처분을 하는 것이 예외적이었으나, 조선형사령에서는 현행범 수사의 경우 검사뿐만 아니라 사법경찰관도 예심판사에 속하는 처분을 할 수 있었다. 비현행범 수사의 경우에도 검사 또는 사법경찰관은 "수사의 결과 급속한 처분을 요하는 것으로 사료한 때"에는 공소제기 전에 영장을 발하여 검증, 수색, 물건 차압을 하고 피고인, 증인을 신문하거나 감정을 명할 수 있었다. 검사는 구류장을 발하여 피의자의 신병을 확보한 후 20일 내에 공소를 제기하면 되었고, 사법경찰관은 구류장을 발할 권한은 없었으나 14일간 피의자의 신병을 확보할 수 있는 유치명령권을 부여받았다.

이처럼 식민지 검찰, 경찰이 일본의 예심판사와 마찬가지로 강제수사 처분을 할 수 있었고, 이들 수사기관이 작성한 각종 조서가 예심판사의 조서와 동일한 법적 효력을 갖게 되었다. 그리고 일본 형사소송법에서는 예심청구 의무를 엄격히 규정하고 있었으나, 조선에서는 예심을 청구할지 여부에 대해 검사가 재량권을 가지고 있었다.

1922년 일본에서 종래의 메이지 형사소송법을 전면 개정하여 「다이쇼大正 형사소송법」을 공포함에 따라 조선형사령도 대폭 개정되어 1924

년 1월 1일부터 시행되었다. 검사의 구류장에 의한 구류기간이 종래의 20일에서 10일로, 사법경찰관의 유치기간이 14일에서 10일로 단축되어 인권보호의 여지를 확보하였다고 할 수 있다. 그러나 식민지 검찰과 경찰의 권한은 이미 예심판사에 준할 정도로 확대되어 있었다.

게다가 예심에서의 미결 구류기간이 다이쇼 형사소송법에서는 2개월, 매 1개월마다 갱신할 수 있었던 데 비해 조선형사령에서는 구류기간 및 그 갱신기간이 3개월 및 매 2개월로 각각 연장되었다. 식민지 검찰은 이를 이용하여 피의자에 대한 예심을 청구한 후 장기간에 걸쳐 미결 구류상태로 두고 예심판사를 통해 유죄증거를 수집할 수 있었다. 개정된 조선형사령 실시 이후 장기 미결구금 상황은 더욱 악화되었다. 1925년 기점으로 구류기간 3개월 내의 사건이 50% 이하로 떨어졌고, 1930년대부터는 피고인 10명 중 5명 이상이 4개월 이상, 3~4명이 6개월 이상, 1명 이상이 1년 이상 예심 중 미결 구류상태에 있었다. 특히 예심에 회부되는 사건은 사회적 이목이 집중되는 중범죄나 독립운동, 사회주의운동 등 사상사건들이었기 때문에 예심기간의 장기 미결구금은 당시 경찰의 고문자행과 함께 인권유린의 대표적인 사례로 널리 알려졌다.

예심제도의 왜곡 외에도 공판절차상 일본 본토와 달리 식민지 조선에만 실시하는 특례들이 있었다. 일본의 형사소송법에서는 중죄사건인 경우 피고인의 변호인이 선임되지 않았을 때는 재판장이 해당 재판소 소속의 변호사 중에서 변호인을 선임하게 되어 있었으나, 조선에서는 이 규정을 적용하지 않는 것으로 하였다. 또 형사소송법상 피고인이 15세 미만이거나 여성이나 농아자인 경우 스스로 변호인을 선임하지 않은 때에는 검사의 신청 또는 직권으로 변호인을 붙일 수 있었는데, 조선에서는 변호사가 아닌 자를 변호인에 충당할 수 있도록 규정함으로써 변호인의 조력을 받을 권리를 약화시켰다.

1924년 조선형사령의 개정 이후에도 공판 절차상의 식민지적 특례는 조금도 개선되지 않았을 뿐 아니라 수사기관의 권한을 더욱 강화시키고 인권보호 요소를 축소하였다. 첫째, 재판소 또는 예심판사가 필요하다고 인정할 때에는 사법경찰관으로 하여금 검증하게 하거나 또는 감정을 명할 수 있도록 한 조항은 그대로 유지되었다. 둘째, 일본의 다이쇼 형사소송법은 필요적 변호사건의 범위를 "사형 또는 무기 혹은 단기 1년 이상의 징역이나 금고에 해당하는 사건"으로 규정하였으나, 1924년 조선형사령은 "단기 1년 이상의 사건"을 여기에서 제외함으로써 변호사를 필수적으로 붙여야 할 사건의 범위를 축소하였다. 셋째, 피고인이나 증인 등을 변호인 측이 직접 신문하지 못하게 하여 피의자의 방어권을 제한하였다. 넷째, 사법경찰관의 조서에 절대적 증거능력을 부여하였다. 이에 따라 피의자의 자백을 담기 위해 일제 수사기관에서 고문을 자행하였던 것은 말할 나위도 없다.

한편 1910년대에 한정되지만 범죄즉결제도와 결부되어 일제하 공판 절차의 간소화를 위해 도입한 형벌제도가 조선태형령이었다. 총독부는 1912년 3월 18일 제령 제13호 「조선태형령」을 공포하여, 즉결심판 대상이 되는 행위에 대해 일본인에게는 구류 또는 과료 형을, 조선인에게는 태형을 실시함으로써 경죄에 대한 형벌의 이원화 구조를 형성하였다. 물론 태형은 조선시대 이래 대한제국기까지 일상적으로 유죄선고를 받은 피고는 물론 수사과정의 피의자에게 실시되었던 형벌이다. 대한제국기에 비해 일제하의 태는 길이가 반으로 줄고 무게도 100g 정도로 축소되었지만 타격부 끝의 폭이 2배 정도 넓어졌다. 그리고 태형시설의 규격과 집행방법까지 엄밀하게 규정하여 합리화된 측면은 있다.

조선에 문명국 사법제도를 도입하였다고 대외적으로 과시한 일제가 태형을 실시한 이유는 "감옥에서 행형비의 절약 및 구금밀도의 완화"를 위한 것이었다. 총독부 측 계산에 의하면, 감옥시설을 늘리지 않은 상태에서 재판사건 및 즉결사건에 태형을 적용한 결과 행형비 절약액은 1914~1916년 3개년 평균액 50만 3,677엔 38전으로서, 같은 3개년 평균 감옥비 124만 6,615엔에 비하면 40.4%에 상당하였다. 만일 이들에게 태형을 실시하지 않고 징역, 구류, 또는 벌금, 과료 불납으로 인한 노역장 유치를 위해 감옥에 구금하게 되면 신규 감옥 11개소를 신설해야 하며 그 비용은 최소한 총 275만 엔이 될 것으로 집계되고 있었다. 이 액수는 당시 조선총독부 세출예산 총액의 7%에 해당하는 거액이었다.

따라서 조선총독부는 가능한 한 징역형이나 금고, 구류 형보다는 태형을 실시하는 방향으로 기울게 되었다. 초대 조선총독 데라우치는 사법관 회의에서 가능하면 단기 자유형을 실시하지 말고 태형을 실시할 것을 간접적으로 지시하였다. 그리하여 조선인에게는 조선태형령에 의하여 ① 3개월 이하의 징역 또는 구류에 처해야 할 때, ② 1백 엔 이하 벌금 또는 과료에 처해야 할 자이되 조선 내에 일정한 주소를 갖지 않거나 재산이 없다고 인정될 때 사정에 따라 태형을 실시할 수 있었다. 여기서 3개월 이하 징역 또는 구류, 1백 엔 이하 벌금 또는 과료형은 앞의 조선형사령에 의해 도입된 일본의 각종 형사법, 그리고 범죄즉결례와 「경찰범처벌규칙」에 의해 도박죄, 상해죄, 각종 행정법규 위반죄 등 광범위한 범위에 걸쳐 조선인에게 적용할 수 있었다. 태형은 3·1운동 이후 일제가 '문화통치'를 표방하여 헌병경찰제도를 일반경찰제도로 바꾸면서 1920년 3월 31일 제령 제5호로 폐지되었으나, 조선인에게는 일상적 폭력으로 존속하면서 조선총독부에게는 값싸고 효율적으로 식민지 조선을 통치할 수 있는 수단으로 활용되었다.

다음 자료는 1910년대 중반 일본에 유학하였던 전 법무부장관 이인이 당시 조선의 사법제도에 대해 일본의 한 잡지에 기고한 내용으로, 일제 치하의 재판상황과 조선인의 인권유린 상황을 잘 보여 주고 있다.

> 재판소는 전국에 걸쳐 근 100개소이지만, 조선인 판검사는 전국을 통틀어 30명뿐이고 일본인 판검사 수의 20분의 1에 불과하다. 서기, 고원까지도 그러하다. 경찰에는 조선인으로 경시警視가 된 자가 9명 있다. 재판, 경찰 등 인민에 직접 관계하는 관청조차 민정, 풍속, 관습을 모르는 일본인으로 충원하였다.
>
> 재판은 공평하지 않고 법규가 적용되지 않는다. 일본인과 조선인 사이에 동등한 정도의(죄과가 엇비슷한) 사건에서는 반드시 조선인의 패배로 귀착되고, 조선인의 이익을 위해서는 당연히 해야 할 직권조사조차 하지 않는다. 특히 형사에서는 형을 적용할 때 인간을 한 마리 벌레만큼도 생각하지 않는다. 실로 난폭한 재판이다. …… 민사재판에서는 조선인의 이익이란 것이 없고, 형사재판에서는 전국 감옥을 무수한 억울한 죄수로 충만하게 만들고, 민정, 풍속, 관습을 모르는 일본인 법관의 가혹하고 부당한 재판을 받고 상소하려고 해도, 변호인을 붙이면 어떨지 모르겠지만 대개는 사무집행을 번거롭다고 하여 혐기하고 피고인을 강제 또는 기망으로 상소를 하지 못하게 하기 때문에, 법관이 형을 선고한 그 자리에서 형에 복역한다.
>
> 경찰은 범죄의 예심을 하면서 경죄, 중죄를 불문하고 참혹하게 고문을 한다. 인민을 보호하고 복리를 증진하는 것이 경찰의 목적이 아니라, 강제압박을 함으로써 인민이 경찰 관청을 원귀처럼 보게 만든다. 보통 보안경찰에서도 순사가 인민에 대해 극히 사소한 일로도 극악한 구타수단으로 접하여 한 마디라도 항의하면 즉시 구금한다. 경찰의 즉결선고에서는 어떠한 사실무근의 억울한 원죄冤罪가 있다고 해도 다시 호소할 길이 없다. 만약 정식재판을 신청하려 하면 건방진 놈이 관청사무를 번다하게 한다고 말하며 또 다시 더욱 잔혹한 형벌을 가해 정식재판을 못하게 만든다. 그러므로 경찰관을 일본

에 위탁한 후 금일에 이르기까지 정식재판이 있었다는 얘기를 들어보지 못하였다. 때문에 조선인은 재판소나 경찰 손에 체포 구금당한 자는 죄의 유무와 형의 경중을 불문하고 그물에 걸린 물고기처럼 목숨이 마지막 길에 있다고 생각할 정도이다.

5) 식민지 치하의 형사법령

일제는 조선통치를 위해 이미 통감부 시기부터 여러 가지 형사 관계 법령을 제정 시행하여 우리 민족의 각종 언론, 출판, 집회 및 결사의 자유를 제한하고 일제의 침략에 대한 민족해방 운동을 탄압하였다.

통감부 시기였던 1907년 7월 27일 법률 제2호 「보안법」을 제정하여 "안녕 질서를 유지하기 위하여 필요한 경우 결사의 해산"을 명령하고, 경찰관으로 하여금 "집회, 다중운동이나 군중을 제한, 금지하거나 해산시키며 문서, 도화의 게시나 기타 언동을 단속"할 수 있도록 하였다. 이 법률은 국권을 침탈당한 후에도 효력이 존속되었으나, 그 후 제정된 법령들과 중복 또는 저촉되는 부분이 많아져 일제 말기에는 유명무실화되었다.

1910년 8월에 공포된 경령警令 제3호 「집회취체」 역시 정치에 관한 집회 또는 옥외에서의 대중집회를 금지하는 것이었다. 1907년 7월의 「신문지법」과 1909년 2월의 「출판법」은 일제의 조선 침략에 저항하는 언론, 출판 활동을 탄압하기 위한 법령들로서 이에 의해 대한매일신보, 황성신문 등의 신문발행이 금지되었으며, 애국독립 사상을 담은 많은 서적이 몰수되었다.

1912년 3월 25일에 제정하여 4월 1일부터 시행한 조선총독부령 제40호 「경찰범처벌규칙」은 오늘날의 경범죄에 해당하는 87개 조항을 두었는데, 그중에는 "유언비어 또는 허위 보도를 하는 자", "'이유 없이 관공서의 소환에 불응하는 자" 등과 같이 항일의병이나 기타 저항운동을 탄압하는 근거로 사용된 조항이 상당수 있었다.

일제강점기 전 기간을 통해 형사 관계 실체법규의 근간을 이루었던 것은 1912년 조선형사령에 의해 의용된 일본 「형법」(이른바 구형법)이었다. 이와 더불어 「폭발물취체벌칙」, 「통화 및 증권 모조 취체법」, 「인지 범죄 처벌법」 등 일본국 형사 관계 법령이 의용되어 형사실체 법규로서 기능하였다.

조선형사령과 함께 식민지 조선의 치안을 담당한 또 하나의 근간 법령은 1925년 5월 8일 일본국 칙령 제175호에 의해 제정 공포된 「치안유지법」이었다. 이보다 앞서 일제는 3·1운동을 진압하기 위해 긴급히 1919년 4월 15일 제령 제7호 「정치에 관한 범죄처벌의 건」을 제정 공포하였으나, 이 법령은 치안유지법이 시행된 후에는 실용적 의의가 별로 없게 되었다.

일제는 치안유지법을 1925년 5월 12일부터 조선, 대만 및 사할린에 시행하였다. 동법 제1조는 "국체를 변혁하거나 사유재산 제도를 부인하는 것을 목적으로 결사를 조직하고, 또는 그 정을 알고 이에 가입한 자는 10년 이하의 징역 또는 금고에 처한다"고 규정하였다. 여기서 '국체변혁'이라고 함은 천황제 통치체제를 공화국이나 사회주의국가로 바꾸려고 하는 것은 물론, 조선의 독립을 꾀하는 행위도 일본의 통치권, 영토권으로부터 이탈하려는 행위이기 때문에 여기에 포함된다고 보았다. 사유재산 제도의 부인은 전면적 공산혁명은 물론, 사유재산제도를 위태롭게 할 부정적 행위 일반을 포함한다고 보았다. 그러므로 치안유지법이 주로 겨냥한 대상은 무정부주의와 공산주의, 그리고 식민지 해방운동이었다.

치안유지법을 적용하는 과정에서 빼놓을 수 없는 정책 시행상의 초점은 전향의 강제와 결부되어 있었다는 점이다. 치안유지법은 전향제도와 결부됨으로써 행위에 대한 통제에서 사상 통제법으로 비약하였다. 전향의 내용도 초기에는 행동의 포기에만 그쳤다가 사상의 형식적 포기를 강요하였고, 1936년에 제정 공포된 「사상범보호관찰법」 단계에 이르면 실질적인 사상의 포기와 일본정신의 체득을 강요하는 단계로까지 나아갔다. 일본에서 사상범보호관찰법이 시행된 지 6개월 후인 1936년 12월 12일 조선총독부는 제령 제16호로 「조선사상범보호관찰령」을 제정, 시행하였다. 전향을 강제하기 위해서 일본에서보다 훨씬 혹독한 고문과 인권유린이 자행되었고, 그 과정에서 수많은 민족운동가가 옥사하거나 고문의 후유증으로 반신불수 상태에서 신음해야 하였다. 이같이 사상통제법 수준까지 나아간 치안유지법은 일제의 전면적 전쟁 돌입과 함께 1941년 3월 법률 제54호로 개악되면서 이전보다 법조문이 세분화되고 형벌 역시 강화되었으며 적용범위도 확대되었다. 그리고 형사절차를 간이화하고 검사에게 피의자에 대한 강제처분 권한을 부여하는 등 행정적 검속을 완전히 합법화하였다. 개정된 치안유지법의 가장 큰 특징으로 예방구금제의 신설을 들 수 있는데, 이는 비전향 인사를 "국가치안에 관한 위험을 방지하기 위해" 일정한 조건하에서 사회로부터 격리시키는 것이었다.

이를 위해 일본보다 한발 앞선 1941년 2월 제령 제8호 「조선사상범예방구금령」을 공포하였다. 이 법은 치안유지법 위반죄를 범하고 형 집행을 마치고 출옥하려는 자 및 형의 집행 종료 또는 집행유예 언도를 원인으로 하여 사상범보호관찰법에 의한 보호관찰 중에 있고 아직 전향하지 않은 자를 대상으로 하였다. 예방 구금기간은 2년으로 하고 특히 계속할 필요가 있을 경우에는 재판소의 결정으로 이를 갱신할 수 있다고 하여 무제한적 인권유린이 가능하였다.

한편 일제는 1930년대 후반부터 중국 침략 및 태평양전쟁 도발을 위해 수많은 전시 형사입법을 하였다. 1936년 8월 8일 제령 제13호「조선불온문서임시취체령」에 의해 "군질서를 문란하게 하고 재계를 교란하며 기타 인심을 혼란시킬 목적으로 치안을 방해하는 사항"을 게재한 소위 불온문서를 발행, 출판한 자를 처벌하고자 하였다. 1941년 12월 26일 제령 제34호「조선임시보안령」을 통해 "전시에 언론, 출판, 집회, 결사 등의 단속"을 꾀하였다. 특히 이 법령 제20조, 제21조에서는 "시국에 관해 인심을 혼란시킬 사항을 유포한 자"에 대한 처벌을 규정하고 있는데, 이 조항의 확대 해석 및 남용을 통해 모든 항일적 언사를 처벌할 수 있었다. 또 1941년 5월 10일부터 일본 법률「국방보안법」과「군기보호법」을 시행한 데 이어 1944년에 들어서는 이상의 전시입법들을 집대성한「조선전시형사특별령」을 공포 시행하였는데, 다음 처벌대상 항목들에서 보다시피 조선인의 어떠한 행위라도 유죄혐의로 체포 감금할 수 있었다.

① 전시하 등화관제 중 또는 적 공습의 위험, 기타 인심의 동요를 일으킬 만한 때 범한 형법 소정의 범죄로서 주로 국내치안을 교란할 우려가 있는 것으로 방화죄, 외설·간음죄, 절도·강도죄, 공갈죄, 소요죄, 왕래방해죄, 주거침입죄, 음료수에 관한 죄 등 8종
② 전시하 방위에 있어 이를 직접 저해하거나 파괴하려고 하는 범죄로서 방공공무원에 대한 폭행·협박죄, 방공시설 손괴 등에 의한 방공방해죄, 공공통신시설 손괴 등에 의한 통신방해죄, 가스·전기시설 손괴 등에 의한 가스·전기이용 방해죄, 사업시설손괴 등에 의한 중요산업방해죄 등 5종
③ 국민생활의 안정을 교란시키는 것으로 생활필수품 매점매석죄

④ 정국안정 및 국내질서 유지를 파괴하는 것으로 국정변혁을 목적으로 한 살인죄, 살해·체포·감금·폭행·협박죄, 정치방해 행위의 협의·선동·선전죄
⑤ 관공리 및 이에 준하는 자들의 기강을 무너뜨리는 것으로 형법에 정한 뇌물죄

3. 해방과 미국 사법제도의 도입

1) 사법조직의 재구성과 법조인력의 충원

1945년 8월 15일 일본이 연합국에게 무조건 항복을 선언함으로써 우리 민족은 일제의 식민지 지배로부터 해방되었다. 그러나 즉각적인 자주독립 국가를 건설하고자 하였던 민족적 열망과는 달리 1948년 8월까지 북위 38도선 이북에는 소련군 군정이, 이남에는 미군 군정이 실시되었다. 미군이 인천항에 상륙하여 서울에 진주하기 시작한 1945년 9월 8일까지 조선의 사법기구는 사실상 정지상태에 놓여 있었다. 미군은 점령지역의 치안확보를 위해 조선 내에 있는 기존 재판소를 활용한다는 방침을 이미 정해 놓고 8월 29일 사법에 관한 구체적인 계획을 수립하였다. 첫째, 통상적인 민사 및 형사 법원은 군정의 규제, 감독 및 통제하에서 계속 직무를 수행하되, 군정은 사법업무에 대해 심사 및 거부권을 가진다. 둘째, 부당하게 구금되어 있는 자는 석방한다. 셋째, 일본 군국주의에 협력한 현저한 소행이 있거나 점령정책에 반하는 행동을 지속적으로 행한 판사는 즉시 파면하고, 자격 있고 신뢰할 수 있는 법조인을 판사로 임명한다고 하였다. 해방 당시 조선총독부재판소의 정원은 약 250

명이었으나, 그 대부분을 일본인들이 차지하고 있었다. 1940년 복심법원의 판사 수는 전국적으로 35명이었으나, 그중 한국인은 4명에 불과한 실정이었다. 해방이 되자 대다수의 일본인 판사들은 짐을 꾸려 일본으로 돌아가는 데 바빠 출근하지 않는 경우가 태반이었다. 모든 재판사무가 거의 중단된 것은 당연한 일이었다. 총독부 법무국이나 형무소의 일본인 관리들은 중요한 서류들을 소각하고 공금을 횡령하기에 바빴는데, 미군이 진주한 후 이들은 대부분 체포 수감되었다. 당시 38도선 이남에 자격 있는 법률가는 150명 정도에 불과하였고 판검사 경력자 다수는 친일파라는 지탄을 받고 있었다.

미군정의 사법기구 재건은 조선총독부의 법무국과 기존 법원, 검찰 조직을 그대로 둔 채 한국인 직원을 충원하는 방식으로 진행되었다. 1945년 10월 9일 군정장관은 한국인으로서는 최고위직인 법무국장 보좌관에 김영희를 임명하고, 법전편찬과장, 민사과장, 형사과장, 형무과장 등을 임명하였다. 이틀 뒤인 10월 11일에는 일본인 판사와 검사 전원을 면직시키고 김용무 대법원장을 비롯한 39명의 법관과 김찬영 대법원 검사장을 비롯한 23명의 검사 등 책임자급을 우선 임명하였다. 이와 함께 1945년 11월부터 서울과 주요지역부터 단계적으로 법원, 검찰청이 개설되었다. 법원 명칭은 일제 치하의 '고등법원-복심법원-지방법원'에서 '대법원-공소원-지방법원'으로 변경되었다. 미국식 대법원장과 대법관이라는 직명이 탄생하였다. 그러나 일선에서 사법업무를 직접 처리할 판사나 검사는 턱없이 부족한 형편이었다. 이러한 긴급사태를 해결하기 위해 군정청 법무국은 법원과 검찰에서 일정기간 이상 근무한 직원들을 소속 법원장과 검사장의 추천을 받아 서류심사만으로 판사나 검사로 발령해야만 하였다. 또 미군정 기간 동안에는 여러 가지 편법을 통해 변호사 자격을 부여하고 이렇게 변호사 자격을 취득한 사람들 가운데 상당수를 판사, 검사로 임용하였다.

군정청은 1945년 11월 19일 65명의 법관에 대한 신규임명 및 전보 발령을 단행하였다. 이상기 대법관이 추가로 임명되었고, 이호정 대구공소원장, 함승호 대구지방법원장, 오필선 광주지방법원장, 조용순 대전지방법원장, 이우식 전주지방법원장, 서정국 제주지방법원장 등이 임명되었다. 동년 12월 5일에는 정윤환 서울공소원판사, 기세훈 서울지방법원판사, 강석복 광주지방법원판사 등 19명 등에 대한 법관 인사가 있었으며, 12월 15일 및 20일 등 총 5차례에 걸쳐 대법원 이하 각급 법원에 130여 명의 한국인이 판사로 신규임명 또는 전보 발령되었다. 1946년 말까지는 군정기의 판사 정원 170여 명(남한 지역) 가운데 상당수가 충원되었다. 군정청 통계에 의하면, 1945년도 말에는 5명의 대법관과 116명의 하급심 판사가 재직 중이었고, 하급심 판사 수는 1947년 157명, 1948년 8월 정부수립 시점에는 180명으로 증가하였다.

1946년 3월 29일 군정청은 기구개편을 하면서 종래의 국을 부部로 승격시키면서 법무국을 사법부로 개칭하고 법원국, 검사국, 변호사국, 형정국, 감찰국, 법률심의국, 총무국 등을 설치하였다. 이어서 동년 6월 20일 관제개정에 의해 사법부에는 13개국과 군정재판소 행정처를 설치하였는데, 미국인 사법부장과 한국인 사법부장을 별도로 두었다. 미국인 사법부장은 군정장관의 법률고문으로서 사법행정에 관한 최종적인 책임을 지고 한국인 사법부장의 결정에 대해 승인권을 가졌다. 6월 27일 최초의 한국인 사법부장으로 김병로가 취임하였으며, 미국인 사법부장으로는 코넬리Connelly Jr. 소령이 7월 11일 임명되었다.

법원의 명칭은 1946년 12월 16일 사법부령에 의해 재판소와 검사국의 명칭이 변경되어 1947년 1월 1일부터 시행되었다. 최고 법원인 대법원의 명칭은 그대로 유지되었으나, 공소원은 고등심리원으로, 지방법원은 지방심리원으로, 지방법원지청은 지방심리원지원으로, 대법원 검사국은 대검찰청으로, 공소원 검사국은 고등검찰청으로, 지방법원 검사국은 지방검찰청으로 바뀌었다.

판사와 검사의 호칭도 판사는 심판관으로, 검사총장은 검찰총장으로, 검사는 검찰관으로 변경되었다. 또 1946년 8월 10일 자로 일제 때의 경성부가 서울시로 개칭되었다가 그해 9월 28일부터 서울특별시로 승격되었으므로, 재판소 명칭도 경성공소원과 경성지방법원에서 서울고등심리원과 서울지방심리원으로 변경되었다.

미군정기에는 법제상으로 한국인으로 조직된 재판소는 군정청에 예속된 점령재판소의 한 부분이었다. 즉 군정청 예하의 점령재판소에는 한국재판소 외에 주둔군에 속한 군사위원회와 군정재판소가 있었다. 군정재판소는 통상 판사 1명으로 구성되었고 1946년 1월경까지 전국에 11개가 설치되었는데, 이곳에서 가장 많이 처리된 사건은 미군부대 물자의 불법거래 사건이었다. 서울 명동에는 미제물건 장수가 많았는데, 이들은 무더기로 단속되어 군정재판소의 재판을 받기가 일쑤였다. 해방 전에 청진지방법원 판사를 지낸 김용식 전 외무부장관은 유창한 영어 실력 덕분에 이러한 사건의 변호를 도맡아 큰 수입을 올렸다고 한다.

군정청은 사법권 이양정책을 추진하여 1947년 4월부터는 군정장관이 허가하는 특별한 경우를 제외하고는 한국인에 대한 군정재판은 한국인 재판소에서만 하는 것을 원칙으로 정하고 군정재판소 사건을 한국재판소로 이관시켰다. 그러나 상당수의 미군 장교들은 이러한 방침에 대해 강한 불만을 가지고 있었다. 한국재판소의 사무처리가 대체로 긍정적이지만, 좌익 관련 사건 및 군수물자 부정사건의 두 가지 유형은 문제점이 있다고 하였다. 좌익 관련 사건에 관해서는 한국인 판사가 좌익과 우익의 극한적인 정치적 대결로 인해 협박을 받는 일이 많기 때문에 공평한 재판을 하기가 힘들다면서 그 대표적인 예로 1946년 10월 민중봉기사건을 꼽았다. 다음으로 군수물자 부정사건은 피고인들이 지역유지들인 경우가 많기 때문에 판사들이 엄격한 양형을 하지 못하는 경향이 있다고 분석하였다. 결국 군정장관은 이들 사건의 정상적인 처리를 위해 1947년 9월 '일시적'이라는 단서를 달아 군정재판소를 다시 부활시켜 위의 두 가지 유형 사건을 재판하도록 하였다.

2) 형사 사법제도의 개선과 인권보호

미군정은 남한지역 점령의 즉각적 목적을 "군국주의의 철폐, 전범의 즉각 체포, 일본군의 무장 해제와 탈군사화, 인종, 국적, 신앙, 정치적 견해에 근거한 차별의 철폐, 민주주의적 경향과 과정의 강화, 자유로운 정치, 경제, 사회 제도의 장려, 그리고 내정을 수행하고 타국과 평화적 관계를 유지할 수 있으며 국제연합과 관계하는 책임 있는 한국 정부의 창출을 촉진"하는 것이라고 천명하였다.

이에 따라 1945년 9월 18일 일반명령 제5호를 발하여 북위 38도 이남의 한국인에게 적용되는 현행 법률의 일부를 폐지한다고 밝혔다. 그 중요한 내용을 살펴보면, 첫째, 조선인에게 차별 및 압박을 가하였던 모든 정책과 주의를 소멸시키고 정의의 지배와 법 앞의 평등을 회복하기 위해 출판법, 정치에 관한 범죄처벌의 건, 치안유지법, 조선사상범 보호관찰령, 조선사상범 예방구금령 및 신사神社 관련 법령을 폐지하였다. 둘째, 인종, 국적, 신앙, 정치사상을 이유로 차별을 발생시키는 모든 법령을 폐지하였다. 셋째, 누구든지 구체적인 범죄사실로 기소되지 않은 채 구금되거나 적법한 재판이나 유죄판결 없이 처벌받지 않는다. 또 어떤 행위를 범죄행위라 하여 처벌하려면 행위 당시 법률에 명시적인 처벌규정이 있어야 한다 등이었다.

10월 9일에는 군정법령 제10호로 억압적 경찰국가의 상징이었던 경찰서장의 범죄즉결권을 폐지하였다. 그 대신 경찰이 범인을 체포했을 경우에는 조속히 이를 검사에게 인도하고(평범한 사건은 1일 이상을 지체하지 아니할 것) 그에 대해 보고하여 종전의 즉결사건을 모두 통상적인 재판으로 처리하게 하였다. 그러나 사건이 폭주함에 따라 통상적인 지방법원 재판으로 사건처리를 다하지 못하게 되자 1946년 1월 10일 군정법령 제41호로 특별심판원 제도를 창설하였다. 특별심판원은 "구류 30일 또는 벌금 300원을 초과하지 않는 사건"에 대한 관할권을 가지고 판사의 직권을 행사할 수 있었다. 법원서기 가운데 상당수가 특별심판원으로 임명되어 즉결심판 업무를 담당했는데, 당시 미 군정청의 임명사령에 'Special Judicial Officer'를 '치안관'으로 번역 표기하였으므로, 그 후부터는 특별심판원을 치안관으로 호칭하게 되었다.

한편 일반 인민들이 일제 치하의 모든 법률을 무시하고 위반하는 경향이 극심해질 우려가 있었기 때문에, 11월 2일 미군정은 군정법령 제21호로 모든 법률과 조선총독부가 발포한 법률적 효력을 가진 규칙, 명령, 고시, 기타 문서로서 1945년 8월 9일 현재 실시 중이던 것은 이미 폐지된 것을 제외하고는 군정청의 특수명령으로 폐지될 때까지 효력을 가지며, 법률의 규정으로서 조선총독부, 도청, 부, 면, 촌의 조직 등에 관한 것은 당해 관청에서 폐지할 때까지 존속한다고 선언하였다.

군정청 법무국은 또 1945년 11월 3일 훈령 제1호로 "각 형무소에서는 체포와 구류의 정당한 권한이 부여된 군대, 경찰, 경찰관리가 정당한 서류와 같이 인도하는 자 이외에는 접수 수감하지 못한다"고 시달하여 함부로 인신을 구속하지 못하도록 하였다. 11월 19일에는 검사에 의해 공소가 제기되지 않고 조사 중에 있는 피의자나 공소 제기되어 재판 중에 있는 피고인으로서 경찰서 유치장이나 형무소에 30일 이상 수감 중에 있는 자는 석방청원을 할 수 있고, 이 청원을 수리한 법무국장은 10일 이내에 그 피의사실이나 공소사실에 대한 증거의 유무를 확인하여 확실한 증거가 없다고 인정하면 석방을 명한다고 하였다.

이 조치에 따라 석방청원을 수리한 법무국 당국자가 정확한 조사 없이 석방명령을 하는 일이 속출하자, 법원과 검찰에서는 군정당국이 사법업무에 관해 부당한 간섭을 하는 것이라고 강력히 반발하였다. 결국 이 제도는 큰 실효를 거두지 못했지만, 구속된 피의자나 피고인에게 구속의 정당 여부에 대한 심사청구권을 부여하였다는 점에서 오늘날 시행되는 구속적부심사제도의 맹아로 평가되었다.

미군정은 1946년 8월 24일 남조선과도입법의원을 창설한다고 하였다. 조선과도입법의원은 모스크바 3상회의에서 합의한 임시조선민주정부가 수립될 때까지 정치, 경제, 사회 개혁의 기초로 사용할 법령 초안을 작성하여 군정장관에게 제출할 정부기관으로서, 선거로 선출된 45명과 군정청이 선임한 45명의 의원으로 구성하여 12월 12일에 출범하였다. 1947년 2월 10일 미군정은 안재홍을 민정장관으로 임명하고 6월 3일에 남조선과도정부를 출범시켰다.

남조선과도정부에 의해서 1948년 3월 20일 남조선과도정부법령 제176호 「형사소송법의 개정」이 공포되어 그해 4월 1일부터 시행됨으로써 한국의 형사 사법제도는 일대 전기를 맞이하였다. 이 법령 제1조는 형사소송법을 개정하는 목적이 "인민의 불법 체포 및 구금으로부터의 자유"에 대한 권리를 확보하는 데 있음을 분명히 하였다. 이로써 일제치하 검찰과 경찰의 악랄한 인권 유린적 수사 관행을 개혁하는 토대를 마련할 수 있게 되었다.

미군정청은 초기부터 당시까지 유지 존속되어 온 조선형사령의 인신구속절차가 비민주적임을 잘 알고 있음에도 불구하고 계속 개정을 미루어 왔다. 그러나 1948년 5·10 총선거를 앞두고 방한한 국제연합조선임시위원단이 3월 17일 군정 당국에 제출한 건의서에서 선거에 필요한 자유로운 분위기가 현행 법규에 의해 보장되어야 할 것이라는 견해를 밝혔다. 다음 날에는 서울지방검찰청 소속 검찰관 29명이 경찰에게 고문받았다는 피의자를 검찰관이 검증하려 할 때 경찰이 거부한 사실에 항의하는 진정서를 제출함으로써 미군정청은 더 이상 형사 사법제도의 개혁을 미룰 수 없다고 판단하게 된 듯하다.

이 법령의 시행으로 인신구속과 관련하여 독소조항으로 손꼽혔던 조선형사령 제12조부터 제16조가 폐지되고 새로운 조항이 추가되었으니 새 법령의 주요내용을 살펴보면 다음과 같다.

① 누구든지 재판소가 발부한 구속영장 없이는 신체의 구속(구인, 구류, 체포 또는 검속 등을 포함함)을 받지 않는다. 법령이 정하는 바에 따라 긴급을 요하는 경우에는 영장 없이 구속할 수 있으나 이러한 때에는 48시간(법원이 없는 곳에서는 5일) 이내에 영장의 발부를 받아야 하고 그렇지 못할 경우에는 즉시 석방해야 한다.

② 피의자 또는 피고인을 구속한 경우에는 즉시 그 구체적 범죄 사실과 변호인을 선임할 수 있다는 취지를 고지해야 한다. 또 변호인은 피의자와 접견

및 서신왕래를 자유로이 할 수 있으며, 피의자를 위해 유리한 증거를 제출할 수 있다.

③ 신체의 구속을 당한 자는 관할 재판소에 그 신체구속의 적법 여부를 심사해 달라고 청구할 수 있다. 재판소는 구속의 이유, 피구속자의 주장 및 구속의 적법 여부에 관해 필요한 증거를 조사한 후 그 구속이 불법이라고 인정되는 때는 피구속자의 석방을 명한다.

④ 재판소는 공소제기의 전후를 막론하고 구속영장이 집행된 자에 대해 상당한 조건을 붙여 자유로이 보석을 허가할 수 있다. 또 재판소는 중범죄가 아닌 한, 공소제기 후 30일 이내에 공판이 열리지 않으면 상당한 조건을 붙여 보석을 허가해야 하고, 만약 60일 이내에도 공판이 개정되지 아니하면 상당한 조건으로 보석을 반드시 허가해야 한다.

⑤ 검찰관은 불법구속의 유무를 조사하기 위해 관내 경찰서 유치장을 매월 1회 이상 반드시 감찰해야 하며, 이를 방해하는 자는 6월 이상 7년 이하의 징역에 처한다.

⑥ 검찰관, 사법경찰관 등은 법령이 정한 경우를 제외하고는 재판소가 발부한 수색영장 없이는 압수 또는 수색을 하지 못한다.

이로써 법관에 의한 구속영장 발부, 구속기간의 제한, 신체구속의 적법 여부 심사청구제도, 필요적 보석의 확대, 검찰관의 유치장 감찰권, 변호인의 피고인과의 접견교통권 보장 등 인권보장을 위해 필요하다고 인정되는 제도들이 우리 형사소송 절차에 도입되었다. 이들 대부분은 대한민국 정부 수립 후 제정된 형사소송법에 반영되어 우리나라 형사소송 절차에 영미 형사법 이념이 도입되는 계기가 되었다.

이 법령의 시행과 관련하여 사법경찰관은 구속영장을 신청할 때 곧바로 재판소에 신청하지 말고 검찰에 청구해야 하며, 검찰관이 이 요청을 받아 재판소에 신청하도록 하였다. 이는 경찰의 자의적인 인신구속을 방지하기 위한 장치로서도 매우 중요한 개혁이었다.

그러나 이처럼 구속영장제도를 도입하였지만 예외가 있었다. 검찰과 경찰은 몇 가지 긴급한 경우에 사전구속영장을 받지 않고 피의자를 구속할 수 있었다. 즉 피의자의 주거가 일정치 않은 경우, 현행범 및 현행범 수사에 의해 공범을 발견한 경우, 피의자가 죄증을 인멸하거나 도주할 우려가 있는 경우, 피의자가 사형, 무기 또는 1년 이상의 징역에 처할 죄를 범했다고 믿을 만한 경우에는 영장 없이 피의자를 구속할 수 있다고 하였다.

이처럼 위의 법령 제176호가 인권보호 장치로서의 구속영장제도를 도입하여 검찰, 경찰의 수사에 대한 판사의 통제권을 부여하였지만, 위와 같은 예외를 둠으로써 현실에서는 수사기관이 과거와 다름없이 강제수사를 하고, 원래는 판사의 권한에 속하는 '조서'를 자유롭게 작성하여 증거로 제출할 수 있게 되었다. 판사가 검찰, 경찰 수사서류의 증거능력을 부정할 수도 있었지만, 대한민국 건국 이전 좌익 피의자들이 법정에서 수사기관에서의 진술을 번복하고 혐의를 부인하는 행태를 처단하기 위해서는 수사관이 작성한 '신문조서'를 증거로 필요했기 때문에 법조계나 대법원은 이에 침묵하였다.

3) 과도법원조직법과 사법권의 독립

1948년 5월 4일 공포되어 6월 1일부터 시행된 남조선과도정부법령 제192호 「법원조직법」(이하 「과도법원조직법」)은 과도정부법령 제176호(형사소송법의 개정)와 마찬가지로 새로 건설할 대한민국의 법원 조직을 선도하는 역할을 하였다.

이 법의 목적은 법령 제1조가 명시하듯 "법원 행정을 사법부에서 대법원으로 이관하고 법원 제도를 재조직"하는 데 있었다. 대법원은 법령의 해석, 적용을 통일 확립하는 최고 법원인 동시에 최고 사법 감독기관으로서, 사법 행정사무를 처리하기 위해 대법원에 사법행정처를 설치하였다. 또 종래의 고등심리원, 지방심리원이란 법원명칭을 버리고 법원조직을 대법원-고등법원-지방법원-간이법원의 4종으로 재편하고 심판관이란 호칭도 판사로 다시 돌려놓았다. 이 법령의 시행으로 미국식 삼권분립의 원칙에 따라 사법권이 행정부로부터 완전히 독립되는 터전이 마련되었다.

대법원은 최고 법원으로 선언되었다. 대법원은 법령의 해석, 적용을 통일 확립하기 위해 최종심으로서 지방법원 합의부에서 제1심으로 한 판결에 대해 당사자들이 비약 상고한 사건, 고등법원이 제1심 또는 제2심으로 내린 판결에 대한 상고사건 및 법률에 의해 특히 대법원의 권한에 속한 사건과 항고사건 등에 대한 심판권을 가졌다. 대법원에는 민사부, 형사부 및 특별부 등 부部를 둘 수 있으나, 종전의 판례를 변경할 필요가 있거나 중대한 사건이라고 인정할 때에는 연합부에서 심판하도록 하였다.

사법행정의 최고 의결기관은 대법관 회의였다. 대법원장은 대법관 회의의 의장이 되었으며, 정족수는 대법관 전원의 3분의 2 이상이었다. 대법관 회의의 권한으로는 판사에 임명될 자의 추천 및 판사의 임지 이전, 대법관 및 판사의 정년 이전 퇴직, 판사의 직무대리, 소송규칙 및 기타 규칙, 사법행정 처장 및 차장, 법관 훈련 소장, 사법행정처 각 과장의 임면 및 승급, 판례의 조사 수집 및 간행, 예산편성 및 결산 인준, 법원 지원 및 소년부의 설치, 변경, 승격 및 직원 배치, 법원 직원의 자격시험 및 대법원 서기관, 통역관, 기술관의 임면 등이었다.

사법행정 사무를 처리하기 위해 대법원에 사법행정처가 설치되었다. 사법행정처에는 처장과 차장 각 1인씩 두고, 비서과, 경리과, 법정과의 3개 과를 두었다. 이에 의해 사법행정처는 독자적인 법원예산 편성권을 확보하였다.

고등심리원, 지방심리원 및 동 지원이 각기 고등법원, 지방법원 및 동 지원으로 명칭이 변경된 외에는 각급 법원의 조직에는 특별한 변화가 없었다. 고등법원은 ① 지방법원, 지방법원지원 및 간이법원 단독판사의 제1심판결에 대한 상고(비약 상고)사건, ② 지방법원 및 지방법원지원 합의부의 판결에 대한 공소控訴사건, ③ 법률에 의해 고등법원에 속한 항고사건 등을 관할하였다.

지방법원 및 동 지원의 심판권은 원칙적으로 단독판사가 행하되 몇 가지 경우에는 합의부에서 심판하도록 하였다. 즉, ① 지방법원 및 동 지원 단독판사의 판결에 대한 공소사건, ② 간이법원의 판결에 대한 공소사건, ③ 소송물 가액이 금 50만 원을 초과하는 민사사건, ④ 사형, 무기 또는 단기 1년 이상의 징역 또는 금고에 해당하는 사건, ⑤ 다른 법원의 전속 관할에 속하지 않는 행정사건 등이다.

간이법원은 제1심 하급법원으로 과도법원조직법의 가장 큰 특색 중의 하나였다. 간이법원의 관할은 ① 화해, 조정, 독촉, 소작 및 토지·가옥의 임차에 관한 사항, ② 소액 민사소송, ③ 과료, 벌금, 구류 또는 3개월 이하의 금고에 처할 즉결사건, ④ 1년 이하의 징역 또는 금고에 해당하는 범죄사건, ⑤ 주거 침입, 상습 도박, 절도, 물가 및 양곡의 통제법규 위반, 기타 행정법규 위반으로 1년 이하의 징역 또는 금고에 처할 즉결사건 등이었다. 간이법원의 재판에 대해 형사 피고인 또는 검찰관은 언도일로부터, 민사소송의 당사자는 판결의 송달을 받은 날로부터 각기 7일 이내에 관할 지방법원에 공소할 수 있었다.

이 과도법원조직법은 일제강점기 말기부터 지속된 전시사법 체제의 2심제를 3심제로 복귀시켰다는 점, 법원의 사법행정을 군정청으로부터 독립시켰다는 점에 큰 의의가 있다. 특히 대법원장과 대법관 인사제도와 법관에 대한 신분보장 제도는 사법권의 독립과 민주주의라는 측면에서 놀랄 만한 진전을 보여 주었다. 즉, 대법원장과 대법관은 대법원장, 대법관, 고등법원장, 지방법원장, 사법 부장 및 차장, 검찰총장, 고등검찰청장, 지방검찰청장 및 변호사회회장 등으로 구성된 위원회에서 추천한 3배수 가운데서 군정장관 또는 그 권한을 승계한 행정수반이 이를 임명한다. 또 고등법원장, 지방법원장 및 기타 각급 법원의 판사는 대법관회의의 추천에 의해 군정장관 또는 그 권한을 승계한 행정수반이 임명하도록 하였다.

각급 법원의 법관 임명자격도 세세히 규정되었다. 대법원장, 대법관, 고등법원장은 ① 10년 이상 대법관, 판사 또는 검찰관의 직에 있던 자, ② 15년 이상 변호사 또는 공인된 법과대학의 법률학 교수, 조교수의 직에 있던 자 중에서 임명한다. 고등법원판사, 지방법원장, 지방법원부장판사, 소년부장은 ① 5년 이상 대법관, 판사 또는 검찰관의 직에 있던 자, ② 8년 이상 변호사 또는 공인된 법과대학의 법률학교수, 조교수의 직에 있던 자 가운데서 임명하도록 하였다. 그리고 지방법원, 지방법원지원, 소년부, 간이법원의 판사는 ① 수습법관으로서 2년 이상 소정 과목을 수습하여 규정된 고시에 합격한 자, ② 2년 이상 검찰관, 변호사, 공인된 법과대학의 법률학교수, 조교수의 직에 있던 자 가운데서 각기 임명하도록 하였다.

종래의 사법관 시보는 '수습법관'으로 개칭되었다. 수습법관은 대법원에서 시행하는 시험에 합격한 자 가운데서 대법관회의의 결의에 의해 대법원장이 임명하고, 수습기간 중에는 일정한 급여를 받도록 하였다.

과도법원조직법은 법관의 임기를 규정하지 않았고 대법원장과 대법관은 70세, 판사는 65세에 달하면 정년으로 퇴직하고, 정년 이전이라도 심신쇠약으로 인해 직무집행이 불가능할 때에는 대법관회의의 결의에 의해 퇴직하도록 하였다. 또 법관의 신분보장에 관한 조항을 두어, 대법관 및 판사는 금고 이상의 형 또는 법관징계위원회의 징계처분에 의하지 아니하고는 면관, 면직, 전관, 정직, 감봉 등을 당하지 않도록 하였다. 그러나 법관은 재직 중에는 ① 국회의원이나 행정부처의 공무원이 되는 일, ② 정치운동에 관여하는 일, ③ 허가 없이 보수를 받는 직무에 취임하는 일, ④ 영리를 목적으로 하는 업무에 종사하는 일 등은 할 수 없도록 금지하였다.

4. 대한민국 사법제도의 탄생과 정치권력과의 갈등

1) 헌법제정과 사법기관의 정립

미국과 소련 대표의 협의에 의해 한국에 임시민주정부를 수립하려고 했던 미소공동위원회가 1947년 5월 이후 결렬됨에 따라 미국은 한국 문제를 국제연합에 제출하였다. 같은 해 11월 국제연합 총회가 한반도 전역에서 한국임시위원단의 감시 아래 총선거를 실시하여 국회를 구성할 것을 의결하였으나, 북위 38도선 이북에서는 소련의 반대로 임시위원단이 활동할 수 없게 되었다.

1948년 2월 국제연합 소총회는 한국임시위원단이 접근할 수 있는 지역에 한해 총선거를 실시할 것을 의결했고 미군정청은 총선거일을 같은 해 5월 10일로 공포하였다. 한국독립당과 민족자주연맹 등 이른바 남북협상파는 총선거에 불참한다고 선언하고 4월 19일부터 23일까지 평양에서 개최된 '전조선 정당·사회단체 대표자 연석회의'에 참여하였다. 단독선거에 반대하는 집회와 시위가 잇달았고 제주도에서는 4·3사건이 일어났다. 같은 해 5월 10일 남북협상파가 불참하고 북한지역에 배정된 100석을 제외한 상태로 국회의원 총선거가 실시되었고, 5월 31일 198명의 국회의원으로 구성된 제헌국회가 개원하였다. 제헌국회는 6월 초부터 7월 중순까지 헌법안을 기초하여 1948년 7월 17일 이승만 국회의장이 「대한민국헌법」을 공포하여 같은 날부터 시행되었다.

헌법은 대한민국이 민주공화국임을 선언한 데 이어서 입법권, 행정권, 사법권의 분립을 규정하였다. 입법권은 국회가 행하고, 대통령은 행정권의 수반이며, 사법권은 법관으로 조직된 법원이 행한다고 규정하였다. 국회는 선거에 의해 선출된 의원들로 구성하고, 대통령은 국회에서 무기명투표로 선거하며, 대법원장인 법관은 대통령이 임명하고 국회의 승인을 얻도록 하였다. 헌법은 정부의 명령, 규칙, 처분의 위헌 여부를 법원이 최종적으로 심사할 수 있게 하였고, 국회가 의결하고 대통령이 공포한 법률의 위헌 여부가 재판의 전제가 된 때에는 법원이 헌법위원회에 제청하여 그 결정에 의해 재판하도록 하였다. 헌법은 재판의 독립을 보장하기 위해 법관은 헌법과 양심에 의해 독립하여 심판한다는 규정을 두었다. 이를 위해서 법관의 자격은 법률로 정하고, 법관은 탄핵, 형벌, 징계 처분에 의하지 아니하고는 파면, 정직, 감봉되지 않도록 하였다. 또한 법관의 임기는 10년으로 하되 법률이 정하는 바에 의해 연임할 수 있게 하였다.

헌법 시행에 따라 국회는 1948년 7월 20일 이승만 의장을 대통령으로 선출하고, 8월 4일에는 신익희 부의장을 국회의장으로 선출하였다. 이승만 대통령은 1948년 8월 5일 국무회의 의결을 거쳐 김병로 전 군정청 사법부장을 초대 대법원장에 임명하기로 하였다. 이승만 대통령은 당일인 8월 5일 대법원장 임명승인 요청 안건을 국회에 제출하였고, 이날 열린 국회 제40차 본회의에서 가결되었다. 대법원장의 임명에 이어서 동년 11월 1일 김찬영, 노진설, 김익진, 양대경, 최병주 등 5인이 대법관에 임명되었다.

대한민국 의회와 정부가 출범함에 따라 법원도 이전의 과도법원조직법을 대체할 새로운 법원조직법을 제정해야 하였다. 법원조직법안은 정부가 제출한 안, 국회 법제사법위원회가 마련한 안 두 가지가 있었다. 국회에서는 후자인 법제사법위원회안을 가결하여 1949년 8월 15일을 시행일로 하여 정부에 이송하였다. 그러나 이승만 대통령이 이의를 제기하였다. 대법관의 임명과 대법원장의 보직은 대법원장, 대법관, 각 고등법원장으로 구성된 법관회의 제청으로 대통령이 행한다고 규정한 조항이 대통령의 임명권을 제한하여 위헌이라는 것이었다. 이를 둘러싸고 국회는 법안을 다시 논의했으나 원안대로 가결하여 정부로 이송하였고, 이에 따라 1949년 9월 26일 「법원조직법」이 법률 제51호로 공포되었다.

법원조직법은 법원의 종류를 대법원, 고등법원, 지방법원으로 하였다. 과도법원조직법에 규정되어 있던 간이법원은 폐지하고 그 대신 지방법원에 지원을 두고 지원판사로 하여금 사건을 처리케 한다고 하였다. 대법원에는 대법원장과 9인 이내의 대법관을 두되 대법관 5인으로 합의부를 구성하여 심판권을 행하도록 하였고, 합의부로서 민사부, 형사부, 특별부를 두도록 하였다. 대법원은 고등법원 판결에 대한 상고사건, 지방법원 판결에 대한 비약 상고사건, 고등법원 결정, 명령에 대한 항고사건, 법률에 의해 대법원의 권한에 속하는 사건을 최종심으로 재판하도록 하였다.

시간이 갈수록 대법원에는 사건이 폭주하였다. 1957년경 대법원에 2,700건 정도의 사건이 접수되고 사건이 계속 증가하여 9인의 대법관만으로는 늘어나는 사건을 감당하기 어렵게 되었다. 대법원은 국회에 의견서를 보내어 대법원에 11인의 판사를 둘 수 있도록 법원조직법의 개정을 요청하였다. 이에 대해 국회는 대법원 요청과 달리 대법관의 정원을 9인에서 15인으로 늘리는 내용으로 법원조직법 개정안을 마련하였으나, 대법원은 대법관 정원은 고수하고 그 밑에 대법원 판사를 두고자 하는 의도를 관철시켰다. 그리하여 대법원에 대법원 판사 11명을 두게 됨에 따라 부의 구성도 대법관 1인 이상을 포함한 법관 5인으로 구성된 합의부로 변화하였다.

고등법원은 법원조직법 공포 당시에는 서울과 대구에만 설치되어 있었는데, 1951년 11월 27일 「광주고등법원 설치법」이 공포되어 광주에도 설치되었다. 판사 3인으로 구성된 합의부로 민사부, 형사부, 특별부를 두고, 부에는 부장판사를 두도록 하였다. 고등법원은 공소사건, 지방법원 결정, 명령에 대한 항고사건, 법률에 의해 고등법원의 권한에 속하는 사건을 심판하였다.

지방법원은 단독판사가 심판권을 행사하되 합의심판을 요할 때는 판사 3인으로 구성된 민사부와 형사부 등 합의부에서 행하도록 하였다. 합의부는 인사에 관한 소송사건, 소송물의 가액이 일정액 이상인 민사사건, 법정형이 단기 1년 이상의 징역에 해당하는 형사사건 등을 심판하였다. 지방법원 사무의 일부를 처리하게 하기 위해 그 관할구역 내에 지원을 둘 수 있도록 하였다. 지원에도 판사를 두고, 합의심판을 요할 때에는 판사 3인으로 구성된 합의부에서 행하도록 하였다. 1950년대 말까지 안동, 홍성, 정읍, 원주, 경주 등지의 지원에 합의부를 두도록 하였다.

이처럼 신생 대한민국의 법원조직은 대법원–고등법원–지방법원(지방법원 지원)의 구조로 바뀌었다. 과도법원조직법에서는 '지방법원, 지방법원지원, 간이법원 → 지방법원 합의부 → 고등법원' 및 '지방법원, 지방법원지원합의부 → 고등법원 → 대법원'의 2원적인 4급 3심제였는데, 이제는 '지방법원 → 고등법원 → 대법원'이라는 3급 3심제로 심급절차가 단순한 구조로 변경되었다.

1960년 현재 각급 법원의 관할구역을 보면 표 1–3과 같다.

법원조직 출범과 같은 시기인 1949년 12월 20일 법률 제81호「검찰청법」에 의해 검찰조직도 확립되었다. 검찰청은 법원조직에 상응하여 설치되었고, 대검찰청에 검찰총장, 고등검찰청과 지방검찰청에 검사장,

표 1–3 1960년 현재 각급 법원의 관할구역

고등법원	지방법원	지방법원지원
서울	서울	인천, 수원, 여주, 개성, 철원, 소년부
	춘천	강릉, 원주
	대전	홍성, 공주, 강경, 서산, 천안
	청주	충주, 제천, 영동
대구	대구	안동, 경주, 김천, 상주, 의성, 영덕, 소년부
	부산	진주, 마산, 통영, 밀양, 거창, 소년부
광주	광주	목포, 장흥, 순천, 소년부
	전주	군산, 정읍, 남원, 금산
	제주	

대검찰청, 고등검찰청, 지방검찰청에 차장검사, 지방검찰청의 부에 부장검사를, 지방검찰청지청에 지청장을 두었다. 검찰청법에서 특히 주목할 부분은 제36조에서, 경찰서장이 아닌 사법경찰관리가 직무집행에 관해 부당한 행위를 하였을 때 지방검찰청 검사장은 당해 사건의 수사중지를 명하거나 임면권자에게 그 경찰관리의 체임을 요구할 수 있고, 임면권자는 정당한 이유가 없는 한 체임요구에 응해야 한다는 규정이다. 또 1950년 4월경 대검찰청에 중앙수사국을 설치하여 범죄수사의 지도연구와 검찰총장이 중요하다고 인정하는 범죄의 수사를 관장하려는 계획도 세웠다.

이처럼 검찰 중심으로 수사지휘와 수사기관을 일원화하고자 한 것은, 검찰에게 이전과 비교할 수 없는 강력한 권력을 부여하는 것이었다. 내무부의 반발은 불을 보듯 뻔한 일이었다. 국회의 지지를 얻을 수 있었던 것은, 이 시기 군과 경찰 수사기관이 자행하던 월권적 수사관행과 인권유린 문제를 수사지휘 계통 확립을 통해 다소 해결할 수 있다는 인식이 널리 퍼져 있었기 때문이었다. 즉, 1949년 10월 대학교수 장형두의 고문치사 사건을 비롯한 경찰의 불법 체포, 고문사례가 신문지상에 연일 보도되었다. 같은 시기에 군 방첩대나 헌병대가 동대문 민보단장과 같은 우익 협력자마저 체포, 고문하여 사망에 이르게 하고, 1948년 10월 여수·순천사건 진압과정에서 군과 경찰이 체포된 자들을 재판 없이 즉결 처형하였다는 것, 처형된 자 중에 현직 검사도 포함되었다는 것 등 일련의 사태가 검찰 중심의 수사제도 확립을 부추겼다.

2) 법조인력의 충원구조

법원조직법은 대통령이 대법관과 판사를 임명하고 대법원장이 판사의 보직을 행하도록 하면서, 법관의 임용자격을 네 경우로 구분하여 규정하였다. ① 대법관과 고등법원장인 판사, ② 지방법원장인 판사와 고등법원 부장판사, ③ 고등법원 판사와 지방법원 부장판사, ④ 지방법원 판사 등의 경우로 구분하였던 것이다.

대법관과 고등법원장인 판사는 10년 이상 ① 판사, 검사, 변호사의 직에 있던 사람, ② 판사, 검사, 변호사의 자격이 있는 사람으로서 국회사무처, 법무부, 국방부, 법원행정처 또는 법제처에서 법률사무를 전담한 사람, ③ 판사, 검사, 변호사의 자격이 있는 사람으로서 공인된 법과대학의 법률학교수, 조교수로 있던 사람 중에서 임용하도록 하였다. 지방법원장인 판사와 고등법원 부장판사는 5년 이상, 고등법원 판사와 지방법원 부장판사는 3년 이상 앞서와 같은 경력이 있는 사람 중에서 임용하도록 하였다. 지방법원 판사는 ① 사법관 시보로 1년 이상 소정과목을 수습하고 규정된 고시에 합격한 사람, ② 검사나 변호사의 자격이 있는 사람, ③ 사법관 시보 또는 이와 동등 이상의 자격이 있는 사람으로서 국회사무처, 법무부, 국방부, 법원행정처 또는 법제처에서 2년 이상 법률 사무를 전담한 사람, ④ 사법관 시보 또는 이와 동등 이상의 자격이 있는 자로서 2년 이상 공인된 법과대학의 법률학 교수, 조교수의 직에 있던 사람 중에서 임용하도록 하였다.

위의 사법관 시보는 고등고시 사법과에 합격한 사람 중에서 임명한다고 규정하였는데, 고등고시는 고등고시위원회가 관장하여 매년 1회 서울에서 실시하고, 예비고시와 본고시로 나누었고, 예비고시에 합격하지 않으면 본고시에 응시할 수 없도록 하였다. 본고시는 다시 사법과와 행정과로 나누었다. 예비고시 과목은 국사, 논문, 외국어(중국어, 영어, 불어, 독일어 중에서 택일) 등이었다. 수험자격은 초급중학교를 졸업한 사람, 문교부장관이 이와 동등 이상의 학력이 있다고 인정한 사람, 보통 고시에 합격한 사람으로 한정하였다. 대학 학부 1학년의 과목을 이수한 사람이나 문교부장관이 이와 동등 이상의 학력이 있다고 인정한 사람에게는 예비고시를 면제하였고, 예비고시에 1회 합격한 사람에게는 이후의 예비고시가 면제되었다. 본고시는 필기고시와 구술고시로 하였는데, 사법과 필기고시 과목은 필수과목으로 국사, 헌법, 민법, 형법이 있었다. 선택과목으로서는 ① 상법 및 행정법, ② 민사소송법 및 형사소송법, ③ 상법, 행정법, 민사소송법, 형사소송법, 국제공법, 국제사법, 형사정책, 경제학, 재정학 중에서 각 1과목씩 선택하도록 하였다.

그런데 민족상잔의 비극 6·25전쟁 도중 상당수의 판사와 검사가 납치되거나 행방불명되어 보충이 시급하였으나 임용자격을 구비한 사람이 부족한 형편이었다. 이에 정부수립 이전과 마찬가지로 1950년 12월 7일 「판사 및 검사 특별임용시험법」을 공포하여 특별 임용시험을 실시하였다. 특별 임용시험의 응시자격은 ① 전문학교와 동등 이상의 학교를 졸업한 사람, ② 남조선과도정부 사법부에서 시행한 변호사시험 예비시험, 대통령령 제96호 변호사 시험령에 의한 변호사시험 예비시험, 고등고시 예비시험, 일본국 고등문관시험 예비시험에 합격한 사람, ③ 법원, 법무부, 검찰청, 사법행정처, 법제처, 국회사무처, 국방부 등에서 3년 이상 법률사무를 전담하는 4급 공무원 이상의 직에 근무한 사람 등으로 하였다. 시험은 학과시험, 실무시험, 구술시험으로 나누었고, 학과시험은 헌법, 민법, 형법, 민사소송법, 형사소송법 등에 대해, 실무시험은 민사사건, 형사사건, 검찰실무 등에 대해 실시하였다. 구술시험은 학과시험과 실무시험에 합격한 사람에게만 과해졌고, 학과와 실무에 대해 행해졌다.

변호사는 1949년 5월 6일 공포된 대통령령 제96호 「변호사시험령」에 의해 시험을 거쳐 뽑았다. 변호사 시험을 매년 1회 서울에서 행하고, 예비시험과 본시험으로 나누어 예비시험에 합격하지 않으면 본시험에 응할 수 없도록 하였다. 법무부에 설치한 변호사시험위원회가 시험을 관장하고, 법무부장관이 위원장이 되도록 하였다. 그러나 1949년 11월 7일 「변호사법」이 공포되면서 수습변호사가 되려면 고등고시 사법과에 합격해야 한다고 규정되었고, 이에 따라 변호사 시험은 더 이상 실시되지 않았다.

3) 형사 사법제도 운용을 위한 제반법령의 정비

1950년 6월 25일 전쟁은 형사 사법제도에 큰 변화를 초래하였다. 비상시라고 하여 대통령 긴급명령 제1호로 「비상사태하의 범죄처벌에 관한 특별조치령」이 공포 시행되었다. 이 특별 조치령은 전쟁 중 살인, 방화, 강간, 주요시설 파괴 및 훼손, 군수품약탈, 죄수탈출 방조 등의 죄를 범한 자는 사형에 처하며, 재물이나 건조물 약탈, 파괴행위, 이적행위 등은 사형, 무기 또는 10년 이상의 유기 징역에 처한다고 하여 양형이 과중하였다. 무엇보다도 지방법원 및 동 지원의 단독판사가 재판을 단심제로 운영하도록 되어 있는 점이 문제였다. 이 때문에 서울 수복 직후부터 서울지방변호사회 등을 비롯한 각계각층으로부터 위 비상조치령에 대한 호된 비판이 제기되었다. 실제 재판을 담당했던 김홍섭 판사와 유병진 판사는 이 법의 폐해를 다음과 같이 기록하였다.

> 피난 나간 폐허의 서울에 남은 사람들이 인민군 치하에 숨어 살면서 먹을 것이 없어 남의 집 간장독에서 간장을 좀 가져다 먹다 잡혔다고 특수 절도죄로 심판대에 오른다.

> 냉혹한 법에 비등된 여론, 그 법은 가차 없는 중형 내지 극형을 요구하였고, 여론 그것은 부역자는 종자를 말려 버려야 한다고 외쳤다. 그 어마어마한 법과 여론, 그러한 험악한 분위기 속에서 나의 부역자 재판은 시작되었던 것이다 …… 이 법은 현실을 무시한 것이요, 그런 까닭에 어떠한 부면에 있어서는 이 법이 도리어 민족을 해친다고 보았으며, 그 여론조차 흥분에 싸인 과혹한 부르짖음이라고 결론지음과 동시에 나아가서는 나는 이것을 광정해야 한다고 단정하였던 것이다.

정부는 결국 이에 대한 개정안을 마련하였다. 각 범죄의 형량을 대폭 완화하고 형의 언도를 받은 피고인 및 가족이 재심판을 청구할 수 있도록 하였으나, 단심제 재판 운영에 관하여는 계속 위헌문제가 제기되어 1952년 9월 9일 헌법위원회는 위 단심제 규정에 관해 위헌결정을 내렸다. 국회에서는 이 법령을 폐지함과 동시에 이미 유죄확정 판결을 받은 모든 피고인들에게 고등법원의 재심을 청구할 수 있도록 「비상사태하의범죄처벌에관한특별조치령폐지와동법에기인한형사사건임시조치법」 법안을 만들어 정부의 거부권 행사에도 불구하고 1953년 5월 30일 확정 지었다. 그럼에도 불구하고 정부는 이 법률을 공포하지 않고 있다가 4·19혁명 후인 1960년 10월 30일에 이르러 법률 제559호로 공포하였다. 그러나 5·16군사정변 직후 군사정부는 위 재심청구권에 관한 규정 5개조를 삭제하여 억울한 피고인들이 구제받을 수 있는 통로를 막아 버렸다.

한편 형사소송법 제정작업은 정부가 구성한 법전편찬위원회가 전쟁

이전부터 시작했는데, 1953년 1월 1일 형사소송법안을 국회에 제출하였다. 국회에서는 1년여 동안 법안을 심의하여 수사편의보다는 인권옹호에 치중하는 방향으로 수정안을 만들어 1954년 2월 정부로 이송하였다. 그러나 정부는 국회에서 수정된 내용 중 상당 부분이 그 당시의 수사 현실을 외면한 채 지나치게 인권옹호에 치우쳐 비현실적이라는 이유로 거부권을 행사하고 국회의 재논의를 요구하였다. 국회는 동년 3월 19일 본회의를 열고 형사소송법안을 원래대로 재의결하여 법률로 확정지었다. 그러나 정부는 새로운 형사소송법에 의하면 국내치안 유지가 어렵다는 이유로 이를 공포하지 않고 있다가 부칙에서 정한 시행일자 1954년 5월 30일을 넘겨 동년 9월 23일에서야 비로소 법률 제341호로 공포하였다.

「형사소송법」은 대륙법계의 직권주의 형사소송제도에 두면서도 인권옹호를 위해 영미법계의 당사자주의 소송구조를 상당 부분 도입하였다. 일제하의 형사소송법에서는 실체적 진실 발견이 가장 중요하였으나, 대한민국의 형사소송법에서는 이와 함께 적법절차도 강조되었고, 수사과정에서도 규문주의적 수사관에서 탈피하여 탄핵주의적 요소가 많이 도입되었다. 아울러 형사소송법의 인권보장 기능을 중시하여 구속에 대한 제한규정과 증거능력 제한규정이 대폭 늘어났다. 검찰, 경찰의 수사과정에서는 피의자의 진술거부권을 인정하고 경찰에서의 최장 구속기간을 10일로 단축하였다. 긴급구속의 요건을 엄격하게 강화하였고, 피의자를 구속한 때에는 즉시 범죄사실의 요지와 변호인을 선임할 수 있음을 고지하도록 하였다. 공판과정에서도 피고인의 인권옹호 규정이 들어가 있었다. 피고인은 어느 누구의 신문에 대하여도 진술을 거부할 수 있으며, 구속기간은 원칙적으로 2개월로 하되, 계속 구속할 필요가 있으면 각 심급마다 2회에 한해 구속기간 갱신 결정을 할 수 있게 하였다. 게다가 피고인에게 불리한 유일한 증거로서의 자백이나 피고인이 고문 등 가혹행위에 의해 임의로 진술하지 않은 것으로 의심되는 자백은 유죄의 증거로 삼을 수 없게 하였다. 또 검찰 이외의 수사기관에서 작성한 피의자 신문조서는 피고인 또는 그 변호인이 공판정에서 내용을 인정한 때에 한해 증거로 삼을 수 있도록 하는 등 증거능력을 제한하였다.

「형법」은 형사소송법보다 앞선 1953년 9월 18일 법률 제293호로 제정 공포되어 같은 해 10월 3일부터 시행되었다. 이로써 조선형사령에 의용된 일본 형법이 폐지되고 대한민국의 형법전을 가지게 되었다. 전문 2편 46장 372조로 구성된 형법은, 제1편 총칙은 형법의 적용 범위, 범죄론, 형벌론 등으로 구성되었고, 제2편 각칙에서는 보호 법익을 기준으로 하여 제1장 내란의 죄에서부터 제11장 무고의 죄까지는 국가적 법익을 보호하려는 형벌 법규를, 제12장 신앙에 관한 죄부터 제23장 도박과 복표에 관한 죄까지는 사회적 법익을 보호하는 형벌 법규를, 제24장 살인의 죄에서부터 제42장 손괴의 죄까지는 개인적 법익을 보호하는 형벌 법규를 각각 규정하였다.

1948년 대한민국 정부 수립을 전후하여 단독선거, 단독정부를 반대하는 집회 및 시위가 빈발하였고, 급기야는 제주도 4·3사건, 여수·순천사건 등의 대규모 무장투쟁과 이에 대한 진압 작전이 전개되었다. 1948년 9월 20일 김인식 의원 외 33인은 신생 대한민국의 국체 보전을 위해 '내란행위특별조치법'을 긴급 제정할 것을 동의하는 안건을 제출하였다. 곧이어 발생한 10월 19일 여수·순천사건과 잇단 대구 제6연대 반란사건, 오대산 무장공비 침투 사건 등으로 좌익의 폭동과 내란 행위를 처단함으로써 신생 정부의 기틀을 다져야 한다는 공감대가 국회에 형성되어

법안작성 작업이 가속화되었다.

그러나 '내란행위특별조치법'이라는 명칭은 당시 형법상의 내란죄와 중복될 뿐만 아니라 구체적인 위법행위로 표출되지 않은 좌익결사까지 처벌할 필요가 있다고 하여 명칭을 '국가보안법'으로 고쳐 그 초안이 국회에 제출되었다. 이에 대해서 반대론자들의 주장도 만만치 않았다. 이들은 ① 국가보안법이 정치적으로 악용될 가능성이 있고, ② 일제의 치안유지법과 같은 비민주적인 악법이며, ③ 사상은 사상으로 대응하여야 하지 법으로 막을 수 없으며, ④ 경찰 등 법 집행기관의 자의와 남용의 우려가 있으며, ⑤ 내란범죄는 일반형법 등으로도 대응이 가능하고, ⑥ 남북통일에도 장애가 될지 모른다는 점 등을 들어 반대주장을 폈다. 그러나 11월 20일 열린 국회 본회의에서 자구가 일부 수정된 국가보안법안이 이의 없이 통과되었다.

「국가보안법」은 1948년 12월 1일 제정, 공포되어 공포일로부터 시행되었는데, 이는 「반민족행위처벌법」(1948년 9월 22일 법률 제3호)에 이어 정부수립 후 두 번째로 제정된 특별형법이었다. 국가보안법은 전문 6조와 부칙으로 구성되었는데, 제1조에서 "국헌을 위배하여 정부를 참칭하거나 그에 부수하여 국가를 변란할 목적으로 결사 또는 집단을 구성한 자"를 수괴와 간부, 지도적 임무에 종사한 자, 그 정을 알고 결사 또는 집단에 가입한 자 등으로 구분하여 처단하도록 하였다.

이 법은 1949년과 1950년 부분 개정되었다가 자유당 집권 말기인 1958년 12월에 24일에 제3차개정이 이루어졌다. 이 3차개정은 강력하게 반대하는 야당의원들을 폭력적으로 감금하고 자유당 의원들만으로 국회 본회의 의결이 이루어졌기 때문에 '2·4파동' 또는 '보안법 파동'이라고 불리었다. 3차 개정법률은 허위사실 유포금지 조항(인심혹란죄), 헌법상 기관에 대한 명예훼손죄, 구속적부심과 보석허가 결정에 대한 즉시항고 규정 신설, 사법경찰관 작성 조서에 대한 증거능력 부여, 국군정보기관의 일반인에 대한 수사권 부여 등 언론, 출판의 자유를 탄압하여 정부에 대한 비판을 봉쇄하고 국민의 기본적 인권을 침해하는 조항을 다수 포함하고 있었기 때문에 대표적인 정치 악법이라는 비난을 받았다.

4) 재판에 대한 간섭과 사법권의 독립

헌법과 법원조직법, 형법과 형사소송법 등 민주주의적인 법령들이 제정 시행되었으나 분단과 좌·우익의 극단적인 대립, 그리고 6·25전쟁의 참화는 남북한에 씻을 수 없는 비극을 낳았다. 이로 인해 대중의 의향에 맞지 않는 재판에 대한 간섭과 법원 난입, 대통령의 사법부에 대한 비난과 사법부 장악 시도 등이 계속해서 이루어졌다.

국회가 부산에 소재하고 있던 1952년 1월 초 이승만의 대통령 직선제 개헌안이 국회에서 부결된 이후 야당인 민국당은 내각책임제 개헌안을, 이승만은 다시 대통령 직선제 개헌안을 제출하였다. 이 와중에 야당의 서민호 국회의원이 서창선 육군 대위의 총격에 대해 소지하고 있던 권총으로 서 대위를 사살하고 구속된 사건이 일어났다. 국회의 석방 요구에 대해 동년 5월 19일 부산지방법원의 안윤출 판사는 서민호 의원의 구류집행을 정지시키는 결정을 내렸다. 집행정지 결정이 나오자 시위대가 법원청사로 몰려와 민국당의 주구 안윤출을 죽이라고 외쳤고, 안윤출 판사의 하숙집이 피습되기도 하였으며, 부산 거리에는 안윤출을 타살, 압살하라는 벽보가 나붙었다. 또한 5월 24일까지 반민족 국회의원 성토대회, 반민의 국회의원 규탄대회 등이 열렸다. '백골단', '땃벌떼' 등의 이름으로 내각책임제 개헌을 추진하는 국회의원 등을 축출하고 국회를 해산하라는 시위가 일어났고, 국회의사당 앞에서 경찰과 충돌하여 수십 명의 부상자가 생겼다. 구류집행 정지 결정에 대해 검사가 항고했고, 이승만 정부는 1952년 5월 25일 0시를 기해 부산을 비롯한 23개 군에 비상계엄을 선포하였다. 5월 26일에는 내각책임제 개헌을 추진하던 국회의원 10명을 국제공산당의 비밀자금 사건에 관련되었다는 혐의로 체포하였다. 이러한 분위기 속에서 1952년 6월 30일 대구고등법원은 서민호 의원에 대한 구류집행 정지 결정을 취소하고 국회의 석방요구를 기각한다고 결정하였다.

1954년 11월에는 사회의 이목을 집중시켰던 사건에 대해 무죄판결이 이어져 논란이 일었다. 전 문교부장관 안호상 피고인에 대한 국가보안법 위반 사건에 관해 부산지방법원에서 무죄가 선고되었고, 전 감찰국장 주도윤 피고인에 대한 수뢰사건에 관하여는 대구고등법원에서 무죄가 선고되었다. 또 서울고등법원에서는 서울특별시당 부위원장으로 1953년 4월부터 8월까지 당의 운영자금으로 받은 현금 등을 횡령하였다는 혐의로 기소된 윤재욱 피고인에 대해 무죄를 선고하였다. 또 서울지방법원은 김준원 전 서울지방법원장의 수뢰사건에 관해 무죄를 선고하였다. 이어지는 무죄판결에 대해 검찰뿐만 아니라 이승만 대통령도 사법부에 대해 비판적인 견해를 표시하였다. 재판관들이 권리만 생각하고 직책위반을 하는 일이 있어 대단히 위험하므로 현재의 삼권분립 범위 내에서 국법을 공히 보호하는 조건을 헌법에 구성해야 한다고 하였다. 이에 대해 김병로 대법원장은 1심이나 2심 법원에서 판결된 문제는 대법원에 오기까지는 무어라고 말할 수 없는 것이라고 밝혔다. 법관이 단독재판을 하면서 오판하는 예가 간혹 있을 수 있어 항상 유념하고 있고, 그 시정은 대법원에서 할 수밖에 없다고 하였다. 또한 사법부에만 가부를 운운할 것이 아니라 검찰 측에도 수사에 대한 신중성이 요청된다고 하였다.

1년 후인 1955년 9월 13일 대구매일신문사 주필 최석채가 '학생을 도구로 사용치 말라'는 제목의 사설을 게재하자 이튿날 대구매일신문사 건물에 20여 명이 침입하여 직원을 폭행하고 인쇄기 등을 파손하는 일이 일어났고, 9월 17일 최석채가 국가보안법 위반으로 구속되었다. 자유당의 사주를 받아 언론의 자유를 위협하는 행위라는 비난이 일어나는 가운데 대구지방법원은 이 사건에 대해 1955년 12월 6일 무죄를 선고하였다. 검사의 공소도 이듬해 1월에 기각되었다. 이에 대해 이승만 대통령은 1956년 2월 20일 제22회 국회에 보낸 치사에서 또다시 비판적인 견해를 표시하고, 재판장의 권한을 제한해야 한다는 의견을 덧붙였다.

> 삼권 분립한 중에서 사법부의 형편이 말이 아니니, 여러 해를 두고 본 결과를 치면 사법부에 재판관 되는 사람들은 세계에 없는 권리를 가지고 행세하고 있으니, 첫째는 경찰이나 검찰에서 소상히 조사해서 상당한 것을 가지고 재판소에 넘기면 재판소에서는 이것을 막론하고 그냥 석방해서 내놓고 또 밖에 나가 있게 하며, 판결은 범행과 상관이 없는 것을 만들어 놓는 것이 여러 번이니 이래 가지고는 해갈 수가 없는 것입니다.

이러한 치사에 대해 국회와 대법원, 변호사협회 등에서 반박하였다. 조재천 의원은 대통령의 치사는 사법권 독립을 말살할 우려와 민주주의의 근본을 파괴할 염려가 있다고 하였다. 김병로 대법원장도 법관은 독립하여 재판하는 것인 만큼 대법원장으로서도 간섭하거나 지시할 수 없으며, 사법부가 행정부와 협의하여 법을 운영하는 일은 있을 수 없다고 하였다. 대한변호사협회도 1956년 2월 24일 임시 총회를 소집하고 대통령의 치사는 경찰과 검찰에 의한 억울한 처사가 법원에서 바로잡힘으로써 인권이 보장되어 왔다는 엄연한 사실을 몰각한 것이라고 비판하였다.

이승만 대통령은 1954년 11월 29일 이른바 사사오입 개헌에 의해 중임제한을 받지 않게 되었고, 1956년 5월 15일 선거에서 다시 대통령에 당선되었다. 이승만 정부는 1957년 12월 김병로 대법원장의 정년퇴임과 1958년 법관들의 10년 임기종료가 다가오자 이 기회에 사법부에 대한 장악력을 강화하려 하였다.

1957년 12월 15일 김병로 초대 대법원장이 70세로 정년퇴직하게 되었다. 1957년 11월 23일 대법관과 고등법원장으로 구성된 법관회의가 열려 김동현 전 대법관을 제2대 대법원장으로 제청하기로 의결하여 11월 25일 이승만 대통령에게 제청하였다. 그러나 이승만 대통령은 김동현 전 대법관을 대법원장으로 임명하지 않겠다고 거부했으며, 오히려 당시 자유당의 경북도당 위원장 이우익 전 법무부장관을 대법원장으로 제청해 달라는 친서를 법관회의에 전달하였다. 이에 대해 대법관들은 정당에 몸을 담고 있는 사람을 사법부의 수장으로 모실 수 없다는 의견을 표시하였고, 다른 대법관들도 동감하여 대법원장으로 제청하지 않기로 의견을 모았다. 1958년 1월 28일 법관회의가 다시 열렸고, 조용순 전 대법관을 제청하였다. 그 결과 1958년 6월 9일 이승만 대통령이 조용순을 대법원장으로 임명하였다. 그러나 조용순 대법원장은 전임 김병로 대법원장과 달리 사법권 독립을 전면에 내세우지 않았다. 그러기는커녕 법원감독관회의에서 "법관이라 하여 국가목적 달성에 관한 숭고한 정신을 망각하고 편벽되고 주관적인 견해만 고집하여 국가의 이익과 국민의 복리를 도외시하는 사무를 한다면 권력분립이 달성하고자 한 국가 이념과 목적에 배치됨이 이보다 더 심함이 없을 것이니 단연 이를 뿌리 뽑고 국가 목적하에 삼권이 하나로 통합되도록 힘써야 한다"고 사법부가 정부의 시책에 적극 따를 것을 훈시하였다.

조용순 대법원장의 취임식으로부터 약 10일 후인 1958년 7월 2일 서울지방법원은, 조봉암 외 22명의 피고인들에 대한 간첩행위, 국가보안법 위반 등의 사건에서 조봉암 피고인을 징역 5년에 처한다고 판결하였다. 조봉암은 근로자와 농민을 조직의 발판으로 삼고 지식층과 손을 잡아 궁핍과 공포로부터의 해방을 내세우는 진보당을 결성했고, 1956년 5년 15월의 대통령 선거에서 이승만 후보가 약 500만 표를 얻었을 당시 진보당의 후보로서 무려 210만 표나 획득하였다. 조봉암이 평화통일을 주장하고 간첩 양이섭 피고인으로부터 북한의 공작금 4만 달러를 받아 사용하였다는 수사결과가 나왔다. 또 1958년 2월 25일에는 정부의 공보실장이 진보당이 대한민국의 국법과 국제연합의 결의에 반하는 통일방안을 주장하고 간부들이 북괴에서 밀파된 간첩, 밀사 등과 항상 접선했다고 진보당의 등록을 취소하였다. 서울지방법원에서 조봉암 피고인에 대해 징역 5년을 선고한 판결에서는, 조봉암 피고인이 양이섭 피고인의 제의를 받아 평화통일, 미군 철수, 반미민족연합 구성 등을 주장하고 북한의 공작금을 수수하여 사용함으로써 대한민국 변란의 실행을 협의했다고 인정하였다. 그렇지만 이 판결은 조봉암 피고인과 기타 피고인의 간첩행위와 국가보안법 위반 등에 대해서는 무죄를 선고하였다. 이러한 판결이 선고되자 3일 후인 7월 5일 약 2백 명의 시위대가 덕수궁 앞에 모여 있다가 확성기를 붙인 차량을 앞세우고 법원청사에 이르렀고, 일부는 청사 현관으로 난입하였다. 차량에는 '진보당 사건 판결을 규탄한다'는 플래카드와 '대한반공 청년회'라는 표지가 달려 있었다. 시위대는 출동한 경찰에 의해 청사 밖으로 밀려났으나 계속하여 구호를 외쳤고, 대법원장과의 면담을 요구하였다. 시위대 가운데 5명이 긴급 구속되었으나, 3명은 무혐의로 석방되었고 나머지 2명에 대해서만 구속영장이 신청되었다. 약 3개월 후인 1958년 10월 25일 서울고등법원에서는 조봉암 피고인에 대해 사형을 선고하였다. 조봉암이 북한 괴뢰집단에 부수하여 국가를 변란할 목적으로 평화통일의 실현 등을 강령정책으로 하는 진보당을 조직하고 그 수괴인 중앙당 위원장에 취임했다는 공소사실에 관해, 제1심판결을 파기하고 유죄로 인정하였다. 이에 대해 피고인들과 검사가 상고했고, 1959년 2월 27일 대법원에서는 조봉암 피고인에 대해 다시 사형을 선고했고, 제2심 법원에서 유죄를 선고받았던 일부 피고인들에 대하여는 무죄를 선고하였다.

이처럼 대법원에서 진보당 사건 조봉암 피고인을 사형 선고한 것은 사법권의 정부정책에 대한 예속을 보여 주어 오늘날까지도 '법에 의한 살인'의 대표적 사례로 평가받고 있다. 이어서 법관연임 문제는 이러한 예속을 더욱 적나라하게 보여 주었다. 법관의 임기는 10년으로서 법률이 정하는 바에 의해 연임할 수 있다는 것이 헌법규정이었는데, 연임에 관한 별도의 법률규정이 정해지지 않은 상태에서 1958년은 법관들이 임명된 지 10년이 되는 해였다. 1958년 12월 22일까지 법관 57인의 임기만료가 예상되었고, 이 인원수는 당시 대법관 9인을 포함한 법관 정원 301인의 약 19%에 이르는 것이었다. 이에 대해서 1957년 4월부터 9월까지 대법원의 법원조직법 개정안, 대한변호사협회의 법관연임법안이 제출되었고, 1958년 6월 24일 엄상섭 등 국회의원 10인이 발의한 법관연임법안, 1958년 9월 18일 정부가 제출한 법관연임법안 등이 제출되었다. 국회의 법제사법위원회는 앞서와 같은 2개의 법률안을 본회의에 부의하지 않고 위원회 대안을 마련하여 1958년 10월 13일에 제출하였다. 임기 만료된 법관은 대법관 회의가 제청하고 대통령이 연임 발령하여 연임한다는 내용이었다. 이 법률안이 가결되어 1958년 10월 16일 「법관연임법」이 공포되었나. 이에 대해서 조용순 대법원장은 이 법률이 사법부가 원하는 것과는 거리가 멀고 법관의 신분을 보장하는 것으로 보기 어렵다는 견해를 밝혔다. 또한 사법부의 제청권이 존중되어야 하고, 연임 여부의 발령을 받을 때까지 직무를 집행한다는 규정이 운영의 묘를 얻지 못할 때에는 법관의 신분보장이 위태로울 것이라고 하였다.

사태는 과연 조용순 대법원장의 견해대로 흘러갔다. 대법원에서는 연임 대상 법관 57인 중 5인을 제청하지 않기로 하고 52인에 대해 일괄적으로 연임을 제청했으나, 1958년 12월 말까지 52인의 법관 가운데 25%인 13인이 연임되지 못하였다. 1959년에도 12월 20일 임기가 만료되는 법관 가운데 17인이 연임 발령을 받으면서 7인이 연임 발령을 받지 못하였다. 연임 발령을 받지 못한 법관 중에는 서민호 의원에 대해 구류집행 정지결정을 하였던 안윤출 서울고등법원 부장판사, 조봉암 피고인에 대해 징역 5년과 일부 무죄를 선고하였던 유병진 서울지방법원 부장판사가 포함되어 있었다. 김병로 대법원장이 퇴임한 이후 사법권의 독립은 이렇게 서서히 무너져 갔다.

5. 사법권 독립의 움직임과 강요된 개혁

1) 4·19혁명과 사법권 독립론

1960년 3월 15일 실시된 대통령·부통령 선거 과정에서 2할 혹은 3할의 사전투표가 행해졌고, 참관인들이 축출된 가운데 3인조, 9인조 투표가 공공연하게 행해졌다. 1960년 3월 15일 마산에서 부정선거에 항의하는 시위가 일어났고, 전국에서 시위가 이어졌으며, 4월 19일 시민들이 국회의사당 앞에 집결하여 경무대를 향해 시위행진을 벌였다. 경찰의 발포로 이날 하루에 120여 명이 사망하고 7천여 명이 부상당하였으며, 서울과 부산, 대구, 광주, 대전에 비상계엄이 선포되었다. 4월 25일 대학 교수단이 시위하면서 이승만 대통령의 하야를 요구하는 시국 선언문을 채택하였다. 1960년 4월 26일 이승만 대통령은 국민이 원한다면 대통령직을 사임하겠다고 발표하였고, 같은 날 국회에서는 이승만 대통령이 즉시 하야할 것과 내각책임제 개헌을 즉시 실시할 것을 가결하였다. 다음 날인 4월 27일 이승만 대통령이 국회에 사임서를 제출하였고, 5월 13일 국회 본회의에서 사임서가 이의 없이 수리되었다.

김병로 대법원장 정년퇴임 이후 사법부의 독립은 서서히 좌절되어 갔고, 이를 여실하게 확인시켜 준 사건은 4·19혁명 직후인 4월 26일 대법원에서 내린 경향신문 발행허가 정지처분에 대한 집행정지 판결이었다. 이 사건은 1958년 5·2민의원 선거 소송이 계속되는 가운데 1959년 2월 4일 「경향신문」의 '여적'란에 실린 기사로부터 시작되었다. 기사 내용은 우리나라의 현실에서 선거가 올바로 되지 않고 있으며 선거가 진정한 다수의 결정에 무능력할 때에는 또 다른 폭력에 의한 다수결정이 있을 수 있고 이것을 혁명이라고 일컫는다는 것이었다. 서울특별시 경찰국은 이 기사에 관해 내란 선동 혐의로 경향신문사를 압수, 수색하였고, 검찰은 1959년 2월 27일 필자와 발행인을 서울지방법원에 불구속 기소하였다. 게다가 4월 30일 정부의 공보실장은 경향신문의 발행허가를 취소하였다.

이에 대해 경향신문사 측이 서울고등법원에 발행허가 취소처분의 집행정지를 신청하였고, 서울고법은 공보실장의 행정처분은 과중한 처사로서 재량권을 남용한 것이라 하여 집행정지 결정을 내렸다. 그러자 정부의 공보실장은 종전의 취소처분을 취소하면서 다시 발행허가를 정지한다는 처분을 하였고, 경향신문 발행인도 서울고등법원에 정지처분의 집행정지를 신청하면서 정지처분의 취소를 구하였다. 아울러 경향신문 발행인은 이 법령의 위헌 여부를 헌법위원회에 제청해 줄 것을 신청했으나, 1959년 8월 8일 서울고등법원은 이 신청을 각하하였다. 이어서 8월 29일에는 집행정지 신청을 각하했고, 9월 8일에는 취소청구도 기각하였다. 이처럼 경향신문의 언론 자유권을 부정하는 결정이 내려지자 경향신문 발행인은 신문발행 허가를 정지시킬 때 적용한 미군정법령 제88호에 대한 위헌 여부 제청을 신청함과 아울러 미군정법령 제88호가 헌법 제100조에 의해 효력을 상실했다고도 주장하였다. 그러나 서울고등법원은 이러한 주장을 각하했고, 경향신문 발행인은 대법원에 상고하였다.

1960년 2월 5일 대법원은 문제가 된 군정법령 제88호의 위헌 여부를 헌법위원회에 제청한다고 결정하였다. 그러나 헌법위원회는 1952년 7월 7일 개정된 헌법에 의해 부통령을 위원장으로 하고 대법관 5인, 민의원 의원 3인, 참의원 의원 2인으로 구성하도록 되었는데, 1960년 2월까지 참의원이 구성되지 않은 실정이었다. 헌법위원회 구성이 난항을 겪는 중에 4·19혁명이 일어났고 대법원은 이승만 대통령 하야 직후인 4월 26일에 즉시 정부 공보실의 발행허가 정지처분의 집행을 정지한다는 결정을 내렸다. 따라서 세간에서는 대통령이 하야하니까 법원이 비로소 경향신문의 정간을 풀어 주었다는 비판이 일고, 사법부의 독립성이 지켜지지 않는다는 비판이 일었다. 1960년 4월에 계속된 시위에서는 부정선거의 시정이나 이승만 대통령의 사임과 아울러 법원에 대한 비판도 제기되었다. 대학 교수단은 물론 '4·19의거 학생대책위원회'가 성명서를 발표하여 사법부는 독립을 지키고 중앙선거위원회 위원장인 김두일 대법관은 즉시 사퇴하라고 요구하였다. 대한변호사협회에서도 성명서를 발표, 대법원장과 중앙선거위원장을 겸한 대법관이 사퇴하고, 대법관, 법관, 검찰관 가운데 행정부에 추종하였던 자는 양심에 따라 자진 사퇴해야 한다고 주장하였다. 이에 따라 김두일 대법관이 4월 29일 사임했고, 사임의사를 이미 밝혔던 조용순 대법원장은 5월 11일에 가서야 사임하였다.

1960년 6월 15일 국회는 내각책임제 개헌안을 가결하고, 같은 날 공포와 동시에 시행하였다. 국민의 기본권 가운데 경향신문 사건에서 문제되었던 언론, 출판의 자유에 관하여는 '법률에 의하지 아니하고는'이라는 부분을 삭제하여 모든 국민은 언론, 출판의 자유를 제한받지 아니한다고 규정했고, 언론, 출판에 대한 허가를 규정할 수 없다는 규정을 신설하였다. 또한 국민의 자유와 권리를 법률로써 제한하는 경우에도 자유와 권리의 본질적인 내용을 훼손할 수 없다는 규정도 신설하였다.

개정 헌법은 사법권에 관한 두 가지 획기적인 내용을 담았다. 첫째, 헌법위원회를 폐지하고 헌법재판소를 설치한 점, 둘째, 대법원장과 대법관은 법관자격이 있는 사람으로 조직되는 선거인단이 선거하여 대통령이 확인하고, 그 밖의 법관은 대법관회의 결의에 따라 대법원장이 임명한다는 점이다.

이러한 개정헌법의 내용은 그동안 행정권에 예속되어 온 쓰라린 과거 경험을 반성하고 사법권의 독립을 보장하기 위한 것이었다. 대법원장과 대법관을 선임하려면 선거인단의 정수나 조직 등을 정하는 법률이 제정되어야 하였다. 이에 대한 논의는 1960년 6월경부터 대법원에서 시작되었다. 국회에서도 1961년 1월 13일 주도윤 외 11인의 국회의원이 대법원장 및 대법관 선거법안을 제출하였다. 1961년 2월 8일 대법원 회의실에서 사법감독관 임시회의가 개최되었을 때, 배정현 대법원장 직무 대행이 개회사에서 대법관선거에 관하여 언급하면서 사법권의 독립과 사법의 민주화를 위해서는 100명의 선거인단 중 60명은 현직 법관이어야 하고 대법관 가운데 3분의 2가 현직 법관 중에서 선출되어야 한다고 의견을 피력하였다.

국회에 제출된 선거법안은 참의원과 민의원의 밀고 당기는 과정 끝에 1961년 4월 26일 「대법원장 및 대법관 선거법」으로 공포되었다. 선거인단을 구성하는 선거인은 법관 자격이 있는 사람으로 하고, 역시 법관 자격자를 선거인으로 하는 예비선거에서 선출하도록 하였다. 선거인단은 100명으로 하여 현직법관 50명, 그 밖의 사람 50명으로 구성하도록 하였다.

대법원장과 대법관 후보자는 10년 이상 법관 등의 직에 있었던 사람으로 했고, 추천을 받도록 하였다. 대법원장, 대법관, 고등법원장, 국회의장이 지명하고 선거인 자격이 있는 참의원 의원 2인과 민의원 의원 4인, 전직 대법원장, 검찰총장, 고등검찰청 검사장, 대한변호사협회 회장,

30인 이상의 회원을 가진 변호사회 회장, 헌법재판소장 등이 선출하여 추천하는 것이었다. 대법관 선출 비율은 현직법관 5인과 그 밖의 3인으로 했고, 선거는 법원행정처장이 관리하도록 했으며, 일체의 선거운동을 금지하였다. 1961년 5월 1일 선거일이 공고되었다. 선거인단을 선출하는 예비선거는 5월 17일, 대법원장과 대법관의 선거는 5월 25일에 실시하게 되었다. 5월 8일 선거인 후보자 등록이 마감되었고, 현직 법관 87명과 그 밖의 144명 등 231명이 선거인 후보자 등록을 마쳤다. 이 중에서 100명의 선거인을 선출하기로 하였는데 선거인을 선출할 법관 자격자는 1,184명이었다. 같은 날 대법원장과 대법관 후보자 등록도 마감되었고, 대법원장 후보자 9명과 대법관 후보자 40명이 등록을 마쳤다. 대법원장 후보자로는 배정현 대법원장 직무대행이 현직 법관으로서 유일하게 등록했고, 그 밖에 김동현, 정구영, 이호정, 윤원상, 한격만, 조진만, 권승렬 변호사와 이인 참의원 의원이 등록하였다. 대법관 후보자 40명 가운데 현직 법관은 백한성, 김연수, 고재호, 변옥주 대법관, 손동욱, 사광욱, 최윤모, 한성수, 한환진, 계창업 대법원판사, 김종규 서울고등법원장, 노용호 대구고등법원장, 방준경 광주고등법원장, 나항윤 서울지방법원장, 김용진 전주지방법원장 등 15명이었고, 배영호 법원행정처장도 대법관 후보자로 등록하였다.

그러나 법원 밖의 상황은 불안정하였다. 정국불안으로 4월 위기설이 대두되었고, 2월에는 사회대중당에서 영세중립이 보장되고 남북 교류를 허용하는 통일방안을 밝혀 논란이 일었으며, 일부 대학생들은 남북학생회담을 제안하였다. 시위가 빈발함과 아울러 4·19 이후 노사쟁의 건수도 이전의 8배에 달하였다.

예비선거를 하루 앞둔 1961년 5월 16일 군사쿠데타가 발발하고 군사혁명위원회가 설치되면서 비상계엄이 선포되었고, 대법원장과 대법관 선거는 실시되지 않았다. 사법권의 독립을 보장하기 위해 채택한 선거제의 정착 가능성과 우수성 여부는 검증할 수 없게 되었다.

2) 제3공화국과 강요된 사법개혁

1961년 5월 16일 군사혁명위원회가 설치되고 비상계엄이 선포되면서 홍필용 대령이 대법원감독관에 임명되었고, 6월 5일 헌법의 효력을 제한하는 「국가재건비상조치법」이 공포되어 헌법 위에 군림하였다. 대법관직을 폐지하고 국가재건최고회의가 법원행정의 대강을 지시·통제한다고 규정되었다. 홍필용 감독관은 취임 일성으로 각급 법원에 대해 5월 말 현재 해결되지 않은 사건을 8월 말까지 완결하고, 이후의 접수사건은 송부기록 접수일로부터 2~3개월 이내에 신속히 판결하라는 지시를 내렸다. 이와 함께 국가재건비상조치법에 의해 법원이 재구성되었다. 대법관들이 퇴임하고 6월 30일 조진만 제3대 대법원장이 임명되었다. 8월에 223명의 판사가, 9월에 8명의 대법원판사가 임명되었다.

다음 해인 1962년 4월 법관자격이 없는 전우영 대령이 법원행정처장에 임명되었고, 5월 14일에는 국가재건최고회의 박정희 의장이 다음과 같은 지시각서 제5호를 보내 전국의 법관과 검사에게 경고하였다.

> 혁명 이래 대부분의 법관은 그 본분에 충실했고, 부하된 사명에 최선을 다해 사회정의의 구현과 신질서 수립을 위해 노력했다고 인정하는 바이나, 일부분의 법관에서는 아직도 새로운 세계관의 확립 없이 돈과 술에 팔리고 정실과 야합하는 등 구질서와 타협하였다. 뿐만 아니라 입법부가 신질서 신체제의 확립을 위해 비장한 각오하에 특례적인 입법을 하여도 여전히 낡은 사

고방식으로 사물을 관찰하는 까닭에 혁명정신과는 동떨어진 재판을 해왔다. 이와 같은 몰지각한 일부 법관들은 중대한 국가적, 사회적 법익을 침해한 불순분자는 방면하고 힘없이 땅을 치고 우는 약자에 대해서는 무고한 벌을 과하고도 하등의 양심의 가책도 없이 마치 법은 자기를 위해 존재하는 도구로 착각하고 국민의 정당한 비판에 대해서는 언필칭 사법권의 독립을 내세우고 있다. 사법권의 독립이 이들 몰지각한 일부 법관의 배신을 합리화하기 위한 방패로서 존재하지 않는다 함은 물론이려니와 이와 같은 불합리한 성곽은 언제까지나 존치시킬 수도 없다. 본직이 모든 국민과 더불어 법관들에게 요망하는 것은 결코 사법의 입법 또는 행정부에의 예속이나 또는 집권층의 비위를 살펴 재판하라는 것을 의미하는 것은 아니나. 법관 스스로가 새 시내에 대한 호흡과 현실에 입각한 확고한 국가관을 가지고 참된 애국심을 발휘하여 혁명기에 처한 국가 민족을 구출함에 과감한 노력을 경주하여 소신 있는 법의 운용을 기하라는 것이다.

군사정권의 강압하에서 1962년 8월에는 대법원이 각급 법원에 '영감'이라는 칭호를 판사들에 대해 사용하지 말도록 지시하였고, 각급 법원에서는 사건의 신속한 처리에 많은 노력을 기울였다.

서울고등법원에서는 1962년 1월부터 10월까지 4,571건을 처리하였는데, 이 가운데 1959년 이전의 사건이 592건, 1960년도 사건이 134건, 1961년도 사건이 1,167건이었다. 1962년 3월까지 서울고등법원의 법관 수는 14명에 불과하였다가 직무대리 법관이 충원되어 법관 수가 31명이 되었다. 대법원에서는 5·16부터 1962년 10월까지 4,639건을 처리하여 미제 건이 300여 건에 불과하게 되었다. 5·16 당시 미제사건이 1,484건이었고 3,545건이 새로 접수되었는데, 1962년 10월까지 1인당 월 평균 34건을 처리한 것이었다.

1962년 11월 5일 헌법 개정안이 공고되었고, 12월 17일 실시된 국민투표에서 78.78%의 찬성으로 헌법 개정안이 확정되었다. 1963년 10월

15일 개정헌법에 의한 대통령선거가 실시되어 박정희 후보가 당선되었고, 11월 26일 국회의원 선거가 실시되었다. 1963년 12월 16일 오후 2시 국가재건최고회의가 해체되었고, 12월 17일 개정헌법에 의한 국회가 개원함으로써 개정헌법이 시행되었다. 같은 날 박정희 대통령이 취임함으로써 제3공화국이 출범하였다.

개정헌법은 종전의 헌법과 같이 사법권이 법관으로 구성된 법원에 속한다고 했으며, 법원의 종류를 대법원, 고등법원, 지방법원으로 규정하였다. 법원의 권한은 종전보다 확대하여 대법원을 최고기관의 하나로 격상시킴으로써 사법권의 우월을 가져올 수 있게 하였다. 즉, 대법원에 법률의 위헌 여부 심판권을 주고 정당해산권도 주었다. 명령, 규칙, 처분이 헌법이나 법률에 위반되는 여부도 대법원이 최종적으로 심사할 권한을 가지는 것은 종전과 같았다. 대법원장과 대법관의 선거제도는 폐지했지만, 대법원장은 신설된 법관추천회의의 제청에 의해 대통령이 국회의 동의를 얻어 임명하도록 하였다. 법관추천회의의 제청이 있으면 대통령은 반드시 국회에 동의를 요청하고, 국회의 동의를 얻으면 반드시 임명하도록 하였다. 대법원판사는 대법원장이 법관추천회의의 동의를 얻어서 제청하고 대통령이 임명하도록 했고, 이 경우에도 대통령은 제청이 있으면 반드시 임명하도록 하였다. 그 밖의 법관은 대법원판사회의의 제청을 거쳐 대법원장이 임명하도록 하였다.

재판의 독립에 관해서는 법관이 헌법과 법률에 의해 양심에 따라 독립하여 심판한다고 규정했고, 법관은 탄핵이나 형벌에 의하지 않고는 파면되지 않도록 하였다. 임기는 대법원장에 대하여는 6년, 그 밖의 법관은 10년으로 정하고 각기 연임될 수 있게 하였다.

이처럼 제3공화국기 사법부는 대법원의 위헌심판권과 정당해산권, 대법원장과 대법원판사 임용 시의 독립성 등으로 제1공화국기에 비하면 상당한 독립성을 획득하였다. 그러나 그것은 정권이 허용한 것이지 쟁취한 것은 아니었다. 이후 사법부는 한일회담 반대 시위 학생들에 대한 구속영장 기각, 인민혁명당 사건과 동백림 사건에 대한 판결, 국가배상법 조항 위헌 판결 등 정치권력의 입장과 어긋나는 판결을 내림에 따라 정치권력과의 갈등 수위가 높아져 갔다. 그 결절점이 1971년 여름의 사법파동이었으며, 이후 1972년 10월유신으로 사법권의 독립은 대폭 축소되고 말았다.

Ⅱ
법조삼성 관련 자료

가인 김병로

1. 논저 목록[1]

1) 해방 이전

제목	발표일	발표지	권/호
법리관	1915. 10.	법학계	제1호
부동산에 대한 절도죄의 성립(질의문답)	1915. 11.	법학계	제2호
중복매매와 중복저당의 형사상 책임	1915. 11.	법학계	제2호
중복매매와 위험부담(질의문답)	1915. 12.	법학계	제3호
범죄구성의 요건되는 위법성을 논함	1915. 12.	법학계	제3호
가차압의 효력(질의문답)	1916. 02.	법학계	제4호
범죄구성의 요건되는 위법성을 논함	1916. 02.	법학계	제4호
범죄구성의 요건되는 위법성을 논함	1916. 06.	법학계	제6호

1 김학준, 『街人 金炳魯評傳: 민족주의적 법률가·정치가의 생애』(民音社, 1987), 499~502쪽의 참고문헌 중 "(2) 김병로 집필"을 토대로 조사한 것이다.

幼者盜品의 故買와 장물죄의 성립(질의문답)	1916. 06.	법학계	제6호
범죄구성의 요건되는 위법성을 논함	1916. 06.	법학계	제6호
講和到來와 敎育主義	1919. 01. 10.	반도시론	제3권 제1호
財產相續의 原因에 關한 朝鮮慣習의 法的 觀念	1920. 01. 18.	서광	제2호
엄정한 여론의 환기가 急務	1925. 06.	正論	창간호
법조계에 대한 희망	1927. 06.	별건곤	총 14호
義憤公憤 心膽俱 爽痛快!! 가장 痛快하엿든 일: 罪버슨 두女人	1927. 08. 17.	별건곤	제8호
同志로서 同志에게: 나의 希望(辯護士間)	1928. 07. 01.	별건곤	제14호
誌上 審判庭 第一回: "첫날 밤의 울음"을 닑고	1928. 07. 01.	별건곤	제14호
放浪, 敎授, 辯護士	1929. 09. 01.	삼천리	제2호
謝告("法曹界十年")	1930. 01. 01.	별건곤	제25호
1930年度 卒業生을 맛는 社會 各方面 人士의 期待: 試鍊과 實驗으로 新幹會	1930. 03. 01	대중공론	제2권 제2호
喫煙室	1930. 05. 01.	삼천리	제6호
死刑廢止論: 人道上과 刑事政策上으로(미간)	1930. 05. 01.	삼천리	제6호
朝鮮現實에 잇서서 엇던 靑年을 要求하는가?: 目標를 貫徹하는 靑年	1930. 06. 01.	대중공론	제2권 제5호
一問一答記(4)	1930. 10. 01.	별건곤	제33호
러부렛타-의 告白: 六十 먹거든 쓸 作定	1930. 10. 01.	삼천리	제9호
法廷에서 운 일: 權東鎭氏 囚車 탈 때	1930. 11. 01.	삼천리	제10호
朝鮮民族的 代表의 選出問題: 認識의 合致와 代表	1931. 01. 01.	삼천리	제11호
신간회의 해소론이 대두함에 제하여	1931. 02.	동광	제18호
新幹會解消 可否論: 解消는 運動力量을 減少	1931. 02. 01.	별건곤	제37호
朝鮮運動은 協同乎 對立乎, 新幹會解消運動 批判上程議案: 集中된 力量의 潰散을 避하자	1931. 02. 01.	삼천리	제12호
신간회 해소 반대	1931. 05. 10.	조선일보	
兄妹間 戀愛와 血族結婚 否可論: 法律과 兄妹間 戀愛	1931. 06. 01.	삼천리	제16호
내가 본 在滿동포문제 해결책: 局部的 行動 따문에 誤解	1931. 08. 04.	동광	제24호
合邦 當時 回顧漫談: 유학생친목회의 마즈막 一幕	1931. 08. 04.	동광	제24호
異民族과의 結婚 是非: 特殊性을 考慮하라	1931. 09. 01.	삼천리	제3권 제9호

法庭에서 본 離婚悲劇, 男便은 白痴, 안해는 絶世의 美人	1931. 11. 01.	삼천리	제3권 제11호
國家의 根本義와 民衆의 自由	1931. 12. 27.	동광	제29호
東西古今人物 座談會	1931. 12. 27.	동광	제29호
국가의 根本義와 민중의 자유	1932. 01.	동광	제30호
日本에 獨裁政治가 實現될가: 軍事內閣은 表現難	1932. 02. 01		
小作制度改善에 對한 諸氏의 意見	1932. 03. 05.	농민	제3권 제3호
至急電報	1932. 03. 05.	동광	제31호
민중의 권익 옹호: 변호사의 직책은 무엇?	1932. 04.	신동아	제2권 제4호
朝鮮人의 政治的 動向: 力量을 集中하자	1932. 04. 01.	동방평론	제1호
重大事件의 其後, 京電에서 慰藉料 4萬圓 進明女學校 電車覆伏 事件	1932. 05. 01.	삼천리	제4권 제5호
無産黨, 政友會, 民政黨 三政黨 中에 우리는 어느 政黨에 關心을 가질 것인가(諸氏見解): 旣成政黨은 問題업다	1932. 05. 01.	삼천리	제4권 제5호
中國은 列强의 領土分割과 共同管理를 免할가: 分割는 업스리라	1932. 05. 01.	삼천리	제4권 제5호
三千里 審判臺: 一世를 驚倒케 한 悲慘劇!, 어머니가 스파이라고 딸형제가 母親 죽여: 엇든 境遇든지 最大罪惡	1932. 05. 15.	삼천리	제4권 제6호
금주법이 실시되면 장안주객은 將奈何: 인천바다에 배 뛰워 노코	1932. 07. 01.	삼천리	제4권 제7호
朝鮮日報 中央日報를 永久完全하게 救出할 方策 - 적어도 十萬圓 準備하고	1932. 07. 01.	삼천리	제4권 제7호
三千里 全體會議, 朝鮮의 政治的 將來를 悲觀乎·樂觀乎: 아울너 文化的·經濟的으로 半島의 現狀과 今后 十年의 觀測	1932. 09. 01.	삼천리	제4권 제9호
世界一流政治家·思想家 論評會	1934. 08. 01.	삼천리	제6권 제8호
혼인 의식에 대하여	1935. 01.	신동아	제5권 제5호
반도의 사상 판검사陣	1935. 03. 01.	삼천리	제7권 제3호

朝鮮民衆의 指導者 總觀, 數十年來 半島江山에 今日 가치 人材 모힌 적이 업다	1935. 03. 01.	삼천리	第7권 第3호
半島의 思想判檢事陣, 高等·覆審·地方의 三法院을 通하야	1935. 03. 01.	삼천리	第7권 第3호
생존권의 强化振作에 勇往 力進하라	1936. 01.	신동아	第6권 第1호
愛煙記	1936. 08. 01.	삼천리	第8권 第8호

2) 해방 이후

제목	발표일	발표지	권/호
송진우 피살에 대하여	1945. 12. 31.	동아일보	
5호 성명에 관한 견해	1946. 04. 22.	동아일보	
위폐 사건에 관한 사법부장의 경고	1946. 07. 25.	동아일보	
친족상속에 관한 관습의 비판	1948. 01. 01.	법정	
사법기관의 사명	1948. 01. 01.	법정	
반민 특위 조사부 해체에 관한 견해	1949. 02. 17.	동아일보	
8·15 그 날	1954. 08. 12.	동아일보	
개헌안 표결 정족수 문제	1954. 11. 30.	동아일보	
인촌 弔辭	1955. 02. 26.	동아일보	
퇴임사	1957. 12. 16.		
한국의 법률근원(1957년 9월 19일)	1958. 01.	법률평론	
나의 심경, 나의 견해	1958. 03.	신태양	
이씨 발언은 사법권 모독	1958. 06. 23.	동아일보	
국민의 권리 수호하자	1959. 01. 01.	동아일보	
국민은 악법 폐지를 요구할 권리 있다	1959. 01. 10.	동아일보	
수상 단편	1959. 3. 20.~ 1959. 4. 30.	경향신문	
서평: 『육법전서』	1959. 04. 06.	동아일보	
언론의 자유에 관하여	1959. 04. 09.	동아일보	

경향신문 폐간은 위헌 불법이다	1959. 05. 02.	동아일보	
군정 법령 제55호는 헌법 저촉	1959. 05. 20.	동아일보	
신민법 시행에 대한 소감	1959. 12.	법정	1959년 12월호
부정선거는 천추의 한 될 것	1960. 01. 01.	동아일보	
7.29 선거	1960. 07. 23.	동아일보	
민주당 분당은 피해야	1960. 07. 26.	동아일보	
장 내각에 바란다	1960. 08. 20.	동아일보	
고하가 간 뒤엔 사람 없어	1960. 10. 08.	동아일보	
박정희 의장 거취 문제	1962. 07. 22.	동아일보	
군정 연장과 국민투표에 대하여	1963. 03. 22.	사상계	1963년 4월호

2. 가인 김병로의 글

대법원장 취임사(1958년 8월 16일, 「국회속기록」 제41호)

나는 과거에 1945년 8월 15일 해방 후에 경성에 들어와서 약 1년 동안 정당에 몸을 두고 있었습니다. 그 후 1948년 7월 1일부터 군정하에 사법사무에 책임을 갖게 되기 때문에 정당관계를 다 끊고 오늘날까지 그 사무에 종사하여 왔습니다. 그러나 최초에 마음먹기는 군정하에 제반사무에 우리가 협력하는 것이 우리의 정식 정부를 수립하고 앞으로 독립국가를 건설하는 데에 기초사업이 되는 것으로 믿고 나로서는 미력이나마 일신상의 다소의 곤란과 나의 한 몸에 병고도 돌볼 바가 없이 나로서 성의를 다해서 사무에 종사하여 왔습니다마는 오늘날 2년 유여의 세월을 지내고 보니 무어라고 일반 국민에게 대해서 하등의 성과를 얻지 못하고 만 것은 참으로 외람하고 두려움을 더욱 느끼는 바입니다.

그것은 물론 나의 능력이 부족한 큰 원인이겠습니다마는 일방에 특수한 정치 정세에 제약을 받고 사상적으로 경제적으로 혼란한 시기를 그대로 지속하여 나온 때문에 마음에 먹는 바의 10분지 1도 시행을 못한 것입니다.

과거가 그럼에도 불구하고 오늘날 다시 이 무능한 사람에게 중책을 짊어지게 하신 데 대해서 일층 더 심신을 다해서 온 국민의 대표 되시는 여러분 앞에, 온 국민 전체 앞에 장래에 그 기대하시는 것을 만분지 1이라도 갚지 않으면 안 되겠다는 것을 스스로 맹서하는 것입니다.

원래 사법사무라는 것은 어떠한 관공직에 있는 이가 모두가 자기의 인격 수양과 또는 기술적 훈련에 힘을 안 써서는 안 될 것은 물론이지만 이 사법기관이라는 것은 직접적으로 온 국민의 생명과 신체, 재산과 명예와 온 국민의 허용한 헌법에 규정된 권리 임무를 최종적으로 결정하는 중대한 일을 가지기 때문에 더욱이 제1로는 자가의 수양을 더욱 긴급히 아니하면 안 될 것입니다.

자가의 수양이라는 것은 물론 한도가 있고 말로서는 쉬어도 실천에 옮겨서 일반 국민에게 정성스럽게 임하기는 과연 용이한 일이 아닙니다. 그다음에 기술적 단련을 받지 않으면 안 될 것입니다. 기술적 단련을 갖지 않으면 안 될 것은 여러분이 국민의 총의에 의지해서 제정해 주신 법을 적당하게 해석하고 공정하게 제정하고 온 국민으로 하여금 거기에 대한 신뢰심을 떨어뜨리지 말고 온 국민으로 하여금 부족한 감을 주지 않도록 반드시 거기에 심심한 연구와 단련이 있지 않으면 안 될 것입니다.

그러기 때문에 사법에 몸을 두는 사람은 제일 첫째는 자아수양을 배일층 더 해야 되겠습니다. 그다음에는 단련은 더욱더욱 날로 심심한 주의를 갖지 않으면 안 될 것입니다. 이러한 점에 있어서 사법에 몸을 두는 사람은 제일 첫째에 자기 몸을 갖는 데 있어서 어떠한 사람도 의심하지 않는 확신성을 가져야 되겠습니다.

그러나 그 점에 있어서 만일 나 자신에 있어 맹세하라고 하시면 내 한 사람으로는 과거나 현재나 장래를 물론하고라도 국민의 총의에 어그러짐이 없이 내가 실천궁행해서 국민의 기대에 맞도록 능히 용감스럽게 나가겠다고 하는 것을 맹세할 수 있습니다마는 사법기관에 있어서의 여러 판관 법관은 …… 여러분은 모다 아시는 바와 같이 두 가지 요건을 마음 가운데에 넣어서 국민 앞에 신뢰를 얻고 국민의 기대에 어그러짐이 없이 하는 것은 대단히 어려운 일입니다.

그와 같은 것은 오늘날까지 우리 신흥국가의 정세에 아직도 안전성을 가지지 못한 우리 국가에 있어서 오늘날에 급속스럽게 그와 같은 것을 실현하는 것은 어렵다고 하지 않을 수 없습니다. 차차 일보일보 장래에 앞으로 신뢰감을 주고 내 마음껏 여러분의 기대에 어그러짐이 없도록 결정하는 것입니다.

여기에 있어서 물론 사법기관은 자기가 법을 제정하는 것도 아니고 또 자기가 법을 제정할 권리도 없습니다. 다만 국민의 총의에 의지해서 국회의원 여러분이 제정해 주시면 그 제정한 법률을 잘 적당하게 적용하는 데 끝이고 마는 것입니다.

그러기 때문에 여러분 국회의원은 온 국민을 대표하고 국회의원 여러분은 이 시기에 적당하게 법관으로 하여금 마땅히 이것을 적용할 만한 법률을 제정해 주시면 거기에 우리는 의준依準해서 일반 국민의 공복으로 그것을 고정하게 운영하는 데 노력을 게을리 아니할 것을 결심하고 있습니다.

거기에 끝으로 한 말씀 드리고자 하는 것은, 그렇기 때문에 이 사법기관은 법관에 운영에 관한 사업에 대해서는 반드시 엄정한 독립성을 가져야 되겠습니다. 만일에 다른 방면에 간접이나 직접으로 강제를 받는다든지 어떠한 정신이 거기에 첨부된다고 할 것 같으면 아무리 수신을 갖고 나간다 하드라도 거기에 지장이 없지 않을 것입니다.

현명하신 국회의원 제 의원께서는 헌법에다가 기본원칙이 삼권분립 원칙을 뚜렷이 내세웠습니다. 그 원칙에 따라서 만반의 법령을 제정하실 때에 거기에 기준해서 제정하셔서 사법기관으로 하여금 유감없는 소신과 그 능력을 발휘하게 하여 주시기를 간절히 바라는 바입니다.

1953년도 법관 훈련 회동 훈시(1953년 10월 12일)

오늘 제1회 법관 훈련 회동에 당하여 본인은 소회의 일단을 피력하고자 합니다.

특히, 법관의 기강 문제에 관하여 말씀드리고자 하는바, 이에 대해서는 각자가 항상 유의하고 있지만 이 문제처럼 오늘의 이 핍박한 현실에 절실히 요구되는 것은 없다고 보므로 참고에 공供코자 내가 그동안 법관으로서의 소양과 자격을 구비하기 위하여 미력이나마 노력해 온 경험을 법관으로서의 실제 면에 비추어 말하고자 합니다.

① 법관의 도

먼저 법관으로서의 도를 우리는 견수하여야 될 것입니다.

왜냐하면 그것은 마치 사람이면 사람으로서의 도리가 있는 것과 마찬가지로 법관으로서도 당연한 도리가 있기 때문입니다. 도리는 또한 '책임'을 말하는 것이 되는데, 흔히 한 '국민의 도'라고 하면 그 국민으로서의 마땅히 해야 할 '일'을 지적하는 것이 되며, 나아가서 '민족의 도'라고 하면 민족의 책임을 말하는 것이 됩니다. 그러면 '법관의 도', 즉 법관이란 어떠한 책임을 가지고 있는 것인가? 만약 국민의 권리와 의무가 반드시 그 양성에 따라서 규율된다고 하면, 법관의 책임이란 그 국민의 권리와 의무를 그 국법에 의거하여 합리적으로 규정하는 데 있다고 볼 수 있습니다. 즉, 사법의 최종적인 책임이라는 것은 국민의 신체, 자유, 재산 등 전반적 권리, 의무를 최종적으로 규정하게 되는 것이므로, 이를 이행하고 있는 법관의 책임이라는 것은 무엇보다도 중대한 것입니다. 그러기 때문에, 법관은 항상 자신을 생각지 않으면 안 되는 것입니다. 말하자면, 내가 남을 정당하게 구속할 수 있으며 남의 생명을 적법하게 뺏을 수 있는가의 그러한 개념을 일시라도 잊어서는 안 되는 것입니다. 여기에 자연적으로 법관의 소양 문제가 나오게 되는 것인데, 참다운 법관이 되겠다는 것은 법에 대한 지식의 구비뿐만이 아니라, 법관으로서의 숭앙을 받을 만한 인격의 구비를 겸유하겠다는 데 있는 것입니다. 항상 양심에 의거하여 책임 있고 자유롭게 모든 사물을 구사한다고 하면, 그 결과에 대하여 무엇이든지 가책을 느끼지 않게 되는 것입니다.

② 정실 문제

특히, 법관 된 자로서는 어떠한 정실에 끌려서는 안 되겠습니다. 어떠한 사건에 있어서든지 친분, 감정 등을 초월하여 이성에 입각한 공정한 판단을 해야 하겠습니다. 사건의 전후 관계와 진실을 파악하지 않고 정실 등에 휩쓸려 소홀한 판단을 내리게 된다면, 법관으로서는 더 할 수 없는 '과오'를 범하게 되는 것입니다. 그렇기 때문에 법관은 '양심과 이성'을 생명처럼 알아야 하며, 이를 굳게 지킴으로써 법관 된 책임은 다하게 되는 것입니다. 법관은 자신의 감정을 항상 이성에 조절해 가지고 모든 사건 처결에 신중을 기해야 할 것입니다.

③ 법관의 몸가짐

법관의 몸가짐은, 첫째 세상 사람으로부터 의심을 받아서는 안 되는 것입니다. 만약 일반 국민으로부터 의심을 받게 된다면 법관으로서는 최대의 명예손상이 될 것입니다. 그렇기 때문에 항상 서로서로가 주의를 환기하여 공통적인 책임감을 견지해야 할 것입니다. 한 사람의 명예 실추는 법관 전체의 명예 실추가 되는 것입니다.

둘째로는, 음주를 근신하여야 되겠습니다. 물론 공식적인 연석 같은 것은 별문제이지만 오락적으로 먹는 것은 될 수 있는 대로 삼가야 하겠습니다. 법관이 술을 마시고 세상 사람 앞에서 추태를 부린다고 하면, 일반에게 낙망을 줄 뿐만 아니라 술이란 것은 남에게 유인되기 쉬운 것인 만큼 사실상 적지 않은 영향을 제래하게 되는 것입니다. 더욱이 '사건 관계자'의 것에 있어서는 직접 간접을 막론하고 절대 엄금해야 할 것입니다.

다음 유희 문제(특히 마작, 화투 등)에 대하여서는 대개가 소홀히 생각한 까닭에 여러 가지로 실패한 사람이 적지 않습니다. 일시적 오락 정도는 불문이겠지만, 여하튼 유희라는 것은 시간적 정신적으로 손실일 뿐만 아니라 위신상 절대 불가한 것입니다.

언구 문제에 관하여 말하면, 어떠한 사건이든지 판단하기 전에 법정 내외를 막론하고 표시해서는 안 됩니다. 즉, 원고 측에나 피고 측을 막론하고 법관의 판단을 예측하게 해서는 안 되겠습니다.

또한 실질상의 문제에 관하여 말하면, 이 문제는 무엇보다도 긴요한 것이기 때문에 항상 논의되고 있는 것인데, 민국이 수립된 지 얼마 안 될 뿐만 아니라, 그동안 6·25동란을 비롯한 사회의 혼란과 경제의 핍박 등 평상치 못한 세태가 연속되었기 때문에, 사법관으로서 당연히 해야 할 법률지식의 향상과 제반 수양을 약간 소홀히 한 감이 없지 않은 것으로 말미암아, 오늘날 법관의 질이 저하되었다는 문제가 심각하게 대두되게 되었는데, 법관이라는 지칭을 받게 된 이상에는 내가 능히 그 사건을 담당할 만한 실력을 갖추었는가를 항상 염두에 두지 않으면 안 될 것이며, 하루바삐 전국적인 질의 향상을 도모함으로써 이 사법의 중책을 완수하는 데 유감된 일이 없도록 하여야 할 것입니다.

끝으로, 사건 처결에 대하여 말씀드리겠습니다. 1, 2심 판결을 통해서 볼 때 '형의 균형'이 유지되고 있지 않고 있습니다. 그리고 똑같은 사건에 대해서도 어떤 것은 2년 등으로 형의 양정이 불균형되어 있는데, 이것은 공정을 기해야 할 사법의 커다란 모독이며, 따라서 세상 사람들이 사법을 신뢰하지 않는 절대한 요인이 되는 것입니다.

현 민사에 있어서는 적산 관계 사건이 가장 많고, 형사에 있어서는 보안법 및 비상조치령 위반자가 가장 많은데, 그중 양형의 기준을 확고하게 잡은 것이 드물며, 따라서 형의 불균형이 극심합니다. 한편 집행유예가 과다한데, 이것은 어떠한 이유인지 모르겠습니다. 집행유예의 진의를 정당하게 이해한다면, 이러한 현상은 없을 것이라고 봅니다. 특히 업무상 횡령죄 같은 것을 집행 유예한다는 것은 금물인 것입니다.

이상과 같은 제 과오를 적극 시정하기 위하여 법관은 하루바삐 각자 노력으로써 질의 향상을 도모해야 할 것입니다.

국민의 권리 수호하자(「동아일보」, 1959년 1월 1일)

어쨌든 무술년은 지나갔다. 새해에는 좀 나아지려니 하는 희망만은 가진다. 우리는 건국사에서 겪어 온 가지가지의 상처를 가지고 있기에 새해에 대한 기대를 거는 것이다. 여기에 제1대 대법원장인 가인 김병로 옹의 방담을 들었다.

① 법원 운영

…… 게다가 연임 문제까지 겹쳐서 설상가상 격이 되었다. 법관으로 적격 여부는 법원 자체가 누구보다도 잘 아는 문제인데, 이번의 연임 제청에 대한 발령이 불여의하게 되었다는 것은 이해하기 곤란하다. 그것도 제청한 다수인이 아무런 일유 없이 연임에서 제외되었다는 것은 지극히 불행한 일이다. 제외된 법관 중에는 참으로 사법관으로서는 그 귀감이 될 만한 분이 많은데 어째서 제외되었는지 도무지 그 이유를 알 수 없다. 들리는 말에 의하면, 선거 당시 자유당에 협조하지 않았다든가, 혹은 검사의 청구에 대한 무죄나 집행유예의 판결을 하였다는 등의 사유가 있다고 하나, 그것이 사실이라면 제청 거부 원인이 경찰이나 검찰의 감정에 좌우되어 삼권분립으로서의 법원의 위신은 물론, 이 나라의 앞날에 어떠한 결과가 올 것인지 실로 예측불허인 것이다. 물론 법관 연임 제청에 있어 대법관 회의에서 신중을 기하였다 하더라도 행정부에서 혹시 특별한 이유를 제시하여 부적임이 명백하여진다면 임명권자의 권한으로 거부할 수도 있겠지만, 아무런 이유 없이 사법관으로서 우수한 사람을 임의로 거부한다는 것은 법원의 장래에 더욱 걱정되는 바 크다. 인사 문제가 부정확하다면 사법운영의 독립성은 운운할 수도 없는 노릇이다.

② 선거 문제

5·2총선거의 결과를 보고 통탄하여 마지않았다. 민주정치의 구현은 그 기본이 자유선거에 있는 것이다. …… 5·2선거에 있어 신문지상에 보도된 사실이나 선거인들로부터 전문된 사실이 진정이라면 실로 통탄해 마지않는다. 투표는 투표이고 개표 결과는 딴판으로 만들 수 있는 괴술-환원한다면 무더기 환표 또는 유효표를 무효표로 조작한다든가 유효표를 절취한다는 사실을 전적으로 신뢰하고 싶지는 않지만, 만일 일부분이라도 그러한 행위가 있었다면 선거가 무슨 필요한 것인가. 이와 같이 선거를 하여 당선되었다고 해서 선량이라고 할 수 있겠는가? 할 수 없겠는가? 이와 같은 사실은 참으로 민주주의를 전연 말살하는 행위로서 국민을 전연 무시하는 파렴치한의 행위라고 아니할 수 없다. 이러한 사실이 실지로 선거소송 심리에서 명백히 나타났음에 이 일을 어떻게 하여야 근본적으로 응징을 가하여 민주주의를 살릴 수 있겠는가 말이다. 이와 같은 행위를 감행하고서 후안무치하게 민주주의니 자유선거니 하는 말을 공연히 하는 사람들의 심리상태를 상상조차 할 수 없다.

③ 국회 운영

입법부로서 법안 심의를 태만히 하여 온 것은 시종일관한 일로서 입법부 자체의 주된 책임이 무엇인가를 아는지 모르는지 국민이 다밥하게 생각하지 아니할 수 없다.

예산심의만 하더라도 본회의가 2, 3일에 처리하는 것은 연례사요, 단 하루에 처리한 일도 있지 않았는가. 국정감사라는 것이 있기는 하나 그 결과는 익히 유야무야 아닌가. …… 의안의 통과는 종다수인 것은 헌정의 상정이나 국정에 적응하고 조리에 합당한 경우라면 소수당의 반대를 배격할 수 있으되, 예를 들어 사사오십 같은 거나 국민의 여론에 정반대되는 일까지도 덮어놓고 다수당이 못할 일 없다는 심정으로 의안을 처리한다는 것은 헌정의 상도를 이탈한 것으로서 국민에게 가하는 해악에 지나지 않는 것이다.[2]

국민은 악법 폐지를 요구할 권리 있다(「동아일보」, 1959년 1월 10일)

긴박하고 싸늘한 공기 속에서 흐렸다 개었다 하는 '2·4파동'의 여파는 아직도 가실 줄 모르고 있는데, 지성인들이 본 '보안법 파동'의 비판은 이미 어제 들은 바이거니와 여기 '법이론적으로 본 보안법 파동'을 법률 전문가인 전 대법원장 김병로 옹으로부터 들어 본다. '2·4파동' 끝에 이루어진 보안법안의 국회 통과는 타당한가? 데모금지 조치는 합법인가? 국민의 권리를 회복하는 길은?

① 2·4파동으로 통과된 보안법 등은 무효이다.

원래 다수결이란 것은 각 정당의 소속 의원에게 찬성이건 반대건 각자의 의견을 충분히 표명할 기회를 준 다음에 종다수를 체결하는 것을 말하는 것이다. 그러므로 의안을 심의하는 도중에 결석하는 의원이 있다 하더라도 개회 및 심의의 정원수만 달하면 출석 의원만으로도 충분히 유효한 결의를 할 수 있다. 그러나 지난번의 '2·4파동'의 주제인 소위 개정 국가보안법이나 지방자치법 개정안 등의 안건에 있어서는 그날 의장의 개회선언도 없이 야당 의원 수의 4배나 되는 경위를 급속히 증가시켜 의장의 경위권 발동이라는 이름으로, 야당 의원들을 농성에 참가하고

2 "④ 국민에 대하여"는 생략하였다.

아니한 여부도 묻지 않고, 퇴거해야 되는 야당 의원 이름을 지적함이 없이 무더기로 퇴장이 아니라 납치하여 무자비한 폭행으로 다수의 의원에게 중상을 입히고, 다른 처소에 감금하였다가 여당만으로 다수결을 한 후, 감금했던 야당 의원들을 각기 그 주거로 호송하였다는 것이니, 그것이 다수 의결이라 하여 효력을 발생할 수 없음은 법이론으로나 상식론으로나 누구도 수긍하지 아니할 수 없는 것이다.

② 국민은 악법의 폐지를 요구할 권리가 있다.

위와 같은 방법에 의한 다수결로 통과했다는 법률안에 대한 반항은 불법이라고 증언하는 법무, 내무 당국자의 견해는 그것이 어떠한 법적 근거가 있다고 생각하는지 나로서는 이해할 수 없다. 그들이 말한 요점은 가사 악법이라 할지라도 공포 실시되면 기성 법률이므로, 국회의 절차에 의하여 폐지나 개정이 없는 이상 국민은 절대로 복종하여야 할 뿐이요, 반대 운동을 할 수 없다는 오류에서 나온 것이 아닌가 생각된다.

원래 '악법도 법'이라는 말은 적법한 국회의 절차에 따라 제정 공포된 법률을 말하는 것이요, 이상과 같은 적법성이 없는 다수결로써 통과된 법안이야 아무리 공포 실시하였다 하여도, 실질적으로는 법률적 효력을 발생할 수 없는 것이므로, 악법도 법이라는 말은 여기에 해당할 것이 아니다. 가사 국회의 절차를 밟아 적법하게 개정된 법률이라 할지라도 그 내용이 헌법 정신에 위배되거나 국민 생활에 적합하지 아니한 것이라면, 국민은 그 법률의 폐지 또는 개정을 위한 국민운동을 일으켜 입법부의 반성을 촉구할 권리를 경찰이 억압한다는 것은 민주국가에서는 있을 수 없는 일이다.[3]

3 "③ 행정소송으로 응징하라, ④ 군정법령은 소멸된 것"은 생략하였다.

부정선거는 천추의 한 될 것(「동아일보」, 1960년 1월 1일)

과거 1년을 회고하니 너무나 허무한 느낌이 나를 사로잡는다. 그 까닭이 무엇인지 나로서도 확연하지 아니하다. 다만 1년 동안의 모든 사회 정세가 무엇 하나도 나의 기대에 부응할 만한 것이 없었다는 것은 사실이다. 대저 과거 1년간에 우리의 한 일은 무엇이며, 우리의 얻은 바는 무엇인가. 생각이 여기에 미치면, 누구나 허무한 느낌이 없을 수 없으리라. 세월이 가고 오는 것은 대기의 운화이지마는 그에 따르는 인류 사회는 시간적 격동을 면할 수 없는 것이다. 이러한 격동 속에서 국가의 흥패와 민족의 성쇠가 결정된다.

이러한 결정적 운명이 정치의 선악에 달려 있기 때문에 국가의 안정과 민족의 영예를 이룩하자면, 정치의 운영이 성정의 상도에 이탈됨이 없고 자기의 공리심을 초월한 지도자가 있어야 한다. 특히 국가의 동란과 국민의 불안이 착잡한 시대에 있어서는 천리에 부응한 성자의 지도자를 요구하게 된다.

그러면, 우리 대한민국은 과연 어떠한 경지에 놓여 있는가. 국제관계에 있어서나 국내 실정에 있어서나, 누란의 기운에 봉착되어 있음을 알아야 한다. 이러한 위기에 처하여 국민의 한 사람으로서 정치 운영의 현실을 종합 검토할 때에 어찌 상심 번뇌하지 아니할 수 있으랴. 다기다단한 현상을 일일이 지적할 시간적 여유도 없거니와, 도리어 민심에 영향을 미칠 것을 고려하여, 다만 몇 가지 중요한 사실을 지적하여 당국자의 반성을 촉구하려 한다.

첫째, 선거 문제이니, 선거라는 것은 국민의 가장 귀중한 권리로서 민주정치의 기반이 되는 것이다. 이 선거가 권력 또는 금력에 견제되거나 부정 법칙에 의하여 유린된다면, 국민의 투표권은 근본적으로 부정되고 마는 것이며, 따라서 민주정치는 그 기반을 상실하고 말 것이다. 그러기 때문에 무엇보다도 선거만은 공정하여야 하고 국민의 투표권만은 존중되어야만 다른 국면에 결함이 있다 하더라도 민주정치를 말할 수 있고 민주정치로 지향할 수 있는 것이다.

나는 평소에 대한민국의 선거에는 권력이나 금력의 개입을 절대 배제하여 공정선거를 실시함으로써 민주정치의 기반을 확립하고 다른 비민주 국가에 대하여 수범되기를 기대하였던 것이다. 그럼에도 불구하고, 우리 정부 수립 후 최초 선거부터 권력과 금력이 선거에 영향을 미치는 행적이 없지 아니하였으므로, 이에 대한 염려가 적지 아니하였던 것인바, 5·2선거를 비롯하여 그 재선거에 이르기까지 모든 신문 보도와 검찰의 공소, 법원의 판결에 나타난 선거의 내용을 고찰하여 보면 권력, 금력의 개입은 차치하고라도, 국민의 투표권을 전연 말살하는 범행이, 즉 구체적으로 말하자면 국민의 투표지를 절취하고 다른 위조물로 환표도 하며 유효 투표를 무효로 조작하는 등 듣기에도 전율할 아찔한 행위가 현저히 나타난 것을 볼 때, 국민으로서 국가의 장래를 위하여 어찌 상심회념하지 아니할 자 그 누구 있으랴.

이러한 악질 선거는 부인할 수 없는 확정사실로서 국가의 장래에는 천추의 한이 될 것이며, 민주주의 기반이 파멸의 운명에 이르렀음을 생각할 때, 참으로 통탄함을 금할 수 없다. 그러나 왕사를 논한들 무슨 소용이 있으랴.

다만 간절히 당국자에게 바라는 바는 앞으로 있을 정·부통령 선거를 비롯하여 모든 선거에 있어서 과거와 같은 선거 재앙을 재연함이 없게 하여 민주주의 기반을 부활의 길로 지향하라는 것이다.

저번 선거 법칙에 있어서 나로서 또 한 가지 의문을 갖고 있는 것은 수사기관인 검찰의 태도였다. 무슨 까닭으로 선거 범칙자 다수를 공소기한까지 그대로 두었다가 그 기한이 경과한 후에야 대량적으로 불기소처분을 하였다는 것인가. 이것이 근본적으로 선거 범칙을 경이하게 처치할 예정이었던지, 그렇지 아니하면 이면에 무슨 정실이 개재함인지, 국민의 의아심을 설명하기 어려우리라.

둘째로, 공무원의 정당가입 문제이니, 공무원이 정치에 관여할 수 없음은 공무원법에 명백히 규정된 바이니, 그 의의는 공무원은 정당 관계에 있어서 엄정히 중립되어야 한다는 데 있는 것이다. 그럼에도 불구하고 신문 보도에 의하면 어느 장관은 소속 공무원에게 선거운동을 지시한 바 있다며, 어느 정당에서는 공무원이 당원이 될 수 없는 것이면 비밀당원으로 할 것이라는 언명을 하였다고 하니, 이러한 언동은 위법 또는 탈법 행위를 조장하는 것으로서 성현의 이른바 '법지불행은 자상범지法知不行 自上犯之'라는 말이 이러한 경우를 지칭함이 아닌가 생각된다.

수일 전에 어느 지방공무원이 나에게 말하기를 어느 기관으로부터 입당 원서를 교부하여 입당 권고를 받았는바, 내용인즉 그 정당에 가입하든지 그렇지 아니하면 직무를 사퇴하여야 할 기로에 있으니 어찌할 것이냐는 것이다. 나도 이에 응답하기 곤란하여 전날 창씨개명의 경우와 같다면 피하기 어려우리라고 말해 주고 말았다.

생각하여 본즉, 공무원은 위로부터 말단에 이르기까지 한 정당에 소속이 되어야 한다는 결과를 초래한 것이니, 이것이 소위 일당정치의 구현인지, 일당독재의 복안인지 이해할 수 없거니와 도대체 이러한 행동이 헌법정신에도 위배되고 공무원법에 위반됨이 명백한 바이니, 권력 앞에는 법도 무시되어야 한다는 것인가. 당국자나 정당인들은 아무리 선거대책에 급급한다 할지라도 무리로 자기 본위의 악법을 제정하거나 법을 유린하여서는 아니 될 것을 깨달아야 할 것이다. 그러므로 나는 앞으로는 소위 개정 국가보안법이나 지방자치법의 개정안과 같은 권력남용의 폐단이 없기를 바라마지 않는 바이다.

셋째로, 국민의 기본권 침해이니 이 헌법은 국민의 언론, 집회, 출판의 자유를 보장하고, 예외로 법에 의하여서만 제한할 수 있음을 규정하였기 때문에, 이러한 기본권리는 법으로 특별히 제한한 사항이 아니면 법령이나 어떠한 규칙으로써는 절대로 제한을 가할 수 없는 것이다.[4]

3. 항일 변론

연도	사건명	피고인	변호인	비고(관련 사항)
1921	조선민족대동단 사건	송세호 외	김우영, 김병로, 김태영	의친왕 망명
	임시정부 관련 사건	이춘숙	김병로, 채용묵, 김우영	상해임시정부의 군부 차장
1922	보합단 사건	김도원, 최남, 이성규, 장정용	신우영, 이선종, 김병로, 허헌, 이기찬, 강세형, 김기현	평북지방의 항일무장 단체
	신천지 필화 사건(1)	백대진	최진, 장도, 이한길, 김병로, 이승우, 강세형, 박승빈	잡지 『신천지』에 조선인의 참정권 요구하는 글 실음
	신생활지 필화 사건	김명진, 박희도, 유진희, 신일용	최진, 허헌, 김병로, 강세형	사회주의 잡지 『신생활지』에 러시아와 사회주의에 관한 글 실음

4 넷째 국비남용과 국민부담의 과중, 다섯째 외교 문제는 생략하였다.

1923	김상옥 관련 사건	전우진, 안홍한, 김한, 이혜수, 정병두, 정설교, 신화수, 윤익중	김태영, 김병로, 이종성, 김용무, 최진, 허헌, 이승우	김상옥이 종로경찰서에 폭탄을 투척
	의열단 사건	김시현, 유석현, 황옥, 이현준, 남녕덕, 류병하, 류시태, 홍종우, 백영무, 조황, 조동근, 이경희	김병로, 이인, 최진, 강세형, 김용무, 권혁채, 허헌, 윤방현	의열단원의 국내 잠입
	신천지 필화 사건(2)	박제호, 유병기	김용무, 이인, 이승우, 허헌, 김병로, 김태영, 이종성	유병기의 글로 편집인 박제호와 함께 피소
1924	용강 군수 사건	동아일보	김병로, 한근조	용강 군수에 대한 동아일보 보도를 명예훼손으로 고소
	북율면 소작쟁의 사건	김계윤 외 4명	김병로, 김용무, 이인	북율 동척 소작쟁의
	흑기연맹 사건	이복원, 곽윤모, 이창식, 이기영, 한병희, 서상경, 서천순, 서정연, 신영우, 홍진우	김병로, 김용무, 이인	무정부주의 단체 흑기연맹
1926	강기덕 설화 사건	강기덕 등	김병로	사회주의 선전 강연
1927	고려혁명당 사건	이동구 등 14명	이인, 김병로. 이희적, 최창조	만주에서 결성된 항일단체
	보성고보 맹휴 사건	박종운 외 4명	김병로	교장에 대한 항의
	1, 2차 조선공산당 사건	김재봉, 강달영, 권오설, 박헌영 등 101명	이승우, 김태여, 허헌, 장도, 최진, 이인, 김용무, 이종하, 김찬영, 정구영, 권승렬, 한상억, 강세형, 이창휘, 한국종, 조주영, 최창조, 이희적, 탁창하, 한근조, 박응무	김재봉, 박헌영의 조선공산당 조직과 강달영과 권오설의 조선공산당 재조직, 101사건

1928	3차 공산당(ML당) 사건	김준연, 김세연, 최창익, 최익한, 김남수, 하필원, 김동주, 정백, 한림, 김남수, 강대홍, 온낙중	김병로, 이인, 허헌	재건된 조선공산당이 민족주의와의 협력 추진
	간도 공산당 사건	최원택, 김지종 등 30명	김병로, 김태영, 이인, 한국종, 한상억, 허헌	조선공산당 만주총국이 조선공산당 공판의 공개 요구
	중외일보 필화 사건	이정섭, 이상협	이승우, 이기찬, 이인, 허헌, 강세형, 김찬영, 임창수, 김병로, 김태영, 최용묵, 한국종, 김영무	이정섭 기자의 세계 기행문에 애란 공산당 당수의 회견문을 실음
	옥구 소작쟁의 사건	김향규 등 34명	조규박, 김병로, 한상덕	전라북도 옥구군에서 발생한 소작료 인상에 반대하는 쟁의
	함남기자연맹 사건	강기덕, 함석희, 손홍관, 김윤해, 이재웅, 강영균 등 13명	한국종, 이창휘, 허헌, 김병로, 이승우, 권승렬, 조헌식	함남기자연맹의 기자대회 개최, 경찰탄핵 연설
	순영우차조합 사건	우일훈, 이인흡	김병로, 이인, 유태설	영흥 흑연광산 노동자 파업
	여운형 사건	여운형	김용무, 김병로, 한국종 권승렬, 양윤식, 이인, 강세형, 이창휘, 이종성 송영상, 한상억, 허헌	여운형 체포
	개성공산당 사건	김봉철, 서원표, 원점룡, 박동수, 이태영, 김점봉, 양준규, 변덕주, 장삼득, 이경룡, 이종익	김태영, 이창휘, 이인, 김병로, 한상억, 허헌	모스크바대학 출신 김정환이 조선농인사를 중심으로 조직한 공산당 단체로, 후에 장삼득이 제4적색 대중당이라 개칭
1929	원산쟁의 사건	김지오, 한만화, 유영섭, 원정상, 이명수	김병로, 허헌, 김태영	원산대파업 사건
	대구학생 사건	윤장혁, 상무상 외 28명	김병로, 이인, 한국종	대구지역 학생들이 마르크스주의 학습을 위해 조직한 독서회 사건

	조선공산당 관련 사건	좌공림, 김용찬, 권태석	이인, 김병로, 한국종, 허헌, 한상억	제4차 조선공산당 재건 사건
	원산총파업 사건	김경식 외	김병로, 이인, 허헌	원산부두노동자 파업
1930	이천 무정부주의자 사건	이은송 외 3명	김태영, 이인, 김병로, 한국종	무정부주의자 이은송을 중심으로 비밀결사인 이천농민자유연맹을 조직한 사건
	민중대회 사건	허헌, 이관용, 홍명희, 이원혁, 조병옥	김동준, 이인, 양윤식, 이승우, 김용무, 심상필, 이종성, 정구영, 최병석, 김찬영, 손치은, 한국종, 강세형, 한영욱, 권승렬, 이병우, 이창휘, 진직현, 신석정, 김병로 (20인)	광주학생운동의 진상발표를 위한 광주실정보고민중대회 관련 사건
	경성여학생 만세 사건	허정숙 외 7명	김병로, 양윤식, 강세형, 이창휘, 한국종, 이인	서울지역 남녀 학생들의 행진, 일경이 근우회를 배후로 지목
1932	선천 대산면장 살해 사건	박규명	김병로	대한청년단원, 3·1운동 당시에 대산면장 살해
	정평농조 사건	원희극, 김장렬, 김홍식, 이동선 등 59명	김병로, 이인, 원택연	정평농민조합의 농민운동 관련
	안창호 사건	안창호	이인, 신태학, 김용무, 김병로, 양윤식	안창호가 상해에서 체포됨
	만주무장투쟁 사건	오동진	이인, 이희적, 최창조, 박영희, 김지건, 김병로, 김용무	만주에서 결성된 정의부의 군사부위원장 겸 사령장
1933	간도공산당 사건	배동건 외 275명	김병로, 이종성, 이인, 신태학, 소완규, 김용무, 최백순, 심상직, 장두식, 문택규	3·1운동 30주년을 맞아 대대적인 시위운동

	조용하 사건	조용하	이인, 박재선, 김병로	하와이 한인협회 조직한 독립운동가
1934	공산당 재건 사건	박헌영, 김형선	김병로	소련으로 탈출했던 박헌영에 대한 재판
1938	공산당 재건 사건	이재유	신태학, 김병로	공산당활동, '적기'를 발행
1941	수양동우회 사건	이광수 외	이인, 김병로, 홍순엽, 안성기, 김익진, 정재원	

화강 최대교

1. 논저 목록

제목	발표일	발표지	권/호
瀆職問題에 對하여	1954. 09.	신천지	제9권 제9호
(隨想) 法窓閑談	1963. 11.	사법행정	
검사의 지위	1964. 01.	고시계	제9권 제12호
(사건의 회고) 初代商工長官 瀆職問題	1984. 01.	사법행정	
(사건의 회고) 3·1 독립선언서 발포와 적용법령의 논쟁	1984. 03.	사법행정	
(사건의 회고) 내가 보고 들은 일들[상]	1984. 04.	사법행정	
(사건의 회고) 내가 보고 들은 일들[하]	1984. 05.	사법행정	

2. 화강 최대교의 글

검사의 지위(『고시계』 제9권 제12호, 1964. 1.)

1. 총설

검사는 공소권을 행사함을 주요 임무의 하나로 하는 국가기관이다. 검사는 각자가 공소권을 행사할 수 있는 권한을 가진 단독제의 관청인 것이며 검찰총장 검사장의 보조기관이 아니다. 다만 상관의 지휘·명령에 복종할 뿐이다.

소송절차의 구조에는 사인소추주의와 국가소추주의의 두 가지의 형태가 있다. 검사제도는 국가적 형사소추를 행하는 국가소추주의의 소산이다.

검찰제도는 영·미법계와 불·독 등 대륙법계에 따라 각각 상이한 제도적 연원에 따라 차이점이 많다. 불에 있어서는 혁명 전에는 '국왕의 대관'이 벌금·몰수 등을 징수하기 위하여 형사절차에 관여하였다. 이 시대에는 불고불리의 원칙은 없었다. 일시는 영국의 기소배심제를 도입하였었으나 1808년 치죄법 이래 기소배심을 폐지하고 '국왕의 대관' 대신에 '공화국의 대관'이 형사절차에 있어서 원고관에 서게 되었다. 이 공화국의 대관은 단순한 소추관일 뿐만 아니라 공익의 대표자로서 예심판사를 감독하고 법률의 해석통일에 관한 감시와 경찰관, 변호사, 집달사, 법원서기를 감독하는 권한을 가졌다. 이 제도가 독일에 계수되어 법원과 검찰이 판연히 구별되는 동시에 검사는 기소권과 재판집행권만을 가지게 되었고 기타의 감독권은 인정되지 않았다. 그러나 영·미의 검사제도는 이와 판이하다. 영국의 검찰관은 공소의 제기를 담당하는 것이 아니고 규정된 범죄에 대하여 사인의 소추에 맡겨 두면 기소가 곤란한 사건에만 개입하고 경찰관을 원조하고 피고인의 상소사건에 대하여 국가의 이익을 대표하는 임무를 가진다. 미국의 검찰관은 대륙법계의 검사의 장점을 가미하여 임명 또는 공선의 검찰관이 대배심의 원조를 받아 정식 기소하거나 약식 기소를 담당한다.

검사의 직무인 범죄수사 및 공소권의 행사에 관한 사무는 검찰사무라 칭하는데, 이 검찰사무는 행정사무이면서도 특수한 성격을 갖는다. 검사가 행사하는 검찰권은 실질적으로 형사사법의 운용에 중대한 영향을 미치므로 행정권의 일 작용인 동시에 사법권과 밀접한 관계를 가지고 있다. 따라서 검찰사무는 준사법의 의의를 내포하고 있는 것이다. 현행법은 이러나 검사의 특수한 성격에 비추어 행정관이지만 타 행정관과 달리 자격요건, 임명에 법적 규정을 하고 또한 강력한 신분보장(검찰청법 제22조 이하)이 인정되어 있는데 이는 법관의 신분보장과 거의 동일하다. 다만 법관의 신분보장은 헌법상의 보장임에 비하여 검사의 신분보장은 검찰청법상의 보장임에 그 차이가 있다.

2. 검사의 지위

검사가 검찰사무를 행사하는 권한을 검찰권이라 하는바, 이 검찰권의 행사는 공익의 대표자로서의 지위에서 행하는 것이고, 범죄의 피해자 기타 특정인의 대리인으로 하는 것이 아님은 전술한 바와 같다.

검사의 지위를 논함에 있어서는 형사소송법상의 지위 이외에 민법, 상법, 민사소송법 등 여러 법령에 걸쳐서 특수한 지위가 인정되는 경우가 있으나 여기서 고찰할 성질의 것은 아니다. 검사는 형사에 관하여 공익의 대표자로서 범죄의 수사, 공소제기, 법령의 정당한 적용의 청구, 재판의 집행 등을 주요 임무(검찰청법 제5조)로 하고 있는데, 이에 대응하여 검사의 지위를 논하고자 한다.

1) 범죄수사의 주체자로서의 지위

검찰청법과 형사소송법 제195조에 검사는 범죄의 혐의가 있다고 사료하는 때에는 범인 및 범죄사실과 증거를 수사하여야 한다고 규정하고 있다. 그런데 수사에 임하는 지위는 검사 이외에도 사법경찰관이 있다. 그러나 우리 형사소송법은 검사의 사법경찰관에 대한 수사지휘권을 인정하여 상명하복 관계를 강력히 제도화(형사소송법 제210조, 제312조, 검찰청법 제36조 등)하였으므로 수사의 주체는 어디까지나 검사인 것이다.

2) 공소관으로서의 지위

검사는 공익의 대표자로서 공소를 독점하여 원고로서 피고와 대등한 소송 당사자가 된다. 그러나 피해자 소추와 같은 개인의 자의에 지배되지 않고 범죄의 혐의가 충분히 인정되는 경우에도 범죄의 사회적 영향, 피해자 및 범인의 입장 등 일체의 사정을 참작하여 고소를 제기하지 아니할 수 있다(형사소송법 제247조). 이를 기소편의주의라 하는데, 이의 당연한 귀결로서 검사는 공소제기 후 이를 취소할 수 있다. 다만 공소취소의 남용을 방지하기 위하여 제일심판결 선고 전에 취소하여야 한다고 규정하였다(형사소송법 제255조 제1항).

검사의 공소관으로서의 지위에 있어서 기소독점주의, 기소편의주의는 형사사법에 있어서 구체적 정의의 실현에 다대한 공헌을 함은 무시할 수 없으나, 그 폐해 역시 적지 않다. 검사의 자의 전단에 흐르거나 정치적 고려에 의하여 사법의 공정을 해할 우려가 있다. 이를 방지하기 위하여 현행법은 검사의 공소권 운용에 세 개의 법적 공제를 설정하였다.

(가) 고소·고발 있는 사건에 관하여 검사는 처분의 결과를 고소인, 고발인에게 서면으로 통지하여야 한다(형사소송법 제258조 제1항).

(나) 검사의 불기소처분에 불복 있는 고소인, 고발인은 그 검사가 속하는 직근 상급 검찰청의 장에게 항소할 수 있다(검찰청법 제12조).

(다) 준기소절차에 의한 공제: 형사소송법 제260조 이하에 규정되어 있는 재판상의 준기소절차이다. 이 경우에도 검사의 기소독점주의, 기소편의주의를 가능한 한 준수하려는 노력이 절차상에 구현되어 있음을 주의해야 할 것이다.

3) 법령의 정당한 적용의 청구자로서의 지위

검사가 공소관으로서 공소를 제기하는 것은 법의 정당한 적용을 청구하는 일면을 가진 것이다. 그러나 법의 정당한 적용의 청구자로서의 지위를 독립적으로 논하는 실익은 법원이 자신의 오판을 원심법원이건 상급법원이건 직권으로 정정할 수 없고 반드시 당사자의 청구를 필요로 하는 데 있다. 이 경우 피고인의 정정 청구(상소·재심)는 자기의 정당한 이익이 침해된 것을 구제하기 위한 것임에 반하여, 검사의 상소, 재심의 청구는 법령의 정당한 적용을 청구한다는 성격을 갖는 것이다. 검사의 지위가 이 점에서 가장 명료하게 나타나고 있는 것은 비상상고이다. 비상상고는 확정판결의 법률점의 오판을 시정하는 것이며 비상상고권자는 검찰총장에 한정되어 있고, 따라서 피고인에게 유리한 경우뿐만 아니라 불리한 경우에도 비상상고를 할 수 있다. 또한 비상상고의 판결은 원칙적으로 그 효력이 피고인에게 미치지 않는 점에서 보는 바와 같이 구체적 사안의 해결을 목적으로 하기보다 법령의 정당한 적용 자체를 목적으로 하는 제도임을 간취할 수 있다.

4) 재판의 집행기관으로서의 지위

집행을 요하는 형사재판은 검사의 지휘하에 행하여진다(예외 형사소송법 제81조 제1항, 제115조 제1항). 재판이 확정된 후 법원은 그 집행에 원칙적으로 관여하지 않으나, 형사소송법 제487조 내지 제492조의 경우에는 이에 관여한다. 검사의 집행 지휘하에 직접으로 집행을 행하는 자는 형벌에 있어서는 행형 관리이고, 기타의 재판 예컨대 구속영장 집행에 있어서는 사법경찰관리이다. 재판의 집행은 그 재판을 한 법원에 대응한 검사가 지휘한다(형사소송법 제460조 제1항 본문).

검사가 이상과 같은 직무를 행하는 데는 관할의 제한이 있다. 즉 검사는 법령에 특별한 규정이 있는 경우를 제외하고는 검사가 소속되어 있는 검찰청의 관할구역 내에서만 그 직무를 행할 수 있다. 단 수사상 필요한 경우에는 관할구역 외에서 직무를 행할 수 있다.

3. 검사의 지위와 검사동일체의 원칙

전술한 바와 같이 개개의 검사는 독립관청으로서 각자가 국가를 대표하여 검찰권을 행사하는 것이다. 타면他面 검찰총장을 정점으로 하여 전국적으로 통일적·계층적인 조직체를 만들어서 상명하복의 일체불가분의 유기체적 관계로서 활동한다. 이를 검사동일체의 원칙이라고 하는 것이다. 검찰사무에 있어서뿐만 아니라 검찰행정사무(검사의 임명, 보직, 예산의 집행 등)에 있어서도 적용된다. 검찰사무 중 특히 범죄수사에 대하여는 그 성질상 전국적으로 긴밀한 연락을 필요로 하는 경우가 적지 아니하고, 또 기소편의주의하에서는 기소유예의 표준을 전국적으로 통일하는 것이 구체적 정의 실현의 최소한 요청이므로 검사동일체의 원칙은 이러한 요청을 충족시키기 위하여 필요한 것이다. 그러나 이러한 검사동일체의 원칙은 기소독점주의, 기소편의주의, 사법경찰관에 대한 지휘권과 결합하여 검찰 전단, 정치적 간섭 등의 폐해를 야기할 우려가 다분히 존재한다. 이러한 폐해들을 가능한 한 방지하기 위한 현행법상의 공제에 대하여는 전술한 바와 같다.

범죄수사 또는 공판 관여 등 일체의 검찰사무 취급 도중에 다른 검사와 교체되어도 소송법상의 효과에는 변함이 없다. 즉 동일 검사가 행한 것과 같은 효과를 가지며 갱신절차를 필요로 하지 않는다. 이는 검사동일체의 원칙의 당연한 귀결이다.

검사동일체의 정점은 검찰총장이나 그 상위에 법무부장관이 있다. 그러나 이는 검사가 아니므로 검찰사무에 있어서는 검사에 대하여 일반적인 지휘권을 가질 뿐으로, 개개의 구체적 사건에 대한 지휘감독권은 검찰총장에 대하여서만 행사할 수 있음에 불과하다(검찰청법 제14조). 강력히 신분이 보장되어 있는 검찰총장은(검찰청법 제22조) 정당, 기타 정치적 이유로 인한 법무부장관의 부당한 간섭을 방지하고 구체적 사건 처리에 정의를 실현시킬 수 있다. 그러나 운용의 묘를 얻기 전에는 제도란 하나의 수식에 불과할 것이다.

3. 정신의 기둥 잃은 큰 슬픔[5]

전 弘益大學 교수 崔衡粲

한국의 학구도學究徒들은 1930년 전후반기까지만 하여도 동경의 명문대학이라도 일컫는 6대학(東京大學, 早稻田大, 慶應大, 法政大, 明治大, 立敎大)을 모르고, 와세다早稻田대학이나 메이지明治대학만을 알고 있을 정도였다. 호세이法政대학은 1940년대까지만 하여도 한국 학생의 입학을 제재한 관계로 한국 학생의 수가 극소수였다. 호세이대학의 연혁을 보면 1880년 4월 東京法學社로 창설되어 1889년 5월 和佛法律學校로 개칭, 미츠쿠리 린쇼箕作麟祥 씨가 초대교장으로 취임, 1891년까지 교장직에 있었다. …… 1888년 3월 전문학교령이 공포되어 재단법인 호세이法政대학으로 발족되어 현재에 이르렀던 것이다. 일본국 신정부의 모든 법률이 호세이 和佛法律學校로부터 창시되었다고 사람들이 말하는 것은 이런 연혁에서 온 것이다 …….

내가 호세이대학을 졸업한 것은 1942년이었다. 와세다대학이나 메이지대학은 졸업생 수효가 많아 재경동창회가 조직되어 있으나, 호세이대학은 재경동창회가 없었다. 그래서 소수의 졸업생이나마 동창 상호간의 유대와 친목을 꾀하자는 취지로 선배 친지들을 개별 접촉한 끝에 다수의 찬동을 얻어 1944년 5월 호세이대학 한국재경동창회를 조직 결성했

5 이 글은 최대교 선배를 잃은 후배 최형찬 교수가 1998년 9월 쓴 글의 일부이다. 일본 호세이대학 후배인 최 교수의 글에는 대선배이면서 동시에 정신적 기둥이었던 화강 선생을 잃은 슬픔이 절절이 담겨 있다. 최 교수는 공교롭게도 화강이 운명하기 전날 밤 10시 10분 최대교 선배를 찾아뵈었는데, 그 만남이 마지막이 되었다고 한다. 추모의 글이지만 자료적 가치도 있다고 판단되어 『한국法曹의 세 어른』에 실린 글을 발췌하여 옮겨 둔다.

다. 이러므로 대선배이신 화강 최대교 선배님을 모시게 되었다. …… 나는 생전 화강 선생을 가까이 뵙고 많은 배움을 받은 후배이기도 하지만 선생과 동년배의 다른 선배들을 통해서도 여러 이야기를 들은 바 있어 평소에 존경심을 지니고 있었다. 청백리이자 역사의 풍랑 속에서도 소신을 지닌 법조인으로서의 화강 선생의 모습을 나는 선생을 뵐 적마다 실감했다.

일생 공직생활의 엄격한 원칙을 사생활에도 굳게 지키셨다. 화강 선생에 관한 여러 일화는 널리 알려져 있는 바 그대로다. 한국 현대사의 산증인이시면서도, 또한 그 역사의 한 부분에 참여하신 화강 선생의 법조인으로서의 면모는 실로 본받을 바가 크다. 자유당 시절 이승만 정권의 압력에도 불구하고 당시 상공부장관 임영신을 수뢰혐의로 소신대로 기소했다. 이러므로 검사장직에서 과감히 물러난 일이나, 백범 암살 사건을 한독당 내부사건으로 조작 처리하려 했던 자유당 정권에 대해 지속적으로 진상규명을 주장했다. 이런 양심선언은 한국 법조계의 귀감이 되는 귀중한 예들이다. 사람들이 익히 알고 있는 최 선배의 공직생활에서의 엄격함은 오랫동안 여일하게 자신의 신조를 지키고 관리하는 데서 유래됨을 알 수 있다. 특히 선생은 공적 생활과 사적 생활을 엄격히 구분하여, 하나가 다른 하나에 모순됨이 없게끔 자신의 처신을 가꾸셨던 분이다. 아들 종백(현 변호사) 씨가 고등고시에 응시하자 스스로 고시 위원직을 사퇴한 일은 선생의 청렴한 성품과 공과 사에 얼마나 엄격했는지를 보여 주는 단면이기도 하다. ……

유신 정부 때 야당 성향에 가까운 법조인들에게는 합동공증사무소를 잘 허가해 주지 않았다. 그래도 상위직 관리들은 최대교 선생을 잘 알고 있어 허가를 받은 것으로 알고 있다. 그래서 영등포에 사무실을 얻어 합동공증사무소의 개업을 했다. 이때 딴 변호사를 영입하는데 부정을 행하면 언제라도 그만두겠다는 각서를 쓰게 하신 일화도 있다. 당주동 사무소에서 신문로 2가 피어슨상가로 사무실을 옮긴 후 모 사건을 놓고, 법원 서기장이 최대교 변호사 사무장에게 연락하여 최 변호사께서 사건을 맡아 주시면 틀림없이 승소할 것이니 사건을 맡도록 해주면 서로 얼마 얼마씩 나누어 갖자고 제안했다. 그러나 이 사건의 내막을 알게 되자 오히려 문제화하여 최 선배는 사무장을 파면한 일도 일화로 남아 있다. 내 가족의 생활만 할 수 있다면 되지 과욕이나 허욕이 필요 없다는 게 화강 선생의 참뜻인 것이다. 그래서 법관생활 40여 년에 오직 아현동 집 하나밖에는 없다고 한다. 금전만능 시대라 그런지 요즘 사회인들은 그 사람의 인격은 보지 않고 외모만 보고 사람을 평가하는 흐름이 많다. 어느 날 선생을 보니 입으신 와이셔츠 앞단추에 '아버님 것'이란 쪽지가 달린 것을 그대로 입고 다니셨던 것을 보고 떼어 드렸다. 선생은 그제야 의식하신 듯 무안스러워 웃어 버렸다. 이처럼 선생은 일에 몰두하면 외양 따위에는 무심하신 분이다. 검소하고 강직한 팔순의 노 변호사가 사무장도 내보내고 법률소장이나 답변서 등을 손수 작성해서 법원에 제출하는 성실함은 누구나 칭송할 만한 것이라 하겠다.

이런 절제와 검소한 생활은 선생의 식생활에도 배어 있다. 이하윤 교수의 말에 따르면 화강 선생은 제일고보 시절부터 하루 이식만 하였다 한다. 내가 보아도 노년에 이르기까지 이 습관을 철저히 유지했던 것을 알고 있다. 그런데 이런 절제와 엄격한 신조를 지킨 법조인으로서의 최 선배는 다른 한편으로는 후배에게 따뜻하고 후배를 신임하는 또 다른 면모를 보이셨다. …… 일상생활에서 워낙 검소하셔서, 사회인은 물론이고 선후배 사이라도 값진 회식을 청해도 응하는 것을 보지 못했다. 그런데 동경 유학시절이 회상되어 그런지 나와는 조금 달라, "지나다 보니 가바야키 하는 곳이 있던데" 하시어 선배님을 모시고 간 적이 많이 있었다.

당주동에 법률사무소를 가지고 있으실 때의 일이다. 어느 날 "노량진 전화국 뒤편에 집이 있는데 같이 가서 보지 않겠느냐"고 하여 동행했다. 집을 돌아보고 오시드니, "최 교수 마음에는 어떠냐"고 물으시기에 "건물이나 정원 등 가격을 어찌 달라는지 모르겠지만 괜찮습니다" 하였다. 최 선배 마음에도 드셨는지 계약을 하시고 매수 후 아드님 종백 판사가 생활했다. ……

화강 선생은 일본 판례에는 물론이고 영국 판례까지도 잘 알고 있으신 것으로 알려져 있다. 법률뿐 아니라 우리 역사에 대해서도 풍부한 지식을 가지고 있으셔서 후배로서 배울 것이 많아 선생의 말년에는 근 일주일에 1~2차 시간 나는 대로 찾아가 대화를 나누는 처지였다. 현직 국무총리 시절에 백두진白斗鎭 씨도 화강 선생에게 대담을 청하는 것을 수차례 보았다. 정일권丁一權 국무총리도 난국이 생기면 전화 등으로 자문을 청하는 일이 여러 차례 있었던 것을 알고 있다.

최 선배는 대담 도중 엉뚱한 질문을 하시곤 한다. 하루는 "최 교수는 묘비문 관직 위에 행行 자나 수守 자를 본 적이 있느냐"고 물으시어 "본 적이 있습니다" 했더니 행 자나 수 자가 무슨 뜻이냐고 물으셨다. "행 자는 가자, 즉 품계가 정일품正一品이나 종일품從一品일 경우 숭록崇祿이나 숭정대부崇政大夫인데 직위가 정이품인 판서일 경우 숭정대부행 ○○ 판서로 행 자를 넣고, 수 자는 그 반대인 경우로 품직은 낮고 직위가 높을 때 수 자를 씁니다" 하고 대답했다. 빙그레 웃으시면서 맞다고 말하시던 것을 기억한다. 미수이신 어느 일요일, 양평 용문사를 구경하고 왔다고 하며 즉흥적으로 써 보았다는 시 한 편을 주셨다.

昔聞龍門寺 今上彌智山 옛적에 듣던 용문사러니 이제사 미지산에 오르노라
萬樹凌幽逕 淸流洗葉石 일만 나무 그윽한 길을 가리우고 맑게 흐르는 물 돌 덤불 씻어 주네
亭亭銀杏木 含情千百年 정정한 것은 은행나무 머금은 정情 천백 년 되었네
繁枝年年鹿 王孫歸不歸 무성한 가지 해마다 푸르건만 왕손은 가고 오지 않노라

대쪽 같은 검사의 모습 뒤에도 이런 은근한 성품이 있었던 것을 알고 있는 사람이 나만은 아니었으리라. 위당爲堂 정인보鄭寅普 선생이 최 선배를 이렇게 읊었다. "秋水之淸淸而柔 不如江冰不可舟(가을 강은 맑으나 부드러워 배를 띄울 수 없는 얼음 강과는 다르다)"고 했다. "맑고 부드러운 가을 강"에 비유한 것에서도 머금은 뜻이 어림된다.

노 변호사는 재판정에서의 손자 같은 젊은 판사에게 서면 답변서를 제출했다. 판사가 읽어 내려 가다가 반초 한자를 몰라보고, 이게 무슨 문서요 하고 서류를 밀어 버리는 수모를 당하기도 했다. 그야말로 사람을 모르고 외모만 보는 무지한 법관과의 이 일화를 통해 변호사업을 그만두겠다고 결심한 계기가 되었다고 말씀한 기억이 생생하다.

이렇게 매사에 정정하신 향년 91세의 현역 법조인이신 선배님을 1주일 전에 뵙고 한담을 나눈 바 있다. 그런데 청량리 성바오로병원에 입원 중이시라 하여 찾아간 것은 1992년 10월 20일 밤 10시. 문병을 가니 침상에는 집필하시던 책의 원고지가 쌓여 있는 것을 보고, 아드님 종백 씨에게 이 밤을 잘 넘기시면 회춘하지 아니하시겠는가 하고 위로한 뒤 집으로 돌아왔었다. 그런데 다음 날 21일 새벽 2시에 세상을 떠나셨다는 부음을 받았다.

1998년 9월

바오로 김홍섭[6]

1. 논저 목록(일부)

제목	발표일	발표지	권/호
검사정 제4호	1946.	신천지	1-4호
형법과 사회	1946. 6. 30.	서울신문	
모리謀利의 한계에 대하여	1947. 2.	신천지	2-2호
추창기秋窓記	1947. 3. 11.	서울신문	
심추수心秋水-너를 싫어하지 않으려 한다	1947. 10. 25.	호남신문	
성웅 간디를 추모함	1948. 2. 6.	동아일보	
소년법안少年法案 수정비견修正鄙見	1949. 2. 8.~9.	동아일보	
소년입법에 제언함	1949. 4. 12.	동아일보	

6 김홍섭 판사에 관한 자료집이 서세 50주년을 맞이하여 2015년 3월 12일에 사법발전재단에서 출간되었다. '법관 김홍섭 자료집 편찬위원회'가 펴낸 『사법의 혼, 진리의 구도자 법관 김홍섭 자료집』이다. 총 890쪽. 주요 자료는 이 자료집을 참고하기 바람.

소년의 불량화와 그 교호책敎護策	1949. 10.	민성	5-10
동해(현상문예 당선 시)	1950. 1. 7.	서울신문	(가작 1석)
소년 교호의 근본문제 1, 2, 3	1950. 1. 16./18./19.	동아일보	
소년법안대안 폐기에 제함	1950. 2. 13.	동아일보	
성좌도星座圖	1952. 12. 23.	사법신문	
너를 싫어하지 않으려 한다-법관참회	1953. 12. 26.	법정	
자연의 법칙과 인간의 법률	1954. 8.	법조회지	
일一 법관의 심정 1, 2, 3회	1954. 11. 2.~4.	조선일보	
『무명』(시집)	1954. 12. 10.	통문관	
『창세기초』(수필집)	1954. 12. 15.	육성각	
인권: 최귀한 것. 어느 사형수의 경우	1958. 12. 10.	조선일보	
법학과 법관(일 법관의 심정 제목변경)	1959. 3. 16.	법률신문	336호
	1960. 4.	법정(법정사)	
춘향과 누갈다. 상/중/하	1959. 4. 8./9./12.	동아일보	
인권주간 소회: 인간은 보편적으로 존귀	1959. 12.	전북일보	
형의 양정에 관한 소고 1	1960	법조	제9권 4/5/6호
일 극형수의 회심-간첩 박○호의 수기	1960. 6.	법조	
『무상을 넘어서』(수필집)	1960. 12. 20. (초판)	정음사	
	1964. 7. 10. (재판)	정음사	
사람이란 날개가 없었다	1965. 1. 1.	조선일보	
『무상을 넘어서』(유고집)	1971. 10. 20. (2011. 2. 5. 2판 16쇄 발행)	성바오로 출판사	

2. 바오로 김홍섭의 글

法學과 法官

……이것은 나의 법관으로서의 하나의 자기성찰인 것이요, 법관 일반에 통용될 것을 염念에 두고서 쓴 것이 아님을 살펴 주기 바란다.

1.

"사람이 사람을 재판할 수 있을 것인가?"

지금 내 좌석이 있는 법원청사 2층 동편 방 한구석은, 십여 년 전 이 방이 지법판사실로 쓰일 적의 내 책상이 놓였던 바로 그 자리이다. 그 무렵 나는 톨스토이의 소설 『부활』을 재독하면서 몇 차례나 이 문제에 부닥쳐 준순逡巡과 회의 속에서 저회하던 것을 기억한다.

사람이 과연 사람을 재판할 수 있을 것인가? 그때만 해도 아직 낭만 기분이 없지 않았던 터라, 마침내 나는 '작자'와 더불어 부정적인 결론에 도달하게 되어, 같은 작자의 다른 소설 속의 한 주인공을 모방하여 '땅'을 벗 삼아 살 수 있는 지대로 물러날 것을 결심하였던 것이다.

"흙으로 된 인간은 흙과 더불어 흙에서 나는 것을 먹으며 살다가 다시 흙으로 돌아갈지니라."

뚝섬 벌에다가 거처를 마련하고 밭 천여 평을 빌려 소채를 가꾸고, 닭을 치고, 돼지를 길러 보았다. 그러나 두 가지 점에서 오류를 범한 나는, 두 해 만에 이 생활에서 불가불 손을 들지 않으면 아니 되게 되었다. 오류의 하나는 건강에 대한 지나친 불고려요, 다른 하나는 농자에 대한 무계획이었다. 그러자 민국이 탄생되면서 다시 복직하지 않겠느냐는 의논에, 아직도 남은 흙에 대한 미련과 '재판'에 관한 회의에서 망설이다가 결국 소년심판소에로 ― 그리고 나는 지금 십 년 전의 바로 그 사리에서 이 고稿를 구상하면서 있는 것이다.

이제 나는 호불호간好不好間에 의식 혹은 무의식 속에 묻어 두었던 이 문제와 정면으로 맞서지 않으면 아니 되게 되었다. 전제하여 두고 싶은 것은 거기에는 이로異路의 불투명도 있을 것이요, 타협과 그리고 결국 미해결인 채로 남겨 두어야 할 한 부분이 있을는지도 모르리라는 그것이다.

2.

'재판' 문제에 있어서 내가 구애하였던 것의 하나는 "재판은 여하한 근거(재판제도의 합리적인)에 의하여……?"라는 것이었다. 국가 → 질서 → 안전……은, 이 물음에 대한 일응의 방패는 된다. 그러나 더 깊은 요구를 채워 줄 만한 적절한 무엇이 또 없겠는가?

편력의 과정이 일관된 것은 아니었지마는 이 사념이 그간 법률가로서의 내 사고와 거취去就에 하나의 제약이 되어 왔음에는 변함이 없었다. 이렁저렁 지금에 이르러서는 일단의 해혹解惑은 되었다고 생각하고 있다. 법 → 양심 → 이성 → 절대자……의 서열을 긍인하기에 이르렀음으로 해서. 그러니까 법규범의 내용이 자연 이성에 부합하는 한 거기에는 아무런 준순도 필요가 없게 된다.

그러나 이 체계에서 벗어나서 '악법도 법'이므로 해서 통용되어야 한다는 권위 문제에 이르러서는 아직도 석연치 않는 남는 무엇을 느끼고 있다. 여기서 악법이라 한 것은 "국민이, 때의 집권자에게 복종의 의무를 지는 것은, 그 명령(法)이 이성의 요구에 부합되는 범위 내에서"인 것이라는 의미의, 반이성·비양심의 법을 가리켜 말한 것이다. 이리하여 법은 불가불 필요한 것, 재판은 최소한의 정의의 실천을 위하여 없을 수 없는 것임을 긍정하기에 이른 것이다.

'재판' 문제에 있어서 다음으로 구애되는 것은 그러한 소중한 임무에 내가 적격한가라는 것이다.

"…… 재판관은 형의 양정에 있어서 무질서, 무기준을 경계하고 재량권을 선용하기 위하여 '범죄행위의 외적 경우 및 그 발생 결과에 대한 최고의 판단능력과, 인물 성행性行을 통찰하는 최고의 명明과 실체 법규에의 최고도의 통효通曉와 그리고 최고의 자제와 공평과 무사'를 필요로 한다 …… 운운"(法曹誌 引用=칼氏所說云) — 십 년 전에, 나는 제일 문제에 걸려 직업의 전환까지도 결행할 용기가 있었다. 오늘에 있어 나는 그때에 못지않은 망설임을 일일 심중에 느끼면서도, 혼연을 겉꾸미고서 이미 명예롭지도 않은 십 년 임기에, 또 한 십 년의 초에 잡아들기 시작한 것이다.

3.

"사실 인정에 관련하여 인간학의 부족을"—

초조와 불안에 찬 송정訟廷 단하에서 우러러 보이는 단상 판관의 자세가 소수 예외의 경우를 제외한다면 아마 힘(勸力)으로나 아는 것, 그 밖에 여러 부면에 있어서 상당히 두드러진 존재인 것으로 여겨지리라는 것은 용이하게 짐작할 수 있는 일이다. 그런데 이에 대하여 단 위에 앉아 내려다보는 이의 심상心象은 그토록 안온하고 자신에 찬 것일 것인가?

경험에 의하건대, 그것은 대자對者의 처지에 연민을 던지거나 스스로의 위의威儀에 자긍自矜을 느끼기 전에 먼저 법복 아래로 들여다보이는 자신의 적나상赤裸像에 — 그들의 내심을 꿰뚫어 보고 또는 승복하게 할 만한 역부족의 자신 앞에 동요와 불안을 일으키는 것이 도리어 항례가 아니었던가.

탐貪, 진瞋, 치癡의 불삼독설佛三毒說이나 가톨릭의 삼구(魔, 俗, 肉), 칠죄종(驕, 吝, 色, 貪, 怒, 妬, 怠)에 대한 유한한 체험이나 그다지 깊지도 않은 개념 인식만으로서는 가사 정부情夫를 따르기 위하여 내자乃子를 강수에 띄워 버리는 소부의 심정이나 지나친 굶주림으로 해서 미지인의 회중에다가 손을 넣어야 하는 부랑아의 심금을, 전부의 전부 다는 알아차릴 수가 없었던 것이었다.

물론 불고불리의 원칙 아래, 그리고 사학斯學의 신조류가 어쨌든 간에, 지금도 — 모르거니와 금후로도 일반으로, 줄기차게 세勢를 부릴 것으로 믿어지는 응보주의의 토대 위에 조성된 현행 형사소송의 구조하에 있어서 감상感傷 내지 천박한 인도주의 등류로 지탄됨직도 한 전서前敍 비견이 널리 공감을 자아내리라고는 감히 바라지 않은 바이지만, 한편 카추샤와 더불어 오늘의 모든 형사 피고인에게 있어서도 그들의 인격과 생활 속에서 공소장 게재 사실만을 추출 한정하여 그의 전 운명과는 불관으로 처결해 낼 수 있느냐 하는 것과 아울러서, 신형소법에 있어서 정상情狀 사항을 범행사실과 동렬에 두어 필수 심문사항으로 올려놓았다는 점을 비고하여, 내 그간의 좁은 도량과 얕은 견식이 얼마나 예사로이 저들을 실망의 구렁에 떨어지게 하였더냐 하는 것을, 체념 아닌 가책으로서 상기하고 우울하여지지 않을 수 없는 것이다.

'생'은 누구에게나 대견한 것이다. 간지奸智를 부리다가 제 꾀에 걸려 넘어진 자에게도 밉다고만 볼 수 없는 일면이 있겠거든, 어찌할 수 없는 힘에 압도 유린당한 패배자들 앞에 '좋은 법관'이기 전에 또는 그와 동시에 '친절하고 성실한 인간'이어야겠다고 나는 때때로 생각하여 보는 것이다.

법관은 조사와 판단이 본무이어야 할 것이다. 그렇다 해서 예후豫後에 대하여 관심하고 조언할 기회를 가지고자 하는 것은 무용의 잡사로 돌려 배척되어야 할 것인가? 만일에라도 그렇지 않다고 하면 나는 이 방면에 다소의 보람도 이루지 못하였음에 자괴自愧하지 않으면 아니 된다.

4.

"법률 적용에 관련하여 면학의 부족을" —

어느 정도 공통의 사례이기는 하지만, 우리가 일제하에 성장하였어야 할 부득이한 결과로서, 현재 구유具有하고 있는 법지식이란 일 체제하의 그것이 근간이 되고 있다는 것은 어찌할 수 없는 사실이다. 하기야 일어로 배운 법률학이, 전부가 다 일인의 고유 독창의 것이 아니었음은 말할 것도 없는 일이지만, 그렇다 하더라도 돌이켜 보아 부끄러이 생각되는 일이 한두 가지가 아니다.

판결 문제에 대한 것이 그 하나이다. 해방 전, 일 체제하에 쓰이던 문체나 용어는 그간 일세기간의 변화로도 비겨지는 수십 년을 경과하고도, 그리고 그들 자신은 이미 몇 도약을 거듭하고 있다는 수소문에도 불구하고, 우리는 의연히 구각舊殼만을 묵수墨守하고 있는 것이다. 그동안은 다사 분망으로 채 손이 미치지 못했다고 하면 다소의 변명은 되겠으나, 건곤이 바뀐 오늘 민주적이요 우리 것다운 말과 글로써 좀 더 평이하고 실實다운 재판 문서를 구상하여 보지 못하였음에 대하여 한 법관으로서 나는 적지 않은 불면목을 느끼면서 있다.

다음으로 법 내지 법학에 대한 새로운 사조, 경향, 내외판례內外判例

등에 대한 지식의 빈곤을 들어 두지 않을 수 없다.

법률 지식을 얻는 방법으로는 선진제국의 산 예를 견문하여 오는 길이 있겠고, 국내에 있으면서도 도서출판물 등을 써서 섭취할 수 있는 길이 수시로 개방되어 있겠다고 하겠건만, 나 일기一己의 탓이야 그 밖의 사정들도 겹쳐서 나는 그 어느 쪽에의 방편에도 적극 참여하지 못하고 있어 온 것이 사실이다.

간단한 일서日書 한 권 200원圓 정가 책이면, 우리나라 돈으로 천사백 환이 되고, 천 원짜리면 칠천 환 계산이 된다. 변명이나 책임 전가를 위해서가 아니라, 사실 급료 날 잠깐 동안 스쳐 지내고 나는 봉급 속에서 천 환, 오백 환을 공제해 내기란 여간한 결단과 각오와 요령이 필요하지 않은 것이다. 과엄過嚴한 질책을 모면하고자 사족을 붙이지 않을 수 없는 고충을 양찰하시라.

5.

이렇게 하여 결과 된 재판이 60점짜리였는지 50점 미만의 것이었는지는 자신으로는 알 수 없는 일이다. 그러나 한 가지 확실한 것이 있다. 임상의 경험이 깊어져 가는 의사는 차츰 진단과 투약에 겁을 먹게 된다 하거니와, 이것은 청송단죄聽訟斷罪에도 그대로 적용될 수 있는 것이 아니겠는가 하는 것이다.

능선 상에 던져진 원구는 호리毫釐의 차로써 그가 굴러갈 방향을 정한다. 재판, 더욱이 형사재판에 있어서 유무죄 선상을 가는 아슬아슬한 경우가 드문 예가 아니지마는, 일견 명료한 한 사안事案에 있어서도 죄질罪質과 형종刑種, 형량의 선택에 이르기까지 최선을 다하기란 실로 불가급 불가기의 일이라 하여도 과장이 아니지 않겠는가.

나는 이 사실을 과녁을 향하여 던져진 팔맷돌(投石)에 비겨 보는 것이다. 그 가장 중심부에 얼마나 근접하도록 던져 볼 수 있을 것인가. 이렇게 비교할 때, 백발백중이란 바로 신기神技라 아니할 수 없고, 따라서 이는 범백의 법관에게서 요구, 기대할 수는 없는 일일 것이다. 범용배凡庸輩에 이르러서는 오단誤斷의 많은 기회를 극복하기에 얼마나 진력하였나에 자위를 찾는 정도로서 멈추어야 할 것이 아니겠는가? 쓰고 나서 보니, 반성이 반半에 변명이 역시 절반으로 결국 오 분五分, 오 분의 현실 긍정에 떨어지고 만 듯도 하여 죄스러운 생각이 없지 않다. 반성의 제 근원을 과감히 제거해 버리면 좋지 않겠는가? 그렇다, 거기에는 상대적으로 그 정도를 축소 내지 완화시킬 희망이 있는 부면이 없지 않다. 그러나 내가 직職에 머물러 있는 날 동안에 얼마만 한 실효를 거두어 볼 수 있을 것인지. 나는 여기서도 부질없이 반분의 변명을 섞는 과오에 빠지고 있는 것이 아닌가.

기왕에 과오를 범하였고 지금도 또 금후로도 같은 허물에 떨어질 것을 십분 자지하면서 타성이라 할까, 혹은 구복口腹에 강요된 탓에서라 할까 — 여태껏 단斷을 내릴 각오를 가지지 못하고 있는 나는 구차스러우나마 다음과 같은 명목을 일지당, 또 지당한 명목을 세워 관량寬諒을 청할 구실을 삼아 보고자 한다.

① 재직하는 동안 직장이나 동료에게 폐가 되거나 불명예를 끼치는 일은 한사코 하지 않도록 할 것.
② 내 수고료로 받는 정당한 보수 이외에 어떤 불의의 이득을 탐하거나, 또는 특권의식을 부려 국민에게 빈축을 받는 일을 한사코 회피할 것.
③ 수시 적재適材와 체임될 각오로 모쪼록 빠른 시일 내로 내 기질과 역중에 맞는 자리를 골라 옮기도록 할 것.

이상 두서없는 망언으로서 혹야 동직 제현의 긍지에 거슬리는 대문이 있었다면 오직 악의에서가 아닌 정황을 살펴 아울러 서량恕諒을 빌어 두고자 한다.

소년입법에 제언함

1.

소년을 어떻게 보느냐 하는 관점 문제는 전 소년문제 취급에 앞서 선결, 확립되어야 할 근본문제일 것이다. 당면한 소년 입법에 있어서도 이 입론立論은 동○일 것임을 믿는 바이다.

'관동지별冠童之別', '아동주졸兒童走卒', '아녀자兒女子' 등의 용법으로 하여 ○지되는 재래의 아동관은 요약하면 존장尊長과 효제孝悌에 대립시켜 '천멸賤蔑'의 일어一語로서 폐지할 수 있을 것이다. 근래 진보된 관념하에 있어서도 상금尙今 이를 가정과 사회에 부수된 고정한 반半성인으로 보는 예가 의외로 ○다하지 않을까 ○념되어 마지않는다.

민사상으로 미성년자에 대하여 특별한 보호규정이 제정되어 있음은 주지하는 바이어니와 동시에 그 내용이 주로 재산의 유지와 득실 및 부양에 관한 것이어서 무산無産 아동 내지 전체 아동소년에 대하여 실질적으로 보자오디는 이익의 태무殆無라는 점도 식자의 공통으로 지적하는 바 사실인 것이다.

형사상으로도 일종의 미성년제도를 두어 유소아동을 특면하고 있거니와 그 한계를 대개 15세 이전으로 삼는 고로 형사 성년자로도 사실상의 미완성인의 처우를 여하히 하느냐는 충분히 한 개인의 문제일 수 있었던 것이다. 생활 면(민사상)에 있어서 무내용한 권리의 보장보다 실질적인 이익본위로 근래의 왕성한 사회입법과 아울러 인격적(형사상)으로는 아동에 대한 학대방지문제 기타 소년법제의 발달이 변천하는 법제상의 소년관을 반영하여 또한 주목할 바라 하겠다.

2.

입국 초창에 즈음하여 당래當來한 소년관은 어떠한 것이어야 할 것인가. 첫째, 소년을 '동動'과 '과정過程'에서 보고 소년문제를 미래와 전체에서 파악하여야 할 것이다. 소년문제, 즉 2세 국민정책이며 동시에 사회복지와 인류향상과도 직결되는 문제임은 다언多言을 요要치 않는 바이다.

둘째, 정상아동에 대한 교육, 기타의 시책에 비례하여 이상아異常兒에도 이상아인 때문에 그 이상의 관심과 시책이 끽긴喫緊하다는 것을 알아야 할 것이다. 이상아, 특히 범죄소년은 인간폐물이 아니요 불합리한 가정, 무질서한 사회의 희생물인 것을 직시, 통감하여야 할 것이다.

다음 문제 취급의 출발점을 종래의 취미적, 자선적인 것에서 이를 모름지기 사회와 국가의 책임이요 의무라는 데까지 올려야 할 것이다.

사법대상으로서의 소년문제에 있어서는 특히 종래 일반범죄에 있어서의 치형治刑관념(응보應報사상)을 철저 배제코 교화우선 이념의 확립을 기하여야 할 것이다. 대상 소년에 대한 여사如斯한 금일의 고려와 선처는 필히 명일의 사회정화와 사법과정에 다대한 효율로서 반전응反全應할 것임을 믿어 의심치 않는 바이다.

3.

근일 중으로 국회 상정이 예상되는 소년법안이 대개 우에서 약언約言

한 기본태도와 부합됨을 믿으려 하거니와 차제 이 할기적割期的인 문화사법법文化司法法의 판정에 즈음하여 망촉望屬의 견見을 가하여 써 가일층 입법의 적정에 기여하고자 하는 바이다.

긴잡緊雜한 법리와 연혁을 요약하면 '소년은 육성하여야 한다'는 필요의 일어에 그칠 줄 안다. 이 필요야말로 헌법상의 원칙에 대하여서도 약간의 예외를 인정하게 한 소이가 아닌가 한다.

신소년법안은 그러나 형식의 참신에도 불구하고 내용적으로는 현행제도와 별무 차이인 점을 지적하지 않을 수 없다. 형식과 무난을 취하여 문제의 핵심을 간과한 감이 불무不無이다.

소년심판기관을 통상법원으로부터 분리시키는 의당한 조처를 취하면서 그 범위를 보호처분에 국한하고 형사처분을 의연 통상법원의 소관하에 둠으로써 '소년 범죄는 성인사건과 그 취급을 분리'시켜야 한다는 취의趣意 대반大半의 요점을 일탈하였음은 고의가 아니라면 입안의 중대한 누락이라 아니할 수 없다. 이는 반세기 전부터 선진 문화제국에서 착한着限 실시하여 기간 다대한 성과를 실증하여 온 바로서 차제 일식日式 ○번역○의 탈각이라는 의미에서도 단연 그 ○수를 주창하여 마지않는다. 이론적으로 ○보○처분과 형사처분의 각 대상은 애매한 관념상의 차이에 불과한 것으로서 '소년범죄의 교육적 견지와 통상의 형사재판이 소년에 대하여 미치는 악영향'에서의 구출의 요망은 양자 공통이기 때문이다. 전 소년사건을 종합 관할하는 단일기관의 설치가 필요되는 소이이다.

소년법안은 주로 소년심판의 기구와 절차를 규정하였거니와 이와 병행하여 소년감화시설의 확충이 또한 시급한 문제로 남아 있다. 나아가서 소년보호국 등 소년 감화에 대한 전체적, 종합적인 입안 지도기관이 또한 착상着想되는 바이나 이는 금후 당국 간의 ○○와 열성에 기대하기로 하고 우선 소년법 제정을 앞두고 당래할 소년관少年觀을 반성하여 입법부의 건투를 빌어 마지않는다.

참고문헌

제1부

김경일, 『공자가 죽어야 나라가 산다』, 바다, 1999.
신동운, 「법률가 가인(형사법 분야): 가인 김병로 선생과 형법 및 형사소송법의 편찬」, 『법학연구』 25집, 2007, 9~32쪽.
안토니오 네그리·마이클 하트, 『공통체』, 정남영·윤영광 역, 사월의책, 2014.
엄상섭, 『권력과 자유』, 경구문화사, 1957.
위르겐 하버마스, 『사실성과 타당성. 담론적 법이론과 민주적 법치국가 이론』, 한상진·박영도 공역, 나남, 2010.
재속 프란치스꼬 한국연합회, 『평화의 사도: 한국 재속 프란치스꼬회 50주년 기념집』, 1988.
홍원표, 『아렌트. 정치의 존재이유는 자유다』, 한길사, 2011.

제2부

가인 김병로

김재형, 「법률가 가인(민법 분야): 민법의 기초자 가인 김병로」, 『(가인 김병로 서세 50주기 학술심포지엄) 가인 김병로와 21세기 사법부』, 법원행정처, 2014.
김진배, 『街人 金炳魯』, 가인기념회, 1983.
金珍培·吳蘇白·李治白, 『한국法曹의 세 어른』, 韓國法曹3聖紀念事業會, 1999.
김학준, 『街人 金炳魯評傳: 민족주의적 법률가·정치가의 생애』, 民音社, 1987.
서희경, 『대한민국 헌법의 탄생: 한국 헌정사, 만민공동회에서 제헌까지』, 창비, 2012.
신동운, 「법률가 가인(형사법 분야): 가인 김병로 선생과 형법 및 형사소송법의 편찬」,

『(가인 김병로 서세 50주기 학술심포지엄) 가인 김병로와 21세기 사법부』, 법원행정처, 2014.
심희기, 「미군정법령 제176호 형사소송법의 개정」, 『법사학연구』 16, 1995.
윤남근, 「사법행정가 가인: 사법행정가로서의 가인 김병로 선생」, 『(가인 김병로 서세 50주기 학술심포지엄) 가인 김병로와 21세기 사법부』, 법원행정처, 2014.
李英根·金忠植·黃鎬澤, 『법에 사는 사람들』, 삼민사, 1992.
이영록, 『우리 헌법의 탄생: 헌법으로 본 대한민국 건국사』, 서해문집, 2006.
이 인, 『반세기의 증언』, 명지대학출판부, 1974.
일석 이희승 전집 간행위원회 편, 『一石 李熙昇 全集 2』, 서울대학교출판부, 2000.
정긍식, 『韓國近代法史攷』, 박영사, 2002.
______, 「조선어학회 사건에 대한 법적 분석」, 『애산학보』 32, 애산학회, 2006.
______, 「한국의 호주제도에 대한 역사적 성찰」, 『식민주의의 정치적 유산: 아시아를 중심으로』, 서울대학교 역사연구소, 2009.
한인섭, 『식민지 법정에서 독립을 변론하다: 허헌·김병로·이인과 항일 재판투쟁』, 경인문화사, 2012.
______, 「독립운동가 가인: 가인 김병로, 항일민족변호사로서의 삶」, 『(가인 김병로 서세 50주기 학술심포지엄) 가인 김병로와 21세기 사법부』, 법원행정처, 2014.

화강 최대교

김수자, 『이승만의 집권초기 권력기반 연구』, 경인문화사, 2005.
김영근, 김충식, 황호택, 『법에 사는 사람들』, 삼민사, 1984.
김이조, 『(속) 법조비화 100선』, 고시연구사, 1997.
______, 『한국법조인비전』, 법률출판사, 1999.
______, 『한국의 법조인』(I), 고시연구사, 2002a.
______, 『한국의 법조인』(II), 고시연구사, 2002b.
金珍培·吳蘇白·李治白, 『한국法曹의 세 어른』(최대교 부분은 오소백이 집필), 韓國法曹3聖紀念事業會, 1999.
도진순, 『한국민족주의와 남북관계: 이승만, 김구 시대의 정치사』, 서울대출판부, 1997.
문준영, 『한국 검찰제도의 역사적 형성에 관한 연구』, 서울대학교 법학박사학위논문, 2004.
______, 『자랑스런 검찰인상 후보자 관련 자료 수정 및 검토』(연구용역보고서), 2006.
박은경, 「일제시대 조선총독부 조선인 관료에 관한 연구」, 『한국정치학보』 제28집 2호, 1994.
박태균, 『조봉암연구』, 창작과 비평사, 1995.
법률출판사, 『한국법조인 비전: 법조를 움직인 대표적 인물 31인의 발자취』, 1999.
사법행정, 「법조계의 정도 걸어온 최대교 변호사」, 『사법행정』 1990년 2월, 1990.

슬라보예 지젝,『잃어버린 대의를 옹호하며』, 박정수 역, 그린비, 2010.
엄상섭,『권력과 자유』, 경구문화사, 1957.
이 인,『반세기의 증언』, 명지대학출판부, 1974.
이현희,『승당 임영신의 애국운동연구』, 동방도서, 1994.
임상혁,「해방전후시기의 검사로서의 화강 최대교의 생애」,『법학연구』 제25집, 2007.
임영신,「감찰위원회결정에 대한 석명서」, 국가기록원, 관리번호: BA0135051, 1949.
장 신,「1919~43년 조선총독부의 관리임용과 보통문관시험」,『역사문제연구』 제8호, 2002.
______,「일제하 조선인 고등관료의 형성과 정체성—고등문관시험 행정과 합격자를 중심으로」,『역사와 현실』 제63호, 2007.
장진오,『누구를 위한 권부인가』, 정경, 1995.
정긍식,『한국근대법사고』, 박영사, 2002.
______,「검사의 한 표상으로서 최대교」,『법사학연구』 제34호, 2005.
______,「검사의 한 표상으로서 최대교」(자랑스러운 검찰인상 제정 관련 연구용역 과제 결과물), 2006.
최대교,「법창한담」(수상),『사법행정』 1963년 11월, 1963.
______,「초대상공장관 독직사건」(사건의 회고),『사법행정』 1984년 1월, 1984a.
______,「3.1 독립선언서 발포와 적용법령의 논쟁」(하)(사건의 회고),『사법행정』 1984년 3월, 1984b.
______,「내가 보고 들은 일들」(사건의 회고),『사법행정』 1984년 4년, 1984c.
______,「내가 보고 들은 일들」(하)(사건의 회고),『사법행정』 1984년 5월, 1984d.
최종고,『한국법학사』, 박영사, 1999.
하종대,「사법부 양심의 파수꾼 '대쪽' 법조인」,『신동아』, 1997.
한나 아렌트,『어두운 시대의 사람들』, 홍원표 역, 인간사랑, 2010.
홍원표,『아렌트. 정치의 존재이유는 자유다』, 한길사, 2011.

바오로 김홍섭

김기협,「양심적인 검사를 괴롭힌 정판사사건. 해방일기: 1946년 8월 29일」,『프레시안』, 2011. 08. 29. 월, 07:40.
김동현,「서평: 최종고 저,『사도법관 김홍섭』」,『사법행정』, 1985년 4월호, 77~79쪽.
김홍섭,「검사정 제4호」,『신천지』 1-4호, 1946, 146~151쪽.
______,「모리의 한계에 대하여」,『신천지』 2-2호, 1947.; 최종고, 1985b, 323~331쪽.
______,「성웅 간디를 추모함」,『동아일보』, 1948년 2월 6일.
______,『무명』(시집), 통문관, 1954.
______,「법학과 법관」,『법률신문』, 제336호, 1959년 3월 16일.
______,「형의 양정에 관한 소고 1」,『법조』, 1960년 9권, 24~48쪽; 최종고, 1985b,

271~322쪽.
______, 『무상을 넘어서』(수필집)(증판), 성 바오로출판사, 1981.
노기남, 「원숙한 구도자, 최종고 교우」, 1975년 9월 20일; 최종고, 1985b, 16~17쪽.
노용필, 「김홍섭의 자연 영성과 실천적 삶」, 『교회사연구』 29집, 2007, 191~220쪽.
레오나르도 보프, 『생태 신학』, 김항섭 역, 가톨릭출판사, 1996.
로이 모리슨, 『생태민주주의』, 노상우·오성근 역, 교육과학사, 2005.
박찬일, 「사랑과 청빈이 진인」, 『법률신문』 1965년 4월 12일; 최종고, 1985b, 220~221쪽.
사법행정, 「지상중계: 고 김홍섭 판사 20주기 기념 심포지움」, 『사법행정』, 1985년 4월호, 90~91쪽.
서보학, 「바오로 김홍섭 선생의 법사상 토론문」, 『(개교 60주년 기념 학술대회) 한국법조삼성의 생애와 법사상: 가인 김병로 선생, 화강 최대교 선생, 바오르[로] 김홍섭 선생』, 전북대학교 법학연구소, 2007. 10. 10. 수, 10:00~20:00, 107~117쪽.
스피노지, 『에티카/정치론』, 추영현 역, 동서문화사, 2013.
윤형중, 「슬프다 김홍섭 판사」, 『가톨릭시보』, 1965년 4월 4일; 최종고, 1985b, 217~220쪽.
이경운, 「사형제도와 바오로 김홍섭 토론문」, 『(개교 60주년 기념 학술대회) 한국법조삼성의 생애와 법사상: 가인 김병로 선생, 화강 최대교 선생, 바오르[로] 김홍섭 선생』, 전북대학교 법학연구소, 2007. 10. 10. 수, 10:00~20:00, 211~213쪽.
이병린, 「율곡법률사상과 고 김홍섭판사」, 『사법행정』, 1972년 3월호, 66~70쪽.
______, 「영결식 조사」, 1965년 3월 18일; 최종고, 1985b, 214~216쪽.
이상석, 「사도법관 김홍섭의 신앙관 추론」(토론문), 『법학연구』 제25집, 2007, 95~99쪽.
이시윤, 「한국 법조삼성의 생애와 교훈」, 『(개교 60주년 기념학술대회) 한국법조삼성의 생애와 법사상: 가인 김병로 선생, 화강 최대교 선생, 바오르[로] 김홍섭 선생』, 전북대학교 법학연구소, 2007. 10. 10. 수, 10:00~20:00, 3~7쪽.
이치백, 「한국법조계의 태양. 전주지법 광주 서울 고등법원장 바오로 김홍섭 선생」, 『한국 법조의 세 어른 가인 김병로 선생, 화강 최대교 선생, 바오로 김홍섭 선생』, 한국법조3성기념사업회, 1999, 253~349쪽.
장 면, 「사도법관 김 바오로씨의 서거」, 『가톨릭시보』, 1965년 3월 28일; 최종고, 1985b, 216~217쪽.
______, 「성 프란치스코 재속 3회」, 『한알의 밀이 죽지 않고는』(증보판), 가톨릭출판사, 1999.
장순룡, 「'김홍섭로'의 일화」, 『사법행정』, 1985.
______, 「김홍섭씨의 불가사의」, 『대한변호사협회지』, 1981년 7, 8월호, 228~236쪽.
장영수, 「사형제도와 바오로 김홍섭」, 『(개교 60주년 기념학술대회) 한국법조삼성의 생애와 법사상: 가인 김병로 선생, 화강 최대교 선생, 바오르[로] 김홍섭 선생』, 전북대학교 법학연구소, 2007. 10. 10. 수, 10:00~20:00, 173~186쪽.
조진만, 「영결식 조사」, 1965년 3월 18일; 최종고, 1985b, 213쪽.
최종고, 「한국의 법률가상 김홍섭」, 『사법행정』, 1983년 12월호, 72~79쪽.

______,「김홍섭」,『특별부록 해방40년 한국인물 40선』, 정경문화, 1985a, 408~409쪽.
______,『사도법관 김홍섭–한 법률가의 사상과 신앙』, 육법사, 1985b.
카를 만하임,『이데올로기와 유토피아』, 임석진 역, 김영사, 2012.
쿠르트 마르티,『창조 신앙–하느님의 생태학』, 이제민 역, 분도출판사, 1995.
하종대,「사법부 양심의 파수꾼 '대쪽' 법조인」,『신동아』, 1997, 248~267쪽.
허일태,「바오로 金洪燮 선생의 법사상」,『(전북대학교 개교60주년 기념학술대회) 한국법조삼성의 생애와 법사상: 가인 김병로 선생, 화강 최대교 선생, 바오르[로] 김홍섭 선생』, 전북대학교 법학연구소, 2007. 10. 10. 水, 10:00~20:00, 67~89쪽.
홍근수,「기독교와 사형제도–사형제도에 대한 기독교사회윤리학적 고찰」,『교회와 세계』, 230호, 2004, 45~53쪽.
홍기태,「사형제도와 바오로 김홍섭 토론문」(장영수,「사형제도와 바오로 김홍섭」),『(개교 60주년 기념 학술대회) 한국법조삼성의 생애와 법사상: 가인 김병로 선생, 화강 최대교 선생, 바오르[로] 김홍섭 선생』, 전북대학교 법학연구소, 2007. 10. 10. 수, 10:00~20:00, 215~217쪽.

부록

도면회,『한국근대형사재판제도사』, 푸른역사, 2014.
문준영,『법원과 검찰의 탄생』, 역사비평사, 2010.
법원사편찬위원회,『법원사』, 법원행정처, 1995.

한국 사법을 지킨 양심

김병로·최대교·김홍섭

1판 1쇄 펴낸날 2015년 4월 30일
1판 2쇄 펴낸날 2015년 5월 15일

엮은이 | 법조삼성 평전 간행위원회
펴낸이 | 김시연

펴낸곳 | (주)일조각
등록 | 1953년 9월 3일 제300-1953-1호(구 : 제1-298호)
주소 | 110-062 서울시 종로구 경희궁길 39
전화 | 734-3545 / 733-8811(편집부)
733-5430 / 733-5431(영업부)
팩스 | 735-9994(편집부) / 738-5857(영업부)
이메일 | ilchokak@hanmail.net
홈페이지 | www.ilchokak.co.kr

ISBN 978-89-337-0699-2 03990
값 28,000원

* 엮은이와 협의하여 인지를 생략합니다.

* 이 도서의 국립중앙도서관 출판예정도서목록(CIP)은
서지정보유통지원시스템 홈페이지(http://seoji.nl.go.kr)와
국가자료공동목록시스템(http://www.nl.go.kr/kolisnet)에서
이용하실 수 있습니다. (CIP제어번호 : CIP2015011931)